Hans-Gerhard Ammon Graf von Wellmann • Seine Erlaucht, Genosse Graf

Hans-Gerhard Ammon Graf von Wellmann

SEINE ERLAUCHT, GENOSSE GRAF

Ein Wanderer zwischen den Welten

(interviewt und aufgeschrieben von small word factory®)

FRIELING

Bibliografische Information der Deutschen Nationalbibliothek
Die Deutsche Nationalbibliothek verzeichnet diese Publikation in der Deutschen Nationalbibliografie; detaillierte bibliografische Daten sind im Internet über http://dnb.d-nb.de abrufbar.

Frieling & Huffmann GmbH & Co. KG Rheinstraße 46, 12161 Berlin
Telefon: 0 30 / 76 69 99-0 www.frieling.de ISBN 978-3-8280-3641-3
1. Auflage 2021

Printed in Germany

Umschlag, Illustration: s.w.f. -small word factory-
Lektorat, Korrektorat: Kati Buschmann, Frieling-Verlag

ISBN
Paperback ISBN 978-3-8280-3664-2
E-Book ISBN 978-3-8280-3665-9

VORWORT

JOHANN WOLFGANG VON GOETHE

(28.8.1749 - 22.3.1832)

Wenn wir uns von vergangenen Dingen eine rechte Vorstellung machen wollen, so haben wir die Zeit zu bedenken, in welcher etwas geschehen, und nicht etwa die unsrige, in der wir die Sache erfahren, an jene Stelle zu setzen.

So natürlich diese Forderung zu sein scheint, so bleibt es doch eine größere Schwierigkeit, als man gewöhnlich glaubt, sich die Umstände zu vergegenwärtigen, wovon entfernte Handlungen begleitet wurden.

Deswegen ist ein gerechtes historisches Urteil über einzelnes persönliches Verdienst und Unverdienst so selten. Über Resultate ganzer Massenbewegungen lässt sich eher sprechen.

Marcus Aurelius

(26.04.121 n. Chr. - 17.03.180 n. Chr.)

Alles, was wir hören, ist eine Meinung, keine Tatsache.
Alles, was wir sehen, ist eine Perspektive, nicht die Wahrheit.

Alexander Issajewitsch Solschenizyn

(11.12.1918 - 3.8.2008)

Wir wissen, sie lügen.

Sie wissen, sie lügen.

Sie wissen, dass wir wissen, sie lügen.

Wir wissen, dass sie wissen, dass wir wissen, sie lügen.

Und trotzdem lügen sie weiter.

I.

Vor meiner Zeit

Das Deutsche Reich im Spätsommer 1944. Der Krieg, von den Nazis in die Welt getragen, war ins Dritte Reich zurückgekehrt. Die Alliierten standen an den Außengrenzen des Reiches. An allen europäischen Fronten tobten erbitterte Schlachten, mit hohen Verlusten auf beiden Seiten. Anderthalb Jahre nach der fulminanten Rede des Propaganda-Ministers Joseph Goebbels im Berliner Sportpalast und seiner mit großer Theatralik vorgetragenen Rede «Wollt ihr den totalen Krieg ... », war nichts mehr übriggeblieben von der in Szene gesetzten Begeisterung und Euphorie jener Tage.

Im Juni 1944 kam es mit der „Operation Overlord" zur Landung der Westalliierten in der Normandie und somit zur Errichtung der zweiten Front gegen das Deutsche Reich. Durch die Siege an der Ostfront war der Druck der Roten Armee einfach zu groß geworden. Wollten die Vereinigten Staaten von Amerika aktiv an der Zerschlagung Hitlerdeutschlands teilnehmen, hatte man keine andere Wahl, als nunmehr selbst endlich militärisch in die Kämpfe einzugreifen. Besonders mit Sicht auf die zukünftige Klärung der Machtfrage in Europa, nach Beendigung des Krieges, gab es keine andere Möglichkeit für die USA, um sich die wirtschaftliche Leistungsfähigkeit Westeuropas langfristig sichern zu können.

Mitte des Jahres 1944 hatten dann die alliierten Streitkräfte auch endgültig die Luftherrschaft über Europa errungen. In der Nacht zum 12. September 1944 überschritt die 1. US-Armee, unter General Courtney H. Hodges, die deutsche Grenze, nördlich von Trier, bei Roetgen und drang 15 Kilometer weit vor. Die 1. Weißrussische Front, unter dem Kommando von Armeegeneral Konstantin Konstantinowitsch Rokossowski, griff die deutschen Truppen in Praga an, einer Vorstadt von Warschau. Mit Unterstützung polnischer Kräfte wurde Praga am 14. September 1944 eingenommen. Der Weg nach Warschau war somit frei.

Russische Truppen, vorrangig der Schwarzmeerflotte, drangen nach Bulgarien vor und besetzten am Schwarzen Meer den Hafen von Warna. Die Lage an allen Kampfabschnitten war für die deutschen Truppen äußerst angespannt und verlustreich an Menschen und Kriegsmaterial. Auch die „Reichsverteidigung", bezogen auf den Luftkrieg über Europa und speziell über Deutschland, vollmundig angekündigt und mit großem Tamtam der Welt und dem deutschen Volk versprochen, brachte nicht die Erfolge, die man sich erhofft hatte. „Wunderwaffen" sollten es sein, die den Krieg zu Gunsten des Reiches herumreißen sollten. Doch sie waren technisch und logistisch nur schwer umsetzbar. Und schon gar nicht in der Anzahl, die notwendig gewesen wäre, um damit entscheidend in die Schlachten eingreifen zu können.

Im Sommer 1944 wurde im Rahmen der „Reichsverteidigung" für die Luftwaffe ein neuer Flugzeugtyp kreiert, der in der Truppe „Sturmbock" oder „Rammbock" genannt wurde. Wobei der Begriff „Rammbock" eigentlich falsch ist, denn die Aufgabe der Piloten war natürlich nicht, sich in japanischer Kamikaze-

Manier auf den Gegner zu stürzen und ihn mit der eigenen Maschine zu rammen, um ihn so zum Absturz zu bringen oder in dieser Art Ziele zu Land und zur See zu zerstören. Vielmehr wurde der Begriff benutzt, um die martialische Art und Weise zu bezeichnen, mit der die Helden der deutschen Luftwaffe unerbittlich gegen den Feind vorgingen, eben wie mit einem Rammbock! Es handelte sich bei dem neuen Flugzeug „Focke-Wulf 190 A-8" um eine Weiterentwicklung des Jägers FW 180 A-8. Diese neuen Maschinen waren extra gepanzert, die Kabinen mit Panzerglas ausgestattet und zusätzlich mit zwei schweren 30-mm-Maschinen-Kanonen aufgerüstet. Ziel dieser Maßnahmen sollte sein, die „Boeing B-17 Flying Fortress" (Fliegende Festung) der Alliierten erfolgreich angreifen und vernichten zu können. Die schweren viermotorigen amerikanischen B-17-Bomber waren bis an die Zähne bewaffnet und äußerst schwer zu bekämpfen. Wollte man das mit Jagdflugzeugen schaffen, musste man sehr nah an die Bomber heranfliegen, und somit war eine zusätzliche Panzerung für die Maschinen und deren Piloten überlebenswichtig. Doch die „Sturmböcke" hatten auch so ihre Probleme, denn durch die Panzerung und die zusätzliche Bewaffnung waren sie schwerer geworden und dadurch nicht so manövrierfähig wie die herkömmlichen Jäger der Luftwaffe. Außerdem behinderte die Panzerung die Rundumsicht für den Piloten. Somit boten diese Maschinen den feindlichen Jägern die Möglichkeit, sich sozusagen seitlich an die Flugzeuge heranzupirschen, um sie dann beschießen zu können. Daher mussten die „Sturmböcke" stets durch Messerschmitt-Jäger Me-109 begleitet werden, um sie vor Angriffen feindlicher Jäger zu beschützen. Die Piloten der „Sturmböcke" der „Reichsverteidigung Deutschland" trugen als Aufnäher an ihren Fliegerkombis zwei weiße Augen. Das war Ausdruck ihres Leitspruches: «Wir schießen erst, wenn wir das Weiße in den Augen unserer Gegner sehen!» Die „Sturmböcke" waren gefürchtet, ihre Bewaffnung machte den alliierten Bombern ernste Probleme. Durch kurze Feuerstöße konnten die „Fliegenden

Festungen“ so schwer getroffen werden, dass wichtige Flugzeugteile sogar regelrecht abgetrennt wurden und ihre Motoren in Brand gerieten und sie wie brennende Fackeln zu Boden stürzten. Zahlreiche „B-17“ wurden so vom Himmel geholt. Aber auch viele der neuen Jagdflugzeuge kehrten von den Einsätzen nicht mehr zu ihrem Fliegerhorst zurück …

Die „Sturmbock“-Jagdflugzeuge FW 190A-8/R2 des Jagdgeschwaders 4, II. Gruppe, waren am Fliegerhorst „Auf dem Fuchsberg“ stationiert, später auch auf dem Flugplatz Welzow, in der Nähe vom brandenburgischen Spremberg, zugehörig zum Militärgelände Siebeneichen in Salzwedel. Diese große militärische Einrichtung „Siebeneichen“ wurde bereits im Sommer 1935 fertiggestellt und entwickelte sich schnell zu einem wichtigen Kasernengelände, vor und besonders während des Krieges. Dort wurden unter anderem auch Flugzeugführer und Fallschirmjäger ausgebildet.

Mein Vater, Hans Gerhard Ammon

Der Fliegerhorst „Auf dem Fuchsberg“ bei Salzwedel war der Heimatflugplatz von Unteroffizier Hans Gerhard Ammon. Der junge Jagdflieger war mit seinen erst 22 Jahren bereits hoch dekoriert und fronterfahren. Wie wohl viele junge Deutsche in diesem Krieg hatte er in kürzester Zeit bereits eine beachtenswerte militärische Karriere aufzuweisen. Hans Ammon war schon als junger Mann ein Nationalsozialist. Er meldete sich bereits mit 17 Jahren freiwillig und wurde bei der „Leibstandarte SS Adolf Hitler" eingezogen. Seine Feuertaufe erhielt er im Mai 1940, beim Westfeldzug. In zahlreichen Nahkämpfen erfolgreich, wurde er unter anderem mit dem „Infanteriesturmabzeichen in Silber" ausgezeichnet. Nach dem Erfolg dieses Blitzkrieges gegen Frankreich und die Benelux-Staaten wurde mein Vater auf besonderen Befehl vom Reichsführer SS, Heinrich Himmler, zur Luftwaffe delegiert. In Hannover-Langenhagen zum Flugzeugführer und Kampfpilot ausgebildet, bestand er in kürzester Zeit alle Prüfungen mit Bravour und erhielt am 14. April 1943 das begehrte Flugzeugführer-Abzeichen. Dann schickte ihn die Luftwaffe als Jagdflieger in zahlreiche Kampfeinsätze. Zwischendurch hatte er auch noch die Aufgabe, als eine Art „Kurier- und Regierungsflieger" Generalsränge in Deutschland hin und her zu transportieren, zum Beispiel zu wichtigen Besprechungen und den verschiedensten Konferenzen.

Hans Gerhard Ammon war „Ritterkreuzträger des Eisernen Kreuzes", das ihm nach seinem Tod postum verliehen wurde. Er war „Träger des Eisernen Kreuzes 1. und 2. Klasse", des „Deutschen Kreuzes in Gold", des „Verwundetenabzeichens in Schwarz" und zahlreicher anderer hoher Auszeichnungen.

Nun war also dieser im Kampf erprobte, junge Pilot zum Fliegerhorst Fuchsberg, nach Salzwedel, zur II. Gruppe abkommandiert worden, um einen der „Sturmböcke" in die zukünftigen Luft-Schlachten des Reiches zu führen. Dank seiner Auffassungsgabe und seines technischen Geschickes, lernte er schnell, die neue Focke-Wulf zu beherrschen, und flog mit seiner Maschine „Schwarze 11" zahlreiche Kampfeinsätze.

Hans hatte knapp anderthalb Jahre vorher in Salzwedel Gerda Lüders kennengelernt. Sie war drei Jahre jünger als er und die Tochter einer Kaufmanns- und Handwerkerfamilie, die seit mehreren Generationen in Salzwedel erfolgreich ihren Geschäften nachging. Die beiden heirateten kurze Zeit später in der Marienkirche in Salzwedel. Das war im Frühsommer des Jahres

1943. Hans hatte ein ganz besonderes Ritual nach der Rückkehr von seinen Einsätzen: Es war zwar streng verboten, was er da machte, aber das kümmerte den draufgängerischen jungen Piloten nicht die Bohne! Jedes Mal, wenn er nach einem Feindflug zu seinem Fliegerhorst zurückkehrte und sich im Landeanflug befand, drehte er erst einmal eine Platzrunde, umflog die Marienkirche und wackelte mit den Flügeln, um seiner Frau und ihrer Familie zu signalisieren, ich bin gesund und munter zurück! Dieser Abstecher brachte Hans immer wieder mal Ärger ein, aber er wusste ganz genau, er würde den Teufel tun, auf dieses Ritual zu verzichten! Und wahrscheinlich wussten das seine Vorgesetzten und ließen ihn gewähren, wenn auch widerwillig. Das Wohnhaus der Lüders lag nur wenige hundert Meter von der Marienkirche entfernt. Immer wenn man am Himmel die Motoren der zurückkehrenden Flugzeuge hören konnte, gingen Gerda und ihre Mutter auf die große Dachterrasse, um ihrem Hans zuzuwinken.

Doch dann kam der 11. September 1944, der Tag, an dem die Amerikaner die westliche Grenze des Reiches überschritten. Der Tag, an dem ab der Mittagsstunde eine der größten Luftschlachten des Zweiten Weltkrieges über Deutschland hinwegfegte, mit tödlicher Gefahr!

Fünfzig Jahre später, am 11. September 1994, erinnerte die Gemeinde Kovářská (ehemals Schmiedeberg) in der heutigen Tschechischen Republik an die schweren Kämpfe des „Schwarzen Montag" über dem Erzgebirge. Kurz nach 12 Uhr wurden damals die Feierlichkeiten eröffnet.

In Anwesenheit hoher Offiziere und Angehöriger der britischen Royal Air Force enthüllten tschechische Kampfflieger ein Denkmal zu Ehren aller im Luftkampf gefallenen Flieger. Genau um 12.21 Uhr, zu jener Zeit, in der fünfzig Jahre vorher die Uhr eines abgestürzten Fliegers stehengeblieben war, läuteten die Glocken im Ort, und man hörte das Dröhnen von herannahenden Flugzeugen. Mit viermaligem niedrigen Überfliegen von Kampfflugzeugen der tschechischen Luftstreitkräfte erwiesen die Piloten denjenigen die Ehre, die vor einem halben Jahrhundert hier gekämpft hatten.

Die Schule des Ortes erhielt an diesem Tag den Ehrennamen „Grundschule des Sgt. J. C. Kluttz". Die Grundschule war bekannt geworden, weil damals, während der Schlacht, das Heckteil einer abgeschossenen B-17 in das Dach der Schule eingeschlagen war. Und jener Sergeant Kluttz, unterer Bordschütze der „Fliegenden Festung", zu der das Heckteil gehört hatte, überlebte als Einziger diesen Absturz.

Im September 1997, also genau drei Jahre später, trafen sich dann, an gleicher Stelle, die Gegner von einst wieder. Zum ersten Mal nach Kriegsende, mittlerweile im hohen Alter, kehrten die Kämpfer jener Tage an den Ort zurück, an dem sie im Herbst 1944 die Hölle erlebt hatten, an dem sie mit Fallschirmen aus ihren brennenden Flugzeugen abgesprungen waren und an dem viele ihrer Kameraden ihr Leben hatten lassen müssen. Deutsche, amerikanische und englische Veteranen der Luftschlacht vom 11. September hatten sich zusammengefunden in einem Museum, das an diesem Tag eröffnet wurde, und gedachten ihrer Kameraden. Anhand der vielen originalen Ausstellungsstücke, der Fotos und der Erinnerungen an jene Tage kann man die Grausamkeit und die Gewalt des Krieges und der Luftschlacht von 1944 trotzdem nur ansatzweise erahnen. Im Laufe dieser viertägigen Veranstaltung, deren Höhepunkt die Eröffnung des Museums war, besuchten die Teilnehmer Absturzstellen, nahmen an einer Messe für die gefallenen Flieger teil und besuchten ein feierliches Konzert in der St.-Michael-Kirche in Kovářská. Außerdem gab es eine Podiums-Diskussion. Die Anwesenden waren sich einig, dass man ständig an die dunklen Zeiten des Krieges erinnern muss, als Warnung und als Mahnung für die nächsten Generationen. Mit der Eröffnung des Museums 1997 begann ein neues Kapitel des „Schwarzen Montag" über dem Erzgebirge. Das Museum ist nicht nur eine einmalige Sammlung, die das Geschehen des größten Kriegsereignisses im tschechisch-deutschen Erzgebirge dokumentiert, sondern es half auch, noch weiße Stellen der Geschichte des Zweiten Weltkrieges in Europa aufzudecken. Jedes Jahr am 11. September gedenken die Bürger von Kovářská und ihre nationalen und internationalen Besucher und Gäste der schweren Luftkämpfe des Jahres 1944. Ich war, in Vertretung meines Vaters, bei der Eröffnung des Museums dabei, damals im Herbst 1997.

Doch kehren wir zurück zu den Ereignissen an jenem 11. September im Herbst 1944. Als die Restkräfte der II. Gruppe des Jagdgeschwaders 4 aus dem Gemetzel der Luftschlacht zurückkamen, schwer angeschlagen und mit hohen Verlusten, gab es diesmal keine Ehrenrunde eines Kampfflugzeuges um die Marienkirche von Salzwedel, wie sonst immer. Gerda Ammon ahnte Schlimmes. Und ihre Befürchtungen sollten sich bewahrheiten – ihr Mann wurde an diesem Tag in der Nähe von Hildburghausen, zwischen Thüringen und Franken, über dem Ort Hellingen abgeschossen und dabei tödlich verwundet. Der junge Pilot Hans Gerhard Ammon war zwei Monate vorher erst 22 Jahre alt geworden.

Wie Gerda später erfuhr, wurde dieser Teil der Luftschlacht von einem Förster beobachtet. Der Mann sah auch, wie eines der deutschen Jagdflugzeuge abgeschossen wurde und ganz in seiner Nähe abstürzte. Er eilte sofort zur Absturzstelle, um den Piloten aus der schwer zerstörten Maschine zu befreien. Aber die geplante Rettung wurde eine Bergung – der junge Flugzeugführer war bereits tot. Der Förster zog ihn aus der brennenden Maschine, nahm ihn mit sich und bahrte ihn im nahe gelegenen Forsthaus auf. Dann informierte er die Luftwaffe …

Als Gerda die Nachricht vom Tod ihres Mannes erhielt, brach es ihr das Herz. Aber sie wollte ihren Mann unbedingt noch einmal sehen. Doch ihr wurde erklärt, dies sei leider nicht möglich. Ihr Mann habe eine tödliche Schussverletzung am Kopf erlitten, und diesen Anblick wolle man ihr unbedingt ersparen.

Die deutsche Führung und das Militär planten für ihre gefallenen Helden des Luftkampfes vom 11. September überall im Reich große Beerdigungsfeiern. Die für Hans Gerhard Ammon sollte am Sonntag, dem 17. September 1944, auf dem Friedhof von Hellingen stattfinden, dem Ort, an dem er als Kriegsheld gefallen ist. Hellingen war knapp 300 Kilometer von Salzwedel entfernt. Und so wurde Gerda an diesem Tage mit einem Auto der Luftwaffe zur Beerdigung nach Hellingen gefahren, um ein letztes Mal bei ihrem Mann sein zu können und um sich von ihm zu verabschieden. Auf dem Weg dahin begegneten sie einem Luftwaffen-LKW, der auf seinem Tieflader das Wrack einer Focke-Wulf transportierte. Es stellte sich heraus, dass es sich bei den Überresten des Flugzeuges ausgerechnet um die Maschine ihres geliebten Mannes handelte. Das Flugzeugwrack wurde erst jetzt weggefahren, weil es zu gefährlich gewesen war, die Maschine abzutransportieren, bevor die restliche Munition geborgen war. Ein „Sturmbock"- Jagdflugzeug FW 190A-8/R2 hatte etwa 1.600 Schuss Munition an Bord. Da niemand sagen konnte, wie viele Patronen der Pilot davon verschossen hatte, wollte man kein Risiko eingehen. Erst nachdem sich entsprechende Fachleute der Luftwaffe die Wrackteile genau angesehen und die Restmunition entfernt hatten, konnte der Abtransport durchgeführt werden. Man kann sich kaum vorstellen, was in der jungen Frau vor sich gegangen sein muss, als sie die völlig zerstörte Focke-Wulf ihres Mannes mit eigenen Augen ansehen musste. Vor der Zeremonie auf dem Friedhof war der Sarg von Hans Ammon im „schlicht geschmückten Garten des Forstwartes aufgebahrt". Gerda Ammon nutzte die Gelegenheit, vor der Trauerfeier mit dem Förster zu reden, der ihren Hans aus dem brennenden Flugzeug gezogen hatte. Tief in ihrem Herzen hegte sie immer noch die Hoffnung, es sei irgendein anderer Pilot gewesen, der in dem abgeschossenen Flugzeug seinen Tod gefunden hatte. Sie konnte und wollte einfach nicht glauben, dass sie ihren geliebten Mann niemals wiedersehen würde. Mit zitternder Hand legte Gerda dem Förster ein Foto vor, das Hans und einige seiner Kameraden zeigte. Sie bat ihn, sich das Foto genau anzusehen. Der Mann brauchte nur einen kurzen Blick und tippte dann, ohne zu zögern, auf Hans. Für Gerda war somit jede Hoffnung verloren. Sie musste die traurige Wahrheit akzeptieren: Ihr Mann war gefallen.

Die Beerdigung fand am gleichen Tag auf dem Friedhof Hellingen statt. Der Jagdflieger Hans Gerhard Ammon wurde mit militärischen Ehren zu Grabe getragen. Es spielte ein Musikzug der Hitlerjugend. Die Trauerrede hielt in Vertretung des Gauleiters von Thüringen und Reichsstatthalters, SS-Obergruppenführers Fritz Saucke, sein Stellvertreter und Kreisleiter der NSDAP, Hahn. Bei der Zeremonie waren Vertreter des Reiches anwesend und zahlreiche Generäle und weitere hohe Offiziersränge der Luftwaffe, des Heeres und der Leibstandarte SS Adolf Hitler. Rückwirkend zum ersten September des Jahres 1944 wurde Jagdflieger Ammon postum zum Feldwebel befördert und mit dem Ritterkreuz des Eisernen Kreuzes ausgezeichnet.

Seine junge Witwe, Gerda Ammon, war zu diesem Zeitpunkt erst 19 Jahre alt. Und sie war im 5. Monat schwanger …

Feldwebel Hans Gerhard Ammon
geb. 14.7.1922 in Fürth - gef. 11.9.1944
im Luftkampf über Hellingen

II.

Familie Ammon, Familie Lüders und ich

Mittlerweile war es Mitte Januar 1945 geworden, das sechste und letzte Kriegsjahr war angebrochen. Das Deutsche Reich lag ziemlich in Trümmern, und meine Mutter ziemlich ordentlich in den Wehen! Und ihre Hebamme, Ilse Schäfer, hatte ziemliche Panik, denn die als einfach geplante Hausgeburt entpuppte sich doch als ziemlich komplizierte Angelegenheit, ja es konnte sogar lebensgefährlich werden! Und zwar für Mutter und Kind! Knapp 35 Jahre später traf ich meine damalige Hebamme zufällig wieder, und sie erzählte mir, wie es damals war, am 12. Januar 1945, dem Tag meiner Geburt …

Wie ich das Licht der Welt erblickte

Es ging bereits langsam auf die Mittagsstunde zu, an diesem Tag, und die junge Hebamme hatte mit meiner Mutter alle Hände voll zu tun. Aber mehr noch mit mir. Denn es schien, als wollte ich den schützenden Mutterleib einfach nicht kampflos verlassen. Gut, ich wusste natürlich nichts von der fürchterlichen Welt da draußen, vom Krieg, der gerade tobte, vom Elend der Menschen und einer Zukunft für das Land, die wahrscheinlich noch düsterer war, als man sich das derzeit vorstellen konnte. War es intuitiv? War es Eigensinn? Wollte oder sollte ich nicht in das alles hineingeboren werden? Hebamme Schäfer hatte gerade keine Zeit, sich mit solchen Gedanken zu befassen, denn das Leben meiner Mutter und mein Leben standen nun wirklich auf dem Spiel! Es blieb ihr nichts anderes übrig, hier konnte nur noch einer helfen – nein, nicht Gott! Eher einer seiner „Halbgötter in Weiß“, Dr. Rudi Siegel. Er war damals unter anderem auch der Hausarzt der Familie Lüders in Salzwedel. Die Hebamme war erleichtert, als der Arzt etwas später endlich an die Haustür klopfte. Er war mit seinem Auto vorgefahren und machte einen erschöpften Eindruck. Kaum war er zur Tür herein, verlangte er umgehend nach Wasser. Die Hebamme erkundigte sich beflissen, ob es heißes oder nur warmes Wasser sein sollte.

«Nein, nein!», rief Dr. Siegel aus. «Ich brauche dringend *kaltes* Wasser! Ich habe nämlich noch einen mächtigen Kater!»

Es stellte sich heraus, der Arzt hatte die halbe Nacht durchgefeiert und hoffte nun, das Wasser würde seine Lebensgeister wieder wecken. Denn ein klarer Blick und hohe Konzentration waren jetzt echt gefragt, da Dr. Siegel feststellen musste, in was für einer fatalen Lage ich mich befand. Ich hatte mir wohl im Mutterleib die Nabelschnur um den Hals gewickelt. Und das war überhaupt nicht gut, wie Dr. Siegel nebenbei vor sich hinmurmelte. Als der Arzt mich endlich aus dieser misslichen Lage befreien konnte, war ich bereits leicht blau angelaufen. Nun, die „Schlümpfe" gab es damals noch nicht, aber genau so sah ich wohl aus! Hebamme Ilse meinte Jahre später, die blaue Gesichtsfarbe hätte gut zu meinen ziemlich langen, pechschwarzen Haaren gepasst. Wir konnten dann darüber lachen, aber Ilse meinte nur, damals war das alles überhaupt nicht komisch! Doch wie auch immer, ich war endlich auf der Welt. Und es war fünf Minuten vor zwölf – im wahrsten Sinne des Wortes! Somit hatte also mein amtierender Schutzengel schon gleich am Tag meiner Geburt ordentlich zu tun. Und das sollte in meinem Leben noch viele Male passieren …

Wie ich die ersten Tage erlebte und überlebte

Da ich in die Zeit hineingeboren wurde, in der der Zweite Weltkrieg langsam, aber sicher in die letzte Runde ging, war die Kriegsgefahr allgegenwärtig und natürlich nicht geringer geworden. Ganz im Gegenteil! Tägliche Luftangriffe waren die Regel. Und wenn Salzwedel davon auch relativ verschont geblieben war, gab es sie doch. Einer dieser Angriffe der U.S.A.A.F., der United States Army Air Forces, hätte eigentlich mein junges Leben schon im ersten Monat fast beendet. Doch mein Schutzengel konnte das wohl nicht zulassen! Was war passiert? Meine Mutter und meine Großmutter Frieda wollten mit mir am 22. Februar 1945 einen Winterspaziergang machen. Was sie nicht ahnen konnten, war die Tatsache, dass die alliierten Streitkräfte ausgerechnet an diesem Tag ganz andere Pläne hatten. Denn genau jetzt wurde, im Rahmen der „Operation Clarion", einer der größten Luftangriffe über dem Deutschen Reich geflogen. Ziel war es, innerhalb von 48 Stunden möglichst zahlreiche Verkehrsanlagen des Reiches zu zerstören, um die Transport- und Versorgungswege abzuschneiden.

„Clarion" bedeutet so viel wie „klare und laute Stimme". Und genau das war auch der Hintergrund dieser Aktion! Die alliierten Streitkräfte wollten nachdrücklich ihre absolute Luftüberlegenheit demonstrieren und endgültig die Kampfmoral der deutschen Streitkräfte brechen.

Ich lag also bereits im Kinderwagen. Und der stand einsam und verlassen vor dem Haus auf der Straße, denn die beiden Frauen hatten noch kurz im Hausflur zu tun. Dann plötzlich, wie aus heiterem Himmel, kamen die Bomber der Amerikaner und griffen den Bahnhofsbereich an und das am Stadtrand befindliche Industriegelände, auf dem sich auch die Munitionsfabrik befand. Gott sei Dank wurde die Altstadt verschont. Aber einige Bomben schlugen am Bahnhof, in das Flüsschen Jeetze bei „Künzels Wiesen" und in die Munitionsfabrik ein und explodierten! Die Druckwelle war so stark, dass sogar die Eingangstür unseres Hauses zugeworfen wurde. Das Ding war aus mittelalterlicher Eiche und ein wirklich schweres Teil! Alles passierte in kürzester Zeit und traf Salzwedel vollkommen unvorbereitet. Und somit auch meine Mutter und meine Omi. Die beiden Frauen erschraken zu Tode und stemmten sich gegen die Tür. Voller Angst näherten sie sich dem Kinderwagen. Aber siehe da, mein Schutzengel hatte vorbildlich seinen Auftrag erfüllt. Trotz des lauten Knalls der Explosionen soll ich beide angestrahlt haben und war vollkommen unversehrt!

Dazu fällt mir noch eine zweite Geschichte ein. Meine Großmutter hat sie mir später immer wieder erzählt. Zum Ende des Krieges wurde es zunehmend schwerer, die Versorgung der Bevölkerung mit Lebensmitteln aufrechtzuerhalten. Somit war also Eigeninitiative gefordert. Da unsere Familie in Salzwedel und Umgebung einen recht großen Personenkreis umfasste, fand man aber auch hier Wege und Mittel der gegenseitigen Unterstützung. So gab es unter anderem den Onkel Willi, den Bruder meines Großvaters, der mit Tieren handelte und die auch selbst schlachtete. In diesen Zeiten allerdings auf illegale Weise, was natürlich strengste Bestrafungen nach sich zog, wenn jemand dabei ertappt wurde. Aber der Onkel ließ sich glücklicherweise eben nicht erwischen! Allerdings stand die Frage im Raum, wie sollte man das Ausgangsprodukt für frische Wurst und schmackhaftes Kotelett die paar Kilometer nach Hause transportieren? Und vor allem unbemerkt! Aber da meine Omi Frieda eine ziemlich aufgeweckte Person war, fand sie natürlich einen Weg. Hauptdarsteller in der Verwirklichung ihrer Transport-Idee waren ihr Enkel und sein Kinderwagen. Das Ganze sollte so ablaufen: Ich, der kleine Hans-Gerhard, wurde in den Kinderwagen gelegt. Und unter mir, quasi auf der „zweiten Ebene“, sollte das zerlegte halbe Schwein untergebracht werden. Natürlich sauber und hygienisch verpackt. Ein perfekter Plan! Nur hatte man nicht mit den feinen Nasen hungriger Hunde aus der Umgebung gerechnet. Jedes Mal, wenn meine Großmutter von ihren Lebensmittel-Transporten erfolgreich zurückkehrte, folgte ihr stets eine ganze Meute dieser Vierbeiner. Das war ja super unauffällig! Dann, zu Hause angekommen, wurde Wurst gemacht und Brühe hergestellt. Denn wir hatten oben im Dachgeschoß eine riesige Räucherkammer. Aber damit die Nachbarn nichts von unseren Selbstversorgungs-Angelegenheiten mitbekommen konnten, wurden vorher im Haus alle Fenster fest verschlossen und alle möglichen Ritzen unter den Türen abgedichtet. Das war gut gedacht, aber leider völlig sinnlos! Denn natürlich hingen zu diesen „Räucher-Zeiten" alle möglichen Nachbarn aus den Fenstern, um herauszubekommen, woher wohl diese wunderbaren Gerüche kamen. Aber wie auch immer, das Wichtigste war, unser Bedarf an Fleisch und Wurst konnte so relativ gut gedeckt werden.

In den letzten Kriegstagen war also wieder einmal ein Besuch beim Onkel geplant, denn wieder sollte es vom Selbstgeschlachteten geben. Auch diesmal wartete eine halbe Schweinehälfte auf uns! Also machten sich meine Mutter und meine Oma Frieda, mit mir im Kinderwagen, wie immer auf den Weg. Dann, an der Ritzer Brücke, passierte es. Die zwei Frauen hatten gerade die Brücke überquert, als meine Oma als Erste die beiden amerikanischen Jagdflugzeuge am Himmel bemerkte, die genau auf uns zuflogen. Sie flogen vorbei, drehten eine Kurve und kamen zurück. Kurz bevor das Rattern der Bordkanonen zu hören war, hatte meine Oma meine Mutter und mich bereits von der Straße gejagt. Wir drei suchten Schutz hinter einem Apfelbaum im Straßengraben. Der Kinderwagen stand allein und verlassen auf der Straße. Und die amerikanischen Piloten nahmen ihn unter Beschuss! Das muss man sich vorstellen: Piloten machten Übungsschießen auf einen Kinderwagen und nahmen dabei in Kauf, dass sich darin ein Kleinkind befinden könnte!

Wenn Jahre später einmal die Rede auf diese Zeit kam, erklärte ich meinen „alten" Kampfgefährten und Verwandten ironisch, dieses Vorkommnis würde ja wohl eindeutig beweisen, ich muss, selbst als Baby, bereits Mitglied der kämpfenden Truppe gewesen sein! Sonst hätte mich der Feind wohl kaum beschossen! Damit war ich also damals schon ein richtiger Kämpfer und nicht, wie so manch anderer aus meiner Familie, irgend so ein Etappen-Hengst, der sich in irgendeinem Büro, weit weg vom Schuss, den Hintern breitgesessen hatte! Die darauf folgenden, empörten Kommentare meiner männlichen Verwandtschaft nahm ich dann nur grinsend zur Kenntnis!

Übrigens, der zerschossene Kinderwagen war noch viele Jahre weit hinten in der Ecke auf dem Dachboden unseres Hauses in Salzwedel zu finden. Ich meine, ich war ja noch viel zu klein, um überhaupt nur ansatzweise begreifen zu können, was damals so um mich herum passierte. Aber vielleicht waren auch dieses Erlebnis und die tödliche Verwundung meines Vaters durch die Amerikaner Gründe dafür, dass ich in meinem gesamten Leben nie so recht mit Amerika warm werden konnte und es auch gar nicht wollte!

Trotz dieses gefährlichen Zwischenfalls an der Brücke ging das Leben weiter. Musste es auch! Später wurde ich in Salzwedel in der Marienkirche getauft. Am gleichen Ort, an dem meine Eltern 1943 getraut worden waren. Da hatte ich also nun mein erstes Zusammentreffen mit der evangelischen Kirche. Und auch gleich einen kleinen Zwischenfall mit dem Superintendenten v. Sauberzweig. Denn als der mir das geweihte Wasser über den Kopf laufen ließ, reagierten meine Reflexe schon ziemlich perfekt: Mein kräftiger Urinstrahl war zwar zufällig, aber trotzdem genau gesetzt, und ich traf ihn mit meinem „geweihten Wasser" mitten ins Gesicht! An dieser Stelle muss ich sagen, die meisten Vertreter Gottes und ich sollten nie richtig gute Freunde werden, wie sich später noch zeigen sollte! Allerdings gab es auch Ausnahmen, was ja angeblich die Regel bestätigt!

Wie ich meine Familie kennenlernte

Kommen wir jetzt erst einmal zu meiner Familie. Mein Vater hatte seine Wurzeln in Fürth-Nürnberg, im Fränkischen. Und hierbei ist es wichtig, dass man „fränkisch" sagt und nicht „bayerisch"! Denn die Franken hören es nicht besonders gern, wenn man zu ihrer Heimat „Bayern" sagt. Selbst wenn Franken tausendmal in Bayern liegt! Darum zum Beispiel fährt man als echter Franke auch keinen BMW! Lieber einen MERCEDES – auch wenn der nicht aus Franken stammt. Aber besser *so* als anders! Und da in meinen Adern teilweise fränkisches Blut fließt, hielt ich diese Tradition stets hoch und in Ehren – ich hatte nie in meinem Leben einen BMW! Mein geliebter Onkel Heiner, ein richtig fränkisches Urgestein, würde sich auch im Grabe umdrehen!

Doch zurück zur Familie Ammon aus Fürth. Mein Vater hatte seine Eltern schon frühzeitig verloren. Sein Vater verstarb 1930 an den Folgen einer Lungenschuss-Verletzung, die er sich im Ersten Weltkrieg zugezogen hatte. Die Mutter meines Vaters folgte ihrem Mann vier Jahre später. Ich kann mich nicht mehr erinnern, was man damals sagte, woran sie verstorben war. Ich weiß nur, mein Vater war gerade mal zwölf Jahre alt, da wurde er zur Vollwaise. Nunmehr nahm Hans Lindner, der Onkel meines Vaters, die Vormundstelle ein. Übrigens war er auch später mein Vormund, da meine Mutter am Tage meiner Geburt noch keine 21 Jahre alt und somit nach dem deutschen bürgerlichen Gesetz nicht volljährig war. Ja, die Deutschen waren immer schon ein sehr genaues und gesetzestreues Volk!

Die Familie Ammon bestand zum einen Teil aus sehr vermögenden Kaufleuten, zum anderen Teil aus erfolgreichen Handwerkern. So war meine Tante Friedl, die Schwester meines Vaters, mit Andreas Hannebaum verheiratet. Die beiden waren Besitzer eines großen und bekannten Trachtengeschäfts und Modehauses in Fürth-Nürnberg, des Hauses „Gast & Hannebaum". Sie führten ein großbürgerliches Leben und wohnten in einer imposanten Villa. Als meine Tante Friedel um das Jahr 2000 herum verstarb, bekam ich als alleiniger Erbe eine „nette finanzielle Zuwendung" im umgerechnet hohen sechsstelligen Euro-Bereich! Das war auf jeden Fall sehr angenehm, gerade in Bezug auf meine geschäftlichen Aktivitäten zu dieser Zeit und die damit verbundenen zusätzlichen Sicherheiten!

Meine anderen fränkischen Verwandten waren Tante Gretel, die Halbschwester meines Vaters, und ihr Mann, Onkel Heiner. Sie war Sekretärin im „Fürther Schlachthof", er ein fleißiger Handwerker und, wie gesagt, selbst ein fränkisches Urgestein! Da die beiden sowieso immer nett und freundlich waren und unser ziemlich großes Haus im Fürther Scherbsgraben bewohnten, das einen wunderbaren und weitläufigen Garten hatte, war ich dort oft und gerne als Kind zu Besuch. Dieses Haus hatte eigentlich mein Geburtshaus werden sollen, aber die Kriegszeit und all die Widrigkeiten, die damit verbunden waren, hatten verhindert, dass seinerzeit meine Mutter mich dort zur Welt bringen konnte. Ich fand Tante Gretel und Onkel Heiner immer großartig, zumal es stets Geschenke gab und die zwei viel mit mir unternahmen, wenn ich zu Besuch war.

Ich erinnere mich an eine ganz wunderbare Geschichte, die ich dort erlebt habe. Unter der Treppe gab es einen kleinen Schuhkarton, in dem sich Schokolade befand. Und das für mich Erstaunliche war, diese Kiste wurde niemals leer! Ich konnte mir das gar nicht erklären, aber Tante Gretel meinte dann immer geheimnisvoll, diese Kiste wäre eben ein Zauberkasten! Und Zauberkästen würden niemals leer werden! Stimmte ja auch, denn egal, wie oft und wann ich da die leckersten Schokostücke herausnahm, es waren am nächsten Tag wieder welche drin! Das fand ich sehr beeindruckend. Onkel Heiner war da mehr der Mann fürs Abenteuer und verantwortlich für alle Arten von Bespaßung! Der ging mit mir zum Angeln und zum Baden in die Pegnitz. Wir ließen im Wiesengrund Drachen steigen und waren eigentlich fast den ganzen Tag draußen, um immer irgendwas Interessantes anzustellen. Und wenn wir dann wieder zu Hause waren, freuten wir uns auf die „Brotzeiten" und hauten kräftig rein! Wenn ich dann meine fettigen Hände an einer Serviette abwischen wollte, lachte mich Onkel Heiner aus und meinte nur, Servietten wären ein Schmarrn, dafür hätte man schließlich die Lederhose! Und wirklich, ich bewunderte die wie eine Speckschwarte glänzende Lederhose meines Onkels! Das Ende vom Lied war, ich machte es genauso, wischte meine Hände auch an der Hose ab und freute mich schon auf den Tag, wenn sie genauso glänzen würde wie seine! Was wiederum meine andere Tante, die Tante Friedl, fast zur Weißglut brachte, wenn ich mit meiner neu-speckigen Lederhose bei ihr auftauchte. Tante Friedl war eben eine vornehme Dame, die großen Wert auf ein gepflegtes und sauberes Aussehen legte! Meine Erwiderung, der Onkel Heiner würde doch aber auch so rumlaufen, wischte sie nur mit einer Handbewegung vom Tisch: «Dein Onkel Heiner ist ja auch ein altes Dreckferkel! Und ein Prolet!» Ich wusste nicht, was ein Prolet war, aber es musste etwas Gutes sein, weil es mit Onkel Heiner zu tun hatte! Doch alle Reden halfen nichts, Tante Friedl nahm mich bei der Hand und führte mich ins Trachtengeschäft. Dort bekam ich flugs eine neue Beinkleidung aus Leder angezogen. Dann schickte mich Tante Friedl wieder ins reale Leben, mit dem Hinweis, in Zukunft besser mit meinen Sachen umzugehen. Für fettige Hände gäbe es eben die Erfindung der Serviette, und die solle ich gefälligst benutzen! Ich nickte nur, wusste aber, die speckigen Lederhosen meines Onkels waren viel interessanter als diese nagelneuen Dinger, frisch aus dem Laden! Trotzdem oder gerade deshalb genoss ich einen der Vorteile, die mir meine Familie in Fürth bot, besonders gern, denn beide Familien in Fürth hatten keine eigenen Nachkommen.

Das war in Salzwedel ein wenig anders. Die Lüders hatten über meinen Onkel, den Bruder meiner Mutter, später einen Sohn und eine Tochter, die ich dann als älterer Cousin ab und an im Winter auf dem Rabenberg im hohen Schnee auf dem Schlitten durch die Gegend zog. Trotzdem war ich wohl überall der Hahn im Korb und der kleine blonde Sonnenschein, den es stets von allen Leuten zu verwöhnen galt! Ja, diese Zeit war einfach wunderbar!

Ich muss noch einmal einen Ausflug in die Vergangenheit machen. In der Vorkriegs- und während der Kriegszeit gab es einen Aspekt, der aus heutiger Sicht etwas verwunderlich scheinen mag, zur damaligen Zeit allerdings wohl ziemlich verbreitet war: Die Hälfte der Familie meines Vaters in Franken sympathisierte mit den Kommunisten, der andere Teil war stark nationalsozialistisch geprägt, wie ja mein Vater selbst auch. Allerdings muss man sagen, dass der eine Teil meiner Verwandten an die Art von Nationalsozialismus glaubte, der ein echter nationaler Sozialismus sein sollte, also ein soziales Leben für und mit der deutschen Nation! Und nicht von der Art, wie sie dann unter Hitler und seinen Gefolgsleuten geschaffen und praktiziert wurde!

Onkel Hans, der Glasermeister, war Mitbegründer der Kommunistischen Partei in Bayern. Gleich nach der Machtergreifung 1933 wurde er eingesperrt und kam später ins KZ Buchenwald. Dort blieb er inhaftiert bis zur Befreiung des Lagers im April 1945 durch die US-Armee.

Eine Sache soll in dem Zusammenhang nicht unerwähnt bleiben, und ich muss sagen, dass diese Tat meines Vaters ihn in meinen Augen zum Helden machte: Mein Vater hatte als Mitglied der „Leibstandarte SS Adolf Hitler“ seine Vereidigung, den sogenannten Führereid, auf genau jenem Ettersberg am Stadtrand von Weimar, auf dem sich das KZ Buchenwald befand. Als sein Vormund, Onkel Hans, später dort eingesperrt war, kam es zu einem fast unglaublichen Ereignis für die damalige Zeit! Einem mutigen, wie auch äußerst gewagten Vorfall: Mein Vater bat bei seinen Vorgesetzten darum, dass Onkel Hans im KZ Erleichterungen in der Haft und auch Schutz gewährt werden sollte. Er war als Gegenleistung dazu bereit, sämtliche seiner hohen Kriegsauszeichnungen zurückzugeben, wenn man seinem Wunsche entsprechen würde. Von so viel Mut, Volksgemeinschaftswillen und Familiensinn angetan und beeindruckt, wurden erstaunlicherweise von leitender Stelle der SS Onkel Hans Hafterleichterungen gewährt. Ja, es ging sogar so weit, dass mein Vater alle seine im Kampf erworbenen Auszeichnungen behalten und auch weiterhin tragen durfte.

Nach seiner Befreiung und der Rückkehr in sein geliebtes Franken machte Hans Lindner nach Beendigung des Krieges eine steile Karriere mithilfe der Alliierten, in seinem Fall durch die Amerikaner. Da er ein bekannter und begnadeter Glasermeister war, erhielt er schnell die Hauptverantwortung für die Instandsetzungen der Kirchen in Mittelfranken. Da gab es wirklich sehr viel zu tun! Um alle damit verbundenen Aufgaben und Arbeiten erfüllen zu können, bekamen er und seine Frau ihr großes Grundstück in Fürth zurück. Und es ging sogar so weit, dass das Herrenhaus und die beiden dazugehörigen imposanten Scheunen mit allem eingerichtet wurden, was Onkel Hans für seine Arbeit benötigte. So zum Beispiel, um die Bleiverglasungen der großen Kirchenfenster wieder instand setzen zu können. Alles in allem hatte er jetzt eine Aufgabe erhalten, die nicht nur sein ganzes fachliches Können beanspruchte, sondern auch finanziell eine wahre Goldgrube war!

So viel erst einmal zu Fürth. Aber da gab es ja auch noch die Familie meiner Mutter in der Altmark. Die Lüders waren seit jeher eine Kaufmanns- und Handwerkerfamilie, stets in Salzwedel beheimatet und mit vielen Kontakten, Freundschaften und familiären Verbindungen, auch über die Stadtgrenzen hinaus.

Ich verbrachte die meiste Zeit meiner Jugend in Salzwedel, bei meinen Großeltern. Heute würde man mein Geburtshaus, genau neben dem kleinen Flüsschen Jeetze liegend, wohl als Mehr-Generationen-Haus bezeichnen. Denn dort lebten meine Urgroßmutter, meine Großeltern und meine Mutter mit mir, meist glücklich und zufrieden, zusammen unter einem Dach. Übrigens, mein Geburtshaus dort in Salzwedel an der Königsbrücke, in der Altperverstraße mit der Hausnummer 12, steht

Mein Geburtshaus vor dem Verfall

heute noch, ist allerdings in einem bemerkenswert schlechten Zustand. Es teilt somit das Schicksal zahlreicher Häuser in der Altstadt, wo immer noch eine ganze Reihe ehemaliger prunkvoller Gebäude darauf wartet, endlich aus ihrem Dornröschenschlaf erweckt zu werden. Eine solche Wiedererweckung wäre auch wirklich sinnvoll, da diese Gegend historisch äußerst interessant ist! Dort

residierten die Bierbrauer und die Tuchmacher, die einflussreichste Zunft zu Salzwedel. Hier tobte, in den Jahren der „Hohen Zeit der Hanse“ um 1487/88, der sogenannte „Bierkrieg“, nachzulesen in dem gleichnamigen Buch von Tom Wolf. Für mich war dieses Buch wie eine Reise in die Vergangenheit! Wenn man selbst von dort stammt, kennt man ja alle Orte und Gegenden, die da beschrieben werden! Und das ist so spannend erzählt, man kommt sich vor, als wäre man selbst dabei gewesen!

Meine Familie in Salzwedel war mit ihrer Heimatstadt eng verbunden. So war beispielsweise mein Urgroßvater, Opa Baumann, angestellt als „Städtischer Straßenbaumeister“. Und wenn man heute durch Salzwedel geht, kann man immer noch seine kreisförmigen und mit Ornamenten gepflasterten Gehwege bewundern. Die haben nicht nur den letzten Weltkrieg überlebt, sondern auch 40 Jahre DDR überstanden! Und das war gar nicht so einfach, wurde ja zu diesen Zeiten nicht viel in Instandhaltung oder Neubau von Gehwegen investiert, zumindest nicht in Salzwedel! Es zeigt sich also, mein Urgroßvater war ein Mann, der sein Handwerk absolut beherrschte und stets nur Qualitätsarbeit abgeliefert hat!

Meine Urgroßmutter väterlicherseits hatte da eine ganz anders geartete Form der Beschäftigung gefunden, neben ihrer eigentlichen Arbeit als Kauffrau. Sie war nämlich so etwas wie eine „Kräuterhexe“. „Oma Schermer“, wie sie von uns genannt wurde, war eine verwitwete Lüders. Sie verstand und berief sich immer auf ihre Fähigkeiten des Kennens und Anwendens der Naturheilung und des Besprechens von Krankheiten, genannt: Böten. Heute würde sie da wahrscheinlich genau hineinpassen, in die weitverbreitete neue Art der alternativen Heilungen von Patienten aller Couleur! Nun muss man dazu wissen, dass in der Altmark der Glaube an übersinnliche Kräfte von alters her sehr weit verbreitet war. Zahlreiche Bräuche und Rituale sind generationsübergreifend erhalten worden. Und teilweise werden sie auch heute noch gepflegt, sodass etliche

Pastoren sich immer wieder über ihre „heidnischen Schäfchen" echauffieren. Und auch die Osterfeuer waren und sind ein Dorn im Auge vieler Würdenträger! Doch egal, Uroma Schermer jedenfalls beherrschte also die Fähigkeit, Krankheiten zu besprechen und hielt viel von dieser Heilungsart. Ich weiß, das Wort „Böten" stammt aus dem mittel-elbischen Sprachgebrauch und hat zu tun mit dem Willen, der Kraft, der Schuldbefreiung von Sühne und eben des Betens. Meine Uroma Schermer tat dies alles stets mit großer Ehrfurcht und einer strengen Beharrlichkeit. Und so brachte sie es zuwege, doch einer ganzen Reihe von Menschen und Tieren zu helfen und zum Beispiel zahlreiche „Patienten" von Gürtelrose zu befreien, indem sie diese Erkrankung erfolgreich vertrieb. Auch bei mir wurde sie so helfend tätig, was meiner Großmutter wiederum gar nicht gefiel! Sie räsonierte oft darüber, ob ich auch solche Fähigkeiten hätte, denn die Behandlung hätte ja angeschlagen. Vielleicht komme es auch daher, dass man an so etwas glauben müsse, damit es funktioniert. Auch wenn ihr das nicht gefallen würde, wenn dem so wäre bei mir, ändern könnte man es dann sowieso nicht! Auch wurde gerne hinter vorgehaltener Hand über Uroma fabuliert, sie hätte das *7. Buch Moses* in ihrem Besitz! Ich fand das als Kind kolossal interessant und spannend und dachte manchmal, vielleicht würde ich dieses Buch einmal erben! Heute bin ich heilfroh, dass dieser Kelch an mir vorübergegangen ist und ich davon verschont geblieben bin. Ich fühlte mich selbst nie für solche Sachen berufen oder gar dafür, ein Auserwählter zu sein! Natürlich ist das eine interessante Geschichte, nicht durch Tabletten oder andere medizinische Produkte geheilt zu werden, sondern wirklich nur durch die Kraft des Wortes! Schon klar, dass mancher das als Teufelszeug betitelt! Und auch die Jungs und Mädels der Pharmaindustrie nicht viel für diese Art von Gesundheitsvorsorge übrighatten und bis heute auch nicht haben!

Die andere Uroma, die in Franken, hatte Fähigkeiten auf einem ganz anderen Gebiet, und die waren für mich viel interessanter: Sie konnte nämlich wunderbar Märchen erzählen und von allen möglichen Sagen aus aller Herren Länder berichten. Ich kleiner Steppke fand dabei besonders faszinierend, wie sie diese Märchen fantasievoll mit ihrer eigenen Sicht auf die Dinge noch spannender gestaltete!

Und dann war da ja in der Altmark auch noch mein Großvater, der Opa Max Lüders. Er hatte bis dato auch eine sehr bewegte Lebensgeschichte hinter sich und erzählte oft und gerne davon.

Max Lüders war schon in jungen Jahren politisch sozialdemokratisch orientiert. Doch schnell wechselte er dann zu den Kommunisten und deren Ideologien. So war er Mitte der 20er-Jahre des vorigen Jahrhunderts eine Weile in Hamburg. Und dort im Dunstkreis von Ernst Thälmann, dem damaligen Vorsitzenden der Kommunistischen Partei Deutschlands. Opa Max war Mitglied des „Roten Frontkämpfer-Bundes", einer Art paramilitärischer Schutztruppe der KPD. Dieser Kampfverband wurde Anfang Mai 1929 durch den preußischen Innenminister verboten. Da man in den folgenden Jahren von staatlicher Seite Max Lüders immer argwöhnisch beobachtete und stets ein Auge auf ihn hatte, mag es wenig verwundern, dass er zu Kriegsbeginn zum „Strafbataillon 999" eingezogen wurde. Die Einsätze dieser Division waren zum größten Teil Himmelfahrtskommandos - selten ungefährlich, dafür jedoch oftmals tödlich! Doch sein organisatorisches Talent und seine Fähigkeiten, alles Mögliche und Unmögliche auf die Beine zu stellen, brachten Max Lüders eine weniger gefährliche Tätigkeit ein, denn er wurde Schirrmeister bei den Fallschirmjägern.

Aber auch bei der Truppe war es alles andere als ungefährlich! Er war bei der Eroberung der Insel Kreta in der zweiten Welle mit dabei. Und nahm mit der 1. Fallschirmjäger-Division unter Generalleutnant Richard Heidrich an den Kämpfen teil, die auf dem italienischen Kriegsschauplatz um den Berg „Monte Cassino" tobten. Das Ganze betraf die sogenannte „Gustav-Linie", die deutsche Verteidigungslinie quer über das italienische Festland, von Küste zu Küste und durch das Gebirge der Apenninen. Der Kampf um Monte Cassino dauerte von Januar bis Mai 1944. Den 135.000 deutschen Verteidigern standen knapp 240.000 alliierte Kämpfer gegenüber. 75.000 Soldaten auf beiden Seiten fielen bei den Kämpfen dieser Schlacht. Opa Max hatte ein Riesenglück, dass er da lebend herauskam! Wenn das Gespräch später mal auf die Schlacht bei Monte Cassino kam, meinte er immer lächelnd, er hätte da eine gute Überlebenstaktik gehabt und angeblich zu den anderen gesagt: «Sei nicht feige, Kamerad, lass mich mal hintern Baum!» Er hatte sowieso für alle Lebenslagen lockere Sprüche parat! Wenn ich zum Beispiel mal mit einer schlechten Zensur nach Hause kam, sagte er immer zu mir: «Jetzt sei mal nicht traurig. Die Drei ist die Eins des kleinen Mannes!»

Jedenfalls kehrte Opa Max nach Kriegsende unversehrt nach Hause und zu seinen alten politischen Ansichten des Kommunismus zurück. Allerdings gab es dann in der „Sowjetischen Besatzungszone" ein Ereignis, das ihn mit den Idealen des Kommunismus in Deutschland radikal brechen ließ. Es war der Zusammenschluss von KPD und SPD zur SED im April 1946! Mein Opa Max war schon erbost über den damaligen Verrat der SPD vor der Machtergreifung Hitlers. Er meinte, wenn es damals, Anfang der 1930er Jahre, eine Einheitsfront gegeben hätte, Hitler wäre dem deutschen Volk und der gesamten Welt erspart geblieben! Das war wohl doch eine ziemlich gewagte These! Aber wie dem auch sei, nunmehr widerstrebte ihm, dass es jetzt die Kommunisten waren, die Verrat begingen, weil sie mit der „Verräter-Partei von einst", mit der SPD, plötzlich gemeinsame Sache machen wollten, dass er sich komplett abwandte und von Anfang an nichts mit der SED zu tun haben wollte. Ihm wurde sogar einmal angeboten, Bürgermeister von Salzwedel zu werden. Doch davon wollte er nichts wissen, schon gar nicht unter Leitung und Kontrolle der SED. So wurde Opa Max dann notgedrungen eine Art „Euro-Kommunist", der hoffte, man würde sich in Europa auf die Werte und Tugenden des wahren und echten Kommunismus besinnen. Glücklicherweise fand er keine Gefährten, die diesen Weg mit ihm beschreiten wollten, die „EU" sollte ja erst viele Jahre später gegründet werden! Also zog sich Max Lüders völlig aus der Politik zurück und wurde wieder ein ganz einfacher Handwerker. Und er war verdammt gut in seinem Beruf! Er hatte drei Gesellenbriefe, für Elektrik, Gas und Wasser und fürs Tischlereihandwerk und arbeitete wirklich bis zu seinem 80. (!!) Geburtstag als Betriebshandwerker. Ich war immer stolz auf meinen Opa Max. Das war aber auch kaum verwunderlich, denn er unternahm mit mir die verrücktesten Dinge, als ich noch ein kleiner Bengel war. Er war sozusagen meine Vater-Ersatz-Figur. Mit seinen knapp „50" war ja Opa Max damals auch noch nicht *sooo* alt, Anfang der 1950er-Jahre!

Später, als er dann wirklich alt war, hätte er in ein Altersheim gehen sollen. Das muss so um 1986 herum gewesen sein. Leider gab es da große Probleme mit seiner damaligen Lebenspartnerin, denn Opa bekam Krebs. Unter den Umständen war in diesem Haushalt für meinen geliebten Großvater kein behüteter Lebensabend mehr möglich. Da ergriffen meine Frau Iris, meine Mutter und ich die Initiative und fuhren zu dritt nach Salzwedel. Ich besorgte mir umgehend einen Termin beim damaligen Bürgermeister zu einem klärenden Gespräch, denn das war ich meinem Großvater schuldig! Und siehe da, mein Opa Max fand umgehend sozusagen im „ersten Haus am Platze" eine kleine gemütliche Bleibe, in der er die restliche Zeit bis zu seinem Tod sorglos verbrachte. Wir alle kümmerten uns um ihn. Er war zu den Feiertagen entweder bei uns oder bei meiner Mutter in Westberlin. Und wenn wir ihn in Salzwedel besuchten, war er stets glücklich, uns zu sehen.

Bei seiner Beisetzung gaben ihm viele seiner ehemaligen jungen Kollegen das letzte Geleit. Ihnen sei noch heute Dank gesagt für diese Ehrung. Ich weiß, das hätte ihm viel bedeutet!

Jetzt will ich aber auch nicht meine Omi Frieda vergessen, die Frau von Opa Max. Ich nannte sie immer „Omi Frieda". Besonders in den schweren Zeiten der letzten Kriegstage stand sie meiner Mutter mit Rat und Tat zur Seite. Da meine Mutter selbst noch sehr jung und nunmehr nach dem Tod meines Vaters - heute würde man sagen - alleinerziehend unterwegs war, nahm sie selbstverständlich die Hilfe und Unterstützung ihrer Mutter dankbar an.

Die Frauen in meiner Familie waren sowieso stets hilfsbereit und sorgten sich immer viel um andere. Besonders um Menschen, denen es richtig dreckig ging! Es gab in der Gardelegener Straße, auf dem Gelände der ehemaligen Düngemittelfabrik, der „Chemiebude", wie die Salzwedeler sagten, seit 1942 ein Lager für Zwangsarbeiterinnen. Im Sommer 1944 wurde daraus das „Außenlager Dora Salzwedel", ein Frauenlager des KZ Neuengamme. Die meist jüdischen Gefangenen, etwa 1.500 Frauen unterschiedlicher Nationalitäten, mussten für die „Draht- und Metallfabrik Salzwedel" in Zwölf-Stunden-Schichten Schwerstarbeit bei der Munitionsherstellung verrichten. Als am 14. April 1945 die 9. US-Armee das Lager befreite, waren dort knapp 3.000 Frauen zusammengepfercht. Sie waren aus anderen Konzentrationslagern vor den anrückenden Alliierten hierher nach Salzwedel transportiert worden.

Aber was ich eigentlich erzählen wollte, mein Großvater war in der „Chemischen Reinigung, Wäscherei und Färberei Dammann-Altmann" in der Altperverstraße als rechte Hand des Chefs angestellt und hatte in der Nummer 12 eine Betriebswohnung. Auch in dieser Reinigungsfirma mussten zur Kriegszeit Zwangsarbeiterinnen schuften. Diese Frauen wurden von meiner Urgroßmutter und meiner Großmutter immer heimlich mit Essen versorgt. Das war natürlich strengstens verboten und absolut gefährlich. Solcherlei Aktionen hätten sofort mit standrechtlicher Erschießung enden können!

Aufgrund dieser Tat, hungernden Menschen Essen zu geben, war das Haus der Lüders nach dem Krieg sozusagen „beschütztes Gebiet“. Meinen Großeltern und uns passierte zukünftig nichts, ihnen wurde nichts weggenommen, sie wurden weder bestohlen noch enteignet oder sonst irgendwie drangsaliert. Ganz im Gegenteil - wie mir später berichtet wurde, verkehrte sogar ein amerikanischer Captain oft bei uns. Was dann auch dafür sorgte, dass wir ausreichend Lebensmittel aus den Beständen der amerikanischen Besatzer bekamen. Der Captain wollte sogar später meine Mutter, und damit wohl auch mich, mit nach Amerika nehmen. Na, Gott sei Dank, kam es nicht dazu! Das wäre ja auch noch schöner gewesen! Ich meine, ich war damals noch viel zu klein, um diese ganzen Sachen auch nur annähernd zu begreifen. Aber aus späterer Sicht war mir schon klar, ich wäre mit größter Wahrscheinlichkeit kaum in Amerika geblieben. Schon aufgrund der Tatsache, dass Amerikaner meinen Vater getötet hatten und ich mich im Krieg in meinem Kinderwagen zweimal im Fadenkreuz von Angriffen amerikanischer Piloten befunden hatte!

Ich weiß ja nicht, welche himmlischen Beschützer da wieder die Hände mit im Spiele hatten, aber die Auswanderungspläne des amerikanischen Offiziers-Freundes zerschlugen sich sehr flink, da im Juli 1945 die Amerikaner das Gebiet der Altmark westlich der Elbe räumten, um es zukünftig der sowjetischen Kontrolle zu überlassen. Denn genau so hatte es Anfang Juni 1945 in Groß-Berlin der Alliierte Kontrollrat beschlossen. Also rollten dann einige Tage später russische „Panjewagen“ (zweiachsige kleinrahmige Holzwagen, die einspännig von Panje-Pferden gezogen wurden) und Militärfahrzeuge durch die Stadt, die ebenso wie die Amerikaner einen Stern trugen. Nur war der jetzt rot und nicht mehr weiß. Die neuen sowjetischen Besatzer wollten sich darum kümmern, schnell wieder ein halbwegs funktionierendes Leben in der Stadt zu organisieren. Doch das war alles andere als einfach, denn es fehlte an allem und jedem! Nur eines funktionierte erstaunlicherweise ziemlich gut: die Versorgung mit Lebensmitteln. Und das bis hinein in die 50er-Jahre! Wieso? Ganz einfach, die Leute konnten von ihren Hortungen an allerlei Dingen des täglichen Bedarfs und Lebensmitteln halbwegs über die Runden kommen. Das sogar noch von Beständen aus Kriegstagen! Wie das überhaupt möglich war? Die Antwort ist ganz einfach: Die Altmärker Bauern waren schon immer vermögend. Es gab in der Altmark sehr gute Bedingungen für alle landwirtschaftlichen Zweige der Tierhaltung und Pflanzenproduktion. Und die Menschen waren ein fleißiges, sparsames Völkchen. Außerdem gab es ja noch den sogenannten „Schwarzen Markt“. Kurze Erklärung: Nach dem Krieg war die Versorgung schon schwierig, denn für den Erwerb von Lebensmitteln und Gütern des täglichen Bedarfs musste man Lebensmittelkarten vorlegen. Und dafür gab es in den Geschäften zwar legal, aber dennoch nur in geringen Mengen solcherlei Sachen zu bekommen. Also musste man andere Formen der Versorgung finden. Und es bildeten sich die „Schwarzen Märkte“. Dort konnte man alles erhalten und tauschen. Nur eben stark überteuert oder gegen Zigaretten. Zigaretten waren sowieso die beste Währung jener Zeit. Die polizeilichen Kräfte, im Einsatz im Auftrag der sowjetischen Besatzer, konnten versuchen, diese Märkte durch Razzien oder Verhaftungen aufzulösen. Es war sinnlos, die Märkte bildeten sich immer wieder und ziemlich schnell. Unmengen an Schmuck, Uhren, Möbeln, wertvollen Teppichen und Bekleidungsstücken, Pelzen und allerlei anderen wertvollen Dingen wurden gegen Lebensmittel getauscht. Salzwedel war im Krieg kaum zerstört worden, somit gab es auch noch die Einkaufsstraßen von einst. Nur dass man da kaum etwas zu kaufen bekam! Erst nach der Währungsreform in Deutschland, im Sommer 1948, konnte die

Versorgung der Bevölkerung in der sowjetisch besetzten Zone und in Groß-Berlin langsam verbessert werden. Aber es brauchte noch viele Jahre, ehe sich die Lage der Menschen spürbar verändern sollte ...

III.

Meine Kindheit

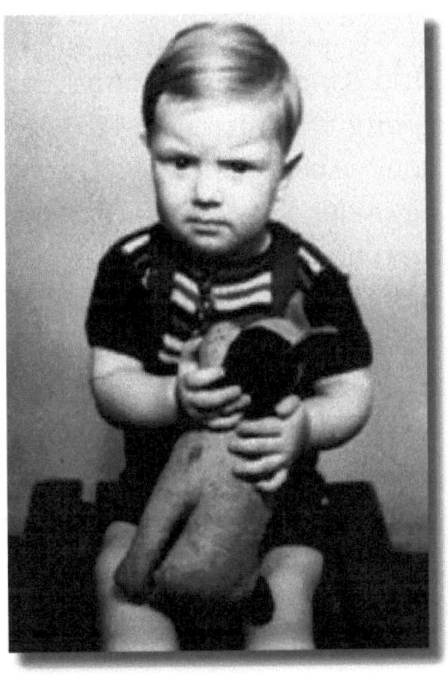

Meine Kindheit war einfach eine wunderbare Zeit! Ich verlebte sie meistens bei den Großeltern in Salzwedel. Omi Frieda, geborene Baumann, verheiratete Lüders, war in unserem, mittlerweile „Vier-Generations-Haus", die absolute Chefin im Ring! Die zierliche und zarte Person war stets freundlich und sehr herzlich. Doch man sollte sich nicht täuschen lassen und schon gar nicht Freundlichkeit mit Schwäche verwechseln! Denn wenn es sein musste, konnte Omi auch ganz andere Saiten aufziehen! Das war allerdings höchst selten nötig, denn sie hatte ihre Männer im Haushalt alle fest im Griff! Außer mich, denn ich hatte einen „Sonderstatus"! Und wie sagt das Sprichwort so schön? „Viele Ausnahmen verderben die Regel!" Aber im Großen und Ganzen wussten wir alle schon ganz genau, was gehauen und gestochen war!

Wie ich so die Jahre um 1950 herum erlebte

Da ich noch klein war, muss ich mich auf das verlassen, was man mir so erzählt hat, aus den Zeiten der beginnenden 1950er-Jahre. Für uns Kinder war der hinter Deutschland liegende Krieg kein Thema. Wir verstanden sowieso viel zu wenig von dieser Zeit. Ja, man kann sagen, eigentlich überhaupt nichts! Und Kinder vergessen ja auch sehr schnell. Sowieso hatten wir genug mit uns selbst zu tun. Zum Beispiel damit, jeden Tag neue Abenteuer zu erleben, denn die Weitläufigkeit und die Lage der Kreisstadt Salzwedel bot dafür genug Spielraum. Wie man mir später immer wieder sagte, bin ich schon von Kindesbeinen an ein richtiger kleiner Wildfang gewesen. Ich hatte meinen eigenen Willen und habe schon sehr früh versucht, meinen Kopf durchzusetzen. Aber das alles war kein Problem, denn das Haus, in dem wir wohnten, war ziemlich großflächig angelegt, mit einigen Höfen mit Brücken über die Jeetze und einer Scheune nach hinten hinaus, wo wir herumtollen konnten und oft Cowboy und Indianer gespielt haben. Und hier auf den Höfen, haben wir auch später mit einem alten Luftdruckgewehr auf Flaschen und selbstgebastelte Schießscheiben geballert. Auch die eine oder andere Wasserratte musste dran glauben. Diese Nager hatten es immer wieder auf unsere Hühner abgesehen! Natürlich wurde nur heimlich geschossen, damit die Erwachsenen das nicht mitbekamen! Denn wenn Omi Frieda davon erfahren hätte, hätte sie allen Beteiligten ordentlich den Kopf gewaschen, aber sowas von! Nur Opa hätte das schon toleriert und gesagt: «Frieda, lass mal die Kinder ruhig machen!»

Darum merke: Man konnte zwar alles Mögliche anstellen, durfte sich eben bloß nicht dabei erwischen lassen! Eine wichtige Lehre, die ich umgehend anwendete. Zum Beispiel, wenn man bei den Nachbarn Nüsse klauen wollte! Denn es stand in dem angrenzenden Grundstück ein prächtiger Nussbaum. Der war schon zu Zeiten, als die Nüsse noch grün waren, das Ziel der Begierde. Und später dann erst, als sie reif waren! Dummerweise bekam man bei den „Klau-Raubzügen" durch die grünen Schalen ganz schwarze Finger. Wenn man dann so zu Hause auftauchte, gab es schon mal mächtigen Ärger und auch manchmal kräftig den Hosenboden voll. Erfreulicherweise war das bei mir nie der Fall – man darf sich eben nicht erwischen lassen!

Was meine Uroma überhaupt nicht leiden konnte, war die Tatsache, dass ich fast immer, wenn ich das Haus verlassen wollte, durch eines der Fenster sprang. Die Tür zu nehmen, war mir viel zu umständlich, außerdem heißt es ja wohl, der kürzeste Weg sei der beste Weg! Um mich von solchen Aktionen abzuhalten, meinte Uroma, wenn man aus dem Fenster springt und die Kirchturmuhr in dem Augenblick schlägt, kriegt man einen Buckel! So ein Unsinn! Ich meine, wer glaubt schon an solcherlei „Kinder-Erschrecken-Szenarien"? Ich jedenfalls nicht! Dennoch versuchte ich immer, nicht zu Zeiten eines zu erwartenden Glockengeläutes aus dem Fenster zu springen! Ich war zwar nicht abergläubisch, aber man muss ja das Schicksal auch nicht unbedingt immer gleich herausfordern, oder?!

Dazu fällt mir eine Sache ein, die hätte fast wieder einmal ins Auge gehen können! Das muss so Anfang der 1950er-Jahre gewesen sein. Ich war noch ein kleiner Bursche und sollte eigentlich im Kindergarten sein. Doch das war mir viel zu langweilig. Also büxte ich bei der erstbesten Gelegenheit aus und verschwand aus der behüteten Kindergartenwelt. Ich hörte das Abenteuer regelrecht nach mir rufen! Und richtig, da kams auch schon um die Ecke marschiert! Eine Gruppe von älteren Kindern war auf dem Weg zur sogenannten „Wolfskuhle". Das war eine ehemalige riesengroße Kiesgrube. Seitdem dort nichts mehr abgebaut wurde, war sie natürlich ein absoluter Abenteuerspielplatz für uns Kinder. Aber wie das immer so ist mit wunderbaren Spielplätzen – es war allen Kindern streng verboten worden, dort zu spielen. Denn der Ort war ein sehr gefährlicher Platz! In den letzten Kriegstagen und auch in der Zeit danach hatte man einfach alle möglichen militärischen „Abfälle" dort entsorgt. Und so musste man nur ein wenig im Kiesboden herumstochern, schon konnte man zahlreiche Relikte aus der Kriegszeit hervorholen: Munition der verschiedensten Kaliber, alte Pistolen, ja sogar Gewehre! Die größeren Jungs machten sich dann daran, mit Hilfe einer mitgebrachten Zange die Köpfe der Patronen abzuziehen. Dann wurde das Schwarzpulver herausgenommen. Damit konnte man ordentlich herumzündeln. Wie gesagt, es war streng verboten, sich an der verlassenen Kiesgrube aufzuhalten. Und noch mehr verboten war natürlich das Spielen mit Munition! Aber wie war das gleich mit den Verboten? Waren sie nicht eigentlich nur erfunden worden, damit man so richtig gegen sie verstoßen kann? Wie auch immer, an diesem Tag buddelte ich einfach mal ein wenig im Kies herum. Und siehe da, ich fand einige Gewehrpatronen. Unbemerkt von den anderen Jungs gelang es mir, sie heimlich in die Taschen meiner Lederhose zu stecken. Was mit ihnen passieren sollte? Ich hatte noch keinen genauen Plan, wusste aber schon, ich würde mit den Dingern gerne mal allein herumspielen, ohne die Großen andauernd dabeizuhaben!

Später dann kam ich lustig und vergnügt nach Hause. Dort allerdings herrschte die helle Aufregung! Schließlich wurde ich seit Stunden vermisst, und die Gegend in und um Salzwedel barg doch einige Stellen und Orte, die für einen kleinen Dreikäsehoch ziemlich gefährlich werden konnten! Jeder aus der Familie, auch Nachbarn und Freunde, waren unterwegs, auf der Suche nach mir. Als ich jetzt plötzlich zu Hause auftauchte, waren natürlich alle erleichtert, dass mir nichts passiert war. Das konnte ich wiederum gar nicht verstehen, was hätte mir denn passieren sollen? Ich war mit dem Abenteuer verabredet gewesen, da passiert doch einem Helden nichts – auch wenn er noch so klein und unvorsichtig unterwegs ist! Die Erwachsenen sahen das natürlich wieder einmal ganz anders! Ich wurde zur Rede gestellt, wo ich gewesen war, was ich angestellt hatte, wer dabei gewesen war und so weiter und sofort! Das „Verhör" fand in unserer großen Wohnküche statt. Schließlich wurde ich aufgefordert, meine Hosentaschen auszuleeren! Mir wurde es dann doch ein wenig mulmig zu Mute! Jetzt war guter Rat teuer und „Holland in Not"! In dem Zusammenhang muss ich noch sagen, ich hatte einen gewissen Spielraum bei dieser „Hosentaschen-Ausräume". Denn niemand aus meiner Familie hätte damals freiwillig mit der Hand in meine Hosentasche gegriffen! Waren sie doch der Hort für alles Mögliche, was man nicht anfassen wollte oder sollte, aber ich, als richtiger Junge, unbedingt brauchte: Angelhaken, Angelsehne, rostige Nägel, bunte Glasscherben, auch schon mal den einen oder anderen Regenwurm, mancher davon sogar noch lebendig! So manches Zeugs eben, was man dabeihaben musste, wenn man draußen „überleben" wollte! Nun blieb mir nichts anderes übrig, als langsam meine Hände in die Lederhosentaschen zu schieben. Ich umschloss ganz fest die mitgebrachten „Mumpeln", wie man gerne Patronen nannte. Ganz langsam bewegte ich mich in Richtung Ofen, während die Erwachsenen aufgeregt auf mich einredeten. Dazu muss man wissen, in unserer Küche stand eine riesige alte Kochmaschine, und es lag dort auch allerlei Zeug zum Anheizen herum. Denn den ganzen Tag über brannte im Ofen das Feuer. Wenn man einen Topf aufs Feuer stellen wollte, nahm man einfach ein paar der eisernen Ringe von den einzelnen Feuerstellen, damit die Töpfe ordentlich köcheln konnten. Diese Ringe hatten verschiedene Größen und waren aus Gusseisen hergestellt. Warum ich das so genau erzähle? Na, warten Sie mal ab, was gleich passieren wird!

Nun sah ich also, als ich mich rückwärts langsam Richtung Kochmaschine bewegte, eine der Kochstellen war nicht ganz mit den Ringen verdeckt. Der Plan, völlig aus Not und Verzweiflung heraus geboren, sollte sein, die Patronen einfach kurzerhand ins Feuerloch zu werfen, um somit den Besitz gleichnamiger leugnen zu können und diesbezügliche Verdachtsmomente entrüstet von sich zu weisen! Gesagt - getan. Und niemand hatte es bemerkt, frohlockte ich da schon im tiefsten Innersten. Was ein schwachsinniger Plan - das Hineinwerfen hatte niemand bemerkt, stimmt schon. Allerdings gab es dann einen gewaltigen Rumms! Und als der Qualm sich verzogen hatte und alle Anwesenden sich wieder aufgerappelt hatten - sie waren intuitiv bei der „Explosion“ zu Boden gegangen, ja, was man im Krieg gelernt hatte, vergaß man eben nicht so schnell … Also, alle waren wieder auf den Beinen. Und erleichtert stellte man fest, nein, niemand war zu Schaden gekommen, nur war allen ein mächtiger Schrecken eingejagt worden! Opa Max zeigte plötzlich an die Decke. Erstaunt nahmen die Familienmitglieder zur Kenntnis, dass die gusseisernen Ringe der Kochstellen in der Decke steckten! Die Kraft des explodierten Schwarzpulvers der Patronen hatte sie wie Frisbee-Scheiben durch die Küche gefegt. Die Töpfe wurden dann auch schnell gefunden, sie lagen über die ganze Küche verteilt. Dadurch, dass allen der Schrecken gewaltig in die Glieder gefahren war, hatte ich wieder einmal richtig Schwein gehabt - niemand dachte an eine Bestrafung, welcher Form auch immer, meiner kleinen, ungezogenen Persönlichkeit! Alle waren nur froh, glimpflich davongekommen zu sein. Nur mein Opa Max hatte den Schwarzen Peter gezogen: Er durfte in den nächsten Tagen eine Komplettsanierung der Küche durchführen!

Übrigens, dem Ofen war kaum was passiert! Das Ding war eben ein Produkt guter alter deutscher Wertarbeit!

Wer jetzt denkt, ich wäre somit geläutert und von Stunde an ein ordentliches und folgsames Kind geworden … Pustekuchen! Wieso auch? Ich hatte wieder einmal Glück gehabt, und das Leben ging schließlich weiter. Und was waren schon ein paar Widrigkeiten, die einem eben ständig passieren konnten? Ich war Tom Sawyer, und das Abenteuer mein Begleiter auf Schritt und Tritt! Mein Potenzial an Dummheiten und Streichen war noch lange nicht erschöpft, im Gegenteil! Zum Beispiel gab es da einen langen Torweg, der leicht abschüssig war. Der führte unter unserem Haus über den Hof, bis zur Brücke über die Jeetze. Wenn man sich jetzt einen Feuerwehrhelm auf den Kopf setzte und in einem Leiterwagen Platz nahm, konnte die lustige

Fahrt beginnen! Natürlich musste man zuerst die vordere und hintere Bretterwand aus dem Bollerwagen herausnehmen. Die hintere, damit die „Anschieber“ aufspringen konnten, wenn der Wagen genug Geschwindigkeit aufgenommen hatte! Die vordere Bretterwand, um die Beine herausstrecken zu können, denn gelenkt wurde die Deichsel mit den Füßen. Das war ein klasse Fahrspaß! Und es erforderte auch viel Geschick, denn kurz vor Ende der Strecke gab es da eine Kurve von fast 90 Grad! Wenn man die Kurvenfahrt nicht richtig hinkriegte, konnte es schon passieren, dass man in die Jeetze krachte. Die war zwar nicht tief, aber wer wollte sich schon modderige und nasse Füße holen? Wie gesagt, es war ein wunderbares Spiel. Allerdings auch mit ziemlicher Geräuschkulisse! Denn die Wagenräder waren mit Eisenringen beschlagen und diese Dinger machten auf dem gepflasterten Weg hinunter zum Tor einen Höllenlärm. Und der wiederum störte die gnädige Frau Chefin der Wäscherei und Färberei, die gerne immer um dreizehn Uhr herum ein kleines Mittagsschläfchen zu halten pflegte. Das ging natürlich nicht, wenn wir genau zu diesem Zeitpunkt wie die Irren den Weg herunterdonnerten. Weil sich nämlich das Schlafzimmer zum Hof hinaus befand. Der Lärm der Eisenräder wurde nur noch von der Chefin um ein Vielfaches übertönt, die wie wildgeworden aus dem Fenster krähte und sich gefälligst „Ruhe in der Mittagsstunde!!“ ausbat! Doch das störte uns wenig. Wir mussten dann leider nur unser „Wagenrennen“ abbrechen, über eine andere Fahrstrecke nachdenken und eben einen Platz finden, an dem wir ungestört weiter herumrasen konnten. Und solche Plätze und Orte, mit leicht abschüssigen Wegen, gab es so einige in Salzwedel.

Salzwedel hat noch eine ganz andere Besonderheit! Es gibt zwei Flüsse, die Jeetze und die Dumme. Die Jeetze splittet sich in die Große Jeetze und die Kleine Jeetze, die dann mit mehreren Flussarmen durch die Stadt fließt. Und so mag der Name „Venedig der Altmark“ durchaus angebracht sein, denn in Salzwedel gibt es ziemlich viele Brücken. Die Alteingesessenen meinen, es gäbe knapp 300 davon! Aber so richtig weiß das wohl keiner oder bisher hat sie noch niemand alle gezählt!

Das echte Venedig hat rund 400 Brücken, die sind alle nachgewiesen. Damit liegt die italienische Wasserstadt auf dem fünften Platz der europäischen Städte mit den meisten Brücken! Aber das tut der Sache ja keinen Abbruch. Übrigens führt Hamburg dieses Ranking der Brücken an: 2.500 Stück können die Hamburger vorweisen! Sie beanspruchen damit den Namen „Venedig des Nordens"! Aber das ist den Salzwedelern völlig egal! Ihre Stadt ist ihre Stadt und gut ist's!

Es gibt sowieso eine ganze Menge über die Freie und Hansestadt Salzwedel zu berichten. Ich für meinen Teil kann allen nur wärmstens ans Herz legen, der nördlichsten Kreisstadt in Sachsen-Anhalt einfach mal einen Besuch abzustatten. Schon allein wegen der Tatsache, dass die Altmark, im Norden des heutigen Sachsen-Anhalts westlich der Elbe gelegen, der älteste Teil der historischen Mark Brandenburg ist und somit als die „Wiege Preußens" gilt.

Haben Sie schon mal etwas von dem sogenannten „Puparsch-Brunnen" in Salzwedel gehört? Links neben dem Brunnen ist ein Schild angebracht, auf dem steht: „Allen wird bekannt gemacht, dass keiner in die Jeetze - kackt, denn morgen wird gebraut!". Dieser leicht deftige Spruch existierte im Mittelalter wirklich, denn mit dem Wasser des Flüsschens Jeetze wurde in Salzwedel ein wunderbares Bier gebraut. Um vor und während der Bierbrauzeit Verschmutzungen jeder Art zu verhindern, marschierte der Herold tags zuvor durch die Straßen und verkündete eben jenen Spruch, um die Bürger zu informieren. In der heutigen Zeit kann man diesen Spruch gerne auf der bereits erwähnten Tafel nachlesen.

Aber der „Puparsch-Brunnen" ist nur eine der vielen wundersamen Dinge, die man in Salzwedel an allen Ecken finden kann! Zum Beispiel auch unser „Gebirge", der Schwarze Berg mit dem Bismarck-Turm. Von diesem Turm konnte man weit ins Land schauen! Der Schwarze Berg wiederum ließ sich gut zum Wintersport nutzen. So es denn genügend Schnee gibt, war und ist auf dieser „Teufelsbahn" Schlitten- und Skifahren angesagt. Heute genauso wie früher! Meine spätere Erzgebirgs-Erfahrung auf dem Rabenberg mit seinen 1000 Metern Höhe ließ mich über solch ein Hügelchen nur müde lächeln. Trotzdem muss man sagen, Spaß machte es allemal!

Nicht vergessen werden soll an dieser Stelle der wohl weltweit berühmte Baumkuchen aus Salzwedel! Wer den noch nie probierte, weiß ja gar nicht, was er da versäumt hat! Denn Salzwedel galt für diese Spezialität als Hoflieferant für die Königshöfe Europas!

Sollte mal jemand in der Gegend heiraten wollen, dann gibts nur eins: Das berühmte „Altmärker Menü", bestehend aus Hochzeitssuppe, Hühnerfrikassee und Zungenragout mit Tüffeln (Kartoffeln)! Als Dessert: Zitronencreme! Hmm... lecker! Am besten bucht man dazu eine Suite im „Deutschen Haus" in Arendsee, direkt am gleichnamigen See gelegen. Der Besitzer ist mein Freund Burghard Bannier, ein echter „Vollblut"- Hotelier und hervorragender Gastronom!

Ach ja, beinahe hätte ich es vergessen, vor dem Ja-Wort und der Trauung kommt ja bekannterweise noch der Polterabend! Um diesen ohne den berühmt-berüchtigten „Filmriss" zu überstehen braucht's eine gute Grundlage für den Altmärker Korn und die anderen „hochgeistigen" Getränke: nämlich den Altmärker Tiegelbraten, eine Kreation aus einer wohlschmeckenden Brühe mit Gewürzen, Zwiebeln, Rind- und Hammelfleisch! „Guten Appetit!" und „Wohl bekomm's!"

Doch schnell zurück ins „Venedig der Altmark"! Apropos Jeetze; der Fluss war schon immer sehr fischreich. Und dann gab es da die alte Schwefelfabrik, ein fürchterliches Chemiewerk! Dort kam es angeblich auch ab und an mal zu einer Havarie, wie die Leute des Werkes, damals in den 1950ern, den Leuten außerhalb des Werkes einzureden versuchten. Erstaunlicherweise kamen solcherlei Havarien ziemlich oft vor! Nun, wer nicht völlig naiv war, dem sollte klar gewesen sein, dass die Mitarbeiter der Schwefelbude die Waggons, die aus Leuna und sonst woher kamen, dort am Fluss Jeetze gereinigt hatten. Und zweckmäßigerweise ließ man einfach die ganze giftige Brühe flugs in den Fluss laufen! Solche Umweltverbrechen würden heute strengstens bestraft! Aber sowas von!! Damals war es einfach gang und gäbe, und man dachte sich nichts dabei. Es waren eben andere Zeiten und man sah das alles überhaupt nicht so verbissen. Außerdem – die „Grünen" gab es ja noch nicht! Nur den Fischen waren diese Zustände nicht besonders angenehm. Sie kamen an die Wasseroberfläche und hatten etwas leichte Atemnot. Heute würde man sagen, das war eine Art „Waterboarding" andersherum! Um alle ein wenig vor der Wasserverschmutzung des Flusses zu schützen, also ich meine jetzt die Menschen und Anwohner, ließen die Verantwortlichen der Stadt das Wehr bei „Künzels Wiesen" schließen. Somit wurde das Wasser umgeleitet und die „Große Jeetze" blieb weitgehend verschont. „Des einen Freud, des andern Leid!", sagt das Sprichwort. Stimmt ganz genau! Denn durch die Schließung des Wehrs tummelten sich nunmehr viele Fische in der kleinen Jeetze und konnten nicht weg: Hechte, Aale, Rotfedern und alle anderen möglichen Fischarten. Wir Kinder zogen jetzt los, mit Forken und Eimern bewaffnet, um am Flusslauf die Fische einfach einzusammeln. Die wurden erst ordentlich gereinigt und dann geräuchert, was bei unserer großen Räucherkammer die reinste Freude war! Geräucherter Fisch - eine Delikatesse!

Mein Opa Max war immer bei allem dabei! Er war sowieso kein Kind von Traurigkeit! Immer, wenn es ging und passte, hoch die Tassen! Sein Motto war: Leben und leben lassen! Eines war ganz besonders toll für mich kleinen Bengel: Opa Max war nämlich Brandmeister bei der Freiwilligen Feuerwehr! Sein Chef, Herr Altmann, ein Riesenkerl, sein Feuerwehrhauptmann! Die beiden verstanden sich sehr gut. Sie tranken ganz gerne mal einen oder zwei oder drei ... bei Lisa Schulz, in ihrer Stammkneipe in der Altperverstraße. Der Herr Altmann war fast 2 Meter groß, mein Opa Max dagegen nur so um die 1,65. Wenn die beiden des Weges kamen, sahen sie dem dänischen Komiker-Duo der Stummfilmzeit, „Pat & Patachon", verdächtig ähnlich! Die waren auch wie die, ein Paar wie Pech und Schwefel, ein Herz und eine Seele, aber auch manchmal wie Feuer und Wasser! Kam eben immer ganz drauf an! Übrigens, mein schicker Feuerwehrhelm war von meinem Opa Max! Sie wissen schon, das Teil, das ich auf dem Kopf hatte, bei meinen wilden Abfahrtsläufen mit dem Bollerwagen!

Wenn dann endlich der 1. Mai heranrückte, war ich schon immer ganz aufgeregt bei dem Gedanken, mit meinem Opa vorn in einem der Feuerwehrwagen beim Mai-Umzug mitzufahren und sogar ab und an die Sirene, das Martinshorn, bedienen zu dürfen. Da bin ich fast geplatzt vor Wichtigkeit und Stolz!

Die Maiumzüge nutzte man aber auch, um den Frühling einzuläuten. Die Fahrzeuge des Umzuges wurden mit frischem Birkengrün geschmückt, genauso wie die Häuser. Diese Birken wurden dazu meistens aus der „Buchhorst" geholt, einem Wald- und Sumpfgebiet ganz in der Nähe. Das war ziemlich abenteuerlich, weil ich da mitdurfte. Es ging durch den Grenzgraben. Dort stand meist ein russischer Soldat, der die Grenze nach Niedersachsen bewachen sollte. Das war nicht so eine Grenze, wie man sie dann ab 1961 hatte, mit Sperranlagen und

Grenzzaun, sondern nur eine Art „grüne Grenze“ zur BRD und der amerikanischen Zone. Der Russe, wenn wirklich da einer rumstand, bekam von Opa Max eine Buddel Korn geschenkt, dann war der glücklich wie ein kleiner Schneekönig und ließ uns passieren. So konnten wir uns dann im Westen unser Grünzeug absägen.

Ein stets großes Ereignis waren auch die alljährlichen Osterfeuer! Da wurde alles angeschleppt, was sich irgendwie zum Verbrennen auch nur ansatzweise anbot! Jedes Stadtviertel hatte seine eigene „Gang“, seine eigene Bande! Es war ein ungeschriebenes Gesetz und natürlich eine Frage der Ehre, dass man da selbstverständlich das größte Osterfeuer auf die Beine stellen musste! Was natürlich auch bedeutete, Augen auf und „seinen Haufen“ bewacht und verteidigt! Denn die anderen, die von den gegnerischen Gruppen, wollten bereits im Vorfeld die anderen Osterfeuerhaufen in Flammen aufgehen lassen! Das musste unbedingt verhindert werden, manchmal auch mit Gewalt und körperlicher Auseinandersetzung! Der eine oder andere holte sich dabei auch den einen oder anderen blauen Fleck oder auch schon einmal eine blutende Nase! Aber egal! Die Anwohner kümmerte das sowieso nicht. Sie waren froh über die kostenlose Sperrmüll-Aktion und räumten in der Osterzeit gerne und eifrig ihre alten Holzsachen und alles zum Verbrennen aus den Kellern, Schuppen und Höfen hervor.

Mit Beginn der wärmeren Jahreszeit begann der Kampf, um als einer der Ersten kurze Strümpfe zu tragen!

Wir Kinder konnten dann auch endlich wieder einem anderen Hobby nachgehen, nämlich dem Bootfahren. Es gab, noch aus dem Krieg, die Zusatztanks von Jagdflugzeugen, die vielerorts herumlagen. Die Dinger waren aus Aluminium und hatten bei den Fliegern unter den Tragflächen gehangen. Sie hatten es den Piloten ermöglicht, die Flugdauer direkt in der Luft zu verlängern oder auch die Reichweite der Flugzeuge zu vergrößern. Wurden sie dann nicht mehr benötigt, konnten die Piloten die Teile ausklinken und die Tanks fielen einfach auf den Boden.

Wie gesagt, nach dem Krieg lagen sie noch lange überall herum. Da brauchte man nur herzugehen, sich diese zigarrenförmigen Tankbehälter auf einen Bollerwagen zu laden und sie nach Hause zu transportieren. Dort wurden sie von handwerklich begabten Vätern oder Großvätern längsseitig aufgesägt, bei Notwendigkeit ausgebeult und am Boden etwas plattgeklopft. Schon hatte man ein wunderbares Wasserfahrzeug!

© Bild oben: Sammlung Herbert Wintersohl
Bild unten: Spielzeugmuseum Nürnberg

Ich kann mich noch ganz genau an mein erstes „Boot" erinnern. Mein Opa Max hatte an den beiden Seiten zusätzlich Winkel angebracht, an denen er jeweils einen langen Holzski befestigt hatte. Das Ganze war gedacht, um dem Boot mehr Stabilität zu geben, damit ich, der tollkühne Seefahrer, nicht im Eifer des Gefechts umkippte. Das System hatte den gleichen Sinn wie diese Zusatzräder, die man an die Kinderfahrräder anschraubt, um die lieben Kleinen vor dem Umfallen zu schützen, sollten sie mal die Balance verlieren. Ich konnte diese Kufen nicht leiden, aber mein Opa meinte, Omi Frieda würde ihm mindestens die Ohren abreißen, sollte mir bei so einer Bootstour etwas passieren! Das wollte er nicht riskieren und bestand darauf, mich mit dem Kufen-Teil loszuschicken. Da ich mich nicht dem Gespött der anderen See-Piraten aussetzen und natürlich meinem Opa den Verlust seiner Ohren ersparen wollte, lernte ich schnell, mein „Zigarrenboot" zu beherrschen. Es brauchte auch nicht lange und ich war ein richtiger kleiner Bootsmeister geworden, der mit allen Situationen im System der Flussläufe von Salzwedel zurechtkam. Nachdem sich mein Opa selbst von meinen Fähigkeiten bei der Bezwingung der Naturgewalten überzeugt hatte, bekam ich zur Belohnung für meine Mühen ein neues Boot von ihm, diesmal ohne die Sicherheitskufen. Ich war stolz wie Bolle und stach damit auch gleich wieder in See! Die selbstgefertigten flachen Boote eigneten sich hervorragend, um auf den vielen Flussläufen herumzufahren, die Salzwedel wie ein Spinnennetz durchzogen. Da gab es sogar einige, da konnte man unter den Häusern und den Straßen durchfahren. Besonders aber unter den Häusern war große Vorsicht geboten, denn erstens war es dort ziemlich dunkel und zweitens musste man auf „Geräusche" achten! Das waren Vorboten von „Dingen", die aus den Häusern über die Abflüsse ins Wasser gelangten. Sie wissen schon, was ich meine, es war der reine „Scheibenkleister"! Wie gesagt, Umweltschutz war damals noch ein Fremdwort! Aber wenn die Wehre offen waren, war die Jeetze ein ziemlich schnellfließendes Gewässer. Und obwohl nicht besonders tief, war sie somit auch immer ziemlich sauber! Außerdem, man glaubt es kaum, gab es damals auch in der Jeetze einen alljährlichen Frühjahrs- und Herbstputz!

Wie gesagt, wollte man „unbeschmutzt" durch die Flussläufe unter den Häusern kommen, hieß es stets, Augen und Ohren offenhalten! Aber der Spaß an Spiel und Abenteuer stellte das bisschen Abwasser in den Hintergrund. Wir Kinder waren da sowieso sehr gewieft und kannten uns aus. Wenn solche „Ladungen" plötzlich ankamen, musste man einfach nur schneller paddeln oder nach links oder rechts ausweichen. Spieltrieb voraus! Alles andere war uns egal! Ich bin nie mit solchen Ladungen kollidiert, konnte aber ab und an einige dekorierte und übelriechende Benzintankfahrer bewundern! Neben Mehrarbeit an Waschmaschine oder Waschbrett, zur Reinigung der Klamotten, hatten die Erwachsenen noch ein anderes Problem mit unserer Leidenschaft, denn sie vermissten zusehends in ihren Küchen Frühstücks- und Schneidebretter. Sie hatten leider nicht viel Verständnis dafür, dass sich diese Teile ganz wunderbar als Paddel einsetzen ließen! Erwachsenen fehlte einfach die Fantasie! Außer eben meinem Opa Max! Der war echt eine Klasse für sich! Er organisierte für mich sogar ein eigenes Hallenbad! Da es in der Wäscherei und Färberei große Bottiche gab, in denen die Klamotten aller möglichen Firmen gereinigt wurden, musste es ja auch stets warmes Wasser geben, welches über eine wunderschöne alte und dazu riesige Dampfmaschine gewonnen wurde. Und wenn es mal etwas weniger zu waschen gab, durfte ich im warmen Wasser baden und stundenlang herumtoben! Das war super! Wer hatte denn damals einen eigenen Swimming-Pool? Ich schon!

Mein Opa Max war für mich wie ein Ersatzvater, das habe ich ja schon gesagt. Ich lauschte immer und spitzte meine Ohren, wenn er von früher erzählte. Von der Zeit vor und während des Krieges, von meinem Vater und von der Art, wie man leben sollte. Er ermahnte mich, stets und in allen Lebenslagen einfach alles zu hinterfragen und sich nicht mit dem zufriedenzugeben, was einem so von „denen da oben" erzählt wurde. So, wie er es sein Leben lang gemacht hatte. Ich versprach ihm, mich an seine Ratschläge zu halten! Später, wenn ich einmal groß bin …

Wie ich ein Reisender zwischen zwei Welten wurde

Am 7. Oktober 1949 wurde die DDR gegründet, nachdem im Mai des gleichen Jahres die Bundesrepublik Deutschland ins Leben gerufen worden war. So gab es also fortan zwei „Deutschlands". Es war aber bis zum Mauerbau, im August 1961, durchaus möglich, gegenseitige Besuche in diese beiden deutschen Staaten zu unternehmen. Und so kam es auch ab und an vor, dass die Verwandten aus Fürth in Salzwedel auftauchten, sehr zur Freude aller! Durch meine Mutter und besonders durch mich wurden diese Besuche traditionell gemacht, schon aus dem Grund heraus, dass mein gefallener Vater nur sie und mich zurückgelassen hatte und die Fürther ihre engsten Verwandten gerne um sich hatten. Meine Mutter war während des Krieges und auch danach immer wieder mal zwischen Salzwedel und Fürth hin- und hergependelt. Für immer in Fürth zu bleiben, war für sie leider keine Option, wobei ich natürlich später verstand, dass sie ihre Eltern und Großeltern nicht allein im Osten zurücklassen wollte. Außerdem lag die Entfernung zwischen Fürth und der Hansestadt Salzwedel so bei knapp 500 Fahrkilometern. Heute ist das alles kein Ding mehr, aber damals, Anfang der 1950er-Jahre, war das wie eine halbe Weltreise! So kamen also die Fürther eben gerne zu uns zu Besuch. Eines Tages waren sie wieder mal da. Und dann konnte ich als junger Bengel erneut miterleben, wie bei solchen Familienfeiern in gewohnter Weise nach einiger Zeit und einigen Gläsern Bier und Korn die Gespräche langsam, aber sicher in politische Richtungen abdrifteten. Ich verstand nichts von dem, was da besprochen wurde. Aber ich war doch ziemlich verwundert, was Politik in Verbindung mit Alkohol bei den Menschen erreichen konnte! Da in meiner Familie alle möglichen politischen Richtungen vertreten waren, führte das stets zu lautstarken Diskussionen. Ich fand es immer spannend, dabeizusitzen und zu beobachten, wie sich meine lieben Verwandten aus Ost und West fast in die Haare kriegten beim Versuch, den jeweils anderen von der eigenen politischen Ansicht zu überzeugen! Opa Max sah dann immer zu mir, wie ich mit offenem Mund dasaß und allen zuhörte, und er rief laut, man möge doch ein bisschen weniger und dafür angemessen diskutieren, denn der „Kachelofen" würde zuhören! Er meinte mit dem Kachelofen mich – ein Kachelofen konnte nämlich alles speichern!

Ganz besonders abenteuerlich wurde es dann für mich, wenn meine Mutter und ich ab und an mal nach Fürth mitgenommen wurden. Schon allein die Fahrt mit einem „West-Auto" war sowas von beeindruckend für mich! Und dann dieses seltsame Gefühl, als wir über die „Grenze" fuhren und es mir vorkam, als würden wir in eine völlig andere Welt eintauchen. Natürlich hatte der Westen Deutschlands eine ganz andere Entwicklung genommen als der Osten. Hier gab es plötzlich alles in Hülle und Fülle. Die Geschäfte waren gut gefüllt, mit bunten Sachen und Dingen, die ich in meinem Leben noch nie gesehen hatte! Selbstverständlich verstand ich noch nichts vom sogenannten „Wirtschaftswunder", aber es war sehr verlockend, was es da alles zu kaufen gab! Und meine Tanten und Onkel wurden nie müde, mir voller Stolz zu berichten, dass der dicke, lustig aussehende alte Mann mit der Zigarre, der Vater dieses Wunders der Wirtschaft, den man „Ludwig Erhard" nannte, ganz genau wie sie in Fürth geboren worden war! Das war mir zwar ziemlich egal, aber aus taktischen Gründen zeigte ich großes Interesse, rein intuitiv. Denn ich vermutete, durch diesen Mann kam es wohl, dass es in diesem Teil des Landes das anders aussehende Geld gab, nämlich D-Mark genannt, mit dem man sich all die netten Dinge kaufen konnte: Kaugummis aus dem Automaten, „Bluna" und „Coke" und dann erst die „Micky-Maus-Hefte" aus Kiosken und sowieso alles aus den riesigen Selbstbedienungsläden, was man sich nur wünschen konnte! Spielzeug gab es in Hülle und Fülle! Ich kann mich noch an mein großes, rotes Feuerwehrauto erinnern. Ich bekam es in Fürth geschenkt, hielt es stets in Ehren und spielte immer nur sehr vorsichtig damit!

Später dann durfte ich sogar manchmal mutterseelenallein auf die Reise ins „gelobte westdeutsche Land" gehen. Mit der Eisenbahn von Uelzen aus. Das war ja nun ein ganz abenteuerliches Unterfangen! Meine Mutter und Opa Max brachten mich über die „grüne Grenze" zum Zug und sagten der netten Zugbegleitung, dass sie mich bitte in Fürth aussteigen lassen. Bis dahin sollten sie mich besser nicht aus den Augen verlieren, damit ich keine Dummheiten anstellen könne. Empört wies ich solche Verdächtigungen von mir! Ich kann mich auch nicht daran erinnern, dass ich jemals bei so einer Zugfahrt auch nur ansatzweise in den Dunstkreis von Ärger und Unheil geraten wäre!

Später, als die politischen Fronten immer härter wurden, war eine direkte Zugfahrt ohne entsprechende Papiere nicht mehr möglich. Erstaunlicherweise war es meinem Onkel Hans nicht gelungen, bei seinen „Ostgenossen", die er aus seiner Inhaftierung kannte, für mich Papiere besorgen zu lassen. Doch da gab es zum Glück das offene Westberlin mit dem „Zentralflughafen Tempelhof"! Also ging es jetzt immer mit dem Zug über Stendal und Wustermark nach Staaken und weiter mit der S-Bahn nach Tempelhof. Bis zum Mauerbau 1961 hatten meine Leute in Franken mit mir ein irres Engagement! Wenn ich verreisen wollte, musste ich nur telefonisch in Fürth Bescheid geben. In Tempelhof am Schalter der British Airways lag dann ein Ticket für mich bereit! Fliegen war einfach herrlich! Ich durfte ein paarmal mit der Douglas DC-2 oder DC-3 direkt nach Fürth fliegen. Dort gab es einen Feldflugplatz, der sich sozusagen nur ein paar Steinwürfe hinter dem Haus meiner Verwandten befand - wenn man gut und weit mit einem Stein werfen konnte! Ich stieg also aus dem Flugzeug aus und brauchte eben nicht den Platz durch das Flughafengebäude zu verlassen, sondern nach hinten heraus. Das war ziemlich bequem, denn es waren echt nur wenige hundert Meter, schon war man in meinem fränkischen Zuhause angekommen!

Aber trotzdem war Salzwedel meine eigentliche Heimat. Der Ort, wo ich meine Freunde hatte, meine Omi, meinen Opa Max und die anderen Lüders und Baumanns. Alles richtig. Trotzdem hatte ich tief drin in mir ein eigenartiges Gefühl. Eine Stimme, die mir sagte, ich würde nicht mein ganzes Leben hier in Salzwedel zubringen, egal, ob da meine Familie war oder wer auch immer! Schon allein aus dem Grunde, dass es ja eben noch den anderen Teil der Familie gab. Wieso war es so ungerecht verteilt, dass die in Fürth ein viel besseres Leben hatten als wir hier, wo wir zu Hause waren! Ich war nicht neidisch, ich fand das einfach nur ungerecht! Solche Gedanken sollten mich noch Jahre meines Lebens begleiten und mich dann schließlich auch in arge Schwierigkeiten bringen! Doch davon später mehr! Jetzt waren erst einmal neue Abenteuer in Sicht. Ich war oft bei meinen fränkischen Verwandten zu Besuch. Manchmal auch für längere Zeit. Dann ging ich dort sogar auch mal kurzzeitig zur Schule. Damals waren solche „Wanderschaften" eben noch möglich.

Der absolute Höhepunkt des Jahres war die Urlaubszeit! Es ging ans Mittelmeer, an die Adria und die französische Riviera. Ich habe viel von Südeuropa kennengelernt: das „echte" Venedig, Nizza und St. Tropez. Den Lago Maggiore, den Gardasee und den Genfer See. Das war fast schon zu viel Beeindruckendes für einen kleinen, blonden Knirps wie mich! Aber es war wunderbar!!

Wie es aber immer so ist, die Zeit verging leider wie im Flug. Somit war ich also auch viel zu schnell wieder mal zurück in Salzwedel, braungebrannt, glücklich und ausgeruht. Bereit zu neuen Taten sozusagen! Doch dann kam etwas auf mich zu, das konnte schnell kompliziert werden. Nach den Sommerferien gab es schon damals die berühmt-berüchtigten Aufsätze aus der Rubrik: „Mein schönstes Ferienerlebnis“! In Westdeutschland wäre das kein Problem gewesen, in der DDR schon eher! Denn man ging besser dummen Fragen aus dem Wege, wenn es zum Beispiel darum ging, dass die staatliche Seite gerne Erkundigungen einholte, wen man denn da so im Westen Deutschlands familienmäßig am Start hatte. Darum bewährte sich der Grundsatz „Reden ist Silber, Schweigen ist Gold!“ Später, viel später, änderte sich meine Wertung dieses Spruches jedoch grundsätzlich in: „Reden ist Gold, Schweigen ist oftmals ein Schritt ins Verderben!“, vordergründig in Bezug auf den Umgang der Menschen miteinander! Aber es ist schon richtig, man sollte nicht immer alles überall herumposaunen! Omi Frieda traute da meinem Opa Max nicht so recht über den Weg, dieses Problem mit mir in ihrem Sinne zu meistern. Da nahm sie die Sache lieber selbst in die Hand und mich zur Seite, um mir zu erklären, dass es in diesem Fall für alle besser wäre, ich würde die Geschichte mit Italien und dem Sommerurlaub mit den Verwandten aus Fürth einfach mal ein bisschen … weglassen! Stattdessen besser ausführlich über einen wunderbaren Urlaub berichten oder besser schreiben, bestehend aus „Geschichten über'n Gartenzaun“, Obsternte und gerne auch großen Ferienspaß mit Lieblings-Opa Max im riesigen und im *hiesigen (!!)* Garten!

Aha, man erkenne, hier sollte jetzt schon mal eine Art Konspiration im Anfangsstadium praktiziert werden. Ich verstand nicht so richtig, warum man nicht von etwas erzählen durfte, was einem eben super gefallen hatte und über das ausführlich zu berichten unbedingt notwendig war! Omi meinte was von „schlafenden Hunden", die besser „nicht geweckt werden sollten" und von „Neid von Leuten, die nicht die Möglichkeiten" hätten, die wir hätten, nur weil wir eben Verwandte hatten, die mehr hatten, als andere hätten, eben ... und so weiter und sofort.

Häh? - Was? - Wie? Ich habe nur Bahnhof verstanden, gab aber besser klein bei. Zumindest, um meine arme Omi zu beruhigen, denn es schien mir, das Ganze würde sie irgendwie stark beschäftigen. Aber erstens kommt es anders, und zweitens, wenn man eben nicht denkt - schon gar nicht, mit- oder nachdenkt! Es passierte das, was ja passieren musste: Ich konnte wieder mal meine lose Zunge und meinen Pionierfüller nicht im Zaume halten und schrieb einen wunderbaren und blumenreichen Aufsatz über meinen zauberhaften Italienurlaub und die fantastische Zeit am Mittelmeer. Alles in allem war ich sehr zufrieden mit mir und meinem Aufsatz! Nur eben nicht meine Lehrerin, das Fräulein Voigt! Die war doch sehr verärgert über mein schriftstellerisches Pamphlet. So wurde wieder einmal meine Omi in die Schule bestellt, um die Wogen zu glätten. Manchmal musste auch meine Mutter in der Schule antreten, wenn sie mal da war, denn ihre Arbeit und ihr Leben ließen oft nicht viel Zeit, um sich genug um mich zu kümmern. Das hatte verschiedene Ursachen; erstens war meine Mutter noch sehr jung, als sie mich bekam. So konnte sie wahrscheinlich nicht die obligatorischen Muttergefühle für mich entwickeln. Wir liebten uns, keine Frage. Aber vielleicht ein wenig anders als bei Schulze, Müller oder Lehmann üblich! Wir waren später oft wie „große Schwester - kleiner Bruder". Bedingt durch den Krieg, bedingt durch den Kummer um den Tod meines Vaters und die ganze Situation überhaupt. Es war damals noch nicht alltäglich, dass so junge Frauen schon Mütter wurden. Und dann war da der Umstand, dass ich doch mehr von meiner Großmutter aufgezogen wurde, die ja in jenen Tagen auch noch nicht so alt war und sich nicht so gab, wie man sich eine Großmutter vorstellen würde. Somit war meine Mutter für mich eher wie eine ältere Schwester und Omi Frieda wie eine Mutter!

Doch zurück zum Thema Schule. Zuerst einmal gab es zu Hause nach solch einer wiederholt stattgefundenen Unterredung in der Schule wieder einmal Belehrungen seitens meiner Omi. Und auf Diskussionen meinerseits, Fragen nach dem „Wieso?“ und „Warum?“, ließ sich Omi Frieda nicht ein. Ich sollte nicht immer aus der Reihe tanzen und mich doch endlich einmal nur „einfügen“, wie sie es nannte. Da redete ich dann doch lieber mit meinem Opa. Ich konnte nicht verstehen, wieso wir hier nicht so ein Leben führen konnten wie die Verwandten in Fürth! Wieso es hier nicht die Kioske und Automaten gab, die ich dort überall gesehen hatte. Wieso man hier nicht all diese bunten Sachen vorfand, die sie einem „drüben“ an jeder Straßenecke regelrecht aufschwatzen würden! Mein Opa Max versuchte zu erklären, wie, wo und warum. Aber so, wie er das tat, war es für mich einfach noch zu früh, um das alles zu verstehen. Irgendwann meinte mein Opa dann auch resigniert, ich sei eben noch ein kleiner Dösbaddel, und ich würde schon noch lernen, dass hier der Osten sei und nicht der Westen! Damit waren seine Agitationsversuche beendet, was ich erlösend fand!

Da ließ ich es mir viel eher gefallen, als mein Opa Max für mich mein erstes eigenes Fahrrad zusammenbaute. Heute würde man diese Einzelanfertigung wohl als Designer-Stück bezeichnen, denn es war echt einzigartig! Es hatte sogar Ballonreifen! Also konnte ich damit in Gegenden unterwegs sein, bei denen andere Fahrradmodelle schnell an ihre Grenzen kamen! Nun musste ich nur noch schnell Fahrradfahren lernen! Das war Ostern 1950, werde ich nie vergessen! Die Probefahrt erfolgte vom Torweg über den Hof und mit dem Auftrag meines Opas, immer feste zu treten! Leider vergaß er eine nicht unwichtige Kleinigkeit, denn vom Lenken sagte er nichts! Ich war bereits „österlich angezogen“, weißes Hemd, eine brandneue Lederhose, weiße Kniestrümpfe und neue Schuhe. Omi schaute rein zufällig aus dem Schlafstubenfenster und sah mich gerade losfahren. Da schimpfte sie gleich mal mit Opa, dass es doch nicht sein müsste, dass ich in den schicken Oster-Sachen Fahrrad fahre! Opa winkte nur ab und schaute mir hinterher. Mehr konnte er in der Sekunde auch kaum machen! Ich war viel zu sehr damit beschäftigt, nicht das Gleichgewicht zu verlieren und konnte darum nicht um Hilfe rufen! Ich raste den Hof entlang und sah die 90-Grad-Kurve am Tor immer näherkommen! Erstaunlicherweise kriegte ich doch noch irgendwie „die Kurve" mit der Kurve! Doch zu früh gefreut! Durch mein forsches Fahrmanöver landete ich zum Glück nicht in der Jeetze! Viel schlimmer! Ich schoss in die Scheune, und da mit Schmackes in den riesigen Kohlehaufen! Omi und Opa kamen angerannt und holten mich unter den Kohlen hervor. Ich sah aus wie ein … nun, ein „kleiner schwarzer Mann" eben! Mit dreckigen Klamotten und einigen Abschürfungen an Armen und Beinen, die auch etwas bluteten. Omi war völlig aus dem Häuschen, und Opa wusste, Ostern war gelaufen! Darum ging er einfach weg und mit Herrn Altmann von der Feuerwehr ein Bier trinken. Ich wurde gebadet und mit diversen Pflastern versehen. Aber ich war trotzdem froh, denn ich hatte meine Feuertaufe bestanden und konnte Fahrradfahren! Und ich war später wirklich viel mit meinem Rad unterwegs!

Recht früh kam auch etwas anderes bei mir zum Vorschein, was mir später oft sehr gute Dienste leisten konnte: Ich hatte ein fotografisches Gedächtnis und eine schnelle Auffassungsgabe, besonders bei Dialekten! Immer, wenn ich bei meiner Urgroßmutter in Franken war, sie war mittlerweile beinahe blind, erzählte sie mir stundenlang allerlei Märchen und Geschichten aus der Gegend. Ich saß dabei auf ihrem Schoß und hörte fasziniert zu. Und jetzt kommt es: Sie sprach in ihrem urfränkischen Dialekt. Und ich, der kleine Hans-Gerhard, verstand sie nicht nur perfekt, sondern ich konnte sogar meinen anderen fränkischen Familienmitgliedern diverse Worte erklären, die „Oma Barbe" selbst erfunden hatte, und die die anderen nicht mal ansatzweise verstehen oder deuten konnten! Das hatte den Vorteil, wenn ich mal sauer war – kam nicht oft vor, aber kam – sprach ich in Franken eben preußisch. Andersherum, in meiner preußischen Heimat, einfach mal fränkisch. Besonders verheerend war das in der Schule, denn Fräulein Lehrerin wurde immer fast verrückt vor Wut, da sie überhaupt gar nichts von meinem fränkischen Gebabbel verstehen konnte. Zumal ihr sowieso mächtig auf den Nerv ging, dass ich immer mit meinen Lederhosen in die Schule kam. Später dann mit „Niethosen", wie man in der DDR die Jeans zuerst nannte.

Wie ich lernen musste, Wasser hat keine Balken

Man kann sagen, meine Kindheit war abwechslungsreich, unbeschwert und abenteuerlich. Aber es gab auch gefährliche Situationen in meinem jungen Leben, die meinem Schutzengel bestimmt das eine oder andere graue Haar bescherten! Ich erinnere mich zum Beispiel an einen Zwischenfall, der hätte richtig ins Auge gehen können! Ich war mit meiner Mutter im Urlaub, irgendwo an der Müritz. Ich muss so … keine Ahnung … drei oder vier Jahre alt gewesen sein. Jedenfalls waren wir am Wasser. Meine Mutter sonnte sich, und mir war es langweilig. Also sammelte ich ein paar kleine Frösche ein und erschreckte damit meine Mutter. Die kreischte los, sprang auf und wollte mich fangen. Doch ich war damals schon ziemlich flink und schlug wie ein Hase diverse Haken. Schließlich wurde es meiner Mutter zu dumm, sie ließ von mir ab und legte sich lieber wieder in die Sonne. Darum ging ich einfach allein baden. Doch irgendwie muss ich dann in einen Strudel geraten sein, jedenfalls wurde ich unter Wasser gezogen und weit auf die Müritz hinausgetrieben. Langsam wurde die Luft knapp, ich ruderte herum und konnte mich nicht an der Wasseroberfläche halten. Besonders schwierig war diese ganze Aktion, weil ich eben noch nicht schwimmen konnte! Schon gab es wieder viel Arbeit für meinen Schutzengel! Nur ein purer Zufall rettete mir das Leben; ein vorbeikommender Segler sah, wie ich kurz einen Arm aus dem Wasser streckte, im Kampf mit den Naturgewalten und dem Ertrinken schon erschreckend nah. In letzter Minute bekam der Segler meinen Arm zu fassen und rettete mich so vor einem tragischen Ende. Mir war, als hätte ich zu diesem Zeitpunkt bereits die halbe Müritz ausgetrunken!

Ein knappes Jahr später gab es den nächsten Zwischenfall, der ins Auge hätte gehen können! Und wieder spielte das Wasser eine wichtige Rolle! In Salzwedel gab es eine Badeanstalt, die aus dem Flüsschen Dumme gespeist wurde. Deshalb konnte man ruhig von einer Natur-Badeanstalt sprechen. Es gab für die kleineren Badegäste ein großes Planschbecken. Das war wie ein kleiner See, mit Fröschen darin und umgeben von zahlreichen Wasserpflanzen. Ich war oft da und spielte mit meinen Freunden, die auch alle erst so um die fünf Jahre alt waren. Tja, und dann passierte es; beim Einkriegezeck sprang ich, ein wenig atemlos, in den See. Doch durch das Tempo beim Spielen und im Eifer des Gefechts, verlor ich sofort unter Wasser völlig die Orientierung. Wo war oben, wo war unten? Ich bekam Panik, weil ich überhaupt nichts machen konnte … Wenn da nicht die ältere Schwester eines meiner Freunde gewesen wäre, hätte das böse enden können! Doch zum Glück bekam sie zufällig mit, in welchem Schlamassel ich gerade steckte, sprang beherzt und ohne groß nachzudenken ins Wasser und zog mich an Land.

Erstaunlicherweise hatte ich nie Angst vor dem Wasser, trotz dieser beiden Vorfälle, die schlimm hätten enden können. So gab man mir den Rat von allen Seiten, einfach mal richtig schwimmen zu lernen! Ein Rat, den ich gerne befolgte. Zuerst begann ich mit „Hundepaddeln“. Zugegeben passierte das nicht ganz freiwillig. Es gab im Flussverlauf der Jeetze einen Bombentrichter, der war recht tief. Er befand sich neben der Wiese, gegenüber dem Altstädter Kleinbahnhof, der Strecke nach Diesdorf. In diesem alten Bombentrichter konnte man wunderbar baden! Auch an der Holzbrücke am Wehr, „Kolk“

genannt, war baden und herumtoben einfach nur großartig. Dort betrug die Tiefe echt sieben Meter! Der „Kolk" war in der Nähe des Wehrs. Dieses Wehr wurde früher genutzt, um die Wasserstände zu regulieren. Es gab damals noch die sogenannten Salzschuten, die mit Salz und vielen anderen Waren aus der Altmark in Richtung Elbe zur Stadt Hitzacker unterwegs waren und bis etwa 1905 am Wehr umgeladen werden mussten. Der Bau der Eisenbahnlinien in der Altmark beendete dann aber die Jeetze-Schifffahrt. Im Jahr 1929 legte schließlich der letzte Kahn mit Kohlefracht ab in Richtung Elbe. Der Höhenunterschied zum Wasserstand flussabwärts betrug am Wehr knapp eineinhalb Meter, was zur Folge hatte, dass das Wasser da vorbeirauschte wie bei einem richtigen Wildwasser!

Ich war wieder mal mit Freunden unterwegs und wir kamen zu dieser Badestelle. Die größeren Jungs wollten mich wohl ärgern und lockten mich ans Wasser. Aber da war ich schon ein wenig vorsichtig, man wusste ja, die Größeren machten sich gerne mit den Kleineren so ihre Späße, die die vielleicht gut fanden, wir aber eher nicht! Plötzlich wurde ich gepackt und von den großen Jungs ins Wasser geworfen. Als ich prustend wieder auftauchte und sie merkten, ich konnte nicht schwimmen, riefen sie mir lachend zu, ich sollte jetzt mal schön Hundepaddeln! Was blieb mir anderes übrig? Ich wollte mich nicht vor meinen gleichaltrigen Freunden blamieren und voller Angst und Schrecken um Hilfe rufen! Also paddelte ich los. Und siehe da, so schwierig war das gar nicht. Und wenn man erst einmal das Prinzip der Schwimmerei begriffen hat, ging es fast wie von allein!

Als nächstes lernte ich dann kraulen. Mit Brustschwimmen kam ich nicht so gut zurecht, da hatte ich anfangs noch so meine Probleme bei der richtigen Koordinierung der Arm- und Beinbewegungen. Das erlernte ich erst ein wenig später in der Badeanstalt beim Schwimmmeister, dem Herrn Herzog.

Später, als ich dann ein ausgezeichneter Schwimmer mit allen erreichbaren Schwimmstufen geworden war, konnte ich mich für Segeln und fürs Tauchen begeistern. Das Segeln und Motorbootfahren hatte ich auch wieder von meinem Opa Max gelernt. Er war mit mir am Arendsee, einem ziemlich ordentlichen Gewässer, das knapp dreieinhalb Kilometer lang und etwa zwei Kilometer breit ist und an den tiefsten Stellen sogar auf 50 Meter kam! Man nennt den Arendsee auch „Auge der Altmark". Der See eignet sich hervorragend zum Segeln. Obwohl ich erst knapp sechs Jahre alt war, als ich zum ersten Mal segelte, stellte ich mich wohl gar nicht so dumm an! Opa war jedenfalls sehr zufrieden mit mir. Später dann war ich oft und gerne auf dem Wasser, mit allen möglichen Segelbooten, mit Motorbooten und Wasserski und auch mit Katamaranen. Ich war und bin bis heute eben eine richtige Wasserratte! Heute aber doch lieber in warmen Gewässern! Zum Glück kam ich nie wieder in so eine gefährliche Lage wie damals in Kindertagen. Zumindest nicht, wenn es ums Wasser ging …

Eine ganz andere Erfahrung war da die Sache mit dem Weidezaun. Dort bei dem Bombentrichter, in dem wir immer badeten, waren ja auch Wiesen. Was jetzt die Bauern nicht so besonders gut leiden konnten, war die Tatsache, dass alle, die im Trichter badeten, wenn sie mal pinkeln mussten, dies natürlich nicht im Trichter taten, sondern sich dazu die angrenzenden Gebüsche an den Weiden aussuchten. In einem von diesen Holunderbüschen hatten die Bauern eine Rolle abgelegt, die zu den Drähten gehörte, die um die Weiden gespannt wurden, damit die Kühe und Pferde und was auch immer für Viehzeugs da auf den Weiden herumstand, dass die also nicht abhauen konnten. Und damit die nicht die Weidenzäune heruntertrampelten, wurden die Drähte unter Strom gesetzt. Das Ganze wurde mit einer alten Autobatterie betrieben, es wurde ja nur eine geringe Strommenge benötigt. Jedenfalls musste ich also an dem Tag auch einmal pieseln. Dazu ging ich an genau jenen Holunderbusch, in dem die Rolle und die dazugehörende Batterie lagen. Dummerweise hatten die Bauern vergessen, die Batterie abzuschalten. Also, da stand ich nun und … Wasser marsch! Nach dem dann folgenden elektrischen Schlag, der an einem sehr empfindlichen Körperteil meinerseits einen nicht sehr angenehmen Schmerz verursachte, schwöre ich: Ich habe nie wieder in meinem Leben in ein Gebüsch gepinkelt!

Doch bleiben wir noch bei der Kindheit. Mittlerweile kamen bei mir langsam, aber sicher, meine kaufmännischen Gene durch. Das stimmt eigentlich nicht ganz, denn ich erinnere mich an eine Zeit, da muss ich so um die drei Jahre alt gewesen sein. Ich saß wohl stundenlang unter dem Tisch in der „guten Stube" und spielte mit kleinen Modellautos. Aus Holzbausteinen hatte ich mir einen Hof gebaut und spielte Kaufmann, der seine Waren mit den Autos hin und her bewegte. Und diese Kaufmanns-Ideen kamen jetzt wieder an die Oberfläche! Da viele Kinder auf den Flussläufen Salzwedels herumschipperten, mit ihren selbstgebastelten Schiffen, reifte in mir ein Plan, wie man aus derlei freizeittechnischen Aktionen Kapital schlagen könnte. Ich konstruierte also mit meinen Kumpels eine Art Wassersperre aus Holzbalken, Netzen und Seilen, die, über den Wasserlauf gespannt oder von einer der flachen Brücken herabgelassen, die anderen jungen Freizeitkapitäne an der Weiterfahrt hinderten. Zuerst mussten sie nämlich an uns „Brückenzoll" zahlen. Das waren meist ein paar Pfennige oder Dinge, die man irgendwie gebrauchen konnte: Angelhaken, Regenwürmer, bunte Scherben, irgendwelches Zeug. Erst wenn gezahlt worden war, zogen wir die Sperren hoch und die kleinen Boote und Schiffe konnten ihre Fahrt auf dem Kanal fortsetzen. Diese Art der schnellen „Beschaffungs-Klein-Kriminalität" machte natürlich die Runde und fand bei den Banden in den Nachbar-Vierteln zahlreiche Nachahmer. Und so waren *wir* es plötzlich, die an anderen Stellen auf den kleinen Flussläufen aufgehalten und abgezockt wurden! Das war echt unangenehm, aber leider nicht zu ändern. Wir entwickelten daher eine neue Taktik und fuhren zukünftig nicht mehr „unbewaffnet" in der Kanal-Stadt herum. Wenn wir jetzt bei den „Zollstellen" der anderen ankamen, wurden die Jungs da von uns mit allem möglichen beballert:

Dreckklumpen, Kastanien, Holzstücken, aber auch schon mal kleineren Steinen. Die Verletzungsgefahr war dabei ein Risiko, das wir kaltblütig eingingen. Zum Glück kam es nie zu ernsthaften Verletzungen! In der zweiten Phase der „Kinder-Piraterie" wurden unsere Boote mit richtigen Rammen am Bug ausgerüstet. Als später die ersten Faltboote auftauchten, war das wie eine Herausforderung für uns! Die Rammsporne am Bug wurden scharf angeschliffen. Und wer sich nicht freikaufen wollte oder konnte, dem schlitzten wir einfach die Boote auf, indem wir in die Teile hineinfuhren und sie dann durch schnelles Hin- und Herlenken kaputtmachten. Es gab damals so einige Faltboote, die mit ihren zahlreichen Klebestreifen von unseren Angriffen schaurige Geschichten erzählen konnten! Irgendwann wurde der Brückenzoll eingestellt, es war einfach nur müßig und machte keinen Spaß mehr, wenn man überall aufgehalten wurde und gegenseitig mit Dingen bezahlen musste, die gerade vorher erst an anderen Stellen von einem selbst eingesammelt worden waren! Wir hatten alle die Lust an der Piraterie verloren. So konnte dann von Stunde an wieder jeder unbegrenzt und friedlich auf den „Wasserstraßen" von Salzwedel herumschippern, wie es ihm gefiel …

Wie ich einen „neuen" Vater bekam

Mit meinem Opa Max saß ich oft zusammen, und wir sprachen immer wieder über meinen Vater. Max Lüders meinte dann, es gäbe in meinem Wesen viel, das ihn an meinen Vater erinnern würde. So zum Beispiel meine wilde Art, stets genau da sein zu wollen, wo die Feuer brannten, wo es etwas zu erleben gab. Ich hätte auch von ihm die Neugier geerbt, immer viel wissen zu wollen und alles erst einmal infrage zu stellen. Und ich wäre ständig und überall auf der Suche nach Abenteuern und Herausforderungen, genau wie es bei meinem Vater der Fall gewesen war. Ich vermisste meinen Vater sehr, obwohl ich ihn ja selbst niemals kennengelernt hatte. Aber ich war ihm immer eng verbunden und dachte oft an ihn. Er war der Held meiner Kindheit. Es machte mich froh, wenn meine Verwandten von ihm sprachen und jederzeit ein gutes Wort für ihn hatten. Über meinen Vater wurde nie Böses gesagt. Es war rührend, wie traurig alle oft waren, wenn sie an ihn dachten. Weil er gefallen war, für „Führer, Volk und Vaterland", und weil er noch viel zu jung war, als er den Tod fand. Aus diesem Grund hatte ich ein echtes Problem, als meine Mutter Ende der 1940er-Jahre mit einem Mann auftauchte. Sie hatte sich verliebt in einen gewissen Erhard Reinecke. Damals war ich regelrecht entsetzt über diese Neuigkeit. Ich konnte einfach noch nicht verstehen, wie wichtig es für einen Menschen ist, nicht allein zu leben, sondern jemanden an seiner Seite zu haben, der immer für ihn da ist, der einen liebt und der einem hilft, in allen Lebenslagen und jederzeit. Ich war zu jung, um zu akzeptieren, dass meine Mutter einfach das Recht auf Glück hatte, denn mein Vater würde nicht wiederkommen. Er war tot, und daran konnte niemand mehr etwas ändern!

Dieser Erhard Reinecke schlug also bei uns auf. Er bemühte sich anfangs sehr darum, mit meiner Mutter und mir eine kleine Familie zu sein. Später allerdings nahmen die Schwierigkeiten zwischen ihm und mir immer mehr zu. Es kam auch schon einmal vor, dass ich mir eine Tracht Prügel einfing, wenn ich nicht so spurte, wie er sich das vorstellte. Ich merkte damals schnell, es war besser, ihm aus dem Weg zu gehen, so gut sich das nur machen ließ.

Mein zukünftiger Möchtegern-Stiefvater war Fernmeldemonteur beim Telegrafenamt, bei der Deutschen Post. Anfänglich waren alle Telefonleitungen noch übererdig verlegt, an den vielen Masten, die rechts und links der Wege aufgestellt waren. Das bedeutete, man musste als Monteur bei jedem Wetter, sommers wie winters, oft draußen arbeiten. Einmal passierte es, dass die Monteure während eines Einsatzes von einem Unwetter überrascht wurden. Sie suchten Schutz in einem Trafohäuschen. Der Zufall wollte es, der Blitz schlug in das Trafohaus ein. Zum Glück waren die Monteure da schon lange nicht mehr anwesend und kamen mit dem Leben davon. Aber das Häuschen wurde zerstört und in der Gegend kam es zu einem totalen Stromausfall. Nun muss man wissen, die anfänglichen 1950er-Jahre standen im Zeichen zahlreicher Provokationen von Seiten der Bundesrepublik gegen die junge DDR. Und die Sicherheitsorgane witterten hinter allem und jedem sofort Sabotage. Darum kam es bei dem „Fall Trafohäuschen" zu einer umfangreichen Untersuchung. Zum Pech der Monteure wurden in dem zerstörten Trafohaus einige Zigarettenkippen gefunden. So kam man auch auf meinen Stiefvater. Er wurde kurzerhand vor Gericht gestellt, denn man vermutete auch hier einen Anschlag ausländischer Feinde des Sozialismus! Ein Tatbestand, der schwer zu widerlegen war. Und da der Herr Reinecke nun auch nicht unbedingt die hellste Kerze auf der Torte war, kriegte er diese Anschuldigungen nicht vom Tisch gewischt. Kurzer Rede kurzer Sinn: Die Staatsanwaltschaft ließ Erhard Reinecke die Wahl: für zwei Jahre ins Gefängnis oder für fünf Jahre zur „Wismut"! So gingen also meine Mutter und mein Stiefvater nach Aue-Schwarzenberg, auf den Rabenberg, zur Wismut. Was hatte es mit dieser „Wismut AG" auf sich?

Gleich nachdem der Krieg beendet war, strömte eine große Schar von sowjetischen Spezialisten ins Land. Sie sollten die ehemalige deutsche Atomforschung untersuchen. Dabei stießen sie im Erzgebirge auf natürliche Vorkommen von Uran. Niemand konnte zu dem Zeitpunkt sagen, wie groß diese Vorkommen waren. Später stellte sich heraus, man würde lediglich zwischen 80 und 90 Tonnen Uran jährlich fördern können. Doch das war egal, Uran war die Grundlage für das sowjetische Nuklearprogramm und darum wurden selbst geringe Mengen abgebaut. Somit wurde kurzerhand die mitteldeutsche Bergbau-Landschaft durch die „Sowjetische Militäradministration in Deutschland" zu sowjetischem Eigentum erklärt und den Reparationsforderungen von

Seiten der UdSSR an Deutschland zugerechnet. Man gründete ein Unternehmen, die „Wismut AG", die 1954 in „Sowjetisch-Deutsche Aktiengesellschaft Wismut" (SDAG Wismut) umbenannt wurde. Hier wurde wirklich bis 1990 Uran gefördert! (Wikipedia, Wismut-Unternehmen, 15.02.2021)

Damals brauchte es für derlei Unternehmungen in Sachsen und Thüringen eine große Zahl an Arbeitskräften. Da Aufrufe zur freiwilligen Arbeit in den Betrieben der Wismut nicht den erwarteten Erfolg brachten, griff man von staatlicher Seite auch gerne zu Maßnahmen von regelrechter Zwangsarbeit! Obwohl das Ganze wohl rechtlich gesehen ziemlich umstritten gewesen sein dürfte! Aber Not machte auch im Sozialismus erfinderisch! Genau darum landete also Erhard Reinecke im Bergbau!

Wie ich nach Breitenbrunn-Rabenberg kam

Zum Schuljahresbeginn 1951 stand die Frage, was mit mir werden sollte. Meine Mutter war mit meinem Stiefvater zu seiner neuen Arbeitsstelle ins Westerzgebirge umgezogen. Der Ort liegt etwa 10 Kilometer südlich von der Kreisstadt Aue entfernt. Und ich blieb erst einmal bei meinen Großeltern in Salzwedel. Doch schon ein Jahr später musste auch ich meiner Mutter und ihrem Mann folgen, denn meine Mutter wollte mich in ihrer Nähe haben. Ich wurde also umgeschult und musste meinen geliebten

Großeltern Adieu sagen. Für wie lange, wusste ich nicht. Was mich erwartete, auch nicht! Während mein Stiefvater unter Tage arbeitete, leitete meine Mutter eine Art großen Einkaufs-Kiosk der „HO Wismut" im Betriebsteil Schwarzenberg auf dem Rabenberg. Sie war die Chefin über zwei hallenartige Gebäude, in denen man alles Mögliche kaufen konnte, was es an Sonderzuteilungen für die Uranbergwerks-Arbeiter gab. Und die konnten ein sehr gutes Leben führen! Die Arbeit war schwer, keine Frage, aber der Lohn dafür war exorbitant! Die Lebensmittelrationen waren doppelt so hoch wie die von den schon überdurchschnittlich versorgten Arbeitern in der Schwerindustrie. Bei Übererfüllung der Förderungsnormen bekamen die Bergarbeiter Sonderzuteilungen an Lebensmitteln, die damals so genannten „Stalinpakete". Da gab es Mehl und Zucker, Fleisch und Wurst, Obst, Käse und sogar Süßigkeiten. Die Löhne sprengten alle Vorstellungskraft! 3.000 bis 4.000 Mark waren keine Seltenheit! Die Spitzenverdienste lagen sogar bei bis zu 10.000 Mark! Somit kam es vor, dass sich die Bergleute Zigaretten mit Hundertmarkscheinen anzündeten und nur darüber lachten – Geld spielte für die Arbeiter unter Tage keine Rolle!

Erhard Reinecke bekam schnell mit, wie die Arbeit da im Bergwerk funktionierte. Und wie man es schaffte, stets die Norm zu erfüllen, mehr noch, sie oft überzuerfüllen! Er und seine Brigade arbeiteten nach einer Methode, die man „Über-Kopf-Hau" nannte. Diese Art des Abbaus war sehr effizient, weil man so, über Kopf, mehr abbauen konnte als bei der gewöhnlich in Vorwärtsbewegung angewendeten Abbaumethode. Aber sie war auch sehr gefährlich. Wenn man nicht aufpasste, konnte es passieren, dass die Decke einstürzte und die Kumpel unter sich begrub! Reinecke wurde zweimal verschüttet!

Die Arbeit im Uranbergwerk stellte sich als höchst ungesund heraus! Die späten Folgen der Strahlen- und Staubbelastung waren: Lungenkrebs, Leukämie, Herz-Kreislauf-Erkrankungen und alle möglichen Formen von Atemwegserkrankungen. Aber auch bergbautypische Erkrankungen gab es: Vibrations- und

Überlastungsschäden, Gehörschäden, Hauterkrankungen und Erkrankungen durch toxische Stoffe. Die Kosten der medizinischen Betreuung betragen bis heute so an die 27 Millionen Euro pro Jahr! Man kann sich vorstellen, wie viele Erkrankungen und Todesfälle es durch den Uranbergbau in der DDR zwischen 1947 und 1990 unter den Kumpel gegeben hat und in Nachwirkungen bis heute gibt! Bis 2011 flossen für Entschädigungen fast eine Milliarde Euro!!

Doch zurück zu den Tagen in den 1950ern. Reinecke und seine Leute wurden reich dekoriert. Sie wurden Aktivisten und Meister der sozialistischen Arbeit und erhielten zahlreiche weitere hohe Auszeichnungen, darunter auch den Orden „Banner der Arbeit"! Die Männer sahen aus wie die Weihnachtsbäume, wenn sie mit ihrem reichlichen „Lametta" wieder einmal zu einer neuen Auszeichnungsfeier geladen waren. Beidseitig an ihren Anzügen klimperten die Orden und Abzeichen! Sie waren die Helden des DDR-Bergbaus! Die Sache hatte nur einen Haken, es ging nämlich nicht immer mit rechten Dingen zu, da unten im Berg. Die Brigade hatte eine besondere Methode entwickelt, um immer zu den Besten zu gehören: Wenn es mal ganz besonders gut lief und sie beispielsweise auf eine ertragsreiche Ader stießen, wurden sozusagen „Eiserne Reserven" angelegt. Das bedeutete, dass die Kumpel nach dem „Eichhörnchen-Prinzip" immer etwas vom Abbau zur Seite legten für Zeiten, in denen es auf der Kippe stand, ob man die hohen monatlichen Normen erreichen würde bei der Förderung von Uranerz. Da alle eisern die Klappe hielten, kam dieser Betrug nicht heraus. Das ganze Gegenteil war der Fall! Reinecke sollte sogar wegen seiner unglaublichen Leistungen an der Akademie für Bergbau in Freiberg studieren, mit dem Ziel, Steiger zu werden! Aber das wollte er nicht. Konnte er auch gar nicht, denn er hatte einen Riesenrespekt vor der Schulbank, die er da wieder würde drücken müssen. Er wusste, die Anforderungen eines Studiums würde er nie erfüllen können! Und ein zweiter Punkt kam dazu: Reinecke begann den Berg zu fürchten. Die Angst, erneut verschüttet werden zu können, setzte ihm richtig zu und machte ihm mächtig psychische Probleme. Ihm blieb nur die Hoffnung, dass seine Strafzeit in der Wismut bald zu Ende war und er wieder nach Salzwedel zurückkehren konnte. Er sehnte sich regelrecht danach, endlich wieder ein Monteur zu sein, der nur über Tage arbeitete und die meiste Zeit draußen in der Freiheit war und nicht in der stickigen Enge eines schmutzigen Bergstollens! Und er pfiff auch auf das viele Geld, das er hier Monat für Monat als Bergmann verdient hatte. Aber es gab da noch einen anderen Teufel, der ihn jagte: der Teufel Alkohol! Jeden Monat bekamen die Kumpel kostenlos zwei Liter Schnaps, „steuerfreien Trink-Branntwein", der unter den Bergleuten „Kumpel Tod" oder „Wismut-Fusel" genannt wurde. Bei Zusatzzuteilungen konnten es bis zu vier Liter im Monat sein! Das Zeug hatte 32% Alkohol und wurde in 0,7-Liter-Flaschen ausgegeben, meist über Bezugsscheine. Diese waren bei der normalen Bevölkerung sehr begehrt und wurden gehandelt. Das war verboten und ein Verstoß gegen dieses Gebot wurde strafrechtlich schwer verfolgt! Aber in den Kneipen der Gegend floss der Alkohol sowieso in Strömen. An den Zahltagen saß das Geld bei den Uranbergleuten ganz besonders locker. Sie kauften ein und soffen alles weg, was es gab! Bei Erhard Reinecke hielt sich die Trinkerei in Grenzen und war bei Weitem nicht so extrem, wie man es bei anderen beobachten konnte! Aber *das* sollte sich zukünftig grundlegend ändern …

Wie ich wieder zu Hause war

Endlich kam der Tag, an dem wir nach Salzwedel zurückkehren konnten. Erhard Reinecke fing wieder als Fernmeldemonteur an. Das war unkompliziert, denn Arbeitskräfte wurden überall gesucht und das Fernmeldeamt nahm ihn mit Kusshand! Meine Mutter fand auch schnell eine Tätigkeit bei der HO, später dann beim Konsum. Aber nicht im Verkauf, sondern in der Verwaltung. Und für mich war die Welt sowieso wieder in Ordnung, denn ich war zurück auf meinem großen Abenteuerspielplatz Salzwedel und zurück bei meinen Kumpels, die natürlich auch mächtig froh waren, dass ich wieder da war! Alles hätte also so schön sein können! Doch da zogen schwarze Wolken am Horizont auf. Der Zustand von Erhard Reinecke verbesserte sich nicht. Er wurde verschlossener und seine Depressionen nahmen zu. Die Nachwirkungen der Zeit im Bergbau verstärkten sich. Natürlich kam auch dazu, dass das Wismut-Leben in Saus und Braus ein für alle Mal beendet war. Anfangs war er noch einige Zeit der umjubelte Held, und die Verantwortlichen vom Fernmeldeamt schmückten sich ganz gern mit dem hochdekorierten Vorbild der sozialistischen Arbeit! Doch der Glanz verblasste im Laufe der Zeit, und Reinecke war nur noch ein einfacher Monteur, einer von vielen. Dann fand er einen Kollegen bei den Monteuren, der verleitete ihn zum Trinken. Am Anfang konnte er sich noch zügeln. Doch dann wurde es immer schlimmer. Sein Alkoholkonsum steigerte sich von Mal zu Mal. Und auch zu Hause wurde es immer unerträglicher. In unserem Haus war einfach nicht genug Platz für vier Familien! Da legte Erhard Reinecke wieder einmal alle seine Auszeichnungen und Orden an und marschierte wie ein funkelnder Weihnachtsbaum zum Behördenhaus, dem Vorgänger des späteren Rates der Stadt und des Kreises und sprach dort vor, in der Hoffnung auf eine eigene Wohnung. Die Leute auf dem „Amt“ waren bei so viel Glitzer und Geleuchte schwer beeindruckt. Als Reinecke das Haus verließ, hatte er die feste Zusicherung einer Wohnung in der Tasche. Der Zauber der Tage von einst in der Wismut hatte also noch einmal gewirkt. Wir zogen dann in eine Dreiraumwohnung in einer recht noblen Gegend in edler Lage von Salzwedel, der „Windmühlenbreite“. Das Arsenal aus mehreren Häuserblöcken war dereinst für Flieger und höhere Militärs des damaligen Fliegerhorstes vorgesehen. Dort lebten wir dann die nächsten Jahre. Zuerst einmal galt es aber, die neue Wohnung einzurichten. Als Monteur verdiente Reinecke beim Fernmeldeamt monatlich rund 375 Mark. Das reichte natürlich nicht, um genug Möbel für eine Dreiraumwohnung zu kaufen! Aber meine Mutter und ihr Mann hatten in der Wismut-Zeit genug Geld zurückgelegt. Mit einem Teil des Geldes fuhren sie nach Westberlin und tauschten es dort um. Die Wechselkurse änderten sich täglich und wenn man am falschen Tag auftauchte, konnte es schon geschehen, dass man für 1 DM-West 10 Deutsche Mark der Deutschen Notenbank hinblättern musste. Ansonsten schwankten die Kurse so zwischen 1:3 und 1:5, wenn man ein bisschen Glück hatte! Wechselstuben gab es an fast jeder Ecke in Westberlin und auch jede Menge „fliegender Händler". Und mit der D-Mark in Händen ging man dann in die Kaufhäuser und versorgte sich reichlich mit technischen Geräten, Zigaretten, Obst und Gemüse und all den Sachen, die es im Osten nicht gab oder nicht in ausreichenden Mengen! Meine Mutter und ihr Mann ließen dann auch einen ziemlichen Haufen Deutsche Mark der Deutschen Notenbank in Salzwedel, im Möbelhaus Otto Belling. Somit stand dann bald ein neues Schlafzimmer mit den obligatorischen Perserbrücken in unserer neuen Wohnung. Wenig später ein komplettes Wohnzimmer, mit Couch und Sesseln, passendem Tisch und Teppich. Da durfte auch die massive Schrankwand aus kaukasischer Nuss, in Hochglanz poliert, nicht fehlen! Nach der Fußball-Weltmeisterschaft 1954 wurde dann noch ein ganz besonderes Gerät angeschafft: eine Fernsehtruhe mit Radio und Plattenspieler! Das Ding kostete damals echt ein Vermögen! Ich erinnere mich, wir hatten es in Magdeburg gekauft. Als es dann zu uns nach Hause geliefert wurde, merkten wir schnell, ohne Antenne gibt es keinen Empfang! Leider war es Freitag. Die Monteure vom „Rundfunk- und Fernsehfachgeschäft Rießling" würden also erst am Montag eine Antenne auf unser Dach bauen können. Da war jetzt guter Rat gar nicht so teuer, denn gleichnamiger stellte sich schnell ein! Fernmeldemonteur Reinecke bastelte mit mir gemeinsam eine „Notantenne" zusammen. Ein Besenstiel und daran ordentlich Kupferdraht befestigt, sollte uns übers Wochenende retten und lustige Fernsehbilder aus nah und fern auf die Röhre zaubern. Leider ließ die Qualität so ziemlich alle Wünsche offen, denn das Fernsehbild sah eher aus, als würde man einem Schneesturm zusehen! Am Montag erschienen dann, Gott sei Dank, die Monteure von „Lügen-Herrmann" und bauten uns eine richtige Antenne aufs Dach! So ließen sich nunmehr die zwei Programme empfangen: das des Deutschen Fernsehfunks und das der ARD.

Ich will noch schnell erklären, was es auf sich hatte mit dem Namen „Lügen-Herrmann": Der Besitzer des Rundfunk- und Fernsehgeschäftes, Hermann Rießling, hatte die Aufgabe von den sowjetischen Alliierten erhalten, amtliche Bekanntmachungen und wichtige Informationen unter die Salzwedeler Bevölkerung zu bringen. Dazu hatte er seinen DKW-F-8-Kastenwagen so umgebaut, dass man über die Außenlautsprecher seine vorgelesenen Bekanntmachungen hören konnte, wenn er langsam mit dem Auto durch Salzwedel fuhr. Das Interesse an solchen Nachrichten der Sowjets war überschaubar, Inhalt und Wahrheitsgehalt der Meldungen oft angezweifelt. Mehr muss man nicht dazu sagen, oder?!

Irgendwann bekam meine Mutter Krebs. Nach einer Unterleibsoperation wurde ihr mitgeteilt, sie könne keine Kinder mehr bekommen. Für Reinecke war diese Nachricht unerträglich. Er begann mit meiner Mutter und mit mir Streit zu suchen und beschimpfte mich als Bastard! Körperliche Gewalt war nun fast an der Tagesordnung. Als Reinecke wieder einmal völlig betrunken nach Hause kam und uns allen Prügel androhte, stellte ich mich ihm in den Weg und schrie ihn wütend an, ich würde ihm eines Tages das alles zurückzahlen, was er mir und meiner Mutter in der ganzen Zeit angetan hatte! Das Ergebnis war, er zog seinen Gürtel aus der Hose und verprügelte mich nach Strich und Faden. Das Koppelschloss des Gürtels zeichnete unschöne Striemen auf meinem ganzen Körper! Und da es sich bei dem alten Koppel um eins aus Wehrmachtszeiten handelte, war ich am Körper kurzzeitig gezeichnet mit mehreren dieser bekannten „Kreuze"! Sie wissen schon …

Ich war da zwölf Jahre alt! Nach dieser Tortour sah ich ihm voller Hass fest in die Augen und sagte nur, dass das das letzte Mal gewesen sei, dass er mich geschlagen habe! In Zukunft solle er besser öfter hinter sich schauen und stets auf der Hut sein! Reinecke lachte mich nur aus und nahm meine Drohung nicht ernst! In der nächsten Zeit ging ich meinem Stiefvater aus dem Weg, so gut es eben möglich war. Auch verhielt ich mich still und unauffällig, nur um nicht in den Fokus seiner Wutanfälle zu geraten. Aber ich wusste ganz genau, ich würde mich an ihm rächen und ihm eines Tages die Rechnung für das alles präsentieren! Langsam pegelte sich das Leben wieder ein. Ich konnte für mich selbst feststellen, wenn ich meinen Stiefvater nicht reizte und mich ein wenig zurückhielt, kam ich ganz gut zurecht. Es war eine Art Waffenstillstand zwischen uns, die Frage war nur, wie lange würde der halten? Aber eigentlich war mir das egal. Letztendlich war das alles nicht mehr so wichtig für mich, denn ich hatte mit dem Thema Reinecke abgeschlossen. Außerdem war da ja immer noch mein zweites Zuhause bei meinen Großeltern in der Altperverstraße, und das war sicher!

Mit Reinecke ging es stetig bergab. Die Zeit im Telegrafenamt Salzwedel verlebte er meist betrunken! Nunmehr wurde er nur noch als Batteriewart eingesetzt, da ihn die Betriebsleitung nicht einfach rauswerfen konnte, sein Ruhm aus Wismut-Tagen hallte immer noch nach. Es wurde erzählt, er und sein Trinkkumpane seien zum Schluss so weit heruntergekommen, dass sie sogar die Säure aus den Batterien gesoffen hätten!

Jahre später, es muss so um 1962 herum gewesen sein, ich war inzwischen siebzehn Jahre alt, da kam ich eines Tages wieder einmal als Lehrling auf Kurzurlaub am Wochenende heim. Ich schaute meine Mutter an, sie sah ziemlich übel aus und hatte überall blaue Flecke. Reinecke hatte sie also wieder einmal verprügelt. Jetzt war das Maß voll! Als Reinecke an diesem Tag nach Hause kam, er war gerade zur Tür herein, fing er sich so einen Schlag von mir ein, da flog er gleich wieder zur Tür hinaus! Ich ging ihm nach und verprügelte ihn so sehr, dass ihm die Nase und ein paar Rippen gebrochen wurden. Zum Schluss trat ich ihm voll in den Hintern und drohte ihm, wenn er noch einmal meine Mutter schlagen würde, würde es für ihn das Letzte sein, was er in seinem Leben täte! Ich war durch meine sportlichen Aktivitäten zu dieser Zeit körperlich ziemlich fit. Aber selbst wenn ich nicht mittlerweile so ein „Hirte" gewesen wäre, meine Wut auf diesen versoffenen Schlägertypen war so groß, ich sah nur rot und konnte kaum noch an mich halten! Am liebsten hätte ich ihm mit bloßen Händen den Hals umgedreht!

Meine Mutter war insgesamt siebzehn Jahre mit diesem Mann verheiratet, bis sie sich 1966 endlich von ihm trennte. Ich weiß nicht, was aus ihm geworden ist.

Wie ich als Teenager durchs Leben kam

Das Leben ging weiter. Und wieder einmal kam die Osterzeit mit großen Schritten anmarschiert. Der Plan war, unsere „Bande" würde dieses Jahr das größte Osterfeuer aller Zeiten entzünden! Ich hatte dazu auch schon eine ganz großartige Idee! Alle nahmen ja meist nur Holz, das da verbrannt wurde. Nun müsste man diesem Holz bei unserem Haufen einfach nur einen anderen Brennstoff hinzufügen, damit die Flammen richtig hochschlugen. Die anderen sahen mich fragend an. Ich rückte strahlend mit meinem Plan heraus: Um das Ganze ein wenig aufzuhübschen, sollten wir einfach Gummi nehmen! Es gab da in der Nähe einen großen abgesperrten Platz, auf dem Tausende alte Gummireifen gelagert wurden. Ich dachte so bei mir, den Betreibern dieses Lagers würde es kaum auffallen, wenn wir uns ein paar von den alten Dingern wegholen würden! Also drangen wir eines Tages am frühen Abend in das Gelände ein.

Dummerweise wurden wir aber bei unserem Raubzug von irgendeinem Wächter beobachtet. Nun hieß es, die Beine in die Hand nehmen und ab durch die Mitte! Es sollte ja keinen Ärger geben, und wir wollten uns nicht erwischen lassen! Denn das wäre ja echt peinlich gewesen und für eine stolze Bande unehrenhaft! Bei der Flucht durch den mit Stacheldraht abgesperrten Lagerplatz ging alles gut. Zumindest bei den anderen. Denn ich stolperte, blieb im Stacheldraht hängen und holte mir eine böse Verletzung! Meine Wange wurde durch die Drahtsperre regelrecht aufgerissen! Ich blutete wie verrückt, und es gab nur eine Rettung: Den guten alten Dr. Siegel! Er war immer noch Arzt in Salzwedel. Und er nähte meine Wange wieder zusammen. Das ganz ohne Betäubung, denn es musste schnell gehen, sonst hätte ich einfach zu viel Blut verloren. Man kann sich vorstellen, was ich dabei für Schmerzen aushalten musste! Aber einen anderen Weg der schnellen Wundbehandlung gab es eben nicht! Und die von Dr. Siegel in Aussicht gestellte Narbe in meinem Gesicht würde mich bei meinen Kumpels und den anderen verschiedenen Banden der Stadt bestimmt zum Helden machen!

Eine ganz andere Geschichte war die Sache mit dem Fußballplatz. Wir Jungs wollten immer Fußball spielen, wie wohl alle in unserem Alter! Also suchten wir nach einem Ort, wo wir der Bolzerei nachgehen konnten, ohne dass sich gleich wieder die Erwachsenen einmischten. Zum Beispiel, weil sie den Lärm und die Jubelschreie nicht ertragen konnten, die aber nun mal bei einem zünftigen Fußballspiel dazugehörten! Schließlich fanden wir eine gute Stelle für unseren zukünftigen Fußballplatz. Neben den Resten der Ringfundamente der inzwischen abgerissenen Baracken des ehemaligen Frauen-KZ-Außenlagers Dora gab es eine riesige Wiese, die unseren Vorstellungen von einem Fußballplatz genau entsprach. Niemand meldete seine Ansprüche an diesem Stück Land an und so nahmen wir es einfach in Besitz. Wir dachten uns, wenn wir hier alles in Ordnung brächten und einen vernünftigen Sportplatz anlegten, würden die Erwachsenen nicht mehr rummeckern! Gesagt, getan! Wir nahmen uns vor, die Wiese von Gras und Gebüschen zu roden und dann einfach unseren Fußballplatz anzulegen. Nur war das viel leichter gedacht als dann in die Praxis umgesetzt! Die Gras- und Gehölzentfernung stellte sich viel schwerer dar als angenommen und forderte unsere ganze Kraft und höchsten körperlichen Einsatz! Ich weiß gar nicht mehr, aber ich war es wohl, der dann auf die bescheuert-geniale Idee kam, das Gras nebst der alten Gebüsche einfach „kontrolliert" abzufackeln! Jedenfalls wurde dieser Vorschlag von allen zustimmend angenommen! Nur hatten wir wieder einmal nicht die grundlegendsten Sicherheitsbestimmungen beachtet! Angezündet war das Gras schnell. Und der Erfolg stellte sich auch umgehend ein, denn das Gras brannte flink ab. Zu flink, wie sich gleich zeigen sollte! Der Boden war völlig ausgetrocknet und Gräser und Gebüsche brannten wie Zunder, und der Wind tat das Übrige! Wir versuchten, das Feuer irgendwie einzudämmen. Doch das war eine völlig aussichtslose Geschichte! Nun bekamen wir es total mit der Angst zu tun! Wir fürchteten schon, die gesamte Gegend würde abbrennen und es würde dann unsere Schuld gewesen sein! Als alle Feuerlöschversuche kläglich versagten, blieb uns nur eine Lösung: Hier mussten die Profis der Feuerwehr ran!

Um es kurz zu machen: Wir alarmierten die Feuerwehr, die kam flink angefahren und löschte den Brand.

Und plötzlich standen wir als Helden da! Wie das möglich war? Der Teufel steckt hier ein wenig im Detail. Es würde bestimmt Fragen geben, wieso ausgerechnet wir, die wir als üble Lausbuben stadtbekannt waren, einen Brand entdeckt haben wollten! Was, wenn plötzlich irgendwelche Leute vermuten würden, hinter der Geschichte könnte mehr stecken, als uns lieb sein durfte? Dass wir vielleicht sogar in die Entstehung dieser Feuersbrunst verwickelt sein *könnten*! Doch ich hatte da eine sehr gute Lösung, um den Ursprung der Flammen auf der Wiese zu erklären! Wir bräuchten doch nur zu sagen, wir wären rein zufällig am Ort des Geschehens vorbeigekommen und hätten gesehen, dass die „Kieskuhler" da rumkokelten! Und als die uns gesehen hatten, wären die einfach abgehauen!

Zur Erklärung: Die „Kieskuhler" waren eine berüchtigte Bande von noch größeren Rüpeln, als wir es schon waren! Sie hießen so, weil ihr Revier die Gegend um die Kiesgrube war!

Ich bläute meinen Freunden ein, wenn wir an dieser Geschichte festhielten, würde uns nichts passieren! Also einfach mal eisern die Klappe halten!

Das Ende vom Lied? Ja, was soll ich sagen? Man lobte uns vor der gesamten Schule für unsere Umsicht und unseren Mut! Als „Anführer" wurde ich mit 10 Mark ausgezeichnet, damals schon ein halbes Vermögen! Die Kumpels erhielten jeweils 5 Mark und waren damit höchst zufrieden! In der Lobrede kam die Sprache darauf, wir hätten durch unser schnelles Handeln Schlimmeres verhindert! Zum Beispiel, dass die Zimmerei hätte abbrennen können, die sich am Rand der Wiese befand. Schon allein das viele Holz, das da gelagert war! Und auch der Umstand, dass selbst das Gebäude der Zimmerei zum überwiegenden Teil aus Holz bestand, nicht auszudenken, welchen volkswirtschaftlichen Schaden wir verhindert hätten! Da war uns klar, es wäre wirklich ziemlich dämlich, an dieser Stelle die Wahrheit zu sagen! Außerdem war es ein wunderbares Gefühl, ein Held zu sein! Man genoss die lobenden Worte der Erwachsenen und die neidvollen Blicke der Mitschüler während des Fahnenappells! Und hielt besser einfach nur den Mund. Eine gute Lehre für mein späteres Leben!

So endete diese Geschichte wie ein Fußball-Sommermärchen! Die Erwachsenen bauten mit uns zusammen einen Bolzplatz, der uns vorkam wie ein richtiges Fußballstadion! Es gab sogar echte Tore! Das Holz dazu spendierten uns die Leute von der Zimmerei! Wir markierten die Spielfelder, wie das auf den großen Fußballplätzen üblich war, und hatten sogar Eckfähnchen gebaut: Besenstiele, an denen kleine Wimpel befestigt wurden. Nur eine Sache fand ich ziemlich doof! Die anderen wollten meinem Vorschlag nicht zustimmen, unserem Stadion den Namen „Fritz-Walter-Stadion“ zu geben. Später hieß dann der „Fußball-Acker“ wirklich „Mecker-Stadion“! Und zwar, weil ich angeblich immer herumgemeckert hätte, bei den Spielen mit den anderen Mannschaften. So ein Unsinn! Zumindest kann ich mich da überhaupt nicht mehr dran erinnern - *Hüstel, Hüstel.*

Wie ich ein Sportler wurde

Seit der sechsten Klasse hatte ich mein Herz für den Sport entdeckt, denn der Sport wurde in der DDR sehr geschätzt! Das galt für die Bevölkerung genauso wie für die Regierenden. So wurde der Breitensport auch von Staatsseite besonders gefördert, während in der Bundesrepublik der „Vereinssport“ vorherrschte. Die Förderung der „Körperkultur“ sowie des „Schul- und Volkssports“ war sogar in der DDR-Verfassung fest verankert, im Artikel 25, Absatz 3! Walter Ulbricht, der Erste Sekretär des Zentralkomitees der SED, folgte selbst seiner 1959 ausgegebenen Losung: „Jedermann an jedem Ort - einmal in der Woche Sport“.

Er beteiligte sich als Vorturner bei Sportfesten oder ließ sich gerne für den „Deutschen Fernsehfunk“, das spätere „Fernsehen der DDR“, beim Skilaufen oder beim Tischtennis ablichten. Der gute Mann war sowieso sportlich ziemlich vielseitig unterwegs: Neben Skilanglauf und Tischtennis trieb er viel Gymnastik, ruderte, schwamm und spielte sehr gern Volleyball!

Die DDR-Staatsführung versuchte, sich von der Tradition der Arbeitersport-Bewegung der 1920er- und 1930er-Jahre eine dicke Scheibe abzuschneiden. Man ging von Staatsseite später sogar noch einen Schritt weiter und änderte Ulbrichts Spruch ab, indem man ihn hinten einfach in „… *mehrmals* in der Woche Sport!“ umformulierte, damit noch mehr Werktätige sich in den Betriebssportgemeinschaften (BSG) und die Schüler und Schü-

(Quelle: Bundesarchiv, Bild 183-66400-0142 / CC-BY-SA 3.0)

lerinnen in den Schulsportgemeinschaften (SSG) betätigten. Somit konnten alle aus den zahlreichen sportlichen Angeboten auswählen, was ihnen am meisten lag und wofür sie sich begeistern konnten.

Für mich war es das Gehen! Dabei kann man sagen, die Geher aus Salzwedel und Umgebung waren ein ziemlich erfolgreicher kleiner Trupp! Ich wurde im Laufe der Zeit sogar Mitglied der DDR-besten A- und B-Jugend-Mannschaft! Was dann passierte, war ja mal wieder ganz typisch für die DDR-Bürokratie: Die jungen Geher der Sportclubs wurden viel mehr unterstützt als wir in der kleinen Kreisstadt Salzwedel! Somit wurde es immer schwieriger, die Würdigung unserer Bemühungen im Gehen zu bekommen, die wir eigentlich völlig zu Recht verdient hätten. Und trotzdem schlugen wir bei den DDR-Jugendmeisterschaften 1960 im Magdeburger „Ernst-Grube-Stadion" die arrivierten Clubsportler und stellten den „Deutschen Meister der DDR" in der Klasse „Jugend B"! Das mit dem Titel „Deutscher Meister der DDR" klingt zwar etwas seltsam, wur-

de aber wirklich so im Sprachgebrauch benutzt, damals, in der DDR! Wir wurden bei den Wettkämpfen auch inoffizielle Mannschaftsmeister! Das waren natürlich Erfolge, die einen stolz machen konnten. Wir partizipierten zwar durch die „Sportvereinigung Dynamo", jedoch waren die „Clubs" klar ersichtlich intensiver gefördert. Diese Misere betraf auch die Betriebssportgemeinschaften, denn die Leistungssportorientierung war im Republikmaßstab nunmal so gewollt. Der Breitensport als Fundament des Leistungssports für den Sieg des Sozialismus! Die internationale Anerkennung der DDR mit Hilfe der „Diplomaten im Trainingsanzug" ...
George Orwell schrieb in seiner Fabel „Farm der Tiere" von 1945:

Alle sind gleich, aber manche sind gleicher.

Recht hatte er, der gute George, das kann ich nur bestätigen!
Es heißt ja, Sport sei gut für die Gesundheit. Im Großen und Ganzen teilte ich diese Meinung unwidersprochen. Bis ich dann eines Tages eine völlig andere Seite der Körperertüchtigung kennenlernte: den Schmerz! Ich war in der siebten Klasse und beim Sportunterricht. Wir machten Hochsprung. Als ich an der Reihe war, passierte eine ganz dumme Geschichte; ich kam irgendwie blöd auf und brach mir den Unterarm. Und natürlich nicht, wie man das so macht, einfach angeknackst und gut ist es! Nein, ich holte mir gleich die volle Dröhnung ab: Mein Unterarm war trümmerhaft gebrochen! Einziger Trost bei all dem Unglück, ich hatte mit 1,30 Metern den Hochsprungrekord des bis dahin Klassenbesten gebrochen und lag nun auch hier in Führung!

Apropos liegen – über drei Monate durfte ich danach im Krankenhaus zubringen. Die Brüche wollten einfach nicht ordentlich verheilen. Zeitweise wurde von den Ärzten sogar erwogen, mir den Arm komplett abzunehmen! Zum Glück überdachten die Mediziner ihr Vorhaben noch mal, denn wenig später zeigten sich bei mir die ersten Heilungsfortschritte. Und mit der Zeit verheilte der Arm komplett, zur großen Zufriedenheit der behandelnden Ärzte. Na, *ich* war erstmal froh! Ich hatte keinen Plan, wie mein Leben als „einarmiger Bandit" hätte weitergehen sollen! Getrübt wurde meine Wiederkehr ins normale Leben nur durch den Umstand, dass ich das gesamte 7. Schuljahr wiederholen musste. Der verlorene Lernstoff war durch meinen langen Krankenhausaufenthalt, die Maßnahmen der Reha hinterher und auch eine gewisse Portion Faulheit meinerseits viel zu groß, um ihn parallel zum laufenden Unterricht wiederholen zu können. Der Reinecke hatte da auch seine eigene Ansicht zu diesem Thema. Er palaverte herum, aus mir würde sowieso einmal nichts Vernünftiges werden! Und da ich seiner Meinung nach in der Schule sitzengeblieben war, hielt er diesen Umstand für die Untermauerung seiner seltsamen These!

Es gab aber auch Sternstunden in diesem Sommer! Er war heiß und alle tummelten sich selbstverständlich im Freibad. Klar, dass ich auch dabei war. Nur eins wurmte mich ungemein, denn wegen des Gipsarmes konnte ich nicht mit ins Wasser. Zumindest bekam ich dann eine Armschiene. Nun sah die Sache schon ganz anders aus! Beim nächsten Besuch im Freibad zog ich mir eine Zellophan-Tüte über die Schiene. Das Ergebnis war, der Gips konnte wegen der Tüte nicht nass werden und ich war wieder bei der Toberei und den Fangespielen „mittenmang"! Allerdings waren die Drei- und Fünfmeter-Sprünge vom Turm zu schwierig mit dem Gipsarm und somit nur die sogenannten „Weibersprünge" möglich. Die hießen so, weil man da mit den Füßen voran springt, wie das die meisten Mädchen machen! Nach dem zweiten Sprung war mir das zu dumm, außerdem kratzte es an meiner Ehre, wenn die anderen sich krampfhaft ihr Grinsen verkneifen mussten. Also nahm ich einen anderen Sprungstil an, ich machte nun „Köpper" mit dem gesunden Arm voran, den anderen an den Körper angelegt. Sah aber auch irgendwie seltsam aus. Ach, dachte ich, was soll's! Beim nächsten Sprung vom Fünfmeterbrett legte ich den anderen Arm auch an und war nunmehr der King mit „Seemannsköpper“ vom Fünfmeterturm! „Seemannsköpper“ sind diese Sprünge, wo man beide Arme anlegt und mit dem Kopf voran ins Wasser spring! Alle bewunderten mich und ich war zufrieden. Die Welt war wieder einmal mehr als in Ordnung!

Meine Erfahrungen bezüglich Schmerzen im Sport konnte ich in späteren Jahren noch erweitern, als ich dann von der Leichtathletik zum Hallenhandball als Torwart wechselte. Ich spielte unter anderem bei „Post“ und „Dynamo Halle“, bei der Armeeauswahl LSK/LV (Luftstreitkräfte/Luftverteidigung) und später auch in Berlin. Hoffentlich müsste ich mich nie wieder mit solch schwerwiegenden Verletzungen herumplagen!

„Toi toi toi!“ und auf Holz geklopft!

Wir wurden älter und es begann die Zeit, wo man anfing, sich für Technik zu interessieren. Es war die Zeit, als sich die „Hühnerschreck“-Mopeds großer Beliebtheit erfreuten. Das waren Fahrräder, die mit einem kleinen Benzinmotor angetrieben wurden. Damit konnte man dann entspannt durch die Gegend zuckeln und musste nicht andauernd kräftezehrend in die Pedale treten. Als dann wenig später die ersten Mopeds vom Typ SR-1 vom Band rollten und auf den Straßen der DDR auftauchten, gerieten die Hühnerschrecks ein wenig ins Abseits. Aber uns Bengels begeisterten die Fahrräder mit Hilfsmotor immer noch, und wir nutzten alle Möglichkeiten, um uns selbst solche Fahrzeuge zu besorgen oder aus allerlei Ersatzteilen zusammenzubasteln. Am Karls-Turm, einem der beiden Stadt-

Arbeitseinsatz 9. Klasse, 1961

türme in Salzwedel, gab es eine alte Motorradreparaturwerkstatt. Der Betreiber des Ein-Mann-Betriebes war ein schon etwas älterer Kfz-Meister. Der hatte in seiner Bude alles Mögliche an Teilen alter Sachs- oder Adler-Modelle herumstehen oder in diversen Kisten und Kästen liegen, was unsere Bastlerherzen begehrten. Dort versorgten wir uns reichlich mit Ersatzteilen für unsere selbstgebauten Fahrzeuge. Der Mann hatte Verständnis für uns und wir bekamen die Sachen „für 'n Appel und 'n Ei", wie man so sagte. Eines Tages konnten wir bei ihm sogar eine alte SACHS kaufen. Wir hatten unser Taschengeld zusammengelegt und waren nunmehr stolze Motorradbesitzer! Naja, sagen wir mal so, es war nur eine alte Maschine, und sie hatte auch nicht viel gekostet. Aber wir waren stolz wie die Schneekönige, schoben triumphierend unsere Neuerwerbung durch die Stadt und in den Schuppen eines Freundes. Bevor es aber auf die Straße gehen konnte, mussten wir erstmal die Karre wieder zum Laufen bringen. Unser handwerkliches Geschick und das technische Verständnis ließen das Maschinchen bald wieder schnurren! Wir schraubten den alten Einzelsitz ab und bauten eine mit Stroh gefüllte Sitzbank auf unsere „Easy Rider"! Schließlich wollten ja immer mindestens zwei Leute auf dem heißen Feuerstuhl unterwegs sein können! Die anderen mussten mit ihren Fahrrädern hinterherradeln, ging ja nicht anders!

Dann kam der Tag, an dem die erste Ausfahrt sein sollte! Und wirklich, schon knatterten wir wie die Irren durch die Stadt. Unsere Fahrt führte uns in Richtung Gerstedt zu einer der vielen ehemaligen Kiesgruben. Dort hatten wir sogar eine eigene Moto-Cross-Strecke. Gut, in Wahrheit war das natürlich nicht unsere eigene Strecke! Immer jährlich am 8. Mai gab es hier echte Moto-Cross-Veranstaltungen mit richtigen Rennen. Die restlichen Tage im Jahr führte die Kiesgrube ein karges und einsames Leben. Darum störte es auch keinen, wenn wir hier auf Teufel komm raus herumtobten. Nur eine Sache gab es, da musste man echt vorsichtig sein. Der Volkspolizei gefiel es überhaupt nicht, wenn wir mit unserer Knattermühle durch die Stadt donnerten, weil das Teil weder eine Zulassung noch eine Versicherung hatte! Uns störte das nicht im Geringsten! Es galt schon als wahnsinnig große Mutprobe, durch die Stadt zu brausen und nicht von der Polizei angehalten zu werden! Mich jedenfalls haben die nie erwischen können!

Irgendwann hatte es keinen Sinn mehr, weiterhin Zeit und Geld in die Reparatur unseres Donnerofens zu investieren. Schließlich kam der Tag, an dem das Teil nicht mehr in der Stadt auftauchte.

Wie ich gehört habe, soll wohl die Polizei ziemlich erleichtert gewesen sein …

IV.

Meine Jugendzeit

Die Schulzeit neigte sich langsam dem Ende entgegen und es stellte sich die Frage, wie nun mein Leben weitergehen würde. Was sollte aus mir werden, welchen Beruf wollte ich einmal ausüben? Eigentlich war mir schon lange klar, was ich machen wollte: Ich werde mal Kaufmann! Aber nicht so klein-klein, in irgendeinem popeligen Kramladen! Nein, doch schon im großen Maßstab, das war ja wohl klar?! Und ich schuldete es meinen Verwandten in Fürth, in deren Fußstapfen zu treten und ein guter Kaufmann zu werden!

Wie ich eine Lehrstelle bekam, die ich wieder verlor

Da man die berühmten Eisen schmieden soll, solange sie heiß sind, wollte auch ich an die Umsetzung meiner beruflichen Zukunftsplanung besser nicht zu viel Luft lassen! Ich setzte also alle Hebel in Bewegung und zog auch meinen Opa Max zu Rate, um mir beizeiten einen festen Platz auf dem Karussell der Berufsausbildung zu sichern. Das Glück war mir hold, wie immer! Im Frühjahr 1962 erhielt ich einen Ausbildungsplatz zum Groß- und Einzelhandels-Kauf-

mann beim „SGB (Sozialistischer Groß-Handelsbetrieb) Textil Tangermünde". Dieses Unternehmen hat auch im Auftrag des Außenhandels der DDR mit großen Konzernen in Westeuropa zusammengearbeitet. In diesem Fall mit Modefirmen aus Frankreich. Na bitte, wer sagt's denn?! Das könnte, nein, das würde das Tor zu einer steilen Karriere als international erfolgreicher Kaufmann sein! Früher gab es ja solcherlei Bezeichnungen noch nicht, aber hätte es sie schon gegeben, wäre mein Gemütszustand getrost mit zufriedenem „Think Big" am besten bezeichnet! Was sollte mir jetzt noch passieren? Alles lief gut und ging seinen „sozialistischen Gang", wie man zu DDR-Zeiten immer gerne sagte! Der Lehrvertrag war eingetütet, der Abschluss der 10. Klasse der Polytechnischen Oberschule nur noch reine Kür! Die Zukunft hätte nicht rosiger aussehen können und ich lehnte mich völlig entspannt zurück.

Doch, wer hätte das geahnt, es kam natürlich wieder einmal alles ganz anders als gedacht! Kurz vor Schulende flatterte eine sehr unangenehme Post ins Haus. „Textil Tangermünde" teilte mir mit, der bereits unterschriebene Lehrvertrag müsse leider annulliert werden, weil sich da ein kleiner, aber entscheidender Fehler eingeschlichen hätte: Die Lehrstelle sei versehentlich als männlicher Ausbildungsplatz ausgewiesen worden. Es wäre aber ein rein weiblicher gewesen. Es täte der Kaderabteilung leid, man bedauere den Fehler und wünsche mir noch alles Gute für die Zukunft.

Bitte? Was war das denn? Opa Max und ich gingen der Sache nach. Wie unsere Recherchen ergaben, wurde diese Lehrstelle als Handelskaufmann wirklich an ein Mädchen vergeben. So weit, so gut! Aber das Mädchen war nicht einfach nur irgendein Mädchen, sondern die Tochter eines guten Genossen aus dem Behördenhaus von Salzwedel! Tja, schien so, als hätte doch der „gute Genosse" eben die besseren Beziehungen gehabt! Für mich brach erst einmal die Welt zusammen und ich war stinksauer! Bis zu diesem Tage hatte ich eine ... Na, nennen wir es mal „politische Neutralität" gegenüber der Arbeiter- und Bauernmacht in der DDR. Schuld daran war mein Opa Max, der mir ja stets alle Aktivitäten wie Aufmärsche und Fanfaren- und Fackelumzüge madig gemacht hatte, obwohl ich solche Sachen ziemlich beeindruckend fand. «Nee, nee, lass mal», sagte er immer. «Mit denen und diesem ganzen Zeugs wollen wir nichts zu tun haben!» Da ich in der Regel auf das hörte, was Opa Max sagte, ließ ich mich davon überzeugen, besser die Hände von solchen politischen Aktivitäten zu lassen. Doch nach der Nummer mit der Lehrstelle, die mir meiner Meinung nach regelrecht geklaut worden war, änderte sich meine Einstellung mehr in Richtung Ablehnung und Frust gegenüber meinem sozialistischen Vaterland! Erschwerend kam hinzu, die Verbindungen meines Opas halfen mir in der Frage Lehrausbildung leider auch nicht weiter. Ich stand also im Frühsommer des Jahres 1962 ohne Lehrstelle und ohne Lebensplan da! Erhard Reinecke war schließlich der Retter in der Not! Ein paar Kontakte hatte er noch aus „alten Heldentagen". Er ließ seine Beziehungen spielen und besorgte mir eine Lehrstelle als Fernmeldemechaniker und Fernmeldetechniker. Das war zwar nicht mein Traumberuf, aber ich hatte wenigstens erst einmal eine Lehre sicher! Ich würde nicht mein ganzes Leben lang als Monteur durch die Gegend ziehen, das war wohl klar, half aber erst mal nichts! Die Sache mit der Lehrstelle hatte selbstverständlich auch wieder einen Haken: Die „Zentrale Betriebsschule der Deutschen Post und des Fernmeldewesens der DDR" befand sich in der Stadt Halle an der Saale. Die Entfernung von Salzwedel nach Halle lag Luftlinie bei knapp 165 Kilometern. Mit der Bahn zu erreichen über Magdeburg. Zur damaligen Zeit auch schon wieder eine halbe Weltreise! Wie gesagt, ich hatte keine Wahl, ich musste mich am 3. September, einem Montag, in Halle einfinden. Ob mir das jetzt gefiel oder nicht!

Wie ich wieder mal einen Schutzengel brauchte

Der Sommer 1962 würde wohl mein letzter unbeschwerter Sommer werden, bevor für mich der Ernst des Lebens beginnen sollte! Somit genoss ich ihn in vollen Zügen, machte mir keine Sorgen und lebte in den Tag hinein.

Da fällt mir eine Geschichte ein, die hatte bereits ein Jahr vorher begonnen. Ich hatte zum Sommeranfang 1961 in Salzwedel ein nettes Mädchen kennengelernt. Sie war die Tochter von einer Schulfreundin meiner Mutter. Leider fällt mir heute nicht mehr ihr Name ein, so sehr ich mir da auch den Kopf zerbreche … Nun, diese Schulfreundin meiner Mutter war in den letzten Kriegsmonaten nach Wuppertal gezogen, hatte dort einen Goldschmiedemeister geheiratet und schließlich eine Tochter bekommen. Die war mittlerweile auch sechzehn Jahre alt, so wie ich. Das Mädel kam immer in den Sommerferien nach Salzwedel, um ihre Oma zu besuchen. Damals ging das noch, Anfang des Sommers 1961! Zu dieser Zeit wusste noch niemand, was der 13. August bringen würde! Jedenfalls liefen wir uns eines Tages über den Weg. Das war kein Wunder, denn das Mädel hatte meine Mutter besucht, um ihr von ihrer alten Schulfreundin Grüße zu bestellen. Wir trafen uns dann ein paar Mal, gingen zusammen baden und zogen ein wenig in der Gegend herum. Es war eine richtige Jugendliebe. Allerdings kam es nur zu ein paar Küsschen und ein bissel Händchenhalten. Ich glaube, für das Mädchen war es mehr als nur eine kurze Jugendliebelei! Jedenfalls rollten die Tränen, als sie Anfang des Monats August wieder nach Wuppertal zurückmusste. Doch wir versprachen uns gegenseitig ein baldiges Wiedersehen, denn die Entfernung von Salzwedel nach Wuppertal, südlich des Ruhrgebiets, war so um die 330 Kilometer Luftlinie. Man war also nicht aus der Welt! Mit der Bahn führte einen da die Reise über Hannover und Bielefeld. Und für die Zeit bis dahin, wollten wir uns täglich schreiben! Dann kam der 13. August, der Tag des Mauerbaus, und aus der Wiedersehensfreude würde wohl in der nächsten Zeit eher nichts werden!

Keine Ahnung, wie es ihr gelang, aber ein Jahr später zum Sommeranfang 1962 war das Mädel doch wirklich wieder in Salzwedel bei ihrer Oma zu Besuch, wie im vorigen Jahr versprochen. Wir erlebten drei richtig schöne Wochen! Dann hieß es leider erneut Abschied nehmen. Ich weiß noch, ich hatte alle Hände voll zu tun, um sie davon abzuhalten, für immer in der DDR zu bleiben, denn sie offenbarte mir ihren Plan, meinetwegen hierher umzusiedeln! Das ging nicht so ohne Weiteres, das wurde uns schließlich bewusst! Außerdem war mir im Hinterkopf klar, ich würde derjenige sein, der nicht ewig in Salzwedel bleiben wollte. Also hatten wir für die nächsten Monate erst einmal wieder nur Briefe, die wir uns schreiben konnten. Und ich sollte ja im September meine Lehrausbildung in Halle beginnen! Da wusste ich auch noch nicht so richtig, was alles auf mich zukommen würde. Wir ahnten beide, wir standen vor schweren Zeiten. Aber es gab ja die Post und das Telefon! Wobei es gar nicht so einfach war mit der Telefoniererei! Manchmal musste man Stunden in Ungeduld verbringen, bis ein Telefongespräch in den Westen möglich war!

Ich wollte mir die restliche Sommerzeit nicht mit Grübelei und Liebeskummer verderben! Darum war ich jeden Tag schon von früh an auf den Beinen! Wir hatten ja da dieses Grundstück am Arendsee. Das gehörte uns zwar nicht, sondern einem Arzt. Der war in den Westen abgehauen, hatte aber vorher meinen Opa Max eingesetzt, um das Grundstück in Obhut zu halten und sich darum zu kümmern. Da gab es ein wunderschönes Wochenendhaus, mit schilfgedecktem Dach, eine große Steganlage und einen wunderbaren Garten. Das Grundstück, direkt am Wasser, befand sich genau am Rand des Grenzgebietes. Das bedeutete, man brauchte eigentlich einen Passierschein, um das gesamte Gebiet betreten zu dürfen. Eigentlich, denn wir hatten uns als Jungs da einen besonderen Trick einfallen lassen! Fünfzig Meter vor den Grenzgebietsmarkierungen gingen wir ins

Wasser und marschierten die paar Meter im Wasser am Ufer entlang, schon konnten wir das Grundstück betreten. Das fanden die Grenzposten und Sicherheitsleute im Grenzgebiet natürlich nicht besonders lustig und regten sich immer unglaublich auf. Bis mein Opa Max das ein für alle Mal regelte! Er ging zu den Verantwortlichen und erklärte die Situation. Von Stunde an gab es keinen Ärger mehr, vorausgesetzt, wir würden es „nicht übertreiben", wie die Verantwortlichen für das Grenzgebiet das nannten. Natürlich wollten wir keine Probleme und hielten uns an diese Vereinbarung! - Fast immer ...

An der Steganlage war auch unser Motorboot festgemacht. Das Teil war ein ziemlich schnittiges Modell, mit dem wir sogar Wasserski fahren konnten! Da das Boot allerdings eins von der sprichwörtlichen Sorte war: „Höher pupen, als der Arsch hängt!" - der kleine Russenmotor hatte nämlich nur sieben Pferdestärken - mussten wir uns wieder etwas einfallen lassen. Das Motörchen hatte so seine Schwierigkeiten, einen aus dem Wasser zu ziehen, damit der mit den Skiern über die Wellen reiten konnte. Was also tun? Derjenige von uns, der das Boot fuhr, musste erstmal kräftig Anlauf nehmen und dabei schnell auf Geschwindigkeit kommen. Derjenige, der Wasserski laufen wollte, saß auf dem Steg und hielt den Griff der Leine ganz fest. Wenn jetzt das Boot dicht an der Steganlage vorbeidonnerte, wurde der Wartende aus dem Stand mitgerissen! Es war echt kräftezehrend, sich auf den Brettern zu halten und dabei nicht das Gleichgewicht zu verlieren. Aber wenn man dann erstmal auf den Skiern stand und graziös über das Wasser glitt, war es einfach nur wunderbar! Und wir wollen nicht vergessen, es galt natürlich auch vor den Mädels anzugeben, die an warmen Tagen mit zahlreichen Paddelbooten auf dem Arendsee unterwegs waren! Besonders Spaß machte es, zwischen den Paddlerinnen herumzukurven und sie mit einer vollen Breitseite von Kopf bis Fuß nass zu spritzen! Die Mädels kreischten dann und schrien! Das war ein besonderer Spaß, zumindest für uns! Allerdings konnte es auch passieren, dass uns am nächsten oder übernächsten Tag in der Stadt irgendwelche Mädels beschimpften, weil sie uns als die Unholde vom Wasser wiedererkannt hatten! Ein Freund von mir machte dabei eine schmerzhafte Erfahrung, weil ihm eins dieser aufgebrachten Mädels eine ordentliche Ohrfeige verpasste!

Doch zurück zum Arendsee. Da die Erlaubnis zum Betreten des Grundstückes nur für Mitglieder unserer Familie galt, konnten wir uns mit den Kumpels nicht immer dort aufhalten. Aber auch dafür gab es eine Lösung! Fast gegenüber unserem Wochenendgrundstück gab es einen Campingplatz, dort trafen wir uns oft. Ich hatte von Opa Max ein großes Viermann-Zelt abgestaubt, das sozusagen auf Dauer auf dem Camping-Platz aufgestellt war. Eines schönen Tages waren wir wieder einmal am Wasser unterwegs, das war so Mitte August. Da gab es auch ein paar Mädels, die sich uns immer gerne anschlossen, wenn wir um die Häuser zogen oder unsere Zeit am Wasser verbrachten. Volleyball war angesagt, mit dem Fahrrad herumradeln, am und im Wasser rumtoben oder einfach nur - heute würde man sagen *abhängen* oder *chillen*!

Wir wollten uns an diesem Tag gerade wieder auf den Heimweg machen, als eins der Mädels irgendetwas hoch oben hängen sah, in der Krone einer der vielen Pappeln, die am Wegesrand standen. Schien ein Stück Tuch oder sowas zu sein. Natürlich brach in mir gleich wieder der Held durch, als ich mit großer Klappe die anderen Jungs fragte, wer den Mut hätte, auf die Pappel zu klettern, um das Teil vom Baum zu holen. Da sich keiner auf Anhieb traute, nahm ich flugs die Sache selbst in die Hand! Netter Nebeneffekt wäre ein bewundernder Blick der Mädels, wenn ich dann erfolgreich vom Baume steigen würde, das Pfand in der Hand! Vielleicht wäre sogar ein Küsschen drin, man konnte ja nie wissen! Also nahm ich Anlauf und kletterte an der Pappel hoch. Das klappte anfänglich ganz leicht, doch dann kam eine Stelle, da gab es keinen Ast in Armlänge, den man greifen konnte. Sollte die Aktion damit ein unrühmliches Ende finden? Kurz vor dem Ziel aufgeben? Ich doch nicht! Ich sah mich um und entdeckte über mir einen Ast, den ich nur erreichen musste, schon könnte der Aufstieg weitergehen. Angst kannte ich sowieso nicht, schon gar nicht Höhenangst! Wie auch immer, ich musste einen Trick anwenden, denn der Ast war so nicht zu ergreifen! Darum drückte ich meine Oberschenkel fest an den Baumstamm, holte mit den Armen ordentlich Schwung und drückte mich kräftig ab. Ich schnellte nach oben und erreichte mit den Händen den Ast. Unter mir hörte ich bewundernde Rufe. Gerade wollte ich mich an dem Ast hochziehen, um danach gebührend meinen Ruhm auszukosten, da knackte es über mir! Ich hing da rum und hielt mich nur mit den Händen am Ast fest, die Beine baumelten noch in der Luft. Bevor ich irgendetwas unternehmen konnte, brach der Ast ab und fiel mit mir in die Tiefe. Wohlgemerkt, ich war so in fünf bis sieben Metern Höhe! Ich fiel, und ich konnte nichts dagegen machen! Mein armer Schutzengel hatte in diesen Sekunden bestimmt Schnapp-Atmung, und ehrlich gesagt mir ging der Arsch auf Grundeis! Doch das Schicksal war mir wohlgesonnen und ließ mich in einen Holunderbusch fallen! So brach ich mir, Gott sei Dank, nicht alle Knochen im Leib, was bei dieser Höhe durchaus hätte passieren können! Was ich allerdings spürte, und das mit voller Wucht, war ein unglaublicher Schmerz im rechten Oberarm und in der Schulter. Die Kumpels waren sofort um mich herum und wollten mir beistehen. Der von Herzen kommende Ratschlag: «Gerd, bleib ganz ruhig liegen und geh nicht weg! Wir holen Hilfe!», war nett gemeint, aber total blödsinnig! Ich dachte mir: *Wohin, zum Teufel, sollte ich wohl gehen wollen, mit diesen verdammten Schmerzen?*

Und ruhig liegenbleiben würde ich sowieso, weil schon der geringste Versuch, mich zu bewegen, höllisch wehtat! Leider nutzte es mir in meiner Situation auch nicht viel, dass die Mädels um mich herumstanden, mich bedauerten und mir Trost spendeten!

Nach kurzer Zeit kam ein Rettungstrupp aus dem naheliegenden Ferienlager mit einer Trage anmarschiert. In Gegenwart der Mädels wollte ich natürlich keine Memme sein und biss die Zähne zusammen, um nicht laut loszubrüllen, denn es tat verdammt weh, als man mich vorsichtig auf die Trage legte. Das Ferienlager hatte eine eigene Krankenstation, nebst einem eigenen Arzt. Der hätte meiner Meinung nach besser Pferdedoktor sein sollen, denn seine Diagnose war: «Ach, der Arm ist nur ausgekugelt, das haben wir gleich! Kein Problem!» Schon griff er beherzt zu und wollte den angeblich ausgekugelten Arm flink wieder einrenken, aber ein unglaublicher Schmerz schoss mir durch den Körper. Ich brüllte den Arzt an, wenn er nicht sofort damit aufhöre, würde ich ihm den Hals umdrehen! Der Arzt sah wohl ein, seine Diagnose war völlig daneben, denn er musste kurze Zeit später zugeben, ich hatte mir wohl den Arm in der Schulter gebrochen! Er rief einen Rettungswagen, der mich ins Krankenhaus Seehausen brachte. Dort wurde meine Schulter geröntgt und – Trara!! – was ich mir da beim Sturz aus knapp sieben Metern zugezogen hatte, besprachen die beiden Mediziner, die mich anschließend behandelten und kamen zu dem Schluss:

> *Für die suprakondyläre Humerusfraktur im Kindes- und Jugendalter kann zusammengefasst werden, dass eine optimale konventionelle Röntgendiagnostik für die adäquate Diagnosestellung und Therapieeinleitung von essenzieller Bedeutung ist. Bei der subkapitalen Fraktur ist neben der a.-p. und Y-Aufnahme die Sonographie ein wichtiges Diagnostikum. Subkapitale Frakturen können aufgrund ihres Korrekturpotenzials häufig konservativ behandelt werden! …*

So oder so ähnlich. Aber wie auch immer, ich hatte kein Wort von dem verstanden, was die Ärzte da von sich gaben. Auf jeden Fall klang es sehr wichtig und irgendwie auch kompliziert! Letztendlich hatte ich mir den Oberarm gebrochen, kurz unterhalb der sogenannten Pfanne!

In Auswirkung des Fach-Chinesisch bekam ich das, was man im Volksmund einen „Stuker" nannte, ein Vergipsen der Schulter und des rechten Oberarms, gestützt durch eine Winkelschiene, die wiederum mit einer Art Querstrebe gesichert war. Das ganze Konstrukt wurde durch einen Brustpanzer zusammengehalten und stabilisiert. Klingt kompliziert, ist es eigentlich nicht! Nur unbequem. Ich lief in der Gegend herum, wie ein Roboter mit abgewinkeltem Arm! So hatte ich mir die letzten Ferientage vor dem Eintritt ins Lehrlingsleben nicht mal ansatzweise vorgestellt!

In diesem Aufzug erschien ich dann zwangsläufig am 3. September in Halle, in der Betriebsschule. Mir war schnell bewusst, so konnte ich nicht die ganze Zeit herumlaufen, mit meinem abgewinkelten Arm. Außerdem wollte ich schnell wieder halbwegs vernünftige Klamotten anziehen! Da hatte ich eine Idee, die ich in der Werkstatt umgehend in die Tat umsetzte. Ich sägte die komische dünne Querstrebe einfach ab, dann konnte ich einen Silastik-Rollkragenpullover anziehen. Das brauchte so seine Zeit, weil ich natürlich langsam machen musste! Den Arm hielt ich vorsichtig an der Seite meines Körpers. Ich dachte mir: *Wenn ich jetzt darauf achte, meinen rechten Arm möglichst kaum zu bewegen oder zu belasten, dürfte mir eigentlich nichts passieren!*

Ja, eigentlich! Denn die Praxis straft im Leben oft die Theorie! Auf der anderen Seite kann natürlich etwas völlig anders sein, als es im ersten Moment scheint! Ein Beispiel gefällig? Gerne doch! Es gab in Halle oft irgendwo den einen oder anderen Rummel. Und da tauchten ja auch ab und an die verschiedensten Mädchen auf. Wir Jungs waren hinter diesen weiblichen Wesen mächtig hinterher, logisch! Ich fand da ja eine ganz besonders interessant, sie war die Tochter eines Schaustellers, dem die „Berg- und Talbahn" gehörte. Das Mädel kassierte das Geld ein für die Leute, die da mitfahren wollten. Mir war sie ins Auge gefallen, somit war es ja eine Selbstverständlichkeit, wie ein Irrer „Berg- und Talbahn" zu fahren! Mein Interesse für das Mädchen fiel leider auch der Hallenser Jugend auf, speziell der männlichen. Als wir mal mit Kumpels aus der Betriebsschule auf dem Rummel unterwegs waren, wurde ich von einem Vertreter dieser Spezies in bester Hallescher Mundart angesprochen: «Ey, Scheeks! Lass mal unse Ischen in Ruhe! Sonst krischte eens uff'n Nischl, denn büschte nüwwer, du Dust!»

Aha! Ich glaubte, aus seiner seltsamen Ansprache herauszuhören, er würde es wohl nicht so nett finden, dass ich ein Auge auf die Kleine vom Berg- und Talkarussell geworfen hatte und drohte mir darum Prügel an?! Von mir aus, nur zu! Der Typ baute sich vor mir auf, grinste mich an und nannte mich immer wieder provozierend „Scheeks". Ich grinste nur frech zurück. Das reizte ihn dermaßen, er holte aus und schlug mir kurz und verdammt fest gegen die Brust. Dann hörten alle Anwesenden ein hässlich knirschendes Geräusch. Der Knabe sah sich seine Hand an, die leicht verformt war und sofort zu bluten anfing. Außerdem drehte er sich weg, winselnd vor Schmerz. Der Gute hatte aus voller Wucht gegen meinen Gips-Abstütz-Panzer geschlagen und sich dabei mindestens die Fingerknöchel gebrochen! Ja, sowas kommt von sowas! Da ging er hin und zog 'ne „Matzblähge", wie der Hallenser zu einem „dummen Gesicht" sagt! Alle Umstehenden sahen mich mit Respekt an, und die Lage war eindeutig zu meinen Gunsten geklärt. Ich fühlte mich ein bisschen wie der Held des Tages, obwohl mir schon bewusst war, dieser Sieg funktionierte nur durch technisches KO, wobei hier die Betonung auf „technisch" lag! Aber ich gehe mal davon aus, hätte ich meinen „Panzer" nicht umgehabt, wäre ich trotzdem ein ernstzunehmender Gegner gewesen, egal, ob Schulterhandicap oder nicht!

Überhaupt sah es manchmal so aus, als würde die Faust mehr bewegen können als das Wort! Im Laufe des beginnenden Herbstes waren bei mir Oberarm und Schulter zufriedenstellend verheilt und ich war wieder voll kampffähig! Das musste ich auch sein, denn eine neue dunkle Wolke zog am Horizont auf. Immer um die Zeit, Ende September herum, erschienen in unserer Berufsschule die Baumonteure zu ihrem sechswöchigen

Theoriekurs. Diese jungen Kollegen wurden gerne von allen „Mast-Affen" genannt. Sie benahmen sich auch wie solche und glaubten, nur allein aus dem Grunde, dass sie bereits im dritten Lehrjahr unterwegs waren, wären sie etwas ganz Besonderes! Wir wurden von ihnen gar nicht für voll genommen, wir, die Lehrlinge des ersten Lehrjahres! Sie bezeichneten uns abfällig als „Pisser" und suchten mit uns Streit, wo es nur ging!

Höchste Zeit, das zu ändern, dachte ich mir und wartete auf einen günstigen Augenblick. Der ließ auch gar nicht lange auf sich warten und kam daher in Form und Gestalt eines kleinen, aber drahtigen Typen aus dem dritten Lehrjahr. Ort des Geschehens war der Speisesaal. Ich kann nicht sagen, warum ich es immer war, den sich die Leute herauspicken mussten! Vielleicht lag es an meinem lächelnden Blick oder weil ich mit meinen hellen Haaren stets aus der Masse der Dunkelköpfe herausragte oder einfach nur, weil ich eben ein sonniges Gemüt hatte! Keine Ahnung! Was ich aber auf jeden Fall wusste, es kann stets nur einer als Sieger vom Platze gehen! Besser natürlich, wenn ich derjenige welcher war! Wir saßen also an diesem Tag mit den anderen aus meinem Lehrjahr beim Mittag. Es gab Nudelsuppe und zwei „Allee-Äpfel" als Nachtisch. Ich gehe mal davon aus, die hießen so, weil sie irgendwer von den Straßenbäumen abgepflückt hatte, die die zahlreichen Alleen in Halle und Umgebung säumten! Egal! Jedenfalls flogen die Türen des Speisesaals auf, und die Horde der „Mast-Affen" erschien mit lautem Getöne im Raum. Der kleine drahtige Typ der Gruppe ließ seinen Blick kreisen und sah mich da an einem der Tische sitzen. Er kam auf mich zu, nahm sich einen der Äpfel, die vor mir auf dem Tisch lagen und biss hinein. Dann warf er grinsend den Apfel in meinen Teller und baute sich vor mir auf, die Arme verschränkend. Ich atmete seufzend tief durch, erhob mich und nahm meinen Teller mit der Nudelsuppe in die Hand. Die Suppe schmeckte nicht besonders, so war also der Verlust selbiger durchaus zu verschmerzen! Ich nahm also den Teller und kippte dem Typen langsam und genussvoll den Inhalt über den Kopf. Es wurde mucksmäuschenstill im Speisesaal. Der Typ verzog keine Miene, sondern knurrte nur: «Los, komm mit raus!» Ich erwiderte, er solle ruhig schon mal vorgehen, ich würde gleich nachkommen. Der Typ verließ umgehend mit schnellen Schritten den Speisesaal, die anderen „Mast-Affen" im Gefolge. Irgendjemand raunte mir zu, ich solle besser vorsichtig sein, der Typ sei als Schläger bekannt und ziemlich gefährlich! Ich erwiderte nur lächelnd: «Na, das passt ja! Gefährlich bin ich selber mehr als genug!»

Als ich den Speisesaal ebenfalls verließ, folgten mir umgehend alle anderen. Dieses Schauspiel wollten sie um nichts in der Welt versäumen! Draußen auf dem Hof machte sich der Drahtige schon mit irgendwelchen Schattenboxerübungen warm. Als er mich erblickte, kam er locker hüpfend auf mich zu. Kurz bevor er bei mir auf Schlagweite angekommen war, holte ich in unglaublicher Geschwindigkeit aus und schlug nur einmal kurz zu. Das knackende Geräusch, das alle hörten, kam von seiner Nase, die umgehend gebrochen war und zu bluten anfing. Der Typ zog sich sofort zurück, seine Nase haltend und laut jammernd. Die umstehenden Lehrlinge jubelten. Plötzlich wurden alle ruhig, was mich ein wenig verwunderte. Da spürte ich jemanden, der mich von hinten am Kragen packte. Ich reagierte sofort und habe ihn mit der „Großen Sichel" über meine Schulter geworfen und auf den Boden geschleudert. Ich sah nur, wie im gleichen Moment eine Schirmmütze mit silberner Kordel vorbeiflog und schaute auf den Boden. Dort lag einer unserer Ausbilder, ein Inspektor! Ich hatte den älteren Mann mit einem technischen KO ordentlich ausgeknockt! Gut, das war nicht beabsichtigt, aber musste der sich auch von hinten an mich heranschleichen? Ich reichte ihm die Hand und half ihm auf. Als der Mann neben mir stand, konnte ich gar nicht so schnell reagieren, denn der holte aus und haute mir kräftig eine runter. Die Umherstehenden sahen uns schweigsam zu. Der Ausbilder forderte sie mit lauter Kommandostimme auf, sofort in den Speiseraum zurückzugehen, hier gäbe es nichts mehr zu sehen! Die Lehrlinge folgten seiner Aufforderung, die Runde löste sich auf. Übrigens, ich hatte zum Glück keine weiteren Scherereien in dieser Sache. Wir hatten beide Mist gebaut, somit hob sich das Geschehene auf und der Status quo war wiederhergestellt.

WIE ICH EINE GEFÄHRLICHE „WANDERUNG" PLANTE

Etwa vierzehn Tage vor meinem Baumabsturz am Arendsee und meiner Schulter- und Armverletzung traf ich zufällig zwei ehemalige Klassenkameraden und Freunde, Manfred und Claus. Wir quatschten über alles Mögliche und Gott und die Welt. Unter anderem auch über unsere Zukunftspläne. Ich erzählte von meinem Missgeschick mit dem Ausbildungsplatz zum Kaufmann, und dass meine Zukunft irgendwie noch in den Sternen stand. Plötzlich meinte Manfred, er hätte überhaupt keinen Bock mehr auf all das nervige Zeugs hier im Osten.

«Ich hau ab!», meinte er schließlich im Brustton der Überzeugung.

«Ich auch», erwiderte Claus sofort.

«Und wo wollt ihr hin?», erkundigte ich mich.

«Na, wohin schon? In den Westen natürlich!», meinte Manfred.

«Und wann?», fragte ich die beiden.

Claus erwiderte ein wenig planlos: «Demnächst. Irgendwann. Mal sehen … »

Ich nickte nur verstehend, dann kamen wir vom Thema ab und sprachen nicht weiter darüber.

Wochen später hatte ich, durch meinen Unfall und den Beginn der Lehrausbildung in Halle, das Thema „In-den-Westen-abhauen", völlig aus den Gedanken verloren. Nun kam ich das erste Mal wieder nach Hause, ich hatte Anfang Oktober meinen ersten Heimfahrt-Tag von der Lehrausbildung, das bedeutete, man konnte übers Wochenende nach Hause fahren. Ich fuhr schon Freitag, denn mir wurde im Krankenhaus der Gips abgenommen. Doch bevor man mich wieder auf die Menschheit losließ, bekam ich noch den ärztlichen Rat, meine Schulter zu schonen und nicht gleich wieder auf allen möglichen Bäumen oder Bergen herumzukraxeln oder den rechten Arm über Gebühr zu beanspruchen! Es sei alles gut verheilt, aber Vorsicht täte immer noch Not! Das konnte ich getrost versprechen, denn ich hatte nicht die geringste Lust, wieder sechs Wochen oder länger mit solch einem blöden Gipsarm rumlaufen zu müssen!

Die Freude über meine wiedererlangte Beweglichkeit wurde aber umgehend getrübt, als ich zu Hause erfuhr, der „gute Genosse", der mit der Tochter, die an meiner Stelle die Ausbildung zum Kaufmann machen konnte, war mit Frau und eben diesem Töchterchen nicht mehr da! Die drei waren nämlich in den Westen verschwunden! Das Sahnehäubchen bei all diesen Neuigkeiten war aber, der nunmehr eigentlich wieder freie Ausbildungsplatz zum Kaufmann wurde nicht neu besetzt!

Das darf doch alles nicht wahr sein, dachte ich bei mir und wurde richtig sauer. Unter diesen Umständen gab es für mich nur noch eine Lösung! Ich packe zusammen und bin dann auch mal weg! Mir fiel nämlich ein, dass mein Onkel Andreas Hannebaum mal gesagt hatte, wenn ich irgendwann für immer nach Fürth kommen wolle, bei ihm und seiner Frau wäre auf jeden Fall ein Platz für mich frei. Das Erste was er mir hinstellen würde, wäre ein PORSCHE, nigelnagelneu, versteht sich! Wie gesagt, diese Worte fielen mir wieder ein.

Ich hatte nie ernsthaft daran gedacht, nach Franken überzuwechseln. Schon allein, weil hier in Salzwedel meine Familie war, meine Freunde … und überhaupt, hier war meine Heimat! Mir fiel aber auch wieder ein, es gab da doch schon einmal den Versuch unserer Familie, dass wir alle zusammen nach Franken übersiedeln wollten. Das war 1959, zu der Zeit, als ich Jugendweihe hatte. Eigentlich waren da unsere Verwandten aus Fürth angereist, um mit mir die Konfirmation zu feiern. Die hatte ich mir aber durch meine dummen Streiche wieder einmal selbst versaut. Ich fand nämlich die dazu notwendigen Stunden des Konfirmationsunterrichtes in der Kirche sowas von langweilig und auch völlig überflüssig, dass ich mir etwas ausdachte, um sie ein wenig aufzuhübschen! So brachte ich eines Tages eine kleine weiße Maus mit und tat sie heimlich dem Pfarrer Schulz in den Talar. Ja, richtig, es war genau dieser Pfarrer Schulz, der mich getauft hatte! Der Unterricht begann, und die Maus kletterte dem Pfarrer aus der Tasche seines schwarzen Umhangs. Zwanzig bis fünfundzwanzig Kinder lachten und konnten sich kaum wieder beruhigen. Auf die Frage des Pfarrers, wer das gewesen war, wurde ich von einem der anderen verraten! Tja, eine Petze ist ja immer dabei, wenn es um solche Sachen geht! Jedenfalls weigerte sich Pfarrer Schulz daraufhin, mich zu konfirmieren! Da aber meine Verwandten aus Fürth trotzdem angereist waren, feierten wir eben nur meine Jugendweihe. Aber es kam in dem Zusammenhang zu einer ganz anderen Aktion in unserer Familie. Die Erwachsenen saßen nämlich heimlich zusammen und beratschlagten, wie man es anstellen konnte, in den wirren Zeiten zu Beginn der anbrechenden 1960er-Jahre, die DDR zu verlassen. Es begann damit, dass meine Leute in Salzwedel heimlich, still und leise alle möglichen Sachen, Möbel, teilweise Klamotten und diversen Krimskrams verkauften oder irgendwo einlagerten und wir sozusagen auf Kartoffelkisten lebten und auf gepackten Koffern saßen! Es war ein Plan geschmiedet worden, wie man unbeschadet bei Nacht und Nebel die Grenze überschreiten wollte. Da sich aber im Laufe der kommenden Wochen die Berichte über Zwischenfälle an der innerdeutschen Grenze häuften, teilweise dabei auch vonseiten der Grenzpolizei Schusswaffen eingesetzt wurden, bekamen meine Familienangehörigen doch kalte Füße! Wem will man das verdenken? Natürlich sollte niemand zu Schaden kommen. Also wurde das Unternehmen „Auf und davon" abgebrochen, zumindest erst einmal! Man wollte abwarten, bis sich die Lage an der Grenze wieder beruhigen würde. Leider war das nicht der Fall! Die Situation wurde immer unübersichtlicher. Da niemand gerne im Gefängnis enden wollte, blieb meinen Leuten nichts anderes übrig, als den Plan einer Republikflucht ein für alle Mal zu beerdigen. Jetzt lief die Geschichte andersherum ab, alle Sachen, die vorher weggegeben worden waren, mussten nun in mühevoller Kleinarbeit wieder zurückgeholt oder neu besorgt werden. Man ging davon aus, es würden bessere Zeiten kommen. Bestimmt würden die kommen! Doch da hatten sich meine Familienmitglieder in Salzwedel gründlich geirrt! Im Gegenteil! Am 13. August 1961 wurde die Grenze zwischen Ost und West geschlossen! Die Grenzanlagen waren immer noch im Ausbau. Nur musste man einsehen, dass es von Tag zu Tag schwieriger wurde, sie einfach so zu passieren! Es gab mittlerweile feste Sperranlagen, in Teilabschnitten sogar mit mehreren hohen Stacheldrahtzäunen, die teilweise schon mit Signalgeräten ausgerüstet waren und dazu ein stets fein sorgfältig geharkter Grenzstreifen. Alles in allem ein unwirklicher und gefährlicher Ort! Doch mir wurde auch bewusst, meine Zukunft hier im Land war inzwischen alles andere als rosig!

© picture-alliance/dpa/Jovan Dezort

Die Lehrstelle, die ich nicht bekam, obwohl ich sie ja eigentlich schon in der Tasche hatte! Daraufhin mein Berufswunsch, ein guter Kaufmann zu werden wie meine Leute in Fürth, zerplatzt wie eine Seifenblase! Durch die Sache mit dem Sportunfall und dem damals gebrochenen Arm hatte ich ja außerdem schon ein ganzes Jahr verloren! Jetzt gerade hatte ich mich erholt vom zweiten Armbruch ... Ich meine, ich war fast achtzehn Jahre alt und noch nicht einen Schritt weitergekommen auf dem Weg zu beruflichem Ruhm und Ehre! Und niemand konnte mir sagen, ob das überhaupt jemals möglich wäre, so wie ich mir das vorstellte! Also, was sollte ich noch hier? Außerdem gab es da ja auch noch dieses Mädchen in Wuppertal, das so in mich verliebt war! Ich malte mir aus, wie erstaunt die erstmal gucken würde, wenn ich plötzlich und wahrhaftig vor ihr stünde!

Umgehend traf ich mich wieder mit meinen Freunden Manfred und Claus. Ich erkundigte mich, ob denn ihre Fluchtpläne noch stehen würden. Sie nickten.

«Wie soll denn das Ganze stattfinden?», erkundigte ich mich bei ihnen. «Und wo wollt ihr rübermachen?»

«Ganz einfach», erwiderte der Manfred, «wir marschieren in Richtung Buchhorst. Da sind's dann nur noch 'n paar Meter, schon sind wir an der Grenze. Klar?»

Nun muss man wissen, „Buchhorst" ist ein Wald- und Sumpfgebiet bei Salzwedel, in Richtung Lüchow. Als wir Kinder waren, war es uns streng verboten, dort zu spielen, weil es eben viel zu gefährlich war, denn schnell hätte es passieren können, dass man im Sumpf versinkt und somit hoffnungslos verloren wäre! Also musste man echt aufpassen. Das galt aber auch für die Grenzsoldaten, die ja das Gebiet nicht so gut kannten wie wir! Ein Vorteil für uns, der bei der Flucht hilfreich sein könnte!

Schließlich meinte ich: «Okay. Ich bin dabei, ich komme mit!»

Wir planten, das nächste Mal, wenn ich in vierzehn Tagen wieder auf Heimfahrt nach Hause komme, hauen wir ab! Oder, wenn sie früher eine Möglichkeit sähen, sollten sie mich einfach in Halle benachrichtigen, ich würde mir dann was einfallen lassen und nach Salzwedel kommen.

Zwei Wochen später war ich endlich wieder auf dem Weg nach Salzwedel. Wie ich schon berichtet habe, lag Salzwedel im grenznahen Gebiet. Teilweise verlief die Grenze nahe des Stadtrandes. Somit verwunderte es wohl niemanden, dass die Kollegen der „Trapo", der Transportpolizei, in den Zügen von Stendal nach Salzwedel sehr aufmerksam die Passagiere kontrollierten. Das war schon ziemlich nervig, zumal ich immer wieder einer der bevorzugten Kandidaten solcher Kontrollen war, keine Ahnung warum! So auch an diesem Tag wieder! Und als Tüpfelchen auf dem „i" auch noch von wichtigtuerischen Jungs der Trapo aus Sachsen. Dieser Dialekt hatte von vornherein schon etwas, dass man sofort aggressiv werden konnte, zumal die beiden Jungs auch noch übergründlich zu Werke gingen. Mit strengem Ton und finsterem Gesicht forderten sie: «Ausweis!» Ich musste tief durchatmen, denn ich merkte schon, gleich könnte es wieder Ärger geben. Also schwieg ich besser, holte meinen Personalausweis hervor und reichte ihn dem Herrn „Überwichtig". Der blaffte mich auf sächsisch an: «Nu, was woll'n Se denn in Salzwädel?»

«Mann», blaffte ich zurück, «kannste nich lesen?»

Nun mischte sich der andere auch noch ein und verwies mich in noch schlimmerem sächsischen Tonfall darauf, ich sollte hier mal nicht so herumpöbeln! Da platzte mir die Hutschnur und ich bot den beiden an, sie umgehend aus dem Zug zu schmeißen, wenn sie nicht gleich ihre großen Klappen halten würden! Na, da war ich wohl doch ein wenig übers Ziel hinausgeschossen! Zum Glück nahm es der erste mit Humor und kommentierte meinen Vorschlag nur mit einem Grinsen: «Nu, ma gans ruhüsch, Gollesche! Mache ma geene Fiesemadentin, nu!»

«Meine Güte», sagte ich, jetzt einlenkend. «Ich fahre nach Hause. Ich bin Lehrling in Halle, und wohnen tue ich in Salzwedel.»

Die Genossen „Bahnbullen" nickten verstehend, gaben mir den Ausweis zurück und entfernten sich dann, mit lässigem Gruß, also „Hand an der Mütze". Ich war froh, dass die Sache ruhig ausgegangen war, schließlich war mir klar, die hätten mich mit auf die Wache nehmen können. Das wäre dann nur ein recht kurzes Wochenende in Freiheit gewesen!

Doch zurück zu diesem besonderen Tag! Als ich ohne weitere Zwischenfälle endlich zu Hause angekommen war, erfuhr ich dort eine richtig miese Neuigkeit! Mich traf fast der Schlag, denn ich erfuhr, meine beiden Klassenkameraden und guten Freunde Manfred und Claus hatten sich ohne mich aus dem Staub gemacht und waren weg! Abgehauen! Ohne mich!! Jahre später erzählten sie mir, dass sich diese Flucht ganz spontan ergeben hätte. Sie waren wohl beim „Salzwedeler Dionysiusmarkt", kurz Nysmarkt genannt, einem traditionellen Volksfest, das immer am ersten Wochenende im Oktober stattfand und bis heute stattfindet. Da kam ihnen plötzlich der Gedanke: „Jetzt oder nie!", und sie machten sich umgehend auf den Weg und kamen unbehelligt über die Grenze.

Ich dachte nach: *Wenn die das geschafft hatten, warum sollte mir dann die Flucht nicht auch gelingen?!* Bei der Umsetzung meines Planes wollte ich alles ganz genau und fehlerfrei organisieren! Zuerst einmal galt es, die richtige Ausrüstung zu besorgen. Das war relativ einfach, denn die Reinigungsfirma, in der mein Opa arbeitete, hatte unter anderem auch einen Vertrag mit der Kaserne der NVA, der Nationalen Volksarmee, die auf dem Fuchsberg untergebracht war. Heimlich ging ich also in die Räume der Reinigung und suchte mir eine komplette Tarnuniform heraus, die mir passte. Dann entfernte ich alles, was klappern oder irgendwelche anderen Geräusche machen könnte. Blinkende Teile, wie Knöpfe zum Beispiel, färbte ich schwarz ein. Ich hatte auch noch eine grüne Sturmhaube organisiert, damit ich darunter meine hellen Haare verstecken konnte. Alle Uniformteile verstaute ich jetzt in einem Dederon-Einkaufsbeutel und marschierte in der kommenden Nacht los. Zur Erklärung:

> *Dederon war ab 1959 der Handelsname von Polyamidfasern in der DDR. Der Name ist ein nach dem Vorbild „Perlon" geprägtes Kunstwort, das sich aus „DDR" und „on" zusammensetzt. Besondere Bekanntheit erlangte Dederon durch die berühmten Kittelschürzen und eben durch jene Einkaufsbeutel!* (Wikipedia, Polyamide, 19.6.2021)

Es gab in Salzwedel einen Weg, den nannten die Alteingesessenen den „Kuhdamm". Der führte relativ gerade in Richtung Grenze. Rechts und links des Weges gab es eine Kleingartensiedlung. Leise schlich ich bis zu einer der Lauben, die der Grenze am nächsten kam. Trotzdem waren es noch einige hundert Meter bis dahin. Ich zog mich also hinter der Laube um. Natürlich ließ ich dabei die Gegend nicht aus den Augen und versuchte selbstverständlich, keine Geräusche zu machen. Ich tat meine Sachen in den Dederon-Beutel und versteckte ihn hinter der Laube, sodass er nicht gleich gefunden werden konnte! Jetzt sah ich aus, wie ein richtiger Soldat! Langsam bewegte ich mich in Richtung Grenze. Ich kroch die letzten Meter und kam schließlich bis etwa zwanzig Meter an die Sperranlagen heran. Die Nacht war stockdunkel, und es war völlig still. Mir kam es vor, als würde mein Herz so laut klopfen, dass man es kilometerweit hören müsste! Ich dachte so bei mir, ich würde einfach noch ein Weilchen hier liegen bleiben und ruhig ein- und ausatmen, bis sich meine Aufregung halbwegs gelegt hatte. Vorsichtig sah ich mich wieder in der Gegend um. Ein Geräusch, irgendein Knacken in der Nähe, ließ mich zusammenzucken. Was war da? Ein Tier? Oder bloß der Wind? Ich atmete tief durch und redete mir immer wieder ein, es sei alles in Ordnung, ich bräuchte mir keine Sorgen zu machen, mir werde schon nichts passieren. Ich redete mir ein, in meiner Uniform sei ich bestens getarnt. Nach einer Minute war es soweit. Konzentriert und nunmehr entspannt, wollte ich mich gerade der Grenze nähern, als irgendwo in der Nähe Alarm ausgelöst wurde. Leuchtkugeln stiegen auf und erhellten die Nacht. Ich ließ mich sofort wieder zu Boden fallen und versuchte, meine aufsteigende Panik in den Griff zu bekommen. Sollte der Alarm etwa meinetwegen ausgelöst worden sein? Ob mich die Grenzsoldaten jetzt auf dem Kieker hatten? Verdammt, was hatte ich falsch gemacht, wieso war man mir auf die Schliche gekommen? Ich hörte entfernt laute Stimmen, Kommandos wurden gerufen! Weit links sah ich plötzlich auch Taschenlampen aufleuchten. Da wurde mir klar, die meinten gar nicht mich! Sah so aus, als hätten, ausgerechnet in dieser Nacht, auch noch andere Leute den Plan gehabt, die DDR zu verlassen! Da lag ich also nun, verhielt mich völlig ruhig und verfluchte innerlich mich und den Rest der Welt! Was hatte ich mir eigentlich dabei gedacht? Hatte ich wirklich angenommen, ich könnte hier einfach so, mir nichts, dir nichts, locker über die Grenze spazieren? In der Nähe ertönten plötzlich sogar Schüsse! Jetzt kriegte ich es richtig mit der Angst zu tun und machte mir fast in die Hose. Was war ich nur für ein Vollidiot! Ich musste doch vollkommen bescheuert gewesen sein!

Mittlerweile wurden wieder Leuchtsignale abgeschossen, diesmal solche, die an kleinen Fallschirmen hingen, damit ihr Licht die Gegend lange erhellen konnte. Überall liefen nunmehr Grenzsoldaten herum.

Glücklicherweise kamen sie nicht in meine Nähe, aber mir blieb trotzdem fast vor Angst das Herz stehen. Wenig später wurde langsam alles wieder ruhig. Ich blieb noch eine ganze Weile liegen, erst dann kroch ich leise und vorsichtig zurück. Unbemerkt kam ich wieder bei der Laube in der Kleingartenanlage an, fand sofort meinen Beutel mit den Klamotten und zog mich wieder um. Nachdem ich meine Uniform im Beutel verstaut hatte, ging ich mit klopfendem Herzen, aber unbehelligt zurück nach Hause. Auf dem Weg dahin wurde mir schlagartig klar, was für ein Glück ich gehabt hatte! Ich wollte mir gar nicht ausmalen, was mit mir passiert wäre, hätte man mich entdeckt. Oder noch verrückter, hätten die auf mich geschossen! Für mich war klar, einmal und nie wieder! So ein Risiko würde ich nicht noch einmal eingehen, das Versprechen gab ich mir selbst! Meine guten Vorsätze hielten nur ein paar Tage, schon waren sie vergessen! Wieder war es Nacht! Wieder war ich auf dem Weg! Wieder kam ich zu der Laube, zog mich um und schlich in meiner Tarnuniform erneut in Richtung Grenze. Ich dachte nämlich so bei mir, der Grenzzwischenfall da vor ein paar Tagen konnte nur ein dummer Zufall gewesen sein, und es wäre völlig ausgeschlossen, dass mir das Gleiche heute Nacht wieder passieren würde! Diesmal konnte ich mich sogar bis fast an den Stacheldrahtzaun heranschleichen. Mit einer gewissen Routine sah ich mich noch einmal um und stellte zufrieden fest, heute Nacht ist alles ruhig! Wie gesagt, die Grenzsicherungsanlagen waren noch nicht so ausgebaut wie Jahre später. Es gab weder Minenfelder noch Grenztürme auf Sichtweite. Auch die Grenzausleuchtung ließ damals noch sehr zu wünschen übrig. Trotzdem war Vorsicht geboten, das war mir voll bewusst! In der Annahme, die Grenzposten könnten nach dem Zwischenfall der letzten Nacht ihre Aufmerksamkeit genau auf den Abschnitt richten, in dem ich mich letztens befunden hatte, war ich heute Nacht ein ganzes Stück weiter nach rechts ausgewichen. Ich hatte bereits den mitgebrachten Seitenschneider in der Hand und wollte gerade den Stacheldrahtzaun durchknipsen, da ging das Theater erneut los! Wieder das gleiche Szenarium: Laute Stimmen und Kommandos, vereinzelte Schüsse, Leuchtsignale an Fallschirmen und wieder Hektik pur! Ich lag verzweifelt am Stacheldrahtzaun und konnte es einfach nicht fassen! Grenzalarm? Wirklich und zum zweiten Mal in diesen Tagen? Und ich wieder mittendrin und dicht dabei? Ich hätte vor Wut laut schreien können! Da war ich fast in der Freiheit und nun wieder der gleiche Tanz?!

Gott sei Dank, hatte ich auch dieses Mal mehr Glück als Verstand! Ich robbte vom Zaun weg und blieb ein ganzes Stück entfernt im Schutze der Dunkelheit und getarnt liegen. Wieder brauchte es längere Zeit, bis es ruhig wurde, hier an der Grenze.

Später dann, ich war wieder ohne weitere Zwischenfälle zu Hause angekommen, lag ich noch lange wach und dachte nach. Mir wurde klar, so würde das nicht funktionieren können! Man sagt ja, aller guten Dinge sind drei, aber ich wollte mein Schicksal besser nicht unnötig auf die Probe stellen. Schien so, als solle es eben nicht sein! Ich dachte mir, erschossen werden ist das Risiko nicht wert! Selbst eine Verhaftung und dann Gefängnis oder Zuchthaus wären keine guten Voraussetzungen für ein glückliches Leben. Natürlich war mir klar, beim Thema „Republikflucht" verstehen Staat und Regierung der DDR nicht mal ansatzweise Spaß! Mir blieb nichts anderes übrig, ich musste es sportlich nehmen! Es würde für mich bestimmt noch irgendwann mal eine andere Möglichkeit geben, zum Ziel zu gelangen! Das Leben geht sowieso immer seine eigenen Wege. Bei mir schien es zu sein, als wäre der gerade Weg nicht der für mich gemachte! Ecken und Kanten, Kurven und auch mal Wege zurück, das sind die Sachen, die das Leben interessant und spannend machen! Und bei mir scheint das ja genau so vorbestimmt zu sein. Mit solchen Gedanken schlief ich endlich erschöpft ein, es war ein harter Tag gewesen!

Wie ich meine Zeit als Lehrling in Halle verbrachte

Während meiner Lehrlingszeit in Halle, im Internat „Zentrale Betriebsschule der Deutschen Post und des Fernmeldewesens der DDR" gab es unter anderem einen Betreuer, bei dem ich mir von Anfang an dachte: Junge, du bist aber auch eher eine Päda-Gurke als ein Pädagoge!

Der Typ war, wenn überhaupt, nur ein paar Jahre über zwanzig und musste wohl gerade erst seine Ausbildung abgeschlossen haben. Auf jeden Fall war er das, was man so nett in Fachkreisen als „Weichei" bezeichnete, benahm sich aber sowas von überwichtig, dass es schon beinahe wehtat! Leider kann ich mich nicht mehr an seinen Namen erinnern. Aber eins weiß ich, sein Getue und Gehabe rief mich umgehend auf den Plan, um ihm diverse Streiche zu spielen und ihn vorzuführen, wo immer es ging! Das hing schon allein damit zusammen, dass er immer und überall unbedingt zeigen wollte, er wäre der Herr im Internats-Hause und damit der Einzige, der etwas zu sagen hatte und dem alle zu folgen hätten! Ja, träume mal schön weiter! Ich meine, machen wir uns nichts vor, ein Typ, der aussah wie ein „Milchreisbubi", sommersprossig, dicklich mit immer fettigem, dünnem Haar, der wollte uns was sagen? Wirklich?! Eine seiner seltsamen Angewohnheiten lag zum Beispiel darin, am Abend heimlich an die Tür unseres Zimmers zu kommen, diese einen Spalt zu öffnen, leise seine Hand hindurchzuschieben und einfach das Licht auszuknipsen. Er wollte wohl damit zum Ausdruck bringen, dass die Nachtruhe einzuhalten sei! Ich dachte mir: *Na, mein Lieber, das wollen wir uns doch aber mal ganz schnell wieder abgewöhnen!* Gedacht, getan! Ich entfernte also am nächsten Abend den Lichtschalter und holte die beiden Stromleitungs-Adern hervor. Die wurden von mir fachmännisch abisoliert und mit einer Schere kurz überbrückt, damit das Licht wieder anging. Dann legte ich einen feuchten Scheuerlappen vor die Tür. Meine Zimmermitbewohner und ich brauchten jetzt nichts weiter zu tun, als uns quasi abwartend auf die Lauer zu legen. Und richtig, der Plan schien aufzugehen. Ich hörte wenig später die Treppe knarren, also kam der Gute die Stufen hinauf. Ich meine, was wäre denn das Normalste von der Welt? Wenn es zur Nachtruhe gehen sollte, um 22 Uhr, hätte er nur anzuklopfen brauchen, um kurz die Ansage zu tätigen, es sei nun Nachtruhe und Zeit, das Licht zu löschen! So einfach wäre das! Aber nein, besser fand er ja unbedingt diese recht fiese Art, einen zu erschrecken! Wir waren sechs Mann auf unserem Zimmer. Immer, wenn der Sozial-Fuzzi auftauchte, waren wir noch damit beschäftigt, zu lesen oder einen Brief nach Hause zu schreiben. Oder etwas zu essen oder zu trinken. Was sollte da dieses Getue, einen ohne Vorwarnung vor vollendete Tatsachen zu stellen? Kurze Rede, kurzer Sinn! Wieder wurde nun die Tür ein wenig geöffnet und es schob sich langsam seine Hand durch den Spalt, in Richtung des Lichtschalters. Doch der war ja von mir fachmännisch entfernt worden! Also ertönte nur ein Schrei, es gab ein Poltern und Rumpeln, und der Wichtigtuer hatte sich einen Stromschlag vom Feinsten eingefangen! Verstärkt wurde dieser Effekt noch von dem feuchten Lappen, auf dem er stand! Tja, wie sagte mein alter Lehrausbilder immer: *Elektriker sind eine Macht!* Das Ende vom Lied waren jetzt nicht etwa zusätzliche Bestrafungseinheiten von unserem jungen Betreuungsexperten – das hätte der sich nach dieser Aktion garantiert nicht mehr getraut! – nein, der Mann hat nie wieder unsere Tür geöffnet, um auch nur in die Nähe eines Lichtschalters zu kommen, geschweige, diesen zu betätigen! Natürlich hätte das mit dem Stromschlag auch gewaltig ins Auge gehen können! Aber, so war das eben, hinterher ist man immer klüger! Erstens hatte unser Weichei zum Glück kein schwaches Herz! Und zweitens, selbst wenn er den Mut gehabt hätte, sich zu beschweren, half mir auch hier wieder das Glück und stand mir erfreulicherweise zur Seite. Es gab da nämlich in der Ausbildung einen alten Inspektor, der mich irgendwie mochte und mir so einiges durchgehen ließ und ab und an auch mal seine Hände schützend über mich hielt. Nicht, dass das andauernd nötig war, aber beruhigend war es allemal!

Außerdem hatte ich sogar politisch Karriere gemacht! Ich war nämlich „Führer der FDJ-Ordnungsgruppe" geworden! Einer unserer „Einsätze" hatte damit zu tun, den Bürgern ein wenig aufs Dach zu steigen! Und das im wahren Sinne des Wortes. Wie ein paar Jahre zuvor bei der sogenannten „Aktion Ochsenkopp" wurde wieder einmal versucht, den Bürgern das Westfernsehen madig zu machen. Darum war es unsere Aufgabe, als FDJler auf den Dächern in der Stadt herumzuturnen und Fernsehantennen zurechtzurücken oder auch gleich abzusägen, deren Empfangsrichtungen gen Westen zeigten. Ich hatte dabei eigentlich nur das Abenteuer im Blick, das Spannende, dort in lichter Höhe auf den verschiedensten Dächern herumzuturnen, ohne dabei zu sehr den politischen Hintergrund zu sehen! Es hatten sich auch einige andere Dinge verändert, so rein in politischer Richtung. Ich merkte nämlich, es gab im Politunterricht und beim Geschichtsunterricht viele interessante Dinge, über die man nachdenken und mit den anderen Lehrlingen in der Klasse diskutieren konnte! Trotzdem war ich jetzt nicht unbedingt ein glühender Verfechter der Lehren von Marx, Engels und Lenin geworden. Kein Vorkämpfer für den Sozialismus oder gar den Kommunismus, aber man hat diese Dinge gehört und zur Kenntnis genommen. Man ging viel mehr davon aus, dass man das Leben selbst gestalten wollte, manchmal mit den Kumpels einen trinken gehen und einfach den Tag genießen. Man war eben jung, unkaputtbar, und alles war wunderschön!

Nun muss man sagen, für viele von uns Lehrlingen war Halle eine große und gewaltige Stadt. Die meisten kamen eben aus kleineren Orten, wie Quedlinburg, Halberstadt, Stendal oder eben Salzwedel. Und da war Halle schon ein ganz anderes Kaliber und bot uns viele Möglichkeiten, von denen wir vorher nur hätten träumen können! So gab es einige wirklich gute Ideen, um beispielsweise sein Lehrlingsgeld aufzustocken, das ja nun mit knapp 80 Mark im Monat nicht unbedingt üppig war und so gut wie keine großen Sprünge zuließ! Im „VEB Kaffee und Nahrungsmittelwerke Halle/Saale“ wurden immer Leute gesucht, die abends und nachts die offenen Güterwagen mit Zuckerrüben-Schnitzeln entluden.

Halle/Saale, 1963, H.-G. Ammon (1. Reihe, Mitte)

Zuckerrüben-Schnitzel sind auch heute noch ein Nebenprodukt aus der Zuckerrübenverarbeitung, das vor allem als Futtermittel für Rinder, Schweine, Schafe und Pferde genutzt wird. Aber die DDR, stets clever bei der Findung von Möglichkeiten zur Einsparung teurer Devisen, vermahlte diese Zuckerrüben-Schnitzel und mischte sie gemahlenen Kaffeebohnen unter. Und je nach Anteil dieser Vermischungen kam dann da „Kaffee-Ersatz“ und „Muckefuck“ heraus und in den Handel. Ganz böse Zungen behaupteten später sogar, auch das Paradepferd der damaligen Kaffee-Genuss-Industrie der DDR, der wunderbare und einzigartige „Mocca Fix Gold Kaffee“ wäre auch mit diesem Zeugs „angereichert“ worden!

Uns war das relativ egal, denn, wie gesagt, diese schweineschwere Arbeit wurde sehr gut bezahlt! Und Geld konnte man immer gebrauchen! Besonders wenn man Lehrling und bei der Post und in einem Internat in Halle war, wo das Essen nicht besonders schmeckte. Kein Wunder, denn zu Beginn und zur Mitte der 1960er-Jahre war die Versorgung, gerade im Raum Halle/Leipzig, nun doch ein wenig mau. Das heißt, Leipzig kam da ein bisschen besser bei weg. Allerdings auch nur zweimal im Jahr, zur Leipziger Frühjahrs- und zur Herbstmesse. Außerdem war unser Internat nicht gelistet, das heißt, es standen dem Haus von staatlicher Seite keine zusätzlichen Nahrungsmittel zur Verfügung. Darum gab es für uns nur zwei Möglichkeiten: Entweder man brachte sich alles von zu Hause mit oder man musste sich eben mit dem Angebot des Hauses abfinden. Also hungern musste keiner, aber Reichhaltigkeit und Abwechslung waren bei der Internatsverpflegung doch eher Fremdworte. Das galt nun nicht für die fleißigen Waggon-Entlader! Denn wir hatten die Möglichkeit, mit dem zusätzlich verdienten Geld ein nettes Leben zu führen und weitaus öfter als andere ein gutes Glas Bier, ein anständiges Bauernfrühstück und so manches ordentliche Stück Fleisch zu verputzen. Dabei mussten wir uns auch nicht darum sorgen, dass ein Ende des Geldflusses vorgesehen war. Das ganze Gegenteil war der Fall! Denn mittlerweile hatte ich mir einen festen Trupp von fünf, sechs Mann aufgebaut, die stets einsatzbereit und abrufbar waren, wenn es sich um zusätzliche und spontane Schichten bei der Waggonentlade handelte. Mein kaufmännisches Geschick kam mir da wieder einmal zugute, denn das Telefon stand nie still und ich war ein zuverlässiger Partner, wenn es um die Organisation und Durchführung dieser Zuckerrüben-Entlade-Aktionen ging. Zweites Standbein, wie man heute sagen würde, war der Binnenhafen in Halle. Auch dort hatte ich feste Ansprechpartner, die gerne unsere Hilfe in Anspruch nahmen, wenn es um das Ausladen der angekommenen Schuten ging. Hauptsächlich waren es Kaffeebohnen, die wir ausluden. So ein Sack konnte auch schon mal 100 Kilogramm wiegen! Kein Problem für meine wackeren Mitstreiter und natürlich für mich! Wir bemerkten erfreut, dass sich diese Plackerei, außer finanziell, auch körperlich positiv auswirkte. Unsere Muskeln wuchsen, unser Körperbau veränderte sich, und somit hofften wir, es würde sich auch unser Marktwert bei den Mädels vervielfachen! Ich zum Beispiel war in meinem ersten Jahr in Halle knapp 20 Zentimeter gewachsen! Zusätzlich nutzten wir alle Möglichkeiten, um auch sonst körperlich fit zu sein und zu bleiben! So gab es da einen Typen, der früher bei der französischen Fremdenlegion gedient hatte. Er war aus Westdeutschland in die DDR gekommen, weil seine Eltern in Halle lebten. Und um das Angenehme mit dem Praktischen zu verbinden, gründete er eine Judo-Gruppe und konnte so sein Konto bezüglich gesellschaftlicher Aktivitätspunkte kräftig auffüllen. Gesellschaftliche Arbeit kam nämlich immer bei den verantwortlichen Leuten gut an! Kampfsport war was für richtige Männer - meinten wir und waren natürlich mit Herz und Seele bei der Sache. Schnell fanden wir heraus, wir würden auch Judo lernen. Wie gesagt: *auch*! Denn was wir in Wahrheit lernten, war alles andere als nur diese elegante Kampfsportart! Nämlich auch: Handkantenschläge, besondere Griffe und verschiedene Arten von Kampf-Techniken, mit denen man seine Gegner eins, zwei, fix auf die Matte legen konnte. Ich war begeistert, denn mir war klar, alles, was dieser Mann in der Legion gelernt hatte, gab er an uns weiter. Diese Zeit in der Judo-Gruppe sollte eine gute Vorbereitung werden für die Zeit später und für alles, was auf mich zukommen sollte!

Weihnachten 1963 hatte ich keine Lust, nach Hause zu fahren. Also blieb ich mutterseelenallein im Internat. Wer jetzt aber glaubt, ich sei einsam und verlassen gewesen, der irrt gewaltig! Ich lief zwar in diesen Tagen oft durch die Stadt und konnte in den erleuchteten Fenstern die geschmückten Zimmer sehen und die Familien, die zusammen feierten, aber ich war keineswegs verzweifelt oder so. Im Gegenteil, ich nutzte die viele freie Zeit zum Nachdenken. Mir war klar, ich würde alles anders

machen, wenn es denn so weit wäre! Denn ich würde entscheiden, kein anderer!
Im „Aufbaulied der FDJ" von 1948 schrieb Bertolt Brecht:

Fort mit den Trümmern und was Neues hingebaut!
Um uns selber müssen wir uns selber kümmern
und heraus gegen uns, wer sich traut!

Genauso sah ich das auch! Niemand im Internat trat mir zu nahe! Man sah mir stets an, wenn ich mal schlechte Laune hatte oder genervt war, dann ließen mich alle besser in Ruhe!

Sportlich war ich damals ziemlich vielseitig unterwegs! Angefangen hatte es damit, dass ich in Halle meine sportlichen Aktivitäten fortsetzen wollte, die ich bereits in Salzwedel durchgeführt hatte, nämlich das Gehen! Ich brachte es sogar bis zur Teilnahme an der „Deutschen Meisterschaft der DDR"! Ja, das ist kein Schreibfehler, dieses Doppeltgemoppelte, das ist Ideologie! Denn auch im Sport musste es ja die deutliche Abgrenzung zwischen DDR-Sport und BRD-Sport geben, weil es die Partei so wollte! Und wir wissen ja: „Die Partei, die Partei, die hat immer recht!!" Trotz alledem war ich leider in Halle der einzige Sportler in der Disziplin Gehen. Das machte natürlich nicht besonders viel Spaß, weil es keine anderen Mitstreiter gab! Also wechselte ich zum Handball. Ich spielte bei „Post Halle" in der regionalen Liga, dann auch in der Handball-Oberliga! Später, in Berlin, war ich bei „Empor Hohenschönhausen". In Halle war ich Torwart. Die Position des Torwartes ist vergleichbar mit dem Schlagzeuger in einer Band: Alle sahen auf den! Mein Vorteil war außerdem, ich konnte auf Rasenplätzen genauso erfolgreich eingesetzt werden wie auf Parkett! Da holte man sich zwar öfter böse blaue Flecke, aber das störte mich nicht besonders. Ich war durchtrainiert und ein echt rüpeliger Geselle, beinahe ein richtiger Rowdy!

Meine fast schon Sportbesessenheit führte mich in Halle auch zum Fallschirmspringen. Gemeinsam mit anderen „Sportverrückten" gründeten wir im Februar 1964 den Fliegerclub Halle. Unter dem Dach der GST, der Gesellschaft für Sport und Technik, fanden sich dann alle zusammen, die ihr Herz und ihre Liebe entdeckt hatten für den Motorflug, die Segelfliegerei und eben auch für das Fallschirmspringen! Die GST war eine Art paramilitärische Massen-Organisation in der DDR, die eng mit der FDJ, dem Jugendverband der DDR, zusammenarbeitete.

Nach einigen Sprüngen passierte mir dann einmal ein fatales Missgeschick, denn der große Fallschirm öffnete sich nicht! Ich versuchte es immer wieder und zerrte wie verrückt an der Reißleine. Es war sinnlos, nichts passierte! In letzter Minute betätigte ich schließlich den Notfallschirm. Doch schien es, mein Schutzengel würde wohl gleich wieder mal alle Hände voll zu tun bekommen, denn ich merkte, ich trieb auf eine Baustelle zu. Die Lenkung des Notfallschirms funktionierte nicht so gut wie die des normalen Schirms. Aus dem Beton auf der Baustelle ragten überall Armier-Eisenstangen heraus, und genau auf die trieb ich zu! Glücklicherweise gab es zwischen den Eisenstangen einen kleinen freien Platz. Der Aufprall auf dem Beton war zwar sehr schmerzhaft und ich zog mir ein paar Rippenprellungen zu! Doch das war nur ein Klacks, wenn man bedenkt, ein kleines Stückchen weiter und ich wäre aufgespießt worden wie ein Spanferkel! Ich hatte wieder einmal richtig Glück gehabt!

Wie ich meine Traumfrau fand

Es war der 7. Mai 1964, der vierzigste Tag nach dem Osterfest, also Christi Himmelfahrt. An diesem Tag kann man zwei Dinge tun: Entweder in Anstand die Rückkehr Jesu Christi als Sohn Gottes zu seinem Vater in den Himmel feiern oder aber sich selbst, denn der alljährlich stattfindende Vater- oder Herrentag fällt haargenau auf dasselbe Datum. Bei dieser Form der Auslegung des Festtages stand dann nicht die Himmelfahrt im Zentrum, sondern eher eine meist feucht-fröhliche Herrentags-Partie mit Vätern und Männern und Leuten, die sich dafür hielten – je mehr auf einem Haufen, desto besser! So manche böse Zunge behauptet ja, die heutige Form des Vatertagfeierns sei Ende des 19. Jahrhunderts in Berlin und Umgebung aufgekommen, vermutlich ins Leben gerufen von irgendwelchen Brauereiunternehmern aus rein wirtschaftlichen Interessen! Na, wen würde es wundern! Und so war es eine zweifelhafte Tradition geworden, an diesem Tag herumzufahren und mal ordentlich einen wegzubechern! Das galt natürlich nicht für meinen Sportskumpel Kurt, seinen Freund und mich, die wir an diesem Tag auch unterwegs waren. Unsere Fahrräder hatten wir mit Birkengrün geschmückt wie alle anderen auch. Unser Alkoholkonsum war nicht der Rede wert, denn das Ziel war ja nicht, sturzbetrunken und laut lallend in der Gegend herumzutorkeln, sondern vielmehr, einfach mal so zu schauen, was es da an interessanten Mädels gab, die ebenfalls an diesem Tag in und um Salzwedel herum unterwegs waren. Und richtig! Wir kamen an einer Ausflugsgaststätte vorbei, wo das Leben tobte! Der Laden war knackevoll. Gegenüber, auf der anderen Straßenseite des Fachwerkhauses, gab es einen Buchenwald. Dort hatte man eine große Tanzfläche aufgebaut und eine Blaskapelle spielte. Die Kellnerinnen schleppten literweise Bier in der Gegend herum, und alle Leute hatten so ihren Spaß. Und wir bemerkten drei Mädels, die rein zufällig dort herumstanden und sich unterhielten. Erfreulicherweise in unserem Alter, wie wir mit Kennermiene gleich feststellten! Mein Blick fiel sofort auf das kleine hübsche blonde Wesen in dem Dreiergespann, in meinen Augen das schönste Mädchen, das ich jemals bisher gesehen hatte! Sie sah aus wie Brigitte Bardot! Nur leider nahm sie mich nicht richtig wahr. Wir wechselten nur ein paar Worte mit den Mädels und ich hielt mich etwas bedeckt, denn ich wollte ja nicht gleich meine Absichten zu erkennen geben und mit der Tür ins Haus fallen. Außerdem war der Biergarten meiner Meinung nach ein viel zu öffentlicher und lauter Ort, um dort der wunderschönen Blonden mein Herz zu schenken! Dafür war ich auch viel zu aufgeregt und sonst ja nie auf den Mund gefallen, aber hier und jetzt fehlten mir irgendwie die passenden Worte und ich wollte es nicht versauen! Ja, mich muss echt beim ersten Blick auf die unbekannte Schönheit ein Pfeil getroffen haben! Danke, Amor, gut gemacht! Das einzig Vernünftige, was mir an diesem Tag über die Lippen kam, war eine Einladung zum Tanz am übernächsten Abend im „Odeon"! Ich kannte den Wirt ganz gut, so dürfte es nicht besonders schwer werden, für den Samstag einen vernünftigen Tisch im „Tanzlokal Odeon" zu bekommen. Ich weiß schon, was Sie jetzt sagen wollen, und Sie haben Recht: Ich habe nicht nur meine zukünftige Dame des Herzens eingeladen, sondern auch ihre beiden Freundinnen und meine beiden Kumpels. Ja, ich war wirklich nervös und fürchtete, ich könnte es vermasseln. Darum der „große Bahnhof"!

Das mit dem Tisch klappte auf Anhieb, er wurde fest reserviert für den Samstag! Doch die Zeit bis dahin wollte einfach nicht vergehen, und ich war sowas von aufgeregt, das kann man sich kaum vorstellen! Ich meine, ich hatte ja schon die eine oder andere Freundin gehabt, keine Frage. Aber außer händchenhaltend durch Salzwedel zu spazieren, ein bisschen Herumgeschmuse und ein paar harmlosen Küsschen war bisher noch nichts weiter passiert! Aber das sollte sich jetzt ändern! Und Iris, wie das wunderbare Wesen hieß, war für mich die Richtige, das fühlte ich, tief in meinem Herzen! Übrigens, sie wohnte ganz in meiner Nähe, nur ein paar Querstraßen weiter. Erstaunlicherweise hatte ich sie bis zu diesem Tage noch niemals wahrgenommen. *Wie war das nur möglich? Wie konnte ich so eine wunderbare Frau übersehen?* Ich erfuhr, sie studierte in Berlin, an der Humboldt-Universität. Vielleicht war das der Grund, dass sie nicht so oft hier in Salzwedel war. Und ich war ja auch die meiste Zeit in Halle, bei der „Kaderschmiede der Fernmeldemechaniker und Techniker"!

Endlich war es Samstag! Am liebsten wäre ich schon Stunden vorher zum „Odeon" aufgebrochen, um ja nicht zu spät zu kommen und gleich am Anfang einen schlechten Eindruck zu hinterlassen! Ich hatte mir meinen stahlblauen französischen Anzug herausgesucht, den wollte ich an diesem Abend unbedingt tragen! Das Teil war ultrachic und nach Pariser Art zugeschnitten! Dazu zog ich ein weißes Baumwollhemd mit Perlmuttknöpfen an und band mir einen dünnen, schwarzen Strickschlips um. Das ganze Ensemble wurde von einem Paar spitzer schwarzer Schuhe aus italienischer Produktion stilvoll abgerundet. Natürlich waren die Schuhe nagelneu, trotzdem hatte ich sie immer wieder geputzt und gewienert! Die Dinger glänzten, man hätte sich drin spiegeln können! Ich bin ja nicht eitel, ganz und gar nicht, aber als ich mich so im Spiegel besah, war ich von mir doch angetan und überzeugt, der Abend würde ein voller Erfolg werden!

Woher meine tollen Klamotten kamen? Die verdanke ich dem Geschick und der fleißigen Arbeit meiner Mutter! Sie hatte damals bei „Gerlach & Glockmann“ eine kaufmännische Lehre gemacht. Das Haus der Firma „Gerlach & Glockmann“ befand sich an der Königsbrücke, sozusagen nur schräg gegenüber unseres Wohnhauses. In der ersten Etage waren die Büroräume untergebracht, im Parterre gab es die Verkaufsräume. Es war ein großes Geschäft für Konfektion, Textilien und Stoffe. Die wurden dort ballenweise verkauft. Später kamen auch noch Gardinen in das vielseitige Sortiment. Jahre später arbeitete meine Mutter dann im HO-Großhandel und dem Konsum sowie ja auch eine Zeit lang bei der „Wismut“. Meine Mutter war auf vielen Messen unterwegs, daher hatte sie gute Kontakte innerhalb der Branche. Mittlerweile war sie Disponentin im „Import und Export, Großhandel Konsum“, speziell für alle möglichen Westtextilien. Somit war klar, dass es zweimal im Jahr nach Leipzig ging, wenn das Messemännchen zu den weltbekannten Mustermessen einlud, der Leipziger Frühjahrsmesse und der im Herbst. Aber auch den Rest des Jahres war sie viel unterwegs. So zum Beispiel in Apolda und den anderen Städten im Süden der Republik, in denen die Textilindustrie der DDR angesiedelt war. Viele Leute wussten damals nicht, dass beispielsweise die Franzosen in der DDR eine große Anzahl ihrer Klamotten nähen ließen! Sieh an, sieh an, der Kapitalismus hatte eben ein Herz für die armen Brüder und Schwestern im Osten – und stets seine eigenen Rendite vor Augen! Jedenfalls fiel für meine Mutter manchmal das eine oder andere, sehr moderne Kleidungsstück aus internationaler Produktion ab. Wovon ich öfter auch profitierte!

Aber zurück zum „Odeon“. Im Urlaub 2021 waren wir in Salzwedel und haben unter anderem auch dem „Odeon“ einen Besuch abgestattet. Und siehe da, das Haus hat sich seinen damaligen Charme und seine wunderschöne Einrichtung erhalten.

Es steht heute unter Denkmalschutz. Zu Recht will ich wohl meinen! Als wir im Saal standen, erinnerten wir uns an die damalige Zeit und schwelgten beide sofort wieder in sehr angenehmen Erinnerungen …

Das „Odeon" war die angesagte Tanzgaststätte in Salzwedel! Zugegeben, ich wusste auch ansonsten keine andere! Nett fand ich es, dass hier nicht, wie bei vielen anderen Tanzlokalen immer noch üblich, ein Zettel an der Tür hing, auf dem stand:

„Nieten in Niethosen unerwünscht!!"

Ja, es waren verrückte Zeiten und viele der leitenden Funktionäre in Partei und Regierung vertraten damals die Meinung, Jeans, also „Niethosen", wie sie in der DDR abschätzig genannt wurden, Westklamotten überhaupt, Westmusik und eigentlich alles, was aus dem westlichen Teil unseres Vaterlandes kam, sei „republikgefährdend" und müsse schon im Ansatz mit allen Mitteln bekämpft werden!

Später sagte Walter Ulbricht, zu der Zeit Staats- und Regierungschef, 1965, auf dem 11. Plenum des ZK der SED, gegen die westliche Rockmusik gerichtet:

«Ist es denn wirklich so, dass wir jeden Dreck, der vom Westen kommt, nu … kopieren müssen? Ich denke, Genossen, mit der Monotonie des ‚yeah, yeah, yeah' und wie das alles heißt, - ja? - sollte man doch Schluss machen!» (Walter Ulbricht)

Mir war das an jenem Abend vollkommen egal, denn ich war sozusagen auf Brautschau. Wobei, stimmt ja nicht, ich hatte zwar meine Traumfrau bereits getroffen, das Problem war nur, sie wusste noch nichts davon! Nun saßen wir alle erst einmal zu sechst am Tisch. Die Unterhaltung ging nur schleppend voran, wir waren wohl ein wenig zurückhaltend und so wollte sich nicht gleich eine ungezwungene Atmosphäre einstellen. Ich dachte darüber nach, wie ich das ändern könnte. Was fiel mir ein? Ich spendierte eine Flasche Weißwein, den weißen Hárslevelü aus ungarischen Landen, besser bekannt als „Lindenblättriger". Ein halbtrockener Wein mit süßlichem Aroma, passend zu meinem ersten Rendezvous mit der hübschen Iris! Nun verwünschte ich, dass ich im Vorfeld die anderen alle miteingeladen hatte. Wie sollte ich da meiner Angebeteten unauffällig näherkommen? Als der Kellner die Flasche Wein an den Tisch gebracht hatte, versuchte ich einen lockeren Spruch, indem ich mich an Iris wandte und sie frech grinsend fragte, ob sie denn überhaupt Wein trinken dürfe, ob sie eigentlich schon achtzehn sei! Im gleichen Augenblick hätte ich mir eine reinhauen können! *Wie blöd war der Spruch denn?!* Und richtig, die holde Blondine machte ein empörtes Gesicht, wandte sich sofort von mir ab und würdigte mich fortan keines Blickes mehr. War das schon das Ende, bevor es überhaupt einen Anfang gegeben hatte? Verdammt, wie sollte ich die Situation retten? Mir schwammen die Felle weg, ich hatte keinen Plan und wurde leicht panisch! Dann begann die Band zu spielen. Da wusste ich, jetzt schlug meine Stunde! Ich war ein guter Tänzer und bewegte mich ziemlich elegant auf der Tanzfläche. Dazu noch meine schicken Klamotten, das zusammengenommen war meine Chance, alles wieder ins rechte Lot zu rücken! Doch der Schuss ging mal richtig nach hinten los – Iris ließ sich nicht von mir auffordern, sondern ging lieber mit einem der zahlreichen Soldaten auf die Tanzfläche. Auf dem Fuchsberg war damals eine NVA-Kaserne, was bedeutete, viele Wehrpflichtige waren dort versammelt. Wenn dann Ausgang war, tummelten die sich in den Kneipen, Restaurants und Lokalen und warfen natürlich auch ein Auge auf die Mädels der Stadt. Immer und immer wieder versuchte ich, meine Angehimmelte zum Tanz aufzufordern. Mit den vielen Körben, die ich an diesem Abend von ihr bekommen hatte, hätte ich locker einen Laden aufmachen und mit dem Verkauf ordentlich Geld verdienen können! Ich zeigte es natürlich nicht, aber ich war auf der einen Seite ziemlich sauer, auf der anderen Seite von Minute zu Minute verzweifelter. Dann kam mir der Zufall zur Hilfe, Gott sei Dank! Zu vorgerückter Stunde mussten nämlich die Genossen Grenzer zurück in ihre Kaserne. Somit war der Weg frei, endlich auch einmal einen Tanz mit Iris abzubekommen! Doch, halt! Was, wenn sie mir wieder einen Korb geben würde, denn scheinbar wollte sie nichts von mir wissen! Da kam mir eine Idee! Ich nahm meinen Kumpel Kurt zur Seite und erklärte ihm, er solle die blonde Schönheit zum Tanzen auffordern! Seine Begeisterung für diesen Plan erschien mir viel zu groß! Ich bremste ihn sofort aus, er solle sich da besser keine falschen Hoffnungen machen, denn ich würde umgehend das Mädel abklatschen! Ein ungeschriebenes Gesetz war, wenn man durch Klatschen in die Hände jemanden, der gerade mit einem andern tanzt, für sich als Tanzpartner erbittet, muss dieser jemand mit einem tanzen! Gesagt, getan! Nach ein paar Takten klatschte ich Iris ab und hielt sie nun endlich in den Armen! Doch ich merkte schnell, sie hatte meinen Plan sofort durchschaut und zeigte mir ganz deutlich ihr Desinteresse. Mann, oh, Mann, hier musste ich andere Kaliber auffahren! Rettung nahte, denn die Kapelle spielte einen Rock'n'Roll. Das war genau das, was ich gebraucht hatte! Ich wirbelte Iris herum und bewegte mich wie Elvis Presley und Peter Kraus in einer Person! Und dazu noch mein Aussehen, als wäre ich der junge James Dean! Ich hatte es drauf und machte eine „Elvis-Brücke", das heißt, ich konnte mich beim Tanzen weit zurückbeugen, ohne auf den Hintern zu fallen, ja sogar so weit, dass meine Haare den Boden berührten! Der Saal tobte! Alles passte zusammen! Meine Tanzpartnerin war einfach perfekt! Wir rockten den Laden, würde man heute sagen! Es fühlte sich an, als würden wir schon seit Jahren zusammen tanzen, jeder Schritt saß, jede Bewegung war fließend. Mittlerweile standen die anderen im Kreis herum, jubelten uns zu und applaudierten. Iris hatte lange Haare, die sie an diesem Abend zu einem Dutt gebunden trug. Durch unser temporeiches Herumgerocke war Iris' Frisur leicht lädiert. Sie öffnete ihre Haare und stand jetzt vor mir wie ein Engel. Ich sah in die leuchtenden Augen einer strahlenden blonden Schönheit und wusste, ich hatte es geschafft, wir würden auf jeden Fall ein Paar werden!

Da uns durch die Tanzerei mächtig warm geworden war, gingen wir vor die Tür, um uns etwas abzukühlen. Wie ganz zufällig machten wir dann einen kleinen Spaziergang in den angrenzenden Park. Wir gingen also nebeneinanderher und quatschten über dies und das. Wie zufällig nahm ich dabei Iris' Hand, und sie ließ es zu. Es hatte zwischen uns gefunkt, und ich hätte an diesem Tag, zu dieser Stunde am liebsten die ganze Welt umarmt, so glücklich war ich! Und besonders gefiel mir, wie lieblich dieses wunderbare Mädchen nach frischem Lavendel roch. Übrigens, die Bank, auf der wir uns wenig später das erste Mal geküsst haben, steht heute immer noch an derselben Stelle, dort im Park, in Salzwedel!

Später erfuhr ich, Iris war darum so angepieselt, weil sie nämlich ein Jahr und neun Monate älter war als ich, aber andauernd für viel jünger gehalten wurde! Und dann kam nun wieder so ein „flotter Hirsch" wie ich um die Ecke und haute in die gleiche Kerbe ein, von wegen viel zu jung und so! Außerdem war Iris seit einem knappen halben Jahr „entlobt". Sie war wohl mit einem Studenten zusammen gewesen, einem zukünftigen Doktor, dessen Mutter bei der „StaSi", dem Ministerium für Staatssicherheit, arbeitete. Ende März hatte sich Iris für immer aus dieser Verlobung verabschiedet, denn die Doktoren-Mutter hatte sich in ihrer dominanten und unerträglichen Art und Weise ständig und andauernd in diese Beziehung eingemischt. In der darauffolgenden Zeit hatte Iris darum eigentlich überhaupt keine Lust mehr gehabt, neue Bekanntschaften mit Jungs zu schließen! Zum Glück war das so gewesen, denn ich gehe mal davon aus, solche wunderbaren Frauen gehen doch weg wie geschnittenes Brot! Jedenfalls konnte ich mir jetzt sicher sein, ihr Desinteresse lag nicht an meinem unwiderstehlichen Charme, von dem ich schon geglaubt hatte, ich hätte ihn irgendwie verloren! Und noch eine andere Neuigkeit erfuhr ich: Iris hatte eine sieben Jahre ältere Schwester, und die war die Assistentin bei Dr. Heuser, meinem Zahnarzt! Sie sah auch einem Engel verdächtig ähnlich, allerdings war sie damals für so einen Jungen wie mich viel zu „alt". Aber man erzählte sich, viele männliche Patienten gingen nur ihretwegen zum Zahnarzt Dr. Heuser! Seltsam, wie klein oft die Welt ist! Iris und ich mussten lachen, als ich davon erzählte.

Ich merkte ziemlich schnell, dass es da so einige Dinge gab, bei denen wir gleicher Meinung waren. Zum Beispiel, als ich ihr diese Sache von der Trapo erzählte, dass die mich andauernd kontrollierten, wenn ich mit dem Zug aus Halle kam. Iris meinte, sie sei zwar von Hause aus eine wirklich meist friedfertige Person, aber sie hätte sich auch schon des Öfteren mit den Kollegen der Transportpolizei angelegt, auf ihren Fahrten nach Hause, nach Salzwedel. Die Bahnpolizisten waren nämlich besonders misstrauisch, wenn sie da jemanden im Zug antrafen, der aus Berlin kam! Und außerdem riskierten die wohl auch öfter gerne mal eine kesse Lippe, wenn ihnen dann noch so ein junges Mädchen über den Weg lief! Dazu meinte diese wunderbare Frau nur, sie könne wirklich ziemlich ruppig werden, wenn man sie dumm und unqualifiziert von der Seite anquatsche! Ich dachte mir lächelnd: *Na, gut zu wissen …*

Erstaunt bemerkten wir, dass der Morgen anbrach. Wir hatten die ganze Nacht auf der Bank zugebracht und über alles Mögliche geredet und dabei völlig die Zeit vergessen! Schließlich wollte ich Iris nach Hause bringen. Sie wohnte damals in der Ziegeleistraße in Salzwedel, in einer hübschen Villa. Im

Morgengrauen war das Gras im Park durch den Tau total nass. Und ich, ganz Gentlemen, trug meine Angebetet durch den gesamten Park, damit sie keine nassen Füße bekam! Wenn das nicht Liebe ist!

Gab es so etwas wie Schicksal? War es Zufall oder eine Fügung des Himmels? Oder kommt es immer so, wie es kommen soll und muss? Meine Großmutter sagte immer, es gäbe Dinge zwischen Himmel und Erde, die wir nicht verstehen und auch niemals verstehen werden! Hatte sie vielleicht recht?

Jedenfalls begann für uns eine wunderbare Zeit, auch wenn wir damals weit auseinander waren, sie in Berlin, ich in Halle. Aber ich fand immer einen Weg, um sooft es möglich war, nach Berlin zu fahren. Sie kam mich das eine oder andere Mal auch in Halle besuchen. Bei ihrem ersten Besuch traf sie im Internat auf meinen alten Widersacher, das „Weichei". Der hatte an dem Tag so eine Art Aufsicht und saß unten am Empfang. Iris erkundigte sich nach mir und wo ich zu finden sei. Der dickliche Sozialarbeiter hörte nur meinen Namen und begann umgehend, mich zu verunglimpfen und als einen oberflächlichen, undisziplinierten und gewalttätigen Gesellen darzustellen, der andauernd irgendwelche Weibergeschichten am Laufen hätte und sowieso der übelste Typ im ganzen Lehrjahr sei! Der angebliche Frauenversteher wollte Iris nur vor mir warnen, wie er meinte, völlig uneigennützig, versteht sich! Ja, er ging sogar so weit, sie auf einen Kaffee einzuladen und sie dann zurück zum Bahnhof begleiten zu wollen! Zum Glück fiel Iris nicht auf diesen Aufschneider und Lügenbold herein! Sie lachte ihn nur aus und ließ ihn stehen. Als sie mir später davon erzählte, wollte ich ihm gleich einmal handfest Manieren beibringen, aber Iris meinte nur, solche Typen seien doch unter meinem Niveau. Recht hatte sie! Das Weichei war nur neidisch, denn so eine Traumfrau würde eben für ihn eins sein und bleiben: eben nur ein Traum!

Iris hatte damals beim Studium eine Kommilitonin, die Ute. Und der war aufgefallen, dass sich Iris seit ein paar Tagen völlig verändert hatte. Als Ute schließlich fragte, ob sie jemanden kennengelernt hätte, antwortete Iris lächelnd: «Ja, ich habe da einen kleinen Dicken gefunden.» Als sie mir davon erzählte, ergänzte ich: «Einen kleinen, dicken Doofen!»

Iris sah mich an und meinte, ich wäre ja vieles, aber *doof* sei ich nicht! Vielleicht *verrückt*, aber nicht doof!

In dem Zusammenhang muss ich hier noch einmal auf das Mädchen aus Wuppertal zurückkommen! Unsere Briefe wurden im Laufe der Zeit seltener. Auch die Telefongespräche hatten wir fast eingestellt, schon allein aus dem Grund, weil es immer superlange dauerte, bis ein Telefonat in den Westen überhaupt zustande kam! Das ging so über das ganze Jahr 1963 hinweg. Als ich meine Iris kennenlernte, hatte ich sowieso keine Gedanken mehr an andere Mädchen! Ich habe dann im Herbst des Jahres 1964 einen letzten Brief nach Wuppertal geschickt und erklärt, ich wäre jetzt verlobt. Ich dachte, das wäre ich dem Mädel schuldig. Ich habe nie wieder etwas von ihr gehört!

Ja, es stimmt, Iris und ich hatten uns im September 1964 verlobt! Und *sie* war es, die mich gefragt hatte: «Du, ich würde mich gerne mit Dir verloben! Möchtest Du auch?» Und wie ich mochte! Das alles kam zwar ein bisschen aus „der Kalten", wie man so sagte, aber es war wunderbar! Wir feierten unsere Verlobung am Alexanderplatz in Berlin, im Jugendtreff. Dazu hatten wir Iris Freundin Ute eingeladen und deren Verlobten Klaus, der damals gerade seine Ausbildung an der Offiziershochschule der Volksmarine „Karl Liebknecht" in Stralsund absolvierte. Wir hatten uns vergoldete Ringe besorgt, die finanziell erschwinglich waren! Mann, ich war damals der glücklichste Mensch auf Erden! Ein Gefühl, dass ich bis heute habe und immer haben werde, bis ans Ende meiner Tage auf dieser wunderbaren Erde!

Es gab nur ein kleines Problem, wieder einmal! Denn da gab es eine Person, die konnte und wollte mein Glück nicht akzeptieren! Es war keine Geringere, als die „gnädige Frau", Iris' Mutter! Ich war mir keiner Schuld bewusst, ich war ihr nie irgendwie blöd gekommen oder so! Aber es wollte sich einfach lange Zeit keine freundliche oder gar freundschaftliche Beziehung zwischen uns beiden entwickeln. Wir gingen uns eher aus dem Weg, keine Ahnung, warum! Gut, es kann sein, dass es da einmal ein Ereignis gegeben hatte, bei dem ich vielleicht etwas übertrieben hatte. Ich wollte eines Tages in Salzwedel Iris von zu Hause abholen. Sie war noch nicht ausgehfertig, darum bat sie mich, solange in den „Salon" zu gehen. Dort traf ich auf ihre Mutter, die sich gerade bei einer Tasse Kaffee mit irgendeinem jungen Bengelchen unterhielt. Majestätisch thronte sie auf einem roten Plüschsessel und sah ein wenig auf mich herab. Ich wollte sie begrüßen, aber sie fuhr mich streng an, was ich in ihrem Hause zu suchen hätte? Ich antwortete, ich wolle Iris abholen, meine Verlobte. Da schnappte sie nach Luft und erwiderte in scharfem Ton, Iris wäre nicht „meine Verlobte", denn sie, als ihre Mutter, würde niemals ihren Segen zu dieser Verlobung geben und ich solle sofort und umgehend ihr Haus verlassen.

«Nichts lieber als das!», erwiderte ich frech grinsend. Bevor ich allerdings den Raum verließ, drehte ich mich noch einmal zu ihr um, denn ich hatte plötzlich den Verdacht, zu wissen, wer dieses Bengelchen da war. Sein Revers schmückte ein kleines silbernes Kreuz, auch trug er ein Kollar, diesen weißen, ringförmigen Stehkragen eines Pfarrers. Da das Jüngelchen einfach zu jung war für einen Pfarrer, schien es sich da um einen Theologiestudenten im letzten Semester zu handeln! Ich wurde den Gedanken nicht los, die „gnädige Frau" könnte hier eine Art Verkupplungsgespräch mit einem zukünftigen Kirchenmann führen, um ihr holdes Töchterlein mit einem „ordentlichen" jungen Mann zusammenzubringen und somit zu verhindern, dass ich sie auf unchristliche Wege und in Versuchung führen könnte! Das war gar nicht so abwegig, denn in etwa war genau das mein Plan! Ich hätte ihn nur ein wenig anders formuliert! Doch mich packte plötzlich eine unbändige Wut. Ich konnte mir nicht verkneifen, ihr ihre Verkupplungspläne verbal um die Ohren zu hauen! Aber auch ganz handfest schlug ich ihr vor, diese Aktivitäten besser zu unterlassen, speziell in Anbetracht der gesundheitlichen Schäden, die das Jüngelchen erleiden könnte, sollte er mir in meiner Lebensplanung mit Iris herumpfuschen! Was mir auch nicht weiter schwerfallen sollte, denn der Knabe machte den Eindruck, würde man ihm den Rücken einseifen, hätte er wahrscheinlich die Brust voller Seifenschaum, so ein Hänfling saß da am Kaffeetisch! Sie solle es nur sagen, und ich würde ihn ihr „blutig über die Türklinke hängen"! Das war vielleicht echt ein wenig zu viel des Guten! Iris' Mutter sprang auf, deutete herrisch mit ausgestrecktem Arm auf die Tür und rief nur: «Hinaus!» Und ich hätte „Hausverbot"! Das einzig Beste in diesem Fall war für mich, schleunigst die Kampfarena zu verlassen. Wie gesagt, es sollte noch eine ganze Weile dauern, bis wir zusammen einen Status Quo gefunden hatten, der für beide Seiten akzeptabel war. So sagte ich stets „Sie" zu ihr, bis sie mir am Tage unserer kirchlichen Trauung, nach der Zeremonie anbot, ich dürfe ab jetzt zu ihr „Mutti" sagen. Das habe ich lange nicht getan, aber wir lernten beide, in gegenseitiger Achtung miteinander auszukommen.

Nach knapp zweieinhalb Jahren, im Februar 1965, bestand ich meine Prüfung als Fernmeldemechaniker erfolgreich und konnte somit Halle verlassen. Nur ging ich jetzt aber nicht nach Salzwedel zurück, in mein „Heimat-Amt", wie man das nannte, sondern ich konnte einen wirklich lukrativen Job in Berlin an Land ziehen, der mich zur Firma ZAF brachte, zum Zentralanlagenbau Fernleitungen. Die Jungs und Mädels dort befassten sich mit dem Aufbau von regionalen Fernsehstudios! Klingt spannend? War es ja auch! Ich dachte, Fernsehen ist immer gut, und ich bin dann in Berlin, bei meiner Traumfrau …

Wie wohl zu erwarten, kam es – natürlich – wieder ganz anders! Das Haar in der Suppe war, dass sich der ZAF, genau in meiner Zeit dort, mit dem Ausbau des ehemalig geplanten zweiten Fernsehkomplexes des Deutschen Fernsehfunks befasste, der in Leipzig errichtet werden sollte, neben dem Haupt-Sendezentrum in Berlin-Adlershof. Das bedeutete für mich, ich musste auf Montage! Aber die Arbeit machte Spaß und wurde gut bezahlt. Und Montagearbeit hieß, man musste am Montag bis mittags angereist sein und konnte am Donnerstagnachmittag wieder abfahren, Richtung Heimat.

Leipzig wurde darum als Ort eines zweiten Fernsehzentrums ausgesucht, weil die Stadt die international beachtete Leipziger Messe beherbergte, die jedes Jahr im Frühling und im Herbst stattfand.

Ich wusste auch gar nicht, dass man bereits Ende der 1950er-Jahre über die Planung und Realisierung eines zweiten DDR-Fernsehprogrammes nachgedacht hatte!

Die Vorbereitungen zu diesem zweiten Programm des Deutschen Fernsehfunks wurden allerdings mit Beginn der 60er-Jahre ad acta gelegt, bis sie mit neuer Konzeption um 1963 wieder aufgenommen und zum 20. Jahrestag der DDR 1969 ohne klare Konzeption realisiert wurden! Das Projekt eines Leipziger Fernseh-

und Rundfunkstudios wurde mit dem Abbruch des zweiten Fünfjahrplanes durch den Beschluss der Volkskammer über den Siebenjahrplan 1959-1965 aufgegeben. Es ging, wesentlich reduziert und unter Beibehaltung des zentralistischen Charakters des DDR-Fernsehens mit Standort in der DDR-Hauptstadt Berlin, in die seit den 60er-Jahren geschaffenen Regionaleinrichtung des DFF Studio Halle ein. Das Ostseestudio Rostock blieb ein Provisorium, die Studios Dresden und Karl-Marx-Stadt blieben im Embryonalstadium stecken und realisierten lediglich einzelne Sendungen aus öffentlichen Veranstaltungssälen. *(Kulturation 2/2003, Film- und Fernsehgeschichte, Peter Hoff)*

Also bauten wir in Leipzig nur noch einen *regionalen* Fernsehsender!

Aber nichtsdestotrotz, meine Heimat war nicht mehr Salzwedel, sondern Berlin. Da gab es natürlich auch wieder eine Besonderheit zu beachten, das war die Wohnungsfrage. Man bekam nur eine Genehmigung für den Aufenthalt in der Hauptstadt Berlin, wenn man eine Wohnung hatte. Die bekam man aber erst, wenn man eine Arbeit nachweisen konnte. Und eine eigene Wohnung zu finden, das musste man auch erst einmal hinbekommen! Nun war zwar mein Stammbetrieb in Berlin, meine derzeitige Arbeitsstelle lag aber im Bezirk Leipzig. Dort hatte ich ein kleines Monteurzimmer. Da Iris in Berlin mit ihrem Studium befasst war, hatte sie natürlich auch noch keine eigene Wohnung, nur ein Zimmer im Studentenwohnheim der Humboldt-Universität. Die Uni hatte überall in Mitte eigene Häuser für alle möglichen Studienrichtungen. Das Haus, in dem Iris ein Zimmer hatte, befand sich in unmittelbarer Grenznähe, in der Luisenstraße, neben dem damaligen Berliner Künstlerclub „Die Möwe". Iris teilte sich das recht große Zimmer mit zwei anderen Kommilitoninnen, der Ut-*E* und der Ut-*A*. Die Uta war oft nicht da, sie war die Tochter eines Professors aus Potsdam und somit oft zu Hause bei ihrer Familie. Ich konnte ein paar Mal in dem Haus über Nacht bleiben, aber das war natürlich nicht immer möglich. Erstens gab es da die Hausvorschriften und zweitens öfter mal Kontrollen. Den Ärger, der daraus resultieren konnte, wenn Leute angetroffen wurden, die eindeutig nichts in einem Studentinnen-Wohnheim zu suchen hatten, wollten wir uns besser ersparen. So fanden wir eine kleine Pension im Scheunenviertel, die war für uns finanziell erschwinglich. Und es gab noch einen dritten „Anlaufpunkt“ für uns zwei Verliebte: Die kleine Wohnung von Iris' Tante Marthchen in einer Seitenstraße der Greifswalder Allee. Die Gute hatte nur eine Einraumwohnung mit Küche und kleinem Bad. Wenn das Tantchen dann ab und an mal unterwegs war, um irgendwo irgendwelche Verwandten zu besuchen oder in den Urlaub fuhr, bekam Iris immer einen Schlüssel, um die Wohnung zu hüten und die Pflanzen zu gießen. Zum Glück konnte das Tantchen auch mich gut leiden und so akzeptierte sie unser fröhliches Jugendleben in der Zeit ihrer Abwesenheit. Dafür war ich ihr sehr dankbar, denn somit war ich über das verlängerte Wochenende so oft es möglich war immer bei meiner Traumfrau in der Hauptstadt. Wir wussten, irgendwann würden wir bestimmt eine eigene Bude haben! Unsere Zukunft würde einfach nur wunderbar sein. Alles andere war uns völlig gleichgültig! Der Himmel war blau, die Sonne schien. Der Frühling stand vor der Tür. Was konnte es Schöneres geben?!

V.

„Stillgestanden! Augen gee-rade … aus!"

Eines zeichnete sich schon Monate vorher langsam, aber sicher ab: Im Mai 1965 würde ich wohl oder übel zur Armee müssen! Der „Ehrendienst" in der Nationalen Volksarmee stand nunmehr an! Die Musterung dazu auch! Das würde also auf mich zukommen, und ich konnte nichts dagegen tun! Oder vielleicht doch?

Wie ich das mit dem „zur Fahne müssen" klärte

Fest stand für mich, irgend so ein „Sandlatscher" unter Tausenden armer Kerle in Eggesin würde ich nicht sein! Eggesin war zu Zeiten der DDR einer der größten Militärstandorte der Landstreitkräfte der Nationalen Volksarmee und besonders gefürchtet bei allen Wehrpflichtigen. Es gab ein geflügeltes Wort für diese berüchtigte Sand- und Kiefernwüste:

„Sandmeer - Waldmeer … - Nichts mehr!"

Da hatte ich echt keine Lust drauf, dort zu stranden! Aber was sollte man tun? Jeder junge Mann im Land musste sich früher oder später einer Musterung im Wehrkreiskommando unterziehen, da kam man nicht drumherum. Vielleicht eine getürkte Krankheit vorschieben? Bloß wo sollte man einen Arzt finden, der einem da ein Attest ausstellen würde, um die „Wehruntauglichkeit" zu bestätigen? Leider gab es den guten alten Dr. Siegel nicht mehr, der war nämlich bereits vor einiger Zeit schon in den wohlverdienten Ruhestand gegangen, den er – wie viele andere auch – im „goldenen Westen" verbrachte.

Was sollte ich bloß tun? Wie immer in den Zeiten, wenn die Not besonders groß war, nahm ich mein Schicksal besser selbst in die Hand! Ich hatte zwar noch keinen Musterungsbescheid bekommen, trotzdem marschierte ich frohen Schrittes ins zuständige Wehrkreiskommando und meldete mich, sozusagen freiwillig. Die Jungs dort sahen mich ein wenig irritiert an, denn so einer schien ihnen auch noch nicht untergekommen zu sein! Ein junger Mann, der sich freiwillig zur Musterung meldete? Nun war mein Plan alles andere als das Produkt eines leicht verwirrten Zeitgenossen, als ich dann im Gespräch mit einem alten abgehalfterten Major vorschlug, mich freiwillig zur Volksmarine zu melden und auch gleich für vier Jahre zu verpflichten! Mein Plan schien aufzugehen, denn die Wehrkreis-Jungs waren hell begeistert ob so eines glühenden Patrioten und jungen Kämpfers für Frieden und Sozialismus! Seid bereit! Immer bereit! Sie versprachen mir sofort, sich umgehend für mich und meinen „Ehrendienst bei den bewaffneten Organen" mit Rat und Tat einzusetzen!

Na, bitte, geht doch! – Also, Moment mal! Ich war jetzt natürlich kein glühender Verfechter des Wehrdienstes oder so! Ich hatte nämlich eine ganz andere Idee im Hinterkopf und die war folgende: Wie gesagt, „zur Fahne" musste jeder, da sollte man doch wenigstens von allem Übel das geringste wählen! Die „länger Dienenden" wurden viel besser bezahlt als die, die nur anderthalb Jahre ihren Wehrdienst machten. Außerdem musstest du dir als Unteroffiziersdienstgrad auch nicht von jedem Dödel blöd kommen lassen! Länger bei der Fahne zu dienen, machte sich außerdem auch ganz gut im Lebenslauf! Dann war es auch eine Frage der Uniform, denn die Jungs in Blau sahen einfach mal viel besser aus als die armen Kerle, die in ihren kratzenden und schlechtsitzenden graugrünen Klamotten durch die Straßen schlichen, wenn sie Ausgang hatten! Man sollte dabei auch nicht vergessen, die Mädels stehen auf echte Seemannskerle, das war ja klar! So einer wollte ich sein! Und die andere Seite der Medaille war eine ganz pragmatische Idee: Wenn ich da vier Jahre als Maat auf einem Schiff der Volksmarine in der Ostsee herumschipperte, würde sich doch bestimmt die Gelegenheit ergeben, bei einem eventuellen Kontakt mit dem „Bundesgrenzschutz" oder der „Bundesmarine" mal locker über Bord zu springen und sich von den Kollegen der anderen Feldpostnummer retten zu lassen! Und weg wäre ich aus der „Deutschen Demokratischen DDR"! Und sollte das wider Erwarten nicht funktionieren, aus welchen Gründen auch immer, gab es da noch einen „Plan B", der beinhaltete, bei der Marine durchzuhalten und nach dem Wehrdienst ab zur Handelsmarine! Bei der ersten Reise dann im richtigen Hafen von Bord gehen. Und voilà, adios! Weg ist weg, egal, wie auch immer! Ich fand diesen Plan völlig in Ordnung, gut durchdacht und leicht ausführbar! Geringes Risiko, große Erfolgsaussichten!

Aber wie das immer so war bei mir, es kam natürlich wieder einmal vollkommen anders! Denn in meine abenteuerlichen Fluchtpläne hatte ich einen Faktor überhaupt gar nicht mit einbezogen; das war die Liebe! Zwischen Iris und mir gab es eine so einzigartige Verbindung, die ich mir früher niemals hätte vorstellen können! Mir wurde auch immer mehr klar, eigentlich wollte ich gar nicht mehr weg! Aber was im Wehrkreiskommando von mir gesagt worden war, war nun mal gesagt! Zumal ich ja aus eigenem Willen dort vorgesprochen hatte! Da ich einige Wochen nichts von meinen neuen uniformierten Freunden gehört hatte, dachte ich, geh doch mal bei denen vorbei und erkundige dich, was denn nun ist mit der Seefahrt, die ja nach dem Volkslied angeblich „lustig und schön" sein soll! Gesagt, getan! Ich also hin zu denen und um ein erneutes Gespräch gebeten. Wenige Minuten später waren meine Zukunfts- und Fluchtpläne sowieso schlagartig zerbröselt. Warum? Man erklärte mir, die Anfragen zum Dienst bei der Volksmarine hätten so zugenommen, dass erst einmal kein Bedarf an neuen Matrosen bestehen würde. Aber ich könnte ja auch gerne die Offizierslaufbahn einschlagen!

Da dachte ich mir gleich: Ja, könnte ich, würde ich aber nicht!

Dann schlug man mir vor, als Unteroffizier für drei Jahre zu einer Hubschrauberspezialeinheit zu gehen, nach Brandenburg an der Havel.

Aha, das hörte sich doch aber auch gar nicht schlecht an.

Da sagte ich zu! Wie gesagt, jeder musste zur Fahne! Zwar sind drei Jahre eine echt lange Zeit, aber die Fliegerei interessierte mich schon sehr, vielleicht lag das bei mir in den Genen?! Und was sind schon drei Jahre, die reiße ich doch auf einer Arschbacke ab! Eines ging mir außerdem auch noch durch den Kopf: Der „Sputnik"-Doppelstockzug brauchte von Brandenburg nach Berlin nur eine knappe Stunde Fahrzeit! Ich würde auf jeden Fall sehr oft bei meiner geliebten Iris sein können!

Wie ich also auch ein Flieger wurde

Es war Montag, der 3. Mai 1965, und mich führte mein Weg nach Brandenburg an der Havel. Genaugenommen kam ich zum Flugplatz Brandenburg-Briest, dem Standort des Transporthubschraubergeschwaders 31, später wurde es umbenannt, in das Geschwader 34 „Werner Seelenbinder" (THG-34). Hier also sollte ich nun die nächsten drei Jahre meines Lebens verbringen. Na, mal sehen, wie das alles werden soll, dachte ich mir damals.

Die Grundausbildung war gar nicht so schlimm, wie immer und überall behauptet wurde. Schließlich war ich ein guter Sportler, diese Sachen machten mir nichts aus! Auch Ordnung im Spind zu halten oder Stuben- und Revierreinigen, das gehörte eben dazu! Beim Schießen stellte ich mich auch ziemlich gut an. Kein Wunder, schließlich hatte ich ja früher immer mit Opa Max und dem alten Knicker auf alles Mögliche geballert!

Richtig interessant waren dann solche Geschichten wie Nahkampfausbildung und Häuserkämpfe, das Abseilen aus dem Hubschrauber und auch das Anfliegen auf Flöße und Abspringen auf diese rutschigen Teile, ohne dass man gleich ins Wasser fliegt! Na, das kam schon vor, gehörte auch dazu, dass man ordentlich Havelwasser kostete! Alles in allem war die Armeezeit gar nicht so übel! Und mir gelang noch etwas ganz Besonderes, ich kriegte nämlich eine Sondergenehmigung, einmal aus ziemlicher Höhe mit dem Fallschirm abzuspringen! Das war insofern schon eine besondere Verrücktheit, weil ich eigentlich nie wieder Fallschirm springen wollte! Also wollte schon, aber ich hatte versprochen, es nie mehr zu machen.

Wie das kam? Ganz einfach, meine große Klappe war wieder schuld! Ich hatte Iris einmal von dieser Sache da in Halle erzählt, mit dem Fallschirm, der sich nicht geöffnet hatte und der Baustelle und den Moniereisen, die mich fast aufgespießt hätten! Gut, ich gebe zu, ich ließ mich hinreißen und schmückte meine Erzählung vielleicht ein wenig zu sehr mit Details aus, die die Spannung der Geschichte zwar erhöhten, sich aber nicht ganz so zugetragen hatten. Da kann man nur sagen, dumm gelaufen! Das Ende vom Lied, Iris war so sehr um mich besorgt, dass ich ihr schwören musste, nie wieder auch nur an Fallschirmspringen zu denken! Sie stellte mich vor die Alternative: Entweder sie in Seide oder einen Seidenfallschirm! Ich hätte die Wahl, beides ginge nicht! Keine Frage, ich entschied mich natürlich für meine größere Liebe – für meine Iris!

Es gab allerdings einige Aktionen beim Transportgeschwader, wenn sie davon erfahren hätte, wären mir von ihr bestimmt ordentlich die Leviten gelesen worden! Aber erstens hatte das nichts mit Fallschirmen zu tun, zumindest nicht mit dem Absprung aus einem Flugzeug! Und zweitens durfte ich ihr militärische Geheimnisse sowieso nicht anvertrauen. Was ich jetzt für ein militärisches Geheimnis hielt, war dabei ganz allein meine Sache! Jedenfalls hatte ich mich mit einigen Piloten angefreundet, und die fanden mein Interesse an ihrer Arbeit und der Fliegerei allgemein so gut, dass ich sogar ein paar Mal mitfliegen durfte!

https://www.bredow-web.de/Luftwaffenmuseum/Kampfjets/Let_L-29_Delfin/let_l-29_delfin.html

Und glauben Sie mir, den Flug in einem „Aero L-29 Delfin" vergisst man sein ganzes Leben lang nicht! Das war schon ziemlich aufregend, mit etwa Mach-1 über den Wolken herumzudüsen! Diese tschechoslowakische, zweisitzige Maschine (NATO-Codename Maya) war in den 1960er-Jahren der Standard-Strahltrainer der Staaten des Warschauer Vertrages!

Die Hubschrauber des Geschwaders wurden unter anderem auch manchmal für zivile Einsätze genutzt, zum Beispiel für medizinische Rettungsflüge. Wenn wir da mal nach Berlin flogen, landeten wir immer auf dem Strausberger Platz. Der wurde dann extra komplett abgesperrt, und viele Schaulustige standen in der Gegend herum und sahen uns bewundernd zu, bei der Landung, dem Ausladen und Verladen von Patienten in die Rettungswagen und schließlich beim Start unseres Hubschraubers.

Es gab aber auch Einsätze als Industrieflieger oder beim Aufstellen von Masten für die Reichsbahn, als man vermehrt begann, Elektroloks auf die Schiene zu bringen. Wir haben einige solcher Transportflüge, aber auch Industrieflüge durchgeführt. Ich erinnere mich an einen Einsatz, der war sehr beeindruckend. Wir hatten die Aufgabe, mit einer Militärmaschine vom Typ IL-14 Luftbildaufnahmen vom Kraftwerk Vockerode im Landkreis Wittenberg in Sachsen-Anhalt zu machen. Dieses mittlerweile stillgelegte Braunkohlenkraftwerk war Ende der 1930er-Jahre errichtet worden. Nach dem Krieg waren alle Anlagen und Ausrüstungen des Kraftwerkes als Reparationsleistung an die Sowjetunion demontiert worden. Das begann schon 1945 und dauerte zwei ganze Jahre! Von 1953 bis 1959 wurde dann das Kraftwerk wiederaufgebaut und sogar erweitert. Ja, es waren wirklich damals seltsame Zeiten! Das neue Werk hatte vier riesige Schornsteine, die waren 140 Meter hoch! Von dieser Anlage machten wir zahlreiche Bildaufnahmen, während die Piloten mit dem Flieger immer wieder im Kreis um das Kraftwerk herumflogen.

Aber es gab natürlich auch Einsätze, die waren zwar sehr nach meinem Geschmack, obwohl oder gerade weil sie ziemlich abenteuerlich waren. Dieser hier hätte richtig schiefgehen können! Wir waren mit unserem Hubschrauber Mi-4 angefordert worden, weil die Schornsteine der Maxhütte Unterwellenborn mit Elektrofiltern ausgerüstet werden sollten.

Die Maxhütte im thüringischen Unterwellenborn war ein Stahl- und Walzwerk, das in der zweiten Hälfte des 19. Jahrhunderts errichtet wurde. In der Nachkriegszeit, im Juni 1946, wurde auch dieses Werk enteignet und zunächst als SAG-Betrieb geführt. *(Wikipedia, Maxhütte Unterwellenborn, 22.11.2020)*

„Sowjetische Aktiengesellschaft" (SAG) war die Bezeichnung für Wirtschaftsunternehmen in der Sowjetischen Besatzungszone SBZ/DDR, die von der sowjetischen Besatzungsmacht (SMAD) gegründet und geleitet wurden. Hauptzweck der Sowjetischen Aktiengesellschaften war die Abdeckung von Ansprüchen der Sowjetunion auf Deutsche Reparationen nach dem Zweiten Weltkrieg. *(Wikipedia, Sowjetische Aktiengesellschaft, 20.7.2021)*

Knapp zwei Jahre später, ab Juli 1948, wurde aus diesem Werk, Maxhütte, der volkseigene Betrieb „VEB Bergbau- und Hüttenkombinat Maxhütte". Anfangs war die Maxhütte der einzige Roheisen-Produzent in der Sowjetischen Besatzungszone, da man die anderen Stahlwerke in Brandenburg an der Havel, in Gröditz, Riesa, Hennigsdorf und Freital als Reparationsleistungen für die Sowjetunion komplett abgebaut und abtransportiert hatte. In ihrer Spitzenzeit arbeiteten in der Maxhütte über 7000 Beschäftigte! *(Wikipedia, Maxhütte Unterwellenborn, 22.11.2020)*

Wie gesagt, unsere Aufgabe war der Transport und die Montage der Elektrofilter für die Schornsteine. Mit einem Kran wäre diese Arbeit nicht möglich gewesen, also forderte man Hubschrauber des Transportgeschwaders an. Der russische Mi-4 ist ein nettes und starkes Arbeitstier, keine Frage. Zum Transport so eines Elektrofilters auch gut geeignet, der Motor der Mi-4 leistete knapp 1700 PS!

Die brauchte man auch, denn ein Elektrofilter brachte knapp 1,2 Tonnen auf die Waage! Und er kostete die stolze Summe von 1,2 Millionen MDN, Mark der Deutschen Notenbank! Eine verantwortliche Aufgabe stand da vor uns! Jetzt kommt das „Aber"! Wenn nun dieser Elektrofilter unter dem Hubschrauber hing, hatten die beiden Piloten keine Sicht, um so ein Teil pass-

genau dort hinzutransportieren, wo es installiert werden sollte. Da kamen dann ganz kluge Leute auf die einfache wie auch geniale Idee: Man musste nur unterhalb des Hubschraubers eine Person platzieren, die über Kehlkopfmikrofon die Piloten einweist! Was für eine irrsinnige Idee! Aber ahnen Sie, wohin die Reise geht? Richtig, man musste schon ein ziemlich harter Hund sein, abgebrüht und völlig angst- und schwindelfrei, um sich da unten hinhängen zu lassen! Und einer dieser Irren war wohl wer? Natürlich war ich das! Dieses Unternehmen war ja wohl das verrückteste Abenteuer, das man überhaupt erleben kann! Ich stellte meine Beine aufs Fahrgestell und saß auf einer Plastikschale, ordentlich festgeschnallt mit Gurten, wie beim Fallschirm! Und schon konnte es losgehen! Das Werksgelände war etwas unübersichtlich. Es gab viele Schornsteine, gleich daneben befanden sich die Kühltürme. Obwohl die Leute des Kraftwerkes angewiesen waren, sich an alle Sicherheitsbestimmungen zu halten, passierte ein Patzer, der das Leben der gesamten Besatzung in höchste Gefahr bringen konnte! Unser Hubschrauber befand sich im Anflug, den schweren Elektrofilter unter der Maschine, mich in „Einweiser-Position", wie gesagt, ebenfalls unter dem Hubschrauber. Irgendjemand ließ es zu, dass gerade in diesem Moment einer der Kühltürme abgeblasen wurde. Dabei steigt wahnsinnig viel heiße Luft auf! Genau das war nun allerdings für unseren Hubschrauber wie ein Todesurteil, denn die Thermik, die dieses Fluggerät benötigt, fiel augenblicklich aus und der Mi-4 war nicht mehr zu manövrieren! Er kippte im 45 Gradwinkel weg und wir sackten ab wie ein Stein! Vom Piloten bekam ich über Kopfhörer nur das Kommando: «Ausklinken!» Ich drückte sofort den roten Knopf, den ich in der Hand hielt und die drei Stahlseile, die den Lüfter hielten, lösten sich augenblicklich aus der Verankerung. Der Hubschrauber war von der schweren Last befreit und die beiden Piloten versuchten nun alles, um ihn wieder in ihre Gewalt zu bekommen! Der millionenteure Filter krachte in die angrenzende Werkhalle, verwüstete diese erheblich und verursachte große Schäden an den Maschinen, die in der nunmehr zerstörten Halle standen. Wie durch ein Wunder wurde niemand der Arbeiter verletzt! In letzter Sekunde hatten die Piloten ihre Maschine wieder einigermaßen im Griff und gingen nun daran, den Absturz zu verhindern. Man kann sich kaum vorstellen, welche Höllenqualen jemand leidet, der völlig hilflos unter einem Hubschrauber hängt und nichts dagegen tun kann, dass dieser abstürzt! Ich sah mein bisheriges Leben an mir vorbeiziehen und konnte mein Glück kaum fassen, als die Maschine kurz vor dem Aufschlag auf den Boden von meinen wackeren Piloten doch noch gelandet werden konnte! Allerdings setzte der Hubschrauber so heftig auf dem Boden auf, dass das Fahrgestell zerstört wurde und ich fast auf dem Asphalt saß. Ich atmete tief durch. Die Piloten waren umgehend aus dem Cockpit gesprungen, um nach mir zu sehen. Sie befreiten mich aus meinen Gurten und waren erleichtert, als ich endlich mit zitternden Knien, aber unverletzt vor ihnen stand. Die Rotorblätter drehten sich noch langsam, dann war es still.

Ich sah mich um. Wir waren in der Nähe des Werktors runtergekommen. Dort befand sich auf der Straße so eine Art „Tante-Emma-Kneipe“, gleich neben dem Tor. Als wir nach ein paar Schritten dort ankamen, sagte „Tante Emma“: «Na, Jungs, wollt ihr einen Schluck auf den Schreck?»

Ich sah sie lächelnd an und erwiderte: «Einer wird nicht reichen!»

«Wäre aber mal ein guter Anfang!», meinte einer der Piloten. Wir lachten alle erleichtert. Denn eins war uns klar: Wir sind mit einem Riesenschrecken davongekommen! Es lag auf der Hand, wir waren dem Teufel kurz vor Ultimo von der Schippe gesprungen und genehmigten uns darum die Freiheit, uns einige „Sto-Gramm-Wodka“ hinter die Binde zu gießen! Also ... 3x 100 Gramm, um genau zu sein! Und zwar für jeden von uns!

Da der wirtschaftliche Schaden dieses Unfalls enorm war, brauchte es auch gar nicht lange, und Staatssicherheit und Kriminalpolizei tauchten auf, um den Vorfall höchst sorgfältig und äußerst gründlich zu untersuchen. Dummerweise konnten wir nicht gleich dazu befragt werden, denn wir schliefen erst einmal unseren Rausch aus. Zum Glück tolerierten unsere Vorgesetzten diese Saufeinlage und sahen von erzieherischen Strafmaßnahmen ab!

Nicht so glimpflich gingen dann solche dummen Streiche ab, wie zum Beispiel eine Wiese mit Kühen zu überfliegen, allerdings im verbotenen Tiefflug. Man kann sich gar nicht vorstellen, wie schnell Kühe rennen und was sie dabei für einen Lärm machen können! Ihr Getrampel übertönte im Inneren des Hubschraubers selbst den Krach des Motors. Oder das Überfliegen einer Hühnerfarm, auch wieder ein wenig zu tief! Wir erfuhren so, was gemeint ist, wenn man von einem „aufgeschreckten Hühnerhaufen“ spricht, und wie es aussieht, wenn Tausende Federn durchs Gelände fliegen! Man hätte denken können, Frau Holle habe die Goldmarie bei sich zu Besuch und lasse die Bettdecke aufschütteln. Es sah aus, als würde es kräftig schneien! Die Bauern sagten später, die Hühner hätten ein paar Tage lang keine Eier mehr gelegt! Auch die Milchbauern waren nicht besonders erfreut über die schlechten Milchabgaben ihrer Kühe für einige Zeit. Das hagelte Beschwerden beim Geschwader-Kommando und so manche Rüge bei den Piloten!

Was auch sehr nett war, waren Einsätze im Bereich der Ostsee. Lustig waren da herumfliegende Klamotten am FKK-Strand und zahlreiche unbekleidete Damen und Herren, die in Panik umherrannten und versuchten, ihre Sachen wiederzufinden!

Aber das waren nur dumme Streiche! Gefährlich konnte es sein, wenn es zu Zwischenfällen mit Kräften der NATO kam. Wir waren mal in der Lübecker Bucht zur Absicherung von Übungen der Volksmarine. Kräfte der Bundesmarine versuchten, unsere Schiffe zu provozieren. Der Bundesgrenzschutz war mit Hubschraubern des amerikanischen Herstellers Bell vom Typ UH-1D vor Ort, um alle Abläufe zu filmen. Unsere Hubschrauber waren schon teilweise mit Raketen bestückt. Man kann sich vorstellen, wie beeindruckend es aussieht, wenn sich solche Hubschrauber in der Standschwebe gegenüberstehen!

Ich erinnere mich an einen Vorfall, der mir wohl immer im Gedächtnis bleiben wird.

Zwischen dem 16. und dem 18. Oktober 1967 tobte ein Orkan, den man „Skane-Orkan" getauft hatte und der über West- und Nordeuropa hinwegzog. Er richtete insbesondere in Norddeutschland, Dänemark und Südschweden schwere Schäden an und forderte mindestens 32 Todesopfer. Besonders über Jütland und Südschweden konnte man Windgeschwindigkeiten beobachten, die mit den damals üblichen Messgeräten nicht mehr registriert werden konnten. Man ging dabei von Spitzenböen mit Windgeschwindigkeiten von mehr als 180 km/h aus. Der Orkan erreichte über mehrere Stunden die Stärke 12! Es kam auf See und auf dem Binnenland zu schweren Schäden! Vor der Küste Jütlands sank der libanesische Kohlenfrachter „Nagusena". Von den ehemaligen 32 Besatzungsmitgliedern konnte nur ein Seemann gerettet werden. In den anliegenden Städten gingen zahllose Schaufensterscheiben zu Bruch. Es wurden Dächer abge-

deckt, Häuserwände stürzten ein und Bäume wurden entwurzelt. Besonders die nördlichen Landesteile von Schleswig-Holstein, Gebiete in Dänemark und in Südschweden waren von dem Orkan schwer betroffen. Die Feuerwehren und alle Rettungskräfte waren rund um die Uhr im Dauereinsatz. Es kam erstmalig in der Nachkriegszeit zu koordinierten Rettungseinsätzen aller Anrainerstaaten der Ostsee. Sowjetische, polnische, schwedische und dänische Einsatzkräfte koordinierten gemeinsam mit der Bundesmarine und verschiedenen Einheiten der NVA und der Volksmarine die Rettungsaktionen. (Wikipedia, Skane-Orkan, 15.5.2021)

Und auch Teile des Hubschrauber-Transportgeschwaders waren zur Hilfe geeilt und in Prora stationiert, einem großen Ausbildungsgelände der NVA, direkt an der Ostsee gelegen. Gleich nebenan befand sich das Ferienheim „Walter Ulbricht", ein Urlaubsparadies für Offiziere, Berufsunteroffiziere und Zivilangestellte der NVA und ihrer Familien. Das gesamte Gelände gehörte zum „Seebad Rügen", errichtet von 1936 bis 1939 von der Organisation „KdF" (Kraft durch Freude). Bedingt durch den Beginn des Zweiten Weltkrieges wurden die Bauarbeiten unterbrochen. Wäre der Baukomplex fertiggestellt worden, hätten dort auf einen Schlag 20.000 (!!) deutsche Volksgenossinnen und Volksgenossen ihren Sommerurlaub verbringen können! Die Anlage mit ihren 4,5 Kilometern Länge war schon ziemlich beeindruckend.

Aber wir waren ja schließlich nicht zum Urlaubmachen dort versammelt, sondern um wegen des Herbstorkans zu helfen. Zuerst wurde organisiert, dass alle Hilfskräfte miteinander verbunden waren. Dazu wurde extra eine Funkstrecke aufgebaut, die in englischer und russischer Sprache agierte. Ein zentrales Kommando koordinierte die Einsätze, wobei vorgesehen war, wer sich in der Nähe von angeforderter Hilfe befand, sollte die Rettungsmaßnahmen umgehend durchführen. Unsere Kräfte arbeiteten organisiert die Hilferufe ab, die über den offenen

Funkkanal eintrafen. Mein Team und ich retteten dabei unter anderem auch die dreiköpfige Crew einer dänischen Segelyacht aus Seenot. Mit der Winde, die an unserem Hubschrauber montiert war, holten wir die Dänen aus dem gekenterten Segelboot zu uns an Bord. Es gab die Absprache, dass gerettete Seeleute umgehend in den nächstliegenden Hafen transportiert werden sollten, das galt auch länderübergreifend. Dieser Befehl erlaubte es unserem Hubschrauber, als nächsten Hafen die dänische Ostseeinsel Lolland anzufliegen. Nun muss man sagen, wir Flieger liefen umher in gefütterten Lederjacken und mit Schirmmützen, am Koppel trug jeder eine Skorpion-MPi, eine kleine Maschinenpistole aus tschechischer Produktion, die als sehr zuverlässige Waffe galt und besonders von Fallschirmjägern benutzt wurde.

Als wir den Hafen von Lolland anflogen, sahen wir aus der Ferne eine ganze Batterie von Polizeiwagen mit eingeschalteten Blaulichtern. Der dänische Hafenkommandant erwartete uns schon. Nach der Landung begab ich mich umgehend zu ihm, grüßte militärisch und stellte unsere Besatzung als „Luftstreitkräfte der DDR, Diensthabendes System“ vor! Ich meldete die Rettung von drei dänischen Staatsbürgern. Er bedankte sich und ordnete an, die geretteten Segler sofort vorbeugend medizinisch zu betreuen. Während die Dänen in bereitstehende Krankenwagen geladen wurden, sah mich der Hafenkommandant lächelnd an. Er sprach gut Deutsch und meinte zu mir, wir würden ja sehr militärisch aussehen, geradezu verwegen! Es wäre ihm anfangs so vorgekommen, als wären „die von früher“ wieder da! Er hätte schon Furcht gehabt, „es ginge wieder los“! Und er fände, es sei gut und wichtig, dass wir in Frieden kämen!

Hier stand ich nun, auf westlichem Staatsgebiet in Dänemark. War es nicht das, was ich immer gewollt hatte? Ich müsste nur einfach mein Koppel lösen und es mit der daran befestigten MPi zu Boden fallen lassen und um politisches Asyl bitten, schon wäre schlagartig alles vorbei, und ich wäre in „Freiheit“!

Aber dieser Gedanke war nur ganz kurz, nur eine Sekundenidee. Man sollte nie die Kraft der Liebe unterschätzen! Sie ist stärker als der beste Klebstoff! Und sie hält fester! Ich wäre nirgends hingegangen ohne meine Iris, die Liebe meines Lebens, das wurde mir in diesem Moment so klar wie nie zuvor!

Der dänische Hafenkommandeur und ich grüßten uns zum Abschied militärisch korrekt. Ich ging zum Hubschrauber, kletterte hinein, und wir flogen zurück auf das Gebiet der DDR.

Solche Einsätze in der Luft hatte ich eher selten, denn nach der Grundausbildung wurde ich schnell zum Stab versetzt. Dort gab es ein sogenanntes „Diensthabendes System". Drei Offiziere, sechs Unteroffiziere und einige Mannschaftsdienstgrade hatten die besondere Aufgabe, die Flugüberwachung der internationalen Korridore und besonders die nach Berlin Tempelhof zu beobachten.

Die Radarkontrolle des Gefechtsstandes des Flugplatzes reichte bis in die sogenannte „örtliche Rose von Paris".

Im 24-stündigen Einsatzregime des Diensthabenden Systems waren ständig mindestens zwei Hubschrauber der Typen Mi-1 (auch SM-1, wenn's der polnische Nachbau des Mi-1 war) und Mi-4 innerhalb von drei Minuten einsatzbereit, das hieß in der Luft! Des Weiteren flog das Geschwader Einsätze zur Sicherung und Aufklärung über Land und See, zur Luftbildaufklärung und für Industrie- und Rettungsflüge. Zusätzlich existierten zwei bzw. drei Grenzstaffeln Nord und Süd, für die Räume Salzwedel und Meiningen. Der Flugplatz Brandenburg-Briest war die Nachrichtenzentrale im Diensthabenden System der Warschauer Vertragsstaaten mit direkter Verbindung ins Ministerium für Nationale Verteidigung und ins Kommando der Luftstreitkräfte/Luftverteidigung, die sich in Strausberg befanden, sowie zum Zentralen Gefechtsstand nach Fürstenwalde. So wurde ich als Unteroffizier Flugdispatcher bei der Flugüberwachung, kam aber auch zum fliegenden Personal. Bei der Flugüberwachung ging es darum, die drei Luftkorridore genau im Auge zu behalten, die aus Westdeutschland in Höhe der Stadt

Brandenburg zu einem Korridor zusammenkamen, der dann in Richtung Tempelhof nach Westberlin führte. Aber auch ein zweiter Flughafen wurde aus diesem Korridor angeflogen, der in Tegel. Tegel war erst seit 1964 teilweise für den zivilen Flugverkehr geöffnet worden. Ansonsten war es eine militärische Anlage der Alliierten, die in Westberlin stationiert waren.

Nach kurzer Zeit beherrschte ich die Technik so gut, dass ich schon allein an dem aufgezeigten Signal eindeutig erkennen konnte, welches Flugzeug von welchem Typ, aber auch genau welche Maschine da angeflogen kam! In dieser Abteilung zu arbeiten hieß: 24 Stunden Dienst, 24 Stunden frei. Außerdem hatten wir im Transportgeschwader Personalmangel, das bedeutete, die acht Stunden Ausbildung zwischen den Dienstzeiten mussten ausfallen, es war einfach zu viel zu tun! So griff damals bereits das heutigen Tags gerne benutzte *Learning by Doing*.

Ich lernte in kürzester Zeit, in Spiegelschrift Daten auf eine große Glaswand zu übertragen und diese stets zu aktualisieren und im Auge zu haben. Weil ich ausgebildeter Fernmeldetechniker war, übertrug man mir auch die Wartung der Standleitung zum Kommando der NVA, das sich im Ministerium für Nationale Verteidigung in Strausberg befand, einer kleinen Stadt östlich von Berlin. Mit technischem Geschick habe ich diese operative Leitung angezapft. Das war absolut und strengstens verboten, aber doch sehr nützlich! Obwohl es sich bei einigen herumgesprochen hatte, was da wieder bei mir im Geheimen für eine Bombe tickte, musste ich keine Bestrafung befürchten, denn ich war ja der Einzige weit und breit, der Infos hatte, ob und wann in der nächsten Zeit mit der Auslösung eines Alarms von Seiten des Ministeriums zu rechnen sei. Wie gesagt, mein alter Ausbilder meinte immer: *Elektriker sind eine Macht!* Recht hatte er! Es passte schon ganz gut, wenn der eine oder andere vorbeikam, um sich zu erkundigen, ob er am Wochenende freimachen konnte oder die Armeeführung in Strausberg unsere Einsatzbereitschaft überprüfen wollte! So gelangte ich durch diverse Beziehungen in den Genuss, stets eine Ausgangskarte und einen unterschriebenen Blanko-Urlaubsschein am Mann zu haben. Eine ständige Zivilerlaubnis rundete das „Wohlfühlpaket" ab. Eine Zivilerlaubnis berechtigte den Inhaber selbiger, stets und überall außerhalb der Kaserne in privaten Klamotten herumzulaufen! So geht eine *Win-Win*-Situation: Wenn alle vom selben Notenblatt singen, muss das Lied ja einfach gut klingen! Ich konnte mich über meine Armeezeit kaum beklagen, denn auch hier brach wieder einmal mein geschickter Umgang mit kaufmännischen Fragen durch und beschenkte mich reichlich! Zum Beispiel um schnell mal mit dem „Sputnik" nach Berlin zu düsen. Da ich keine große Lust hatte, am Bahnhof Brandenburg lange zu warten, bis so ein „Sputnik" angefahren kam, nutzte ich auch manchmal D-Züge, das waren Züge, die auf längeren Strecken eingesetzt wurden, ziemlich schnell fuhren und nicht an jedem Bahnhof anhielten! Die Perle des Zugverkehrs war allerdings die Nutzung eines „Interzonenzuges". Diese Züge verkehrten zwischen der Bundesrepublik und der DDR, manche von ihnen auch zwischen der BRD und Westberlin. Auf dem Gebiet der DDR durften auch DDR-Bürger diese Züge benutzen, mussten aber diese spätestens am letzten Bahnhof vor der entsprechenden Grenzübergangsstelle verlassen, logisch! Übrigens für Angehörige der „Bewaffneten Organe", NVA, Polizei, Feuerwehr, Strafvollzug usw. war die Benutzung eines Interzonenzuges komplett verboten! Das war mir egal, wenn kein anderer Zug kam, nahm ich eben so einen! Ich sah mit meinen privaten Klamotten nicht unbedingt aus wie ein junger Mann, der gerade seinen Wehrdienst absolvierte und kam somit erstaunlicherweise nie in den zweifelhaften Genuss einer Kontrolle durch Leute der Transportpolizei, die immer in diesen Zügen patrouillierten.

So hielt ich mich die drei Jahre bei der „Fahne" ordentlich über Wasser. Unruhig und hektisch wurde das Armeeleben nur, wenn es zu sogenannten „Stabsübungen" kam. Besonders kompliziert waren dabei die, an denen Armeen der acht Teilnehmerstaaten des Warschauer Vertrages beteiligt waren. Außer der Sozialistischen Föderativen Republik Jugoslawien waren alle anderen sozialistischen Staaten des Ostblocks vertreten. Ich hatte zwei-, dreimal das „Vergnügen", bei solchen Stabsübungen dabei zu sein. So auch im Winter 1967, auf dem Gebiet der Ukraine, Polens und Weißrusslands. Wir waren unterwegs in einem Hubschrauber unserer Mi-4. Der hatte urplötzlich einen Motorschaden. Das hieß für den Piloten, Gang raus und Einleitung eines kontrollierten Absturzes mittels Autorotation. Klingt erst einmal nicht sonderlich gefährlich, möchte man meinen? Eher wohl doch, wenn man in Betracht zieht, dass sich der Hubschrauber beim Ausfall des Motors leider in 1000 Meter Höhe befand! Dank der Autorotation kam man sich vor, als würde man sich mit einem Fahrstuhl in Richtung Erde abwärtsbewegen. Und die knapp drei Meter hohe Schneedecke, in die wir hineinkrachten, federte den Sturz enorm ab. Zum Glück fanden wir uns auf einer fast freien Stelle in den tiefverschneiten Wäldern wieder. Nicht auszudenken, unser Hubschrauber wäre in die Bäume gekracht! Zu allem Unglück ging bei der harten Landung das Funkgerät zu Bruch. Wir waren also nicht nur irgendwo in der verdammten Wildnis runtergegangen, wir hatten auch keinen Kontakt mehr zu unserer Kommandostelle! Da saßen wir nun fest, vier tapfere DDR-Flieger, irgendwo tief im bewaldeten Grenzgebiet zwischen Polen und der Ukraine. Wo genau, wussten wir allerdings nicht die Bohne! Die Temperatur lag so bei minus 30 bis 40 Grad Celsius! Das hieß für uns, ohne Handschuhe sollte man besser nichts aus Metall anfassen, wollte man nicht regelrecht daran klebenbleiben! Doch stand eine ganz andere Frage im Raum oder besser, im Wald - nämlich: Wie kann man solche winterliche Ungemütlichkeit überleben?

Und da waren sie wieder, die Erfahrungen, die man im Leben gesammelt hatte! Zwar nicht aus eigenem Erleben, sondern aus einer Art Literatur, die in der DDR - natürlich wieder mal, wo sonst - ziemlich verpönt war: Die Bücher von Karl May, dem Indianer- und Cowboykenner aus Sachsen, der niemals in seinem Leben auch nur einen Fuß auf amerikanisches Land gesetzt hatte! Ich erinnerte mich sofort an seine Geschichten, bei denen es auch oft ums Überleben ging! Zuerst einmal mussten wir uns einen sicheren Unterstand bauen. Ich übernahm das Kommando und teilte die Arbeiten ein. Wir fällten kleine Bäume und sammelten emsig Tannenzweige und Reisig. Daraus bauten wir eine Art großes Zelt, das wir mit einer Plane aus dem Hubschrauber abdichteten. Dann von außen noch reichlich Schnee auf unsere Konstruktion und im Innern eine Feuerstelle angelegt! Trara! Fertig war die Unterkunft! Erfrieren mussten wir nun nicht mehr. Verhungern auch nicht, dank der Überlebensrationen, die wir an Bord hatten. Sich allerdings mit Schnee waschen zu müssen, war alles andere als angenehm! Aber wir hielten es mit den Indianern, die ja bekanntermaßen keinen Schmerz kennen! Ich erinnerte mich an meine Funkausbildung in der GST, noch zu meiner Zeit als Schüler in Salzwedel. Mit dem Morsealphabet ist das so, wer es einmal gelernt hat, vergisst es nicht mehr. Ist wie beim Fahrradfahren! Ich nahm mir also das Funkgerät vor und schaffte es sogar, dass es zumindest insofern wieder funktionierte, dass man mit Hilfe eines Löffels Klopfzeichen in den Äther schicken und ein „S-O-S" in die Welt senden konnte! Gelernt ist schließlich gelernt! So war meine Fernmeldemechaniker-Ausbildung wieder einmal sehr hilfreich. Wir mussten drei, vier Tage in der einsamen Wildnis zubringen, bis wir endlich gerettet wurden! Solche Art von Abenteuern muss man nicht unbedingt erleben! Aber lehrreich war es allemal!

Übrigens, weil ich hier öfter über Zwischenfälle mit dem Transporthubschrauber Mi-4 erzähle: Die russische Flugtechnik war schon nicht schlecht! Es muss wirklich Zufall gewesen sein, dass es ausgerechnet mich, und dann auch noch gleich zweimal, in meiner Wehrdienstzeit erwischt hatte! Aber das erste Mal, die Geschichte mit dem Elektrofilter, war ja nicht, weil die Mi-4-Technik versagt hatte! Eher ein schwerer Fehler, den die Kollegen des Kraftwerkes zu verantworten hatten, denn nur physikalische Gesetze halten einen Helikopter in der Luft! Wenn da herumgepfuscht wird, muss ja die Sache schiefgehen! Und der Fast-Absturz in den weiten Wäldern an der polnisch-ukrainischen Grenze? Die Technik kann immer mal den Geist aufgeben, gerade bei solch extremen Temperaturen! Dass es in meiner dreijährigen Dienstzeit nur einmal einen schweren Unfall eines Hubschraubers gegeben hat, zeigt die Verlässlichkeit russischer Militärtechnik. Das war ein Absturz in der Nähe von Meiningen in Thüringen mit einem Toten. Da war die Besatzung im Nebel in einen Berg geknallt! Den zweiten Piloten kannte ich persönlich, der hatte großes Glück gehabt. Er wurde zwar bei dem Absturz schwer verletzt, konnte sich aber nach langem Krankenhausaufenthalt wieder erholen.

Eine ganz andere Geschichte ist es, wenn man einmal in einem Hubschrauber mitfliegt, wo am Steuerknüppel russische Piloten sitzen! Ich kann dazu nur sagen: einmal und nie wieder!

Die Jungs hatten einen Flug-Stil drauf, mit Technik, die kaum jemand gewartet hatte, und Maschinen, die an allen Ecken und Enden klapperten und schepperten, dass es eine helle Freude war! Da wurde sogar mir schlecht, und das will schon etwas heißen! Erstaunlich, dass damals nichts passiert ist! Besonders mulmig wurde uns, als die sowjetischen Kollegen gar nicht begriffen, wieso wir da so leicht verängstigt in ihrem ziemlich lädierten Hubschrauber hockten. Lachend erklärten sie uns in gebrochenem Deutsch: «Nu, Towarischi, nix Problem! Oben geblieben ist noch nie jemand! Wsje charascho! *(Alles gut!)*»

Diese Worte fielen mir auch gleich wieder ein, als wir ein paarmal Überführungsflüge der besonderen Art durchführen mussten. Es handelte sich dabei um eher traurige Anlässe, nämlich um Flüge nach Meiningen. Dort befand sich eine Art riesiger Militärschrottplatz. Wenn es Hubschrauber gab, die ausgemustert worden waren, wurden die zum Verschrotten dort hingeflogen. Teilweise schon ziemlich ausgeschlachtet, ohne Ausrüstung, manchmal sogar ohne Türen! Alles, was nicht niet- und nagelfest war, war schon vorher zur Ersatzteilgewinnung in Brandenburg abmontiert worden. Das musste man auch tun, denn die „großen Brüder" aus der Sowjetunion ließen es mit der Ersatzteillieferung immer ziemlich schleifen. Ob sie es absichtlich so machten oder gar nicht anders konnten, wer wusste das schon genau zu sagen …

Ich muss noch einmal auf diese Manöver und Stabsübungen zurückkommen. Bei solchen Geschichten wurden immer Angriffe von gegnerischen Kräften simuliert. Durch den Einsatz der verschiedenen Armeen des Warschauer Vertrages war die Amts- und Kommandosprache natürlich russisch. Die sowjetischen Soldaten, Offiziere und Generäle, die ich in dieser Zeit kennengelernt habe, waren, durch die Bank weg, freundlich und nett, man kann sagen, echte Kumpels! Die Sowjetarmee hatte in der DDR meines Wissens mehr als eine Million Soldaten in etwa 620 Standorten kaserniert, verteilt auf das gesamte Land. Und auf den Straßen und in den Städten der DDR waren täglich etwa noch einmal so viele unterwegs! Somit waren Angehörige der Sowjetarmee in Dauer präsent. Das war schon eine gewaltige und vor allem schlagkräftige Streitmacht! Trotzdem ist mir damals etwas klar geworden: Wäre es in der Zeit des Kalten Krieges zu einer offenen militärischen Auseinandersetzung zwischen den Warschauer Vertragsstaaten und der NATO gekommen, der Kampf wäre hauptsächlich auf den Gebieten der DDR und der BRD geführt worden. Die Grenze zwischen den beiden deutschen Staaten war auch die Grenze zwischen Sozialismus und Kapitalismus und eben zwischen den zwei mächtigsten Militärblöcken dieser Welt. Europa hätte so einen Krieg nicht überlebt, von Deutschland ganz zu schweigen! Keiner der Militärblöcke wäre am Ende eines solchen Kampfes als Sieger vom Schlachtfeld gegangen! Auch wenn man jetzt einmal den Einsatz von Nuklearwaffen außen vorlässt, hätten selbst konventionelle Waffensysteme verheerende Folgen gehabt! Wer einmal ein sogenanntes Wirkungsschießen miterlebt hat, weiß, wovon ich spreche! Menschen, die in der DDR, in der Nähe von Truppenübungsplätzen gelebt haben, werden mir da sicher auch zustimmen! Der Kampflärm von motorisierten Verbänden, Jagdflugzeugen und Hubschraubern, der Lärm beim Abschuss und dem Einschlagen von Bomben und Raketen, all diese Bilder und Geräusche vergisst man sein ganzes Leben lang nicht mehr! Doch kommen wir zurück zu mir und meiner militärischen Laufbahn. Nachdem ich ein Jahr Unteroffizier gewesen war, wurde ich zum Unterfeldwebel befördert. Als ich schließlich nach drei Jahren die Luftstreitkräfte der DDR verließ, ging ich mit dem Dienstgrad „Feldwebel" in die Reserve. Hier schloss sich ein Kreis, denn ich war bei den Fliegern, genau wie mein Vater. Und wie er war ich zum Ende ebenfalls Feldwebel!

Langsam näherte sich nun mein dreijähriger Wehrdienst dem Ende zu. Ich muss sagen, ich war eigentlich froh, dass die Tage meiner Armeezeit bald gezählt waren. Trotz der vielen Erleichterungen und Ausnahmemöglichkeiten, die ich mir im Laufe der Zeit selbst beschafft hatte, wurde es doch irgendwie langweilig. Mir war klar, auf Dauer war die Armee nicht das richtige Abenteuer für mich! Ich spürte, ich würde noch eine ganze Weile weitersuchen müssen. Aber wer weiß, vielleicht würde ich das ganz große, richtige Abenteuer niemals finden …

Im Vorfrühling des Jahres 1968 tauchten bei uns im Geschwader immer öfter Leute auf, die für ihre Dienststellen die zukünftigen Reservisten anwerben wollten. So wurde dann auch mit mir gesprochen. Die ersten waren meine Vorgesetzten, die mich gerne im Geschwader behalten hätten. Man schlug mir vor, die „Offiziershochschule der Luftstreitkräfte/Luftverteidigung für Militärflieger ‚Otto Lilienthal'" in Kamenz zu besuchen. Nach diesem Studium könne ich Jagdflieger oder Jagdbomben-Flugzeugführer, Hubschrauberpilot oder Transportflieger werden. Oder ich entschiede mich für eine Navigationsausbildung. Oder könne auch eine Karriere als Kommandeur einschlagen. Alle Türen stünden mir da offen. Aber das war irgendwie nicht so mein Ding, ich fühlte mich nicht geboren zum ständigen Uniformträger. Manche meiner Mitstreiter des Geschwaders sagten zu, beim Zoll anzufangen oder auch bei der Polizei. Mir war das alles nichts. Aber mir war auch klar, zurück zur Post und zu den Fernmeldemechanikern wollte ich auf keinen Fall! Ich dachte sowieso schon seit langem darüber nach, was ich nach meinem Wehrdienst mit meinem weiteren Leben anfangen wollte. Bei dieser Grübelei kam heraus, mir würde Kriminalistik ganz gut gefallen! Ich hatte während meiner Armeezeit die Möglichkeit genutzt, mein Abitur in Brandenburg in der Abendschule nachzumachen. Das stellte zwar manchmal eine ziemlich große zusätzliche Belastung dar, aber ich hatte meinen Fürsprecher und Helfer, unseren Dienststellenleiter, Major Eber, der mir viele Dinge diesbezüglich ermöglichte. Und bei den Prüfungsvorbereitungen half mir meine wunderbare Iris. Sie hatte 1966 ihr Studium mit großem Erfolg beendet und arbeitete nun in Berlin-Buch in einem Institut. Wir bewohnten zusammen eine kleine Einzimmerwohnung in der Rigaer Straße, Nummer 28 im Seitenflügel. Sechzehn Quadratmeter mit großer Doppeltür direkt vom Treppenhaus, einer Innentoilette und einer großen Küche. Ich organisierte einen Transport und holte damit mein Jugendzimmer aus Brandenburg nach Berlin. Wie gesagt, ich hatte also mein Abi gemacht, denn ich war zu der Erkenntnis gekommen, ohne Abi kein vernünftiges Studium! Und mit dem Abitur in der Tasche war es durchaus möglich, Kriminalistik zu studieren. Nur wusste ich nicht, was man anfangen musste, um diesen Weg einzuschlagen. Ich fand niemanden, der mir dabei mit Rat und Tat hätte zur Seite stehen können.

Zufällig hörte ich von irgendeinem, man könne an der Humboldt-Universität in Berlin ein Studium der Rechtswissenschaften aufnehmen und dann Anwalt oder Richter werden. Ich malte mir in meiner Fantasie gleich aus, ich könnte ein Experte werden im Wirtschaftsrecht, unterwegs tätig auf internationalem Parkett! Hätte ich damals schon gewusst, dass es da einen gewissen Alexander Schalck-Golodkowski gab, hätte es vielleicht andere Möglichkeiten gegeben, so einen Weg zu beschreiten.

Alexander Schalck-Golodkowski war Oberst im Ministerium für Staatssicherheit (MfS) und Wirtschaftsfunktionär der DDR. Er war Leiter des geheimen Bereichs für Kommerzielle Koordinierung im Ministerium für Außenhandel, der durch die Arbeitsgruppe Bereich Kommerzielle Koordinierung (AG BKK) des MfS kontrolliert wurde. Der Bereich Kommerzielle Koordinierung war zuständig für den (inoffiziellen) Handel mit dem kapitalistischen Ausland. Bekanntheit erlangte er im Nachhinein für die Aushandlung eines Kredits in Höhe von einer Milliarde DM, den ein westdeutsches Bankenkonsortium der DDR 1983 gewährte und der die DDR vor dem Staatsbankrott bewahrte. Schalck-Golodkowskis Verhandlungspartner auf westdeutscher Seite war der damalige bayerische Ministerpräsident Franz Josef Strauß (CSU). (Wikipedia, Alexander Schalck-Golodkowski, 25.7.2021)

Schalck-Golodkowski verstarb 2015. Denjenigen, die denken, er hätte seine letzte Ruhe in der Gegend um den Tegernsee gefunden, wo er ein Haus besaß, denen sei gesagt, seine Grabstelle befindet sich auf dem Auferstehungsfriedhof in Berlin-Weißensee, in der Indira-Ghandi-Straße 110-123. Es liegt ganz am Ende des Hauptweges, auf der linken Seite.

Wie gesagt, damals hatte ich keine Ahnung, wie und wo und ob überhaupt so etwas funktionieren könnte, aber die Möglichkeit, eventuell mal einer international agierenden Kanzlei für Wirtschaftsrecht in der DDR anzugehören oder auch als Einzelperson bei sowas aktiv werden zu können, klang doch ziemlich vielversprechend! Ich stellte also einen schriftlichen Antrag und wurde wirklich im Sommer 1967 zu einem Gespräch in die Humboldt-Universität eingeladen! Gut war bestimmt, dass ich in der Bewerbung besonders hervorgehoben hatte, dass ich gerade meinen dreijährigen Ehrendienst bei den Luftstreitkräften und im Diensthabenden System der Luftverteidigung der DDR ableiste! Das sah geschrieben sehr gut aus und klang wichtig! Vor allem war es eindrucksvoll! Fand ich jedenfalls!

Wie ich an der Humboldt-Uni Schwierigkeiten bekam, mit „verdienten“ Stalinisten

Ich hatte mir im Geschwader den Tag freigeben lassen und marschierte voller Erwartungen durch die Flure der altehrwürdigen Humboldt-Universität zu Berlin. In einem größeren Büro saß ich dann wenig später der Aufnahmekommission gegenüber. Sie bestand aus zwei Professoren und drei älteren Herren, die sich als Vertreter der VVN, der „Vereinigung der Verfolgten des Naziregimes“ zu erkennen gaben und als Beisitzer in diesem Gespräch fungieren würden. Ich war zuerst etwas verwundert, wieso diese alten Herren hier ein Mitspracherecht hatten, wer studieren kann, soll und darf - und wer eben nicht! Eigentlich wollte ich sie das gleich fragen, da wurde mir schlagartig bewusst, dass vor mir Männer saßen, die für ihre Überzeugung gegen den Faschismus oder wegen ihrer ethnischen Herkunft im Dritten Reich eingesperrt gewesen waren und deren Leidens- und Kampfgenossen in großer Zahl umgebracht worden waren. Natürlich wollte die VVN verhindern, dass es jemals wieder Juristen geben würde, die Unrecht gegen Menschen zuließen wegen ihrer Rasse oder ihrer politischen Anschauungen und Überzeugungen. Mir war allerdings nicht so richtig klar, wieso es ausgerechnet in der DDR überhaupt auch nur die Spur eines solchen Verdachtes geben sollte!

Diese Fragen stellst du mal besser hinten an und wartest erstmal ab, wie die Sache sich so entwickelt, dachte ich mir.

In dem folgenden Gespräch schlug ich mich wohl ganz wacker. Wir unterhielten uns über alles Mögliche, über Politik, Privates und auch über tagesaktuelle Dinge. Ich ging davon aus, hier eine gute Figur zu machen und den Zuschlag für das Studium der Rechtswissenschaften wohl anstandslos zu erhalten. Diese Erkenntnis ließ mich ein wenig lockerer werden; ein wenig zu locker, wie ich gleich erfahren sollte! Das Unheil nahm seinen Lauf, als mir mitten in meinem Vorstellungs-Vortrag einer der alten Herren ins Wort fiel.

«Wenn ich dich mal unterbrechen darf, Jugendfreund. Du leistest doch gerade deinen Ehrendienst, habe ich recht?»

Ich erwiderte: «Ja, stimmt. Ich mache drei Jahre, bin aber bald fertig, mache gerade mein Abi und möchte danach was Sinnvolles anfangen!»

«Hm, hmm … » Der alte Mann nickte verstehend. «Aber warum willst du denn nicht bei der NVA bleiben?»

Anstatt hier einzulenken, konnte ich mir nicht verkneifen, den alten Kollegen zurechtzuweisen. Außerdem ging es mir gehörig auf den Zünder, dass der mich einfach duzte, ich aber „Sie" sagen durfte! Ich meinte, ein wenig von oben herab: «Nein, da irren Sie sich! Ich bin nicht bei der NVA, sondern bei den Luftstreitkräften/Luftverteidigung der DDR! Und zwar bei einer Spezialeinheit! Beim Hubschraubergeschwader in Brandenburg!»

Hätte ich meinem Gegenüber genau zu diesem Zeitpunkt in die etwas grimmigen Augen geschaut, wäre ich bestimmt zu der Überzeugung gekommen, mal ganz kräftig auf die Bremse zu treten und ein wenig mehr Bescheidenheit an den Tag zu legen. Der alte Herr sah mich mit stechendem Blick an und sagte nur: «Aha. Soso.» Er ließ mich nicht aus den Augen, musterte mich von Kopf bis Fuß und fragte mich dann mit lauerndem Blick: «Wieso kommst du denn da in solchen Sachen an? Wieso trägst du denn nicht dein Ehrenkleid, wie es sich gehört? Dein Haarschnitt ist ja auch nicht armeegemäß!»

Der Typ brachte mich langsam in Wallung. Ich antwortete, ein wenig vorlaut: «Ich weiß ja nicht, ob Sie heute schon mal draußen waren, da ist es nämlich ziemlich heiß heute! Haben Sie vielleicht schon mal so 'ne Uniform angehabt? Ich kann Ihnen sagen, im Winter friert man sich fast einen ab und im Sommer schwitzt man in den Klamotten wie ein Schwein!»

Mein Gesprächspartner fand meine Aussage nicht besonders lustig, denn er verzog keine Miene. Ich wollte die Situation retten und merkte nicht, wie ich mich immer weiter um Kopf und Kragen brachte.

«Außerdem muss ich sagen, eine Uniform spiegelt nicht meine Gesinnung wider! Ist es nicht wichtiger, dass man bei einem sieht, wie der gestrickt ist? Dazu braucht man kein ‚Ehrenkleid'! Ich jedenfalls nicht! Und das mit den Haaren ... Ist es nicht wichtiger, was man *im* Kopf hat, anstatt *am* Kopf?»

Der alte VVN-Mann hatte wohl nicht mit so einer Antwort gerechnet. Er riss kurz seine Augen auf und sagte gar nichts mehr. Ich musste mir ein Lächeln verkneifen, fand aber, ich hätte es ihm mal so richtig gegeben! Der zweite VVN-Mann wollte wohl die leichte Peinlichkeit des Moments etwas entschärfen und erkundigte sich bei mir, ob ich denn Staatsanwalt werden wollte?

«Was, Staatsanwalt?», rief ich aus. «Nee, lassen Sie mal! Ich will in die Wirtschafts-Juristerei!»

Die VVN-Männer sahen sich nunmehr erstaunt an.

«Also, das ist ja … », gab der eine, leicht ratlos, von sich. Worauf der andere erwiderte: «Ähm … Können wir so etwas überhaupt gebrauchen, in unserer Republik?»

Erstaunlicherweise äußerten sich die, meiner Meinung nach, einzigen Experten in dieser Runde, die beiden Professoren, überhaupt gar nicht dazu. Sie sagten kein einziges Wörtchen. Eine peinliche Stille entstand. Da endlich räusperte sich einer der Professoren und schlug vor, ich möge doch bitte kurz draußen auf dem Flur Platz nehmen, man müsse sich beraten. Ich verließ den Raum. Da war ich nun allein auf dem Flur und plötzlich schien ich mir nicht mehr so sicher zu sein, hier und heute als Sieger des Tages vom Platze zu gehen. Es vergingen auch nur ein paar Minuten, dann wurde ich wieder ins Zimmer gerufen. Die drei VVN-Mitglieder musterten mich mit frostigem Blick. Der eine Professor räusperte sich wieder und setzte zu einer etwas seltsamen Rede an. Ich konnte beim Zuhören nicht so richtig erkennen, was der Gelehrte eigentlich sagen wollte! Er meinte etwas von, es wäre ein nettes Gespräch gewesen. Auch ehrlich. In der Tat. Der andere Professor nickte zustimmend, sagte aber nichts dazu. Ich glaube, der hatte die ganze Zeit über nichts gesagt. Da setzte der erste Professor seine Zusammenfassung fort. Ich sei in seinen Augen ein ziemlich helles Köpfchen und hätte wohl auch schon in meinem Leben einige Erfahrungen gesammelt und sowas in der Art. Aber vielleicht wäre es doch ganz hilfreich für mich und für meine weitere Entwicklung von großem Nutzen, wenn ich mir das alles vielleicht doch noch einmal ein wenig und in aller Ruhe überlegen würde oder so.

Bla, Bla, Bla! Nach einer Weile fiel ihm wohl nichts mehr ein und er schwieg. Die anderen in der Runde sagten auch nichts und ich rutschte ein wenig unbehaglich auf meinem Stuhl herum.

Plötzlich meldete sich mein VVN-Widersacher und erklärte mit fester Stimme: «Wir vom VVN gehen davon aus, Ihnen fehlt es an der politisch-moralischen Reife! Bewähren Sie sich zuerst einmal!»

Ach, guck an, dachte ich mir, *plötzlich sagt der „Sie“*! Laut meinte ich: «Was Sie da sagen, ist doch alles nur dummes Gequatsche!» Ich stand auf und ohne ein weiteres Wort zu sagen, verließ ich den Raum. Was ich zurückließ, war ein eisiges Schweigen der Kommission …

Bereute ich meine Worte? Sollte ich sie besser zurücknehmen und mich entschuldigen? Wozu? Was sollte ich da noch retten wollen? Mir war in dem Augenblick alles egal. Was ich ganz klar wusste, war, ich würde schon etwas finden für mich, das passte! Früher oder später. Vielleicht hätte ich gerade eben etwas diplomatischer sein können. Das war das Einzige, was mir noch dazu einfiel, in dieser Sekunde. Aber eins verstand ich überhaupt nicht: Wieso eigentlich durften drei alte Männer, die, wie mir schien, überhaupt gar keine Ahnung hatten von den Rechtswissenschaften, hier und heute einfach so über das Schicksal anderer Menschen entscheiden, VVN hin oder her?!

Als ich wenig später in unserer kleinen Bude mit Iris zusammensaß und ihr von meiner glatten Bruchlandung berichtete, meinte sie, ich solle mir mal nicht zu viele Gedanken darüber machen. Sie würde ihre Freundin, die Ellen, fragen, die könne uns da bestimmt helfen! Iris hatte Ellen an der Humboldt-Universität kennengelernt. Ellen wurde später eine wichtige Mitarbeiterin bei der Pionierorganisation „Ernst Thälmann“, noch später bei der FDJ. Ich hatte Ellen auch kennengelernt und fand die Idee von Iris großartig! Wir besuchten Ellen und ich erzählte ihr von meinem vermurksten Gespräch in der Uni. Ellen war total verwundert und verstand nicht, was da falsch gelaufen sei. Aber sie versprach uns, sie würde sich kümmern und mal nachhaken, was da passiert sein könnte!

Es vergingen nur ein paar Tage, da hörten wir wieder von Ellen. Das mit der Humboldt-Uni und dem verpatzten Jura-Studienplatz könne sie nicht ändern, aber das wäre kein Beinbruch, sie hätte da etwas anderes gefunden. Ich solle mich einfach nur im Institut für Archivwissenschaften in Potsdam melden, da könne ich dann Archivwissenschaften studieren. Es wäre schon alles klargemacht, ich müsse nur „Ja" sagen, unterschreiben, und wenn ich dann von der Armee käme, wäre ich sofort einsatzbereit und könnte losstudieren, bis mir der Kopf qualmt!

Nun wollte ich ja nicht undankbar sein. Aber, Entschuldigung, also, beim besten Willen konnte ich mir nicht vorstellen, dass es irgendeinen Grund gebe, warum ich mich mit dem Studium alter Bücher oder irgendwelcher Dokumente und deren Archivierung herumplagen sollte! Wenn man bis dahin noch keine Stauballergie hatte, dort würde man sie garantiert bekommen! Außerdem müsste man wohl ziemlich lange suchen, um einen Studiengang zu finden, der noch stupider sein könnte! Überhaupt fand ich Bibliotheken superlangweilig, weil man da ja schon rausgeschmissen wird, wenn man einmal auch nur zu laut gähnt! Und überhaupt, den ganzen Tag im Büro? Dann Hochschulabschluss, dann irgendwie in den Staatsdienst oder sowas? Iris und ich kamen zu dem Schluss, das wäre nichts für mich!

Nee, nee, liebe Freunde, bei aller Liebe, aber das findet besser ohne mich statt!

Zum Glück nahm uns die gute Ellen die Ablehnung ihres Angebotes nicht übel. Das änderte aber nichts an der Tatsache, dass die Frage im Raum stand: Und was nun? Meine liebste Iris nahm mich in den Arm und tröstete mich. In ihrem unerschütterlichen Glauben daran, dass alles gut werden würde, sprach sie mir Mut zu, und das tat mir richtig gut!

Wie ich mit Iris verliebt, verlobt und verheiratet war

Meine wunderbare Iris, das war auch so ein Kapitel für sich! Ich liebte sie heiß und innig, keine Frage! Sie war das Beste, was mir bisher passiert war, das war völlig klar! Aber es gab da einmal eine Sache, die stellte meine Geduld auf eine harte Probe! Iris und ich waren seit fast zwei Jahren verlobt. Eines schönen Tages im Jahre 1966 kam dann der Tag, den ich auch nie vergessen werde! Ich war noch bei der „Fahne", Iris hatte ihr Studium inzwischen abgeschlossen und arbeitete im Klinikum Berlin-Buch im Forschungsinstitut für Tuberkulose und Lungenkrankheiten. Iris hatte eine wunderbare kleine Einzimmerwohnung mit Innentoilette im Prenzlauer Berg bekommen. Die Wohnung lag zwar Seitenflügel, war aber sonnendurchflutet. Wir haben da eine zauberhafte Zeit verlebt. Und an diesem Tag also fragte mich Iris, ob wir nicht heiraten sollten. Sie würde mich sehr gerne heiraten! Ich wusste zuerst gar nicht, was ich sagen sollte! Natürlich war ich überglücklich und sagte sofort zu! Meine praktisch denkende Iris meinte dann, da ich ja in Brandenburg bei der Armee war, sollte ich dort das Aufgebot beim Standesamt bestellen. Für sie sei es viel einfacher, sich mal kurz von ihrem Arbeitsplatz im Forschungsinstitut in Berlin-Buch freizunehmen und nach Brandenburg zu kommen, als für mich, nach Berlin zu fahren. Ihre Logik habe ich stets geliebt! So trudelte ich ein paar Tage darauf beim Standesamt in Brandenburg ein und präsentierte den Mädels dort meine Hochzeitspläne! Alles war flink eingetütet, der Termin stand fest und passte wunderbar und unser Glück hätte kaum größer sein können. Die Euphorie hielt leider nur eine kurze Zeit an. Denn einige Tage später meinte Iris zu mir, sie habe sich das alles noch einmal ganz in Ruhe überlegt und sei irgendwie zu dem Ergebnis gekommen, sie wolle doch noch nicht heiraten! Aber aufgeschoben sei ja nicht aufgehoben, das hätte auch überhaupt nichts mit mir zu tun, ganz im Gegenteil, sie liebe mich wie nichts anderes auf der Welt, aber ich möge sie bitte verstehen! Sie brauche einfach noch ein wenig Zeit! Nun wusste ich, wenn Iris etwas wollte, dann wollte sie es, und wenn sie etwas nicht wollte, wollte sie es eben nicht! Und niemand auf der ganzen runden Welt konnte sie dann vom Gegenteil überzeugen! Also machte ich gute Miene zum bösen Spiel und schlug wieder bei den Mädels im Standesamt auf, um unseren Hochzeitstermin abzusagen. Zu meinem Glück waren die Damen dort sehr verständnisvoll und akzeptierten die Wünsche meiner „Braut, die sich nicht traut"! Der Termin war also gestrichen! Ich bedauerte das zwar, aber wie gesagt, wenn Iris nicht wollte, wollte sie eben nicht!

Einige Zeit später wendete sich allerdings das Blatt für mich zum Guten! Iris verblüffte mich, indem sie mir mitteilte, sie habe sich erneut mit dem Thema Hochzeit beschäftigt und sei nunmehr fest entschlossen, doch mit mir den Bund der Ehe einzugehen! Ich war höchst erfreut, vergewisserte mich aber lieber noch einmal und fragte Iris, ob das jetzt auch wirklich ihr Ernst sei. Iris strahlte mich an, nickte und gab mir einen langen Kuss!

Kaum war ich am nächsten Tag wieder im Geschwader in Brandenburg, tauchte ich umgehend bei den Damen vom Standesamt auf. Die waren erstaunlicherweise nicht verwundert und meinten nur, sie hätten schon öfter solche Fälle gehabt, dass sich Brautleute ein wenig zierten und innerhalb kurzer Zeit ihre Hochzeitspläne änderten. Kurze Rede, kurzer Sinn, ein neuer Heiratstermin war schnell gefunden …

Wieder ging etwas Zeit ins Land und wieder hatte ich einen ganzen Tag frei, den ich natürlich bei meiner Liebsten in Berlin verbrachte. Also, ich mache es mal kurz: An diesem Tag erfuhr ich, dass das Sprichwort völliger Unsinn ist, welches da lautet: „Aller guten Dinge sind drei!" Zuerst dachte ich, ich würde meinen Ohren nicht trauen. Dann glaubte ich, meine Süße wollte sich nur einen dummen Scherz mit mir erlauben. Aber weder das eine noch das andere war der Fall, und ja, Sie haben recht: Iris machte es schon wieder! Sie erklärte mir, sie sei von Zweifeln geplagt, habe die letzte Nacht fast nicht geschlafen und müsse unbedingt noch einmal mit mir über alles reden! Ich sah sie an und dachte, das kann doch nicht ihr Ernst sein! Die kluge Iris merkte natürlich sofort, was mit mir los war. Es schien, als könne sie Gedanken lesen! Sie versuchte mir erneut zu erklären, warum wir unsere Hochzeit wieder verschieben sollten. Jetzt war ich es, der sie erstaunte, denn in ganz ruhigem Ton und völlig entspannt sagte ich zu ihr, ich würde noch einmal zu den Damen des Standesamtes hingehen. Das würde ich wirklich gerne tun, damit hätte ich kein Problem! Ich würde dort den Termin erneut absagen. Ich fände das zwar schade, aber gut, wenn sie das so haben wolle, dann täte ich das eben! Iris wollte mir gerade erleichtert um den Hals fallen, aber ich hielt sie zurück und sagte ihr, ich würde das wirklich tun, ich verspräche es! Aber ich verspräche auch, dass es das letzte Mal sei und ich nie wieder für uns ein Aufgebot bestellen würde! Allerdings solle sie auch nicht vergessen, was ich jetzt sagen würde. Ich machte eine gutgesetzte Pause und sah Iris fest in die Augen. Dann sagte ich leise, aber entschieden, wenn wir am 31. Dezember dieses Jahres, also 1966, nicht verheiratet seien, würde ich ihr schwören, dann würde ich sie nicht heiraten und würde sie auch nicht noch einmal darum bitten, meine Frau zu werden! Diese Nacht war eine sehr einsame Nacht, das darf man mir glauben …

Hinzu kam noch eine andere Geschichte, die für mich ebenfalls alles andere als lustig war. Im Vorfeld unserer Heiratspläne stand auch die Frage der kirchlichen Hochzeit. Iris meinte, wenn wir ihre Mutter doch noch auf unsere Seite ziehen wollten, und das würde ja ganz besonders für mich gelten, müssten wir uns auch kirchlich das „Ja"-Wort geben! Nun war es wieder einmal an mir, ihr eines meiner reichlich vorhandenen Fehlverhalten zu beichten und das im wahrsten Sinne des Wortes! Ich war zwar getauft, aber nicht konfirmiert! Natürlich konnte es sich meine Iris nicht verkneifen, solange nachzubohren, bis ich mit der Sprache herausrückte, was ich denn damals wieder für einen Unsinn verzapft hatte. Die Geschichte war schnell erzählt. Das war die Sache mit der weißen Maus in des Pfarrers Talar beim Konfirmandenunterricht. Wo dann alle laut lachten und sich gar nicht mehr beruhigen konnten, als die Maus am Pfarrer Schulz herumkrabbelte und der nichts bemerkte. Damit war dann aber eben nicht nur diese Stunde gelaufen, sondern auch meine Konfirmation im Eimer! Weil ja der Pfarrer Schulz mich an diesem Tag umgehend aus der Kirche schmiss und erklärte, dass ich mir sonst wo meine Konfirmation abholen könne, von ihm jedenfalls würde ich sie nicht bekommen...

Iris hatte mir kopfschüttelnd zugehört und meinte seufzend, ich sei wirklich der König des Unfugs! Dann musste sie lächeln, sagte aber gleich darauf, es sei egal, wie wir das jetzt hinbekämen, mit einer Art „Nachhol-Konfirmation" oder wie auch immer! Aber ohne dieses Ritual würden wir nicht kirchlich getraut werden können! Iris war schließlich wieder die, die eine Lösung fand. Unsere Wohnung im Friedrichshain lag fast um die Ecke, in der Nähe der Samariterkirche und Iris kannte den Pfarrer Müller-Schlomka. Der wiederum hatte einen guten Freund, einen Pfarrer, der im Dom zu Brandenburg der Hirte seiner Schäfchenherde war. Beide sahen, Gott sei gedankt, die Notwendigkeit einer schnellen Rettung meiner verirrten Seele. Der Pfarrer aus dem Dom erklärte sich bereit, mich in einer Art Crash-Kurs wieder auf den richtigen Pfad Gottes zurückzuführen. Auch hier soll nicht unerwähnt bleiben, dass das ganze Unternehmen nicht unproblematisch ablief. Ich war ja noch mitten im Wehrdienst, musste aber öfter zum Pfarrer in den Dom, um dort den Religionsunterricht zu meistern. Dazu brauchte ich die Erlaubnis meines Vorgesetzten! Und dieser Mann war Unterleutnant Dieter K., frisch von der Offiziershochschule zu unserem Geschwader abkommandiert. Er war das ganze Gegenteil des zweiten Unterleutnants, den wir erhalten hatten. Der andere war nämlich ganz in Ordnung. Er hatte immer ein offenes Ohr für die Sorgen und Nöte seiner Unterstellten! Aber leider war es eben nicht er, sondern Unterleutnant Dieter K., dem ich unterstellt war! Der wiederum sah nunmehr seine Sternstunde gekommen, mir eins auszuwischen, denn wir beide standen nicht gerade auf der gegenseitigen „Best-Buddy-Liste“! Das hing damit zusammen, der gute Unterleutnant war der Meinung, er sei ein begnadeter und unschlagbarer Sportler. Er spielte besonders gerne Kleinfußball. Aber auch Handball! Leider hatte seine gegnerische Mannschaft einen super Torwart, an dem er nicht vorbeikam. Genau, ich stand da im Tor! Das „Dieterchen“ wäre vor Wut fast geplatzt! Der Sportsmann konnte machen, was er wollte, ich hielt jeden seiner Bälle und grinste ihn dabei an!

Das war ja auch kein Wunder, denn ich war schließlich damals der Stammtorwart der Handballmannschaft der Luftstreitkräfte/Luftverteidigung. Wir hatten 1966 sogar den Meis-

tertitel bei den Armeewettkämpfen geholt! Das hatte dem guten Unterleutnant natürlich niemand gesagt! Als er es schließlich zufällig erfuhr, war er erst recht stinksauer!

Nun kam ich also des Weges mit der Bitte, mich für die Stunden des Konfirmations-Unterrichtes vom Dienst freizustellen. Da sah er endlich die Möglichkeit der Rache gekommen! Er marschierte also flugs zu seinem Vorgesetzten, einem Major, und machte mich mächtig madig! Es könne ja wohl nicht sein, dass ein Unteroffiziersdienstgrad aus dem Stab und Mitglied des Diensthabenden Systems während seiner Armeezeit in die Kirche gehe, um sich dort auf die Konfirmation vorzubereiten! Dummerweise wusste der Unterleutnant nicht, der Genosse Major und ich fanden uns sympathisch. Er hielt immer wieder mal schützend die Hand über mich, sollte ich bei meinen Aktionen innerhalb der Truppe ein wenig übertrieben haben. Wahrscheinlich war er in seinen jüngeren Jahren so ein ähnlicher Heißsporn wie ich heute und verstand mich darum so gut. Jedenfalls ließ mich der Major kommen und führte ein klärendes Gespräch mit mir, weil er das innerhalb der Befehlskette so machen musste. Wir waren uns einig, der Unterleutnant D. K. war ein ziemlich unangenehmer Zeitgenosse! Nachdem ich dem Major die Geschichte von Iris und mir, unserer geplanten standesamtlichen und der Notwendigkeit einer anschließenden kirchlichen Hochzeit erklärt hatte, gab mir der Major sozusagen „seinen Segen". Lächelnd meinte er, die Armee dürfe ja wohl kaum dem Glück von Verliebten im Wege stehen! Ein gutes Verhältnis zwischen Schwiegermutter und Schwiegersohn sei sowieso für eine gut funktionierende Ehe unbedingt nötig! Ich hatte wieder mal Glück und konnte meiner Konfirmation erfolgreich entgegensehen!

Alles wäre eitel Sonnenschein gewesen, wenn es da nicht eben jenes Hin und Her mit dem Standesamt gegeben hätte. Im Spätherbst erklärte mir Iris lächelnd, ich solle mir für den 31. Dezember nichts vornehmen, jedenfalls nichts um 9 Uhr. Ich erkundigte mich, was das heißen solle. Sie meinte nur schelmisch, sie hätte an dem Tag, um die Uhrzeit, beim Standesamt Friedrichshain, an der Warschauer Brücke, einen Termin zum Heiraten! Und wenn ich nichts Besseres zu tun hätte, könnte ich gerne mitkommen! Ich sah sie ungläubig an und war erstaunt. Iris lachte und meinte, ich hätte ihr doch gesagt, sie solle das nächste Aufgebot bestellen. Das habe sie gerade gemacht! Wir nahmen uns in den Arm. Allerdings dachte ich mir: *Na, noch ist nicht aller Tage Abend! Wer weiß, was der Iris vielleicht bis dahin noch so für Gedanken durch den Kopf gehen …*

Iris und ich haben wirklich am 31. Dezember 1966 um 9 Uhr geheiratet! Der Tag war ein Sonnentag! Blauer Himmel, es war warm, wie im Frühling! Es machte uns nichts aus, dass wir zwei völlig allein im Standesamt waren, ohne jemanden aus der Familie oder irgendwelche Freunde!

Es war einfach nur „unser großer Tag“! Den feierten wir dann anschließend, passend zum Wetter, in der Mokka-Milch-Eisbar in Berlin-Mitte in der Karl-Marx-Allee!

Ein paar Tage später, am 3. Januar 1967, folgte dann Runde zwei der Feierlichkeiten, die kirchliche Hochzeit, in der Samariter-Kirche in Berlin-Friedrichshain. Da waren dann unsere Familien und Freunde mit dabei. Allerdings war das Wetter nicht mehr so schön wie am Tag unserer standesamtlichen Trauung. Tja, es war eben Januar und das hieß: Schneeregen, Glätte … eben ein richtiges Schmuddelwetter. Fast wären wir da auch noch zu spät zur Kirche gekommen! War ja klar, dass es wieder irgend so einen dummen Zwischenfall geben musste! Die Schwester von Iris und ihr Mann wollten uns mit dem Auto abholen und zur Kirche fahren. Der Mann, Dr. Gause, hatte in Hannover ein Veterinärstudium abgeschlossen und war dann nach dem 13. August 1961 in die DDR umgesiedelt. Da hatte er auch seinen roten OPEL KAPITÄN mitgebracht. Wir saßen schon im Auto und wollten los. Iris mit weißem Kleid und Brautschleier, wir anderen feierlich im guten Zwirn. Man hörte bereits die Kirchenglocken läuten. Mein Schwager drehte erwartungsvoll den Schlüssel im Zündschloss herum, aber der Motor wollte nicht anspringen! Schließlich stiegen meine Schwägerin und ich aus dem Wagen und hatten nunmehr die mühevolle Aufgabe, den OPEL anzuschieben! Das ist besonders dann eine schöne Arbeit, wenn man in Zeitdruck und die Straße leicht verschneit und glatt ist. Gott sei Dank hat niemand gesehen, wie wir beide beim Anschieben ausgerutscht und hingeflogen sind! Aber auch hier gab es wohl ein Zeichen von oben … vielleicht: Ein Auto wird von zwei Leuten angeschoben, bis es beim *dritten* Versuch endlich anspringt! Und mit dem *dritten* Läuten der Kirchenglocken kommen wir verspätet und atemlos, aber glücklich in der Kirche an. Vielleicht sind doch „aller guten Dinge *drei*"?

Nach der Trauung und dem obligatorischen Hochzeitsfoto auf der Kirchentreppe kam dann der Moment, als Iris' Mutter mir das „Du" und das „Mutti" anbot, ich erzählte ja schon davon. Ich nahm sie einfach in den Arm, und es begann für uns beide eine schwierige, aber gute Beziehung. Mir war schon klar, was für ein schwieriges Leben hinter ihr lag. Sie hatte 1934 geheiratet, ihr Mann war 1944 in Litauen gefallen. Somit stand sie da, mit drei Kindern! Nach dem Krieg war ihr voll bewusst, einen Mann würde sie immer wieder finden, aber auch einen Vater für ihre drei Kinder? Das war etwas ganz anderes und eine Sache für sich! Ich verstand, dass eine Mutter stets das Beste für ihre Kinder will! Und dann kam da jemand daher, so ein „Tunichtgut" wie ich! Außerdem war Iris' Mutter eine sehr gottesfürchtige Frau! Das war schon einer der Punkte, bei denen wir stets aneckten. Denn während ich der Meinung war: „Hilf dir selbst, dann hilft dir Gott!", sah sie das natürlich völlig entgegengesetzt. Auch politische Gespräche mit ihr zu führen, hatte nur wenig Sinn. Sie hielt unerschütterlich am Gestern fest. Alles andere war in ihren Augen Propaganda der Linken! Diese Schwarz-Weiß-Malerei ging mir mächtig gegen den Strich. Als ich aber von Iris mehr über das Leben ihrer Mutter erfuhr, begann ich, ihre Haltung zu vielen Dingen zu verstehen. Iris' Mutter hatte ihren Schmuck und größtenteils auch ihr Mobiliar weggeben müssen, um nach dem Krieg irgendwie Essen für die Kinder zu bekommen. Ihr Elternhaus in Salzwedel ging später an ihre Schwester. Dafür bekam ihre Mutter gerade mal nur 500 Mark! Auf ihren Wohnsitz, das herrschaftliche Anwesen in der Ziegeleistraße, warf später dann wieder einmal irgend so ein „guter Genosse" ein Auge. Es dürfte allen klar sein, wie das wohl ausging!

Meine Schwiegermutter und ich brauchten eine ganze Zeit lang, bis wir uns auf Augenhöhe miteinander befanden. Das begann, als unsere Tochter Grit 1969 geboren wurde. 1970 kam dann unser Sohn Holm auf die Welt. Er war der sogenannte Stammhalter und damit war für meine Schwiegermutter die Welt wieder so, wie sie sein sollte! In dem Zusammenhang fällt mir noch ein weiteres Ereignis ein. Meine Schwiegermutter schenkte mir später einmal ein dickes, in Leder gebundenes Buch: „Die Große Kaufmanns-Lehre von 1923". Ich habe es nicht nur mehrmals gelesen, ich habe es studiert! Immer und immer wieder! Und es war für mich wie ein Leitfaden durch mein späteres kaufmännisches Leben.

Aber so weit war es lange noch nicht! Wir hatten uns erst einmal in der Kirche in Anstand und mit Würde das „Ja"-Wort gegeben. Nach dem Hochzeitsfoto fuhren wir dann mit unseren fünfundzwanzig Hochzeitsgästen ins Restaurant „Bukarest", einen Gourmet-Tempel für Balkan-Spezialitäten, stets gut besucht und ausgebucht. Das Nationalitäten-Restaurant war zu finden an der Frankfurter Allee, zwischen Proskauer Straße und Frankfurter Tor. Zufälligerweise spielte ausgerechnet an diesem Tag eine Band. Na, das passte ja ausgezeichnet, so konnten unsere Hochzeitsgäste kräftig das Tanzbein schwingen und uns entstanden keinerlei zusätzliche Kosten für den kulturellen Teil des Tages!

Am nächsten Morgen fuhren Iris und ich auf Hochzeitsreise in den Harz. Die Fahrt ging nach Gernrode, ins Ferienheim des FDGB „Fritz Heckert".

Damals galt das Haus als erste Adresse am Ort. Es wurde 1990 geschlossen und steht bis heute leer, ruinös und dringend sanierungsbedürftig in der Harzlandschaft tatenlos herum. In bester Lage, aber tief im Dornröschenschlaf! Damals war das Heim ausgebucht bis zum letzten Zimmer. Und alles tummelte sich auf der Skipiste. Für mich war das gerade wie ein Heimspiel, ich war ja bestens auf den Skiern unterwegs. Gelernt ist eben gelernt! Denn ich war ein richtig guter Skiläufer seit meiner Zeit im Erzgebirge, auf dem Rabenberg und den Skipisten am Fichtelberg, damals, als meine Mutter und ihr Mann bei der Wismut waren. Allerdings hatte ich mit allem gerechnet, nur mit einer Sache nicht: Die arme Iris wäre wohl eher auf den Brettern, die die Welt bedeuten, zu Hause gewesen als auf den Ski-Brettern! Während ich wie ein Weltmeister über die Pisten flog, stand sie da und kam nicht einmal die kleinste Böschung herunter, ohne gleich auf dem Hinterteil zu landen! Einmal fuhr sie dabei auf einen kleinen Bach zu, der sich durch das Gelände schlängelte. Also, „fuhr" war ein völlig falscher Ausdruck, denn selbst eine Schnecke wäre schneller vorangekommen als sie! Ich kam angefahren und gab ihr einen kleinen Schups. Ich wollte ihr nur etwas Tempo verschaffen, damit sie nicht unterwegs steckenblieb! Das ist die Wahrheit, ehrlich! Das Ende vom Lied war, Iris stand mit ihren Skiern über dem Bach und war sauer! Und dieses Sauersein reichte den ganzen Tag über! Später dann, im Hotelzimmer, fauchte sie mich empört an, sie würde sich auf der Stelle scheiden lassen! Denn so etwas, so eine Blamage, würde sie nicht noch einmal haben wollen! Skifahren sei total dämlich! Ich erklärte ihr lächelnd, niemand könne eben auf Anhieb gleich alles können! Stimmt, denn die nächsten Tage waren wir nur noch mit dem Schlitten unterwegs! Ich sah nämlich schnell ein, es war besser, mit ihr Schlitten zu fahren, anstatt dass sie mit mir „Schlitten fuhr"! Aber es war meine beste Hochzeitsreise, bis zum heutigen Tage! – Kunststück, es war ja auch meine einzige! Und wird es immer bleiben!

VI.

Schild und Schwert der Partei

Meine Armeezeit ging langsam dem Ende entgegen, doch ich wusste nicht, was ich danach machen sollte, so rein arbeitstechnisch! Das heißt aber nicht, ich hätte mich nicht mit dem Thema befasst! Einige Arbeitsgebiete und Möglichkeiten hatte ich ja bereits abgegrast, leider war die Ernte da nicht besonders groß. Was sollte ich also nach dem Wehrdienst machen? Ehrlich gesagt, ich hatte keine Ahnung! Aber da ich stets ein Macher war, nicht ein Nachmacher oder einer, der abwartet, bis eine Möglichkeit, eine Lösung oder irgendein Plan draußen an die Tür klopft, war mir klar, ich würde schon einen Weg finden, den ich dann mit sicherem Schritt und stolz erhobenem Haupte gehen werde!

Wie ich DEFA-Hilfe für meine Zukunft bekam

Die DEFA war in der DDR das einzige Filmunternehmen. In der Zeit ihres Wirkens bis 1992 wurden etwa 700 Spielfilme gedreht. Einer davon war „For Eyes Only (streng geheim)". Der Spionagefilm kam im Juli 1963 in die DDR-Kinos. Der damals knapp 40 Jahre alte ungarisch-deutsche Regisseur János Veiczi hatte mit dem Spezialisten für solche Filmstoffe, dem Schriftsteller Harry Thürk, das Drehbuch geschrieben. Bis 1973 lockte der Film 2,3 Millionen Zuschauer in die DDR-Kinos. Auch das Interesse in osteuropäischen Staaten war groß. Der Film wurde unter anderem nach Bulgarien, Ungarn und Rumänien, aber auch nach Kuba verkauft und erhielt das Prädikat „künstlerisch besonders wertvoll". Regisseur, Darsteller und weitere Mitarbeiter des Streifens wurden in der Folgezeit mehrfach ausge-

zeichnet. János Veiczi und Harry Thürk erhielten unter anderem 1964 den „Nationalpreis der DDR III. Klasse für Kunst und Literatur", der damals dotiert war mit 20.000 MDN (Mark der Deutschen Notenbank). Der Hauptdarsteller, Alfred Müller, bekam immerhin den „Kunstpreis der DDR", dotiert mit 6.000 MDN.
Kurz zum Inhalt:

> *Die Würzburger „Concordia"-Handelsgesellschaft ist eine getarnte Dienststelle des MID, Geheimdienst der US-Army. Seit Jahren wird von hier aus mit allen Mitteln der Spionage, Sabotage und Diversion versucht, den sozialistischen deutschen Staat zu untergraben. Einen günstigen Zeitpunkt für einen militärischen Schlag sieht man in unmittelbarer Nähe. Die Pläne dafür befinden sich im Safe von Major Collins. Hansen arbeitet seit Jahren für ihn – und den Staatssicherheitsdienst der DDR. Dass es eine undichte Stelle gibt, weiß auch Sicherheitschef Colonel Rock, aber Hansen hat bisher jeder Überprüfung standgehalten. Sein Auftrag lautet jetzt: Beschaffung der Pläne, damit sie öffentlich gemacht werden können. Es gelingt Hansen, sie aus dem Safe zu holen und mit ihnen in einer atemberaubenden Flucht in die DDR zu gelangen.*
>
> *(Das zweite Leben der Filmstadt Babelsberg. DEFA-Spielfilme 1946-1992, Henschel Verlag, Berlin, 1994)*

Die Rolle des MfS-Mitarbeiters Hansen spielte der damals noch völlig filmunerfahrene Schauspieler Alfred Müller. Der Kinofilm thematisierte ein aktuelles Thema des Ost-West-Klassenkampfes und sollte in der Zeit des Kalten Krieges eine Art Pendant zu dem ersten James-Bond-Film sein, der ein halbes Jahr früher in der Bundesrepublik im Kino zu sehen gewesen war.

Später erfuhr ich dann, der Inhalt des Filmes ging wirklich auf wahre Ereignisse aus dem Jahr 1956 zurück. Der MfS-Mitarbeiter Horst Hesse (Deckname Horst Berger) hatte im Rahmen einer Geheimdienstoperation, die „Aktion Schlag" genannt wurde, im Mai 1956 aus der Zentrale des amerikanischen Militärgeheimdienstes in der Bundesrepublik, der MID (Military Intelligence Division) einen Panzerschrank mit geheimen Akten in seinen Besitz gebracht und ihn über die Grenze in die DDR geschmuggelt. Darauf anspielend steht im Vorspann des Films:

Die Handlung des Films ist frei erfunden.
Ähnlichkeiten mit tatsächlichen Begebenheiten und lebenden Personen sind ... beabsichtigt.

Die Geschichte von Hesse und die Arbeit dreier anderer verschiedener „Kundschafter für den Frieden", wie man die eingesetzten Agenten der Hauptverwaltung Aufklärung (HVA) des MfS nannte, hatten in unterschiedlichen Aufgabengebieten zahlreiche Dokumente aus der BRD in die DDR gebracht. Nach Angaben des Ministeriums für Staatssicherheit sollen auch Hinweise und Dokumente der aus der Bundeswehr desertierten Offiziere Bruno Winzer und Adam von Gliga diesbezüglich Hintergründe aufgezeigt haben, dass es von Seiten der NATO in Verbindung mit der Bundeswehr angeblich Kriegspläne gegen die DDR gab!

Das Gesamtpaket dieser Ereignisse und Erkenntnisse wurde im Film zusammengefasst zu einer neuen Story! Dabei gab es ein kleines Problem. Die Kundschafter hatten eine sehr gute Arbeit geleistet, denn als die entsprechenden Leute im Westen

den Verlust ihrer Dokumente und Unterlagen feststellten, lagen die bereits seit Stunden auf den Schreibtischen des Ministeriums für Staatssicherheit in Berlin! Das war für die DEFA-Leute viel zu „langweilig", darum erfanden sie den reißerisch inszenierten und spannend gefilmten Grenzdurchbruch zum Ende des Kinostreifens! Meistens haben Film und Realität nicht viel miteinander zu tun! Aber es zeigte sich hier anschaulich, wenn die Arbeit der Sicherheits-Organe gut gemacht wird, ist sie relativ unspektakulär.
Und so soll das ja eigentlich auch sein, warum würde sonst wohl ein Geheimdienst - „Geheim"-Dienst heißen?!

Der BND, der Bundesnachrichtendienst, ist der zivile und militärische Auslandsnachrichtendienst der Bundesrepublik Deutschland. Er hat den Auftrag, Informationen von außen- und sicherheitspolitischer Bedeutung zu sammeln, auszuwerten und der Bundesregierung in Form von Meldungen und Analysen zur Verfügung zu stellen.
(bnd.bund.de/DE/Startseite/startseite_node.html.)

Meiner Meinung nach ist dieser Dienst alles, aber nicht geheim! Wer erst einmal einen Ausschuss im Deutschen Bundestag einsetzen muss, um sich Geheimes genehmigen zu lassen, ist albern und macht sich nur lächerlich! Die Mitarbeiter und Mitarbeiterinnen des BND und auch die des Bundesamts für Verfassungsschutz waren und sind in meinen Augen Bundes-Beamte und mehrheitlich „Salonsoldaten"! Dazu später mehr!

Übrigens, den Geheimhaltungsgrad „For Eyes Only" gibt es gar nicht, weder in der NATO noch in den USA! Er ist leider nur eine reine Erfindung der DEFA-Autoren!

In den Vereinigten Staaten heißen die Geheimhaltungsgrade:

- *Top Secret (Streng geheim)*
- *Secret (Geheim)*
- *Confidential (Vertraulich)*

Wie gesagt, Film und Realität driften manchmal sehr weit auseinander! Aber Hauptsache, es ist beim Film spannend gemacht! Das wollen die Zuschauer sehen! Mir war das alles damals nicht bewusst, woher auch? Mit dieser Thematik hatte ich mich noch nie befasst! Aber egal, ich sah also den Agentenfilm 1963 im Kino und war sofort begeistert. Besonders der Hauptdarsteller hatte mich schwer beeindruckt! Heute würde man sagen, der war so cool, da würde sogar jeder Kühlschrank neidisch! Genau dieser Film „For Eyes Only" fiel mir zum Ende meiner Tage bei der Armee schlagartig ein. Und in mir reifte eine Idee ...

Wie ich an eine geheime Tür klopfte

Um meinen Plan umsetzen zu können, musste ich mit Iris reden, das war mir von Anfang an völlig klar. Und ich wusste auch, nur wenn sie mich in dieser Sache unterstützen und mir zur Seite stehen würde, könnte ich anfangen, meinen neuen Lebensabschnitt in die Tat umzusetzen! Welche Alternativen hatte ich denn damals? Wieder als Fernmeldetechniker wollte ich nicht arbeiten. Ich hätte Flieger werden können oder irgendwas, das mit Fliegen zu tun hat, keine Ahnung, was genau das sein sollte! Ich hätte auch meinen alten Plan wieder hervorholen und zur kaufmännischen Karriere zurückkehren können. Aber da waren mittlerweile alle meine damaligen Kontakte eingeschlafen. Das bedeutete, ich hätte absolut bei „Null" anfangen müssen. Wobei das so nicht ganz richtig war, denn mein Tun und Handeln war natürlich immer noch von den Grundlagen eines guten Kaufmannes geleitet. Aber um das professionell zu betreiben, müsste eine solide Ausbildung her! Also erst einmal wieder die Schulbank drücken und Schritt für Schritt, von der Pike auf „lernen, lernen, nochmals lernen"?

Ich dachte so bei mir: Nein, Kollege „Russlands größter Sohn", Wladimir Iljitsch Lenin, da hatte ich erst einmal keine besondere Lust drauf!

Irgendwie fiel mir wieder einer der größten *deutschen* Söhne ein, Johann Wolfgang von Goethe nämlich! In seinem „Faust. Der Tragödie erster Teil", im Studierzimmer, lässt er Mephisto, den Teufel, sagen:

«Grau, teurer Freund, ist alle Theorie
und grün des Lebens goldner Baum ...»

Da war ich doch gleich bei ihm, genau diese Meinung vertrat ich auch – mit anderen, nicht so meisterlich gesetzten Worten, aber darauf kam es gar nicht an! Das Leben scheint die beste Universität zu sein, um seinen Platz zu finden! Hätte ich nicht Iris kennengelernt, vielleicht wäre ich wirklich irgendwann mal zur Fremdenlegion gegangen und hätte da Karriere gemacht! Aber hätte, hätte, Fahrradkette! „Was wäre, wenn?", würde mich hier nicht weiterbringen, das hatte ich schon eingesehen. Was stand denn auf meiner Haben-Liste? Ich wusste, ich bin als Millionär geboren worden, denn ich war der Alleinerbe meiner Leute in Fürth. Dass das derzeit alles ein wenig kompliziert war, zum Ende der 1960er-Jahre, und ich auch gar nicht wusste, wie ich dann irgendwann mal an diese Gelder herankommen wollte, stand auf einem ganz anderen Blatt. Wenn es an der Zeit wäre, darüber nachzudenken, würden mir schon Wege und Möglichkeiten einfallen. Aber das war gerade nicht das Thema, denn was ich bis zu diesem Zeitpunkt tun sollte, war die Frage. Einfach nur rumzusitzen und abzuwarten, war nicht mein Ding! Auch nicht, nur irgendwas zu machen, damit man überhaupt mit irgendwas beschäftigt ist! Und wenn schon, sollte es mit Abenteuern zu tun haben! Ich hatte keine Lust, ein bürgerliches Leben zu führen, wo jeder Tag dem anderen gleicht. Jeden Tag acht Stunden lang in irgendeinem Büro hocken, mit der Stullenbüchse unterm Arm und zwanzig Tagen Urlaub im Jahr, den man dann in irgendeinem FDGB-Ferienheim verbringt? Und das mit den gleichen Leuten, die man schon von der Arbeit kennt? Was für eine grauenhafte Vorstellung!

Nee, Leute, danke schön, wirklich nicht! Das Leben muss aufregend sein, abwechslungsreich, jeder Tag ein neues Abenteuer! Das wäre genau das Richtige für mich!

Und darum wollte ich am liebsten ... Agent werden! Der ganze politische Hintergrund meines beruflichen Wunschdenkens war mir erst einmal vollkommen egal! Ich sah da vordergründig nur Abenteuer pur! Und besonders, wenn es gegen die Amis ginge! Nur zu, die haben schließlich meinen Vater abgeschossen! Da wäre es nur recht und billig, wenn ich denen mal ordentlich den Hintern hochbinden würde!

Ich hatte nur eine Befürchtung, und die lag bei meiner wunderbaren Iris. Würde sie mich verstehen? Würde sie mich vielleicht sogar auslachen für meinen illusorischen Wunsch? Ich, Hans-Gerhard, als „Agent Hansen II, unser Mann im Kalten Krieg"!? Erstaunlicherweise lachte mich Iris eben nicht aus! Sie hörte mir zu und sah mich lange nachdenklich an. Dann sagte sie, da sie wisse, ich würde sowieso machen, was ich für richtig hielt, wäre ihr klar, dass es sinnlos sei, zu versuchen, mich von meinen Wünschen abzuhalten! Sie fühle sich bei mir geborgen und vertraue mir vollkommen, dass ich das Richtige tun würde! Was hatte ich für eine kluge und verständnisvolle Frau an meiner Seite!

Aber nicht nur das! Iris war auch eine sehr konsequente Frau! Nachdem sie zwei Jahre im Institut für TBC- und Lungenkrankheiten in Berlin-Buch gearbeitet hatte, kündigte sie ihren sicheren Arbeitsplatz! Im Laufe der Zeit hatte sich nämlich herausgestellt, ihre Arbeit und die Arbeit ihrer Kolleginnen wurde im Institut nicht so wertgeschätzt, wie es eigentlich sein sollte! Es heißt so schön, der Erfolg habe viele Väter! Das wollte die Leitung des Institutes allerdings so nicht stehen lassen und beanspruchte den ganzen Ruhm und die Früchte kollektiver Arbeit nur für sich! Da Iris diese Art und Weise nicht akzeptieren wollte - zu Recht, wie ich fand - warf sie eines Tages das Handtuch und ging! Ihr Bemühen, das Arbeitsklima im Institut zu verbessern, hatte nichts gebracht. Also packte sie ihre Sachen und räumte ihren Arbeitsplatz! Iris wandte sich erneut an ihre Freundin Ellen, da sie gehört hatte, im Lande würden Pionierleiter und Unterstufenlehrer gesucht. Da Ellen in der Pionierorganisation „Ernst Thälmann" eine wichtige Funktion innehatte, war sie somit für Iris genau die richtige Ansprechpartnerin!

Außerdem ergab es sich, dass Iris auch als Lehrerin in den oberen Klassenstufen eingesetzt wurde. Das kam besonders bei den Jungs sehr gut an, denn die dachten zuerst, meine wunderbare Iris wäre eine neue Mitschülerin, weil sie so jung und freundlich daherkam! Pädagogik war schon immer Iris' Leidenschaft gewesen. Somit wurden da zwei Fliegen mit einer Klappe geschlagen. Also, ich meine jetzt, Iris Leidenschaft fürs Lehrersein - und Lehrer sein dürfen!

Doch kommen wir zu meinem Plan zurück! Als ich mir wieder einmal etwas Freizeit beim Geschwader verschafft hatte, nahm ich eines Tages einfach meine liebe Frau bei der Hand und wir machten einen Spaziergang durch den Stadtbezirk Prenzlauer Berg. Obwohl meine Iris wusste, ich würde ziemlich jede Verrücktheit machen, glaubte sie in diesem Fall wohl nicht so richtig daran, dass ich das wirklich durchziehen würde, wie ich es ihr zu Hause erklärt hatte. Aber sie ließ es geschehen, die Neugier der Frauen ist ja bekannt, denn sie wollte wahrscheinlich mal sehen, wie ich diese Geschichte angehen würde!

Auf der Straße im Prenzlauer Berg begegnete uns ein Volkspolizist. Ich sprach ihn an und erkundigte mich bei ihm, wo denn wohl das Ministerium für Staatssicherheit zu finden wäre? Er sah uns ein wenig befremdet an, wahrscheinlich hatte ihm noch nie jemand so eine Frage gestellt! Er druckste ratlos herum, dann sagte er leicht unsicher, er glaube, dahinten in Richtung der damals noch stehenden Gasometer in der Prenzlauer Allee, da müsste ich richtig sein. Iris und ich bedankten uns freundlich und gingen weiter. Iris drehte sich nach einer Weile unauffällig um und meinte dann lächelnd zu mir, der arme Polizist sehe uns immer noch ein wenig verstört hinterher.

Wir kamen schließlich an ein Haus mit einer Tafel, auf der stand, hier wäre die Bezirksverwaltung Berlin des Ministeriums für Staatssicherheit untergebracht. Wer sagt's denn?! Wir hatten unser Ziel erreicht! Da gab es eine Klingel, die drückte ich einfach mal. Iris wurde es leicht unbehaglich. Sie fragte mich, ob man denn einfach nur so bei einem Geheimdienst klingeln dürfe. Ich erwiderte, warum denn nicht, schließlich hätte ich eine Frage und hier wäre der richtige Ort, um mir die Antwort darauf abzuholen!

Foto: Bernd Wähner

Dann öffnete sich in der Tür eine kleine Klappe und eine Stimme fragte, was wir wollten? Ich antwortete, ich wolle mich erkundigen, was man machen muss, um sich bei der Staatssicherheit zu bewerben! Der Mann hinter der Klappe war jetzt auch ein wenig verwirrt. «Sie wollen was?»

«Ich möchte mich hier bewerben. Ich würde gerne wissen, was man tun muss, um beim MfS zu arbeiten», wiederholte ich meine Frage.

Ohne ein weiteres Wort wurde die Klappe geschlossen. Iris wollte mich weiterziehen und meinte, das Ganze sei wieder mal eine meiner völlig verrückten Ideen! Wir sollten besser schleunigst von hier verschwinden, bevor es wieder Ärger gäbe! Sie schüttelte mit dem Kopf und fragte leise, wie es eigentlich möglich ist, dass ich immer solche Ideen habe, die mich letztendlich in Schwierigkeiten bringen! Ich erwiderte erstaunt, wieso es Ärger geben sollte, wo ich doch nur eine ganz einfache Frage gestellt hatte? Außerdem müssen die ja auch ihre Leute irgendwoher bekommen. Wieso kann man da nicht einfach mal fragen? Ist doch völlig normal. Iris lachte und meinte, normal in Verbindung mit meiner Person sei eine Sache, die sich von vornherein komplett ausschließen würde!

Plötzlich öffnete sich die Tür. Ein junger Mann stand vor uns, sah uns freundlich an und meinte schließlich: «Na, dann kommen Sie mal rein!» Ich nickte Iris zu und zog sie hinter mir durch die Tür. Wir gingen einen langen Flur entlang und kamen in eine Art Warteraum. Der junge Mann meinte nur, wir sollten hier kurz Platz nehmen, es würde gleich jemand kommen und sich um uns kümmern.

Da saßen wir nun und waren gespannt, was passieren würde. Von Zeit zu Zeit tauchten irgendwelche Männer im Warteraum auf, sahen uns prüfend an und verschwanden dann wieder. Zwischendurch erschien ein streng blickender Mann und forderte uns auf, ihm unsere Personalausweise zu geben. Wir reichten sie ihm und er verschwand, ohne ein weiteres Wort zu sagen. Wir warteten, was sollten wir auch sonst tun? Nachdem wieder einige Zeit vergangen war, kam ein anderer Mann, der hatte unsere Ausweise in der Hand und bat uns, ihm zu folgen. Wir betraten ein Büro. Er forderte uns auf, Platz zu nehmen. Dann passierte erst einmal gar nichts weiter. Der Mann sah uns lange und eindringlich an. Er blickte in unsere Ausweise, nickte und gab sie uns schließlich zurück. Dann fixierte er mich mit prüfendem Blick: «Soso, Sie möchten also bei uns arbeiten. Wie kommen Sie denn darauf, anzunehmen, dass das so gehen würde, wie Sie sich das in etwa vorstellen?» Ich erwiderte, ich hätte keine Ahnung, aber genau darum wäre ich ja hergekommen! Ich erzählte, ich wäre noch bei der Armee, da wären aber im Mai des nächsten Jahres meine drei Jahre um und ich würde etwas suchen, was ich dann tun könnte. Zur VP, zur Volkspolizei, würde ich nicht gehen wollen, aber hier würde es mir bestimmt gefallen. Ich erzählte ihm von dem Film „For Eyes Only" und wie sehr der mich beeindruckt hatte! Ich wusste nicht, ob das mein Gegenüber auch beeindruckte. Der meinte schließlich, er müsse da mal kurz Rücksprache halten und verließ das Büro. Wir saßen wieder eine ganze Weile allein da, bis schließlich nunmehr drei Männer das Büro betraten. Der von eben brachte noch zwei seiner Kollegen mit. Es begann wieder alles von vorn. Die Männer sahen uns an, stellten die gleichen Fragen und erkundigten sich eingehend nach meiner Familie. Ich beantwortete alle Fragen, so gut und ehrlich ich das konnte. Einer der beiden neuen Männer übernahm jetzt das Gespräch. Er meinte, es gäbe da vielleicht eine Möglichkeit für mich. Ich könnte bei der Objektbewachung anfangen, beim Wachregiment „Feliks Dzierzynski" in Berlin-Adlershof. Ich erwiderte, da wolle ich nicht hin! Ich hätte drei Jahre eine Uniform getragen, das wollte ich nicht mehr! Sofort fragte mein Gegenüber, warum ich dann nicht zum Beispiel zur Kriminalpolizei gehen wolle. Ich antwortete, dass ich es nicht besonders spannend fände, hinter irgendwelchen „Karnickeldieben" herzurennen. Der Mann musste lächeln. Nach einer Weile meinte er, ich könnte ja auch nur so, ab und an, mal vorbeikommen, um miteinander zu reden! Ich fiel ihm ins Wort und erklärte, ich wäre nicht so einer, der „nur so, ab und an, mal vorbeikommt", um dann zu sagen, Herr X, Frau Y oder Herr Z hätten gesagt, Walter Ulbricht habe einen Ziegenbart und würde nur albern sächsisch reden! Das würde ich nicht wollen! Ich möchte ein richtiger Kundschafter werden, so einer, wie der Hansen im Film! Der Mann am Tisch musste sich erneut ein Lächeln verkneifen. Er sah mich freundlich an und sagte, er würde mal sehen, was er machen kann. Die anderen beiden nickten zustimmend. Mir war klargeworden, ich redete hier mit dem richtigen Mann! Er schien in dieser Runde das Sagen zu haben. Er meinte schließlich, dies sei eine ganz besondere Situation und man bräuchte erst einmal eine gewisse Zeit, um alles, was ich gesagt habe, zu überprüfen. „SIE" würden sich dann zeitnah bei mir melden. Damit erhob er sich und reichte uns beiden die Hand. Seine Kollegen taten es ihm gleich, und der Mann verließ das Büro. Das Gespräch war beendet. Draußen, wieder auf der Straße, erkundigte Iris sich, wie es nun weitergehen solle. Ich zuckte nur mit den Schultern und meinte: «Haste ja gehört. *Die* melden sich!»

WIE ICH LERNEN MUSSTE, GEDULD ZU ÜBEN

Mein Optimismus war da wohl doch ein wenig sehr voreilig gewesen, denn in der nächsten Zeit passierte erst einmal ... gar nichts! Das Einzige, was sich veränderte, war, dass sich ein junger Unteroffizier ein wenig mit mir anfreundete, den ich vorher noch nie gesehen hatte. Er meinte, er wäre auch aus dem Stab, hier im Geschwader. Er sagte, sein Name sei Peter, und er sei auch aus Berlin, aus Johannisthal. Peter war nett, ein Kumpel-Typ. Was ich aber schnell feststellte, er ging bei den V-Null-Leuten des Geschwaders ein und aus, also hatte er mit der „Verwaltung 2000" zu tun. Dazu sollte ich vielleicht erklären, was das für eine Truppe war:

Die „Verwaltung 2000", intern auch „Kommando 2000" genannt, war die Tarnbezeichnung für die „Linie I – Bewaffnete Organe/Nationale Volksarmee" mit der zuständigen Hauptabteilung I im Ministerium für Staatssicherheit der DDR. Die Verwaltung 2000 war mit Gründung des MfS zunächst für den Bereich Bewaffnete Organe als abwehrender Nachrichtendienst tätig. Ab 1956 bis zur MfS-Auflösung 1990 war ihre Hauptaufgabe die Abschirmung, Absicherung und Überwachung aller Personen im Geschäftsbereich des Ministeriums für Nationale Verteidigung (MfNV) einschließlich der Grenztruppen der DDR und des militärischen Nachrichtendienstes der NVA. Die Verwaltung 2000 war zentralistisch aufgebaut. Die Hauptabteilung I hatte als oberste Diensteinheit ihren Sitz in der MfS-Dienststelle Schnellerstraße in Berlin-Niederschöneweide.

Heute ist da übrigens die Bundespolizeidirektion Berlin untergebracht!

Entgegen der allgemein üblichen und somit konspirativ orientierten Arbeitsweise von Geheimdiensten war für Mitarbeiter der Verwaltung 2000 in gewissem Umfang ein offener Umgang mit den NVA-Angehörigen beabsichtigt.
Der Personalbestand rekrutierte sich aus Unteroffizieren, Fähnrichen und Offizieren des MfS, der NVA und der Grenztruppen. Auf der Ebene Truppenteil bzw. Einheit waren vor allem Spezialisten gefragt, die mit den örtlichen Gegebenheiten vertraut waren und die einzelne Personen möglichst gut kannten. Die Soldaten und Zivilbeschäftigten wiederum kannten die für sie zuständigen Personen der Verwaltung 2000 von Angesicht zu Angesicht. Angehörige der Verwaltung 2000 trugen grundsätzlich die verbandsübliche Uniform der Einheit ihres speziellen Zuständigkeitsbereichs, hatten aber auch uneingeschränkte Befugnis, Zivilkleidung zu tragen. Auch trugen sie die üblichen Auszeichnungen und Ehrenzeichen, bis hin zum Absolventenabzeichen des MfS. Sie verfügten über personengebundene Dienstfahrzeuge mit

ziviler und militärischer Zulassung sowie Zivil- und NVA-Kennzeichen, wodurch sie vom Fuhrpark der NVA unabhängig handeln konnten. Angehörige der Verwaltung 2000 waren grundsätzlich „ständige Waffenträger". Als Standardbewaffnung wurde die Pistole Makarow (9 mm) geführt. Die Angehörigen der Verwaltung 2000 unterstanden nicht der Befehlsgewalt der Befehlshaber, Kommandeure, Chefs oder Leiter ihres jeweiligen Einsatzbereichs. Sie hatten aber die Befugnis, ohne Nennung von Gründen an Dienstbesprechungen, Übungen und Einsätzen teilzunehmen.

Ähnlich wie der Militärische Abschirmdienst (MAD) in der Bundesrepublik verfügten die Angehörigen der Verwaltung 2000 über gesicherte Diensträume und speziell abgesicherte Kommunikationsmittel sowie über spezielle Ausweisdokumente zur Legitimation der besonderen Befugnisse und Zutrittsberechtigungen.

Im Zuständigkeitsbereich der Verwaltung 2000 gab es eine hohe Durchdringung mit Inoffiziellen Mitarbeitern (IM) und Offizieren im besonderen Einsatz (OibE). Darüber hinaus war die Beteiligung von NVA-Offizieren bzw. Spezialisten – ohne IM- oder OibE-Status – im Rahmen der Abwehr technischer Aufklärungsmittel der NATO-Streitkräfte durchaus üblich. (*Wikipedia, Verwaltung 2000, 23.7.2021*)

Die Mitarbeiter des Ministeriums für Staatssicherheit bezeichneten sich selbst gern als „Tschekisten". Der Name entstand in Anlehnung an den ersten, 1917 in Sowjetrussland eingerichteten Geheimdienst, die „Tscheka". Da wollten sich die Mitarbeiter der Verwaltung 2000 natürlich nicht lumpen lassen und gaben sich daraufhin, bezogen auf ihr Arbeitsfeld, auch gleich eine heroische Bezeichnung: „Militär-Tschekisten". Da sage ich mal: *Naja, jeder so, wie er es braucht!*

Die Verwaltung 2000 war auch in unserem Geschwader mit zwei Offizieren vertreten und stets präsent. Alle wussten, wer die waren und wo sie ihre Diensträume hatten. Diese sogenannten Verbindungsoffiziere wurden von allen etwas schnodderig als „V-Nuller" bezeichnet. Wie gesagt, da mein neuer Freund, Uffz. Peter, bei den Jungs der „Armee-StaSi" ein und aus ging, vermutete ich, der müsse wohl dazugehören und war vielleicht eine Art Kindermädchen, der herauskriegen sollte, wie ich so tickte. Sozusagen jemand, der mich kennenlernen sollte, um festzustellen, ob ich was tauge! Ich beobachtete ihn etwas genauer und fand heraus, er schaute auch gerne des Öfteren beim Stabschef, Oberstleutnant Bischoff, vorbei. Gut zu wissen, denn es schien, als sei mein neuer Freund Peter wirklich ein Profi und nicht nur irgend so ein kleines Licht im großen Lampenladen! Das ließ mich doch gleich ein wenig vorsichtiger sein. Zumindest hielt ich meine Zunge ein bisschen im Zaum, wo ich sonst eigentlich mit schnoddrigen Bemerkungen und vorlauten Sprüchen nur so um mich warf! Getreu meiner Omi, die immer sagte: „Vorsicht ist die Mutter der Porzellankiste!", hieß das für mich: Klappe halten! Und somit gab es erst einmal von meiner Seite auch keine provozierenden Fragen mehr. Zum Beispiel im Politunterricht, wo ich auf die Frage: «Sind Sie bereit, Ihre Waffe gegen alle und jeden einzusetzen?», gerne mit der Gegenfrage antwortete: «Gilt das auch für meinen Großonkel, der ist Kommunist in der BRD?» Nein, mir war klar, wenn ich Agent werden wollte, musste ich mich ein wenig bedeckt halten!

Einmal lief mir in der Kaserne des Geschwaders sogar einer der Männer über den Weg, der mit mir in Berlin, in dem kleinen Büro, gesprochen hatte. Ich habe ihn dann später noch zwei-, dreimal dort gesehen. Wir taten beide so, als würden wir uns nicht kennen. Keine Ahnung, ob das auch zu meiner Überprüfung gehörte, ich jedenfalls handelte instinktiv und würdigte ihn keines Blickes.

In der nächsten Zeit wurde ich von verschiedenen Leuten angesprochen, die mich kannten, auch Leute aus Salzwedel. Die sagten mir dann, da wären irgendwelche Typen aus Berlin aufgetaucht, die hätten sich über mich erkundigt. Aha, es schien mir, als würden sich meine neuen Freunde vom Prenzlauer

Berg ein umfassendes Bild von mir machen wollen! Nur zu, ich hatte ja nichts zu verbergen!

Einige Zeit später erhielt ich dann eine Benachrichtigung, ich solle noch einmal vorbeikommen und mich in dem Haus mit der kleinen Klappe in der Eingangstür melden. Als ich mich dann in dem Büro wiederfand, das ich schon bei meinem ersten Besuch kennengelernt hatte, saß ich wieder dem Mann gegenüber, der damals gesagt hatte, „SIE“ würden sich melden. Er hatte also Wort gehalten, da war ich nun wieder! Wir führten ein stundenlanges Gespräch. Ich stand Rede und Antwort und hielt mit nichts hinter dem Berg. Im Gegenteil, ich erzählte alles von mir und beantwortete alle Fragen, die mir gestellt wurden, wieder ganz offen und ehrlich. Erstaunlicherweise wussten die Leute alles über mich, was mir zeigte, hier war genau und umfangreich recherchiert worden! Zum Schluss musste ich handschriftlich noch einmal alles in zusammenhängender Form aufschreiben. Nach Stunden war ich ziemlich erschöpft, aber recht zufrieden, denn es sah aus, als hätte ich alle Überprüfungen bestanden und die notwendigen Anforderungen erfüllt. Mein neues Abenteuer konnte also beginnen!

Wie ich Kundschafter wurde

Der Mai 1968 war gekommen und somit auch der Tag, an dem mein dreijähriger Armeedienst beendet war. Ich genehmigte mir erst einmal ein großes Paket Freizeit, damit ich wieder im Zivilleben ankommen konnte! Das war ein so herrliches Gefühl zu wissen, man brauchte sich nicht mehr zu beeilen, um den letzten „Sputnik“ nach Brandenburg zu erreichen! Der Zug war abgefahren, im wahrsten Sinne des Wortes, und ich saß nicht mehr drin!

Zuerst einmal hatte ich den Plan, ein Vierteljahr lang überhaupt gar nichts zu machen! Meine Iris verdiente gutes Geld, wir führten ein nettes Leben und die Miete in unserer kleinen gemütlichen Bude betrug damals echt nur 29 Mark im Monat! Wie heißt es heute ab und an mal: „Es war nicht alles nur schlecht im Osten!“ Ganz im Gegenteil!

Ein paar Tage später, so um den 10. oder 15. Mai 1968 herum, erhielt ich eine Mitteilung, „DIE“ wollten sich mit mir treffen. Ich wurde in die Friedrichstraße, Ecke Reinhardtstraße in Berlin-Mitte bestellt. Dort stand ein beeindruckendes und großes Wohnhaus mit berühmten Mietern: Da wohnte zum Beispiel der großartige Theater- und Filmschauspieler Wolf Kaiser und auch irgendwelche Erben des Schriftstellers und Theatermannes Bertolt Brecht! In der ersten Etage war eine Ballettschule untergebracht. Ich musste hoch in den vierten Stock. Da klingelte ich und betrat eine riesengroße Wohnung und traf auf die Leute aus dem Büro der BV, der Berliner Verwaltung des MfS! Die hatten heute erneut einen neuen Mann dabei. Ich dachte gleich bei mir: *Wenn das so weitergeht, brauchst du vielleicht nur fünfzig Jahre, um alle Mitarbeiter des MfS mal persönlich kennenzulernen!*

Wir saßen also zusammen und führten zuerst ein paar belanglose Gespräche über woher, wohin und völlig allgemeine Dinge. Dann kam der neue Mann in der Runde zum Kern der Sache! *Sie* – wer auch immer damit gemeint war – hätten lange Unterredungen gehabt und seien schließlich zu dem Entschluss gekommen, ich könne bei ihnen mitmachen! Also, er formulierte die Geschichte ein wenig anders. Da kam viel drin vor von Klassenkampf und Diktatur der Arbeiterklasse, vom Sozialismus und dem Schutz der Werte der Arbeiter- und Bauernmacht und so weiter und so weiter …

Ich konnte meine Freude kaum verbergen, erwiderte aber ruhig und – wie ich fand – super professionell mit einem kurzen: «Gut.»

Da die anderen leicht schmunzelten, dachte ich mir, die hätten mich durchschaut und meine versteckte, freudige Erregung sofort bemerkt. Schließlich gratulierten mir aber die Männer und begrüßten mich als neues Mitglied in den Reihen der Mitarbeiter des Ministeriums für Staatssicherheit.

Ich weiß ja nicht, was ich jetzt genau erwartet hatte, aber sollte ich nicht einen Dienstausweis bekommen und irgendwie … eine Waffe? Oder zumindest einen langen Mantel nebst dunkler Sonnenbrille? Oder wenigstens einen großen Schlapphut? Schon klar, ich mache jetzt nur Spaß! Aber ich muss zugeben, ich war ziemlich stolz, denn ich hatte die erste Hürde übersprungen und konnte mich auf den Weg machen, ein – wie die Genossen das nannten – „Kundschafter für den Frieden" zu werden! Natürlich war ich gespannt wie ein Flitzbogen, wie es nun weitergehen würde. Einer der Männer fragte mich schließlich, ob ich mir vorstellen könne, im „operativen Gebiet" tätig werden zu wollen. Natürlich hatte ich keine Ahnung, was das „operative Gebiet" genau ist. Somit wurde mir gleich einmal am konkreten Beispiel aufgezeigt, was mich unter anderem in der Zukunft erwarten würde: staubtrockene Theorie! Trotzdem sollten wir sie hier ein wenig mehr beleuchten:

> *Mit Operationsgebiet bezeichnete das MfS zusammenfassend alle Länder, in denen bzw. gegen die es geheimdienstliche Aktionen durchführte. Zumeist waren damit die Bundesrepublik Deutschland und Westberlin gemeint, der Begriff konnte aber auch jedes andere westliche oder neutrale Land einschließen. Aufgrund besonderer innenpolitischer Entwicklungen galten 1968/69 auch die Tschechoslowakei, spätestens seit den 70er-Jahren faktisch Rumänien und in den 80er-Jahren auch Polen als Operationsgebiet. (Das Bundesarchiv, MfS-Lexikon, Georg Herbstritt, 30.7.2021)*

Und da gab es sogenannte „operative Kräfte":

> *Hauptamtliches und inoffizielles Personal, das für nach außen gerichtete Aufgaben (Überwachung, Ermittlung, POZW (politisch-operatives Zusammenwirken) eingesetzt war. Hierzu zähl-*

ten die hauptamtlichen Mitarbeiter im operativen Dienst (IM-führender Mitarbeiter) und entsprechende Perspektivkader:

OibE – Offizier im besonderen Einsatz

Zur Durchdringung von Ministerien und anderen wichtigen Stellen des Staatsapparates, der Wirtschaft, aber auch außerhalb der DDR setzte das MfS hauptamtliche Mitarbeiter als OibE ein.

IM – Inoffizielle Mitarbeiter

Inoffizielle Mitarbeiter waren das wichtigste Instrument des Ministeriums für Staatssicherheit (MfS), um primär Informationen über Bürger, die Gesellschaft, ihre Institutionen und Organisationen der DDR oder im Ausland zu gewinnen. Unter Umständen hatten IM auf Personen oder Ereignisse in der DDR steuernden Einfluss zu nehmen.

GMS – Gesellschaftliche Mitarbeiter für Sicherheit

Seit 1968 bestehende Kategorie inoffizieller Informanten, die laut Richtlinie 1/79 eine in der Öffentlichkeit bekannte „staatsbewusste Einstellung und Haltung" aufwiesen und entsprechend auftraten. Mit den GMS strebte das MfS die „Einbeziehung breiter gesellschaftlicher Kräfte" in Informationsbeschaffung und vorbeugende Sicherungsaufgaben an. Die Tätigkeit der GMS wurde als Ausdruck einer „entfalteten Massenwachsamkeit" angesehen und sollte operative Mitarbeiter (Führungsoffiziere) und IM entlasten.

HIM – Hauptamtliche Inoffizielle Mitarbeiter

Seit den 60er Jahren bestehende Kategorie von inoffiziellen Mitarbeitern, die in einem besonderen Dienstverhältnis zum MfS standen und für ihre Tätigkeit eine regelmäßige Vergütung er-

hielten. Dabei handelte es sich weder um ein militärisches Dienstverhältnis (wie bei den Offizieren und Unteroffizieren) noch um ein Arbeitsrechtsverhältnis (wie bei den Zivilbeschäftigten). Zur Tarnung ihrer Tätigkeit erhielten die HIM zumeist einen Scheinarbeitsplatz (Herauslösung von IM). HIM waren u. a. als Führungs-IM und Ermittler (Inoffizieller Mitarbeiter im besonderen Einsatz) sowie im Operationsgebiet in unterschiedlichen Funktionen tätig.

Die operativen Kräfte mussten über eine allgemeine und für das jeweilige Aufgabengebiet spezifische Eignung verfügen, die durch eine entsprechende Erziehung zu erhalten und zu erweitern war. Dabei achtete das MfS auf entsprechende intellektuelle, psychische und physische Eigenschaften. Von besonderer Bedeutung war die geheimdienstspezifische Zuverlässigkeit der operativen Kräfte. *(Das Bundesarchiv, MfS-Lexikon, Roger Engelmann, 30.7.2021)*

So, wie es aussah, sollte ich wohl ein Kader und später als HIM, als hauptamtlicher inoffizieller Mitarbeiter, für das MfS tätig werden. Dies schien wohl genau für Leute gemacht worden zu sein, die unter anderem im operativen Gebiet eingesetzt werden sollten! Na gut, das waren erst einmal alles nur böhmische Dörfer für mich! Aber ich fühlte, irgendwie hatte das doch schon einen kleinen Hauch von „For Eyes Only".

Der neue Mann der Mannschaft riss mich aus meinen Tagträumen und meinte: «So, mein lieber junger Freund. Jetzt brauchst du nur noch einen Namen!»

Ich sah ihn erstaunt an. «Wieso? Ich habe doch schon einen!»

«Ja, sicher hast du das. Aber du brauchst einen Geheimnamen! Einen, den du ab jetzt immer trägst, wenn du konspirativ arbeitest! Alles klar?»

Mit diesen Worten legte er mir einen Block und einen Kugelschreiber hin und nickte mir erwartungsvoll zu. Ich nahm den Kugelschreiber, dachte nur kurz nach und schrieb dann auf den Block:

Hansen

Das war sozusagen meine ehrenvolle Verbeugung vor den Machern von „For Eyes Only" und seinem Hauptthelden, dem „echten" Hansen!

Dann kam das Unvermeidbare! Ich musste wieder eine Vielzahl von Schriftstücken durchlesen und dann unterschreiben. Auch eine Verschwiegenheitserklärung kam dazu. Ich unterschrieb alles mit meinem neuen Decknamen! Es war anfangs ein etwas seltsames Gefühl, aber im Laufe der Zeit und der Jahre gewöhnte ich mich daran, viele verschiedene Namen zu tragen und diverse Legenden zu haben, stets bezüglich der Aufgabenstellungen und der konkreten Einsatzgebiete.

Ich erfuhr, der neue Mann kam aus dem „großen Haus", aus der HVA, der Hauptverwaltung Aufklärung. Das war der Auslands-Nachrichtendienst der DDR! Als wir alles erledigt hatten, erkundigte ich mich, wie es nun weitergehen würde. Der HVA-Mann erwiderte lächelnd, meine ersten Aufklärungsaktionen würden in der Hauptstadt der DDR erfolgen. Mein leicht enttäuschter Blick fiel ihm sofort auf und er sagte: «Tja, mein Lieber, jetzt beginnen die Lehrjahre! Und die sind bekanntermaßen keine Herrenjahre!»

«Und wann soll es losgehen?», erkundigte ich mich.

Er antwortete: «Morgen Vormittag, pünktlich um zehn!"

Ich sah ihn überrascht an.

«Was? Morgen schon? Aber ich habe doch noch Urlaub!»

«Na, wenn das so ist, treffen wir uns eben erst in einer Woche! Dann genieße mal deinen Urlaub!»

Wie ich Agenten-Lehrling wurde

Die Urlaubswoche verging wie im Flug. Dann war es also so weit: Mein erster Tag als „Top Agent" begann! Ich fuhr am vereinbarten Treffpunkt vor. Nein, nicht wie James Bond im ASTON MARTIN. Ich kam mit der Straßenbahn! Wenn das keinen Stil hat! Treffpunkt war die Leninallee, Ecke Storkower Straße. Dort traf ich erneut auf den Mann aus der Wohnung im vierten Stock, und es ging weiter Richtung Stadtzentrum, bis zur Poliklinik Friedrichshain. Gegenüber befand sich ein großes Industriegebiet. Hauptnutzer war das Getränkekombinat Berlin. Wir marschierten über das Gelände und kamen schließlich zu einem Bürogebäude. Dort gab es unter anderem eine Tür, an der ein Schild angebracht war, auf dem stand, hier wäre das Berliner Büro der Firma „VEB Baumechanik" zu finden. Keine Ahnung, ob es diesen Betrieb in Wahrheit gab! Und selbst wenn, ob die dann überhaupt eine Berliner Zweigstelle hatten? Aber eigentlich war mir das vollkommen egal! Hier war jetzt erst einmal für die kommende Zeit unser Treffpunkt, unser Sammelpunkt, wie auch immer. Auf jeden Fall der Ausgangspunkt der Aktionen, von denen ich nicht wusste, wie die aussehen würden.

Unser „verdecktes Büro", wie man solch einen Ort in der Fachsprache nannte, war natürlich total geheim! So geheim, dass alle Leute, die auf dem Werksgelände arbeiteten, genau wussten, wer da beim VEB Baumechanik sein täglich Brot verdiente! Wieso das Geheimnis keins mehr war? Nun, es wurde erzählt, eines schönen Tages sei mal einer der Kollegen der angeblichen Baumonteure recht rasant mit seinem Dienst-WARTBURG auf das Gelände gebrettert. Er machte mit quietschenden

Reifen eine Vollbremsung! Worauf alle, die sich gerade in der Nähe befanden, neugierig zu ihm hinsahen und mitbekamen, wie der Kollege flink aus dem Auto sprang und dabei fast auf die Nase gefallen wäre. Bei diesem tollkühnen Sprung fiel ihm seine Dienstwaffe aus der Tasche! Er nahm sie schnell wieder an sich, rannte los und verschwand hinter der Tür mit der Aufschrift VEB Baumechanik. Damit dürfte auch dem letzten Pödel in der Runde klar geworden sein, hier saßen die Männer von „Horch und Guck", wie der Volksmund gerne die Leute der StaSi bezeichnete!

Meiner Meinung nach hatten die Kollegen des MfS hier und da kein so gutes Händchen bei der Wahl der Namen ihrer Tarnbüros. Es gab zum damaligen Zeitpunkt für uns noch ein zweites Büro. An der Tür stand dran: „VEB Draht- und Schraubenwerk". Der Stammbetrieb dieser komisch klingenden Bude war angeblich irgendwo im Bezirk Cottbus. Anscheinend musste das MfS einen Narren gefressen haben an dieser Bezirksstadt in der Lausitz! Ansonsten wurde aber auch gerne auf landesweite Firmennamen für verdeckte Büros zurückgegriffen, als da wären, das Fischkombinat Rostock oder Saßnitz oder auch die Deutsche Seereederei mit Hauptsitz ebenfalls in Rostock. Auch das Kombinat VEB Autotrans Berlin mit seinen zahlreichen Außenstellen, führend beim nationalen und internationalen Speditions- und Transportgewerbe, gehörte dazu! Und viele andere auch noch! Diese Firmen waren so groß, da konnte man sich schon vorstellen, die hätten überall in der Republik Niederlassungen oder Zweigstellen betreiben können! Und weil ja in Deutschland seit jeher alles ganz genau und ordentlich sein musste, bekam ich damals auch flugs einen Eintrag in meinen grünen „Ausweis für Arbeit und Sozialversicherung", der den Volkseigenen Betrieb Baumechanik als meinen Arbeitgeber und Arbeitsplatz auswies. War ja auch wichtig, für die Inanspruchnahme der medizinischen Betreuung! Für zukünftige Rentenzahlungen kam da später noch eine zweite Legende als Arbeitsplatz hinzu: Das MdI, das Ministerium des Innern. Aber so weit waren wir lange noch nicht! Jetzt hieß es erst einmal: Augen auf, die Ohren gespitzt und fleißig gelernt!

Tschekist kann nur ein Mensch mit kühlem Kopf, heißem Herzen und sauberen Händen sein (Feliks Dzierżyńsky)

Ich wurde jedenfalls aufgenommen und sofort eingegliedert in eine verdeckt operierende Spezialeinheit für Aufklärung und Beobachtung. Da hatte ich an meiner Seite unter anderem zwei Leute, die aktiv mithalfen, meine Ausbildung zu organisieren. Und es gab richtig viel zu tun! So wurde ich in der Ausbildungs-Kaserne der VP-Bereitschaft in Basdorf in Waffentechnik unterwiesen. Basdorf liegt in der Nähe von Wandlitz. Wir schossen mit der Makarow-Pistole, mit der AK-47-Kalaschnikow und der tschechischen Klein-MPi Skorpion. Ich kannte diese Waffen alle schon aus meiner Zeit im Kampfgeschwader. Neu für mich war allerdings das Schießen mit der Panzerfaust! Da liegt mal so richtig Bums hinter, wenn man so ein Monstergerät abfeuert!

Einen großen Teil meiner Ausbildung nahmen theoretische Studien ein. Es ging darum, sich alles anzulesen, was mit Recht und Gesetz zusammenhing. Ob es das „Grundgesetz für die

Bundesrepublik Deutschland“ war, Richtlinien, Grundlagen und Beschlüsse der EWG, der Europäischen Wirtschaftsgemeinschaft. Aber auch, welche Gremien der NATO und der EWG befinden sich wo und mit welchen Aufgabenstellungen und so weiter und so fort! Lernen von Stadtplänen der Bundesrepublik, natürlich auch von Westberlin. Alltagsdinge der BRD, Zeitungen, Radio und Fernsehen. Das Studium diverser Dokumente aus der ferneren und näheren Geschichte; von den Konferenzen von Jalta und Potsdam 1945 bis zu internationalen Zusammenkünften und Tagungen, auf denen wichtige Entscheidungen getroffen und Beschlüsse gefasst wurden, die die Gegenwart und die Zukunft der beiden deutschen Staaten, aber auch West- und Ost-Europas und der zwei mächtigsten Militärblöcke der Welt beeinflussen könnten. Außer den Standorten der politischen Parteien, des Bundestages und diverser Regierungsstellen, gehörten auch ökonomische Schwerpunkte und deren Standorte zu meinen Studien: Wirtschaftsstrukturen, Konzerne, Schwerpunktindustrien, Banken, die Börse in Frankfurt am Main. Aber auch Flugplätze, Bahnhöfe, Verkehrsverbindungen und Verkehrsknotenpunkte, Autobahnen usw., usw., das ganze Programm! Alle Sachen, die man so wissen musste, als wäre man in Westdeutschland geboren und aufgewachsen. Was kostet dies, was kostet das? Wo findet man alle möglichen Dinge? Welche Autos fahren auf den Straßen herum? Aktuelle Kinofilme und Sendungen im Fernsehen. Wie bewegt man sich in der Öffentlichkeit, was zieht man wozu an und vieles andere mehr. Dann lernte ich, wie man richtig aufklärt, ohne aufzufallen. Wie man genau beobachtet, ohne ins Visier anderer genommen zu werden. Man bläute mir ein, immer darauf zu achten, dass zur gleichen Zeit, am selben Ort viele Leute das Gleiche machen könnten, wie ich auch! Dass man jederzeit misstrauisch sein muss, aufmerksam und konzentriert. Aber ohne dabei aufzufallen! Bei allen Dingen diese berühmten „W“ zu beachten: Wer? Wann? Wie? Wo? Warum? Wohin? Womit? Wozu? …

Aber es waren auch ganz normale Sachen aus der Umgangssprache zu erlernen. Es gab im Osten und im Westen eine ganze Reihe von unterschiedlichen Bezeichnungen, die letztendlich allerdings die gleichen Dinge meinten!

Ost		*West*
Lehrling	-	*Azubi*
Einraumwohnung	-	*Einzimmerwohnung*
Feierabendheim	-	*Seniorenheim*
Altersheim	-	*Altenheim*
Grilletta	-	*Hamburger*
Kaufhalle	-	*Supermarkt*
Jägerschnitzel (gebratene Jagdwurst mit Tomatensoße)	-	*Schnitzel mit Pilzen*
Goldbroiler	-	*Brathähnchen*
Kosmonaut	-	*Astronaut/Raumfahrer*
Plaste	-	*Plastik*
Plastik	-	*Skulptur*
Trinkröhrchen	-	*Strohhalm*
Zellstofftaschentuch	-	*Tempotaschentuch*

Das kann jetzt jeder gerne für sich erweitern! Jedenfalls hieß es für mich damals: aufgepasst und nichts durcheinandergebracht bei den tausend kleinen Dingen des täglichen Agentenlebens! Auf keinen Fall sollte man im Westen in irgendeinem Geschäft sagen: «Entschuldigen Sie, haben Sie vielleicht ... », es sei denn, man wollte vom Verkaufspersonal sofort als ein Bruder oder eine Schwester aus der „Zone" identifiziert werden! So etwas konnte mir natürlich gar nicht erst passieren, denn ich hatte ja schon zu Kinderzeiten des Öfteren die Möglichkeit gehabt, mich vor Ort selbst davon zu überzeugen, dass es in bundesdeutschen Läden, Supermärkten und Kaufhäusern eben einfach alles zu kaufen gab! Und sollte mal irgendwas nicht auf Lager sein, wurde es umgehend für den Kunden besorgt! Wobei man sich dann mit großem Tamtam dafür entschuldigte, dass es da versehentlich zu Engpässen gekommen war!

Aber kommen wir wieder zurück zu meiner Ausbildung. Es gab unter anderem auch Schnupperkurse in Pathologie. Das waren Veranstaltungen, die ich gerne besuchte! Besonders die Räumlichkeiten in der Charité, die Gerichtsmedizin von Professor Dr. Otto Prokop, weckten meine ungeteilte Aufmerksamkeit. Prokop war DER Experte für Rechtsmedizin und forensische Pathologie, nicht nur in der DDR, sondern europaweit! Ich habe bis heute nicht verstanden, warum es da Leute gab, die in Ohnmacht fielen oder sich übergeben mussten, wenn sie zusahen, mit welch meisterlichem Geschick die Pathologen mit ihren Werkzeugen herumhantierten, um Ursachen von Todesfällen auf die Spur zu kommen.

Ein superspannendes Gebiet tat sich für mich auf, als ich mich mit dem weiten Feld der Kriminalistik befasste. Ich besuchte als Gasthörer in der Humboldt-Universität Seminare zu diesem Thema und lernte viel über Ermittlungstechniken und Aufklärungspraktiken. Die waren hervorragend für meine zukünftige Arbeit als Aufklärer geeignet. Es gibt in der Herangehensweise beider Tätigkeiten, ob als Aufklärer oder als Kriminalist viele Bezugspunkte, Strategien und Taktiken, Techniken und Schritte in der Ermittlungsarbeit, die sich gleichen. Auch Fragen der Zielfahndungsmaßnahmen und deren Anwendungen in der Praxis lernte ich kennen: Erstellen von Bewegungsprofilen und Verhaltensmustern von Personen. Deren Anlauf- und Kontaktstellen. Das Nutzen und Finden von dazu wichtigen Erkenntnissen aus Presse- und Medienberichten. Aber auch das Suchen und Finden von Eigenheiten, Vorlieben und Hobbys der Zielpersonen, auch aus deren Umfeldern, waren wichtige und nützliche Aspekte einer erfolgreichen Ermittlung! Es war übrigens nicht unsere Aufgabe, Personen festzunehmen, nachdem man sie aufgefunden und ausreichend aufgeklärt hatte. Das war die Aufgabe einer anderen Gruppe, die nur darauf spezialisiert war! Ich hatte Einblicke in Verhörtechniken und damit verbundene psychologische Methoden. Und eine der wichtigsten Erkenntnisse für mich war folgende Tatsache: Alle diese Dinge, die ich lernte, machen nur Sinn, wenn man sie individuell und auf die jeweilige Situation abstimmt, wobei man da stets für sich selbst und ganz allein entscheiden muss, wie und wann man sie einsetzt! Das allerdings kann man auf keiner Universität und in keinem Seminar lernen! Das begreift man nur im täglichen Leben und bei der konkreten Arbeit! Meine Universität war das Leben und der ganz normale Alltag auf der Straße!

Für die theoretischen Aufgaben, für das Lernen dieser Dinge gab es Leute, die selbst als Kundschafter lange Jahre „draußen" gearbeitet hatten. Von denen bekam man beigebracht, wie das gemacht wird mit dem richtigen Einordnen und Bewerten von Informationen, die man so einsammelt. Und dann, wie diese Informationen weitergegeben werden: Von Mund zu Mund und von Ohr zu Ohr! Dann erfuhr man, wie es möglich war, auch teilweise unerkannt den Austausch von Aufklärungsarbeiten für bestimmte Dinge weiterzuleiten. Dass eben nichts schriftlich, sondern nur mündlich weiterzuleiten war! Für diese Arbeit hatte ich mir ein ganz eigenes Konzept ausgedacht: Nach *Agitation* kam *Inspiration*, dann *Konspiration*, während der Arbeit oft *Transpiration* und zum Schluss dann *Konsultation*!

Ich begriff eins ziemlich schnell, was mich zuerst ein wenig verwirrte. Aber wenn man sich ausgiebig damit beschäftigte, kam man zu der Erkenntnis, es gehe auch gar nicht anders! Was ich meine ist Folgendes: In der Geheimdienstarbeit konnte man reichlich aus der Geschichte lernen. Man musste ja nicht das Rad neu erfinden, sondern man konnte auf Bewährtes zurückgreifen. Erstaunlicherweise gab es die frühesten Nachweise für geheimdienstliche Tätigkeiten schon zu Zeiten der Pharaonen! „Moderne" Geheimdienste, wie wir sie heute kennen, gab es aber erst seit dem ausgehenden 19. Jahrhundert. Die Geheimdienste des Deutschen Reiches und deren Nachfolgeorganisationen waren sehr effizient aufgebaut und funktionierten. Warum sollte man also nicht auch auf deren Strukturen und Organisationsformen zurückgreifen? Dinge, die erfolgreich waren, kann man sowieso nur kopieren und nicht neu erfinden! Auch wenn das jetzt bei vielen Menschen Kopfschütteln hervorrufen oder vor Erstaunen die Augen weit aufreißen lassen würde, es ist eine Tatsache: Auch die DDR hat funktionierende Strukturen übernommen und ausgebaut! Auch bei der Frage der Schaffung eines eigenen Geheimdienstes!

Noch ein Punkt war in diesem Zusammenhang neu für mich. Wir hatten keine Festnahmen von Einzelpersonen oder Personengruppen durchzuführen. Unsere Arbeit als konspirative und verdeckte Einheit war es, zu ermitteln, zum Beispiel bei politischen Geschichten. Sollte sich aus dem Beschatten und Aufklären solcher Situationen der Bedarf einer Verhaftung ergeben, war das die Aufgabe einer ganz anders strukturierten Gruppe.

Es gab in dieser Zeit auch diverse sportliche Aktivitäten. Durch meine Zeit in Halle und die Teilnahme an den Judokursen eines Ex-Fremdenlegionärs hatte ich schon einiges gelernt, was man bei der Selbstverteidigung nützlich anwenden konnte! Und er hatte uns ja auch in die „sieben Varianten des lautlosen Tötens“ eingewiesen. Verbotenerweise, muss ich sagen, aber schaden konnte es nicht, sich auch in solcherlei Künsten auszukennen! Das kam mir übrigens bei dieser Form der Körperertüchtigung sehr zugute! Wie gesagt, Sport fand ich immer super, da war ich stets dabei!

Wie ich meinen ersten Einsatz hatte

Als ich eines Tages in unserem Büro und bei meinen Kollegen Baumonteuren eintrudelte, herrschte dort eine rege Betriebsamkeit. Ungewöhnlich für einen normalen Vormittag an einem normalen Wochentag! Auf meine Frage hin wurde mir erklärt, man bereite sich auf einen Einsatz vor! Das ließ mich aufhorchen! Jetzt ging es also endlich los! Dann erfolgte die Einsatzbesprechung. Was war passiert?

Es gab in Westberlin eine Organisation, die nannte sich selbst „Kampfgruppe gegen Unmenschlichkeit".

Die Kampfgruppe gegen Unmenschlichkeit (KgU) war eine militante antikommunistische Organisation, die von West-Berlin aus den Widerstand gegen die SED-Diktatur in der DDR unterstützte, einen Suchdienst für in der Sowjetischen Besatzungszone Verschleppte organisierte, Sabotageakte und Anschläge durchführte und Spionage in militärischen und zivilen Bereichen betrieb. Die KgU wurde 1948 von Rainer Hildebrandt, Ernst Benda und anderen gegründet und erhielt am 23. April 1949 eine Lizenz der Alliierten Kommandantur als politische Organisation. Finanzielle Unterstützung erhielt die KgU von westlichen Geheimdiensten. Nach Auslaufen der Lizenz wurde die Organisation am 2. April 1951 als Verein in das Vereinsregister beim Amtsgericht Charlottenburg eingetragen. Vereinsvorsitzender war von 1951 bis 1958 der Sozialdemokrat Ernst Tillich. 1959 löste sich die Gruppe auf. Mitglieder der Gruppe wurden in der DDR verfolgt, mehrere wurden von der sowjetischen Militärjustiz und zwei von DDR-Gerichten zum Tode verurteilt und hingerichtet, andere zu hohen Strafen verurteilt. Eine wesentliche finanzielle Unterstützung für die Kampfgruppe gegen Unmenschlichkeit kam aus den USA über den Nachrichtendienst CIC (Spionageabwehrkorps, war ein Nachrichtendienst der US-Army) und anfänglich auch von der amerikanischen Ford Foundation, vom Roten Kreuz und der Caritas. In den Anfangsjahren

bestand auch eine Kooperation mit Stellen des Senats von Berlin. Auch die Bundeszentrale für politische Bildung (1952–1963 noch unter dem Namen Bundeszentrale für Heimatdienst) unterstützte in den 50er-Jahren die KgU finanziell. Nicht erst in den Jahren 1957 und 1958 war die KgU intern stark zersplittert. Auf Betreiben von Berliner Senat und Bundesministerium für gesamtdeutsche Fragen wurde sie im März 1959 aufgelöst. (Wikipedia, KgU, 17.4.2021)
Offiziell löste sich diese Organisation nach internen Unstimmigkeiten 1959 auf und stellte ihre Aktivitäten ein. Der US-Auslandsgeheimdienst Central Intelligence Agency (CIA) kontrollierte die KgU bis zu ihrer Auflösung. (Wikipedia, KgU, 10.2.2021)

Und genau das war der springende Punkt! Man konnte sicher sein, dort wo die CIA ihre Hände im Spiel hat, wo sie Einfluss nahm und finanziell beteiligt war, konnte sonst etwas passieren, eins aber niemals! Nämlich, dass der amerikanische Geheimdienst freiwillig irgendwelche Aktivitäten einstellen würde! Schon gleich gar nicht, wenn es gegen die sozialistischen Staaten ging, den selbsternannten Erzfeind! Der Grund lag viel mehr darin, zu versuchen, eine terroristische Vereinigung wie die KgU vom Radar zu nehmen, aus der Kenntnisnahme der Öffentlichkeit herauszulösen, um sie aber in Nacht und Nebel weiterhin ihre schmutzige Arbeit machen zu lassen! Genau das war wieder einmal geplant. Es gab ein ganz konkretes Ziel: das Heizkraftwerk Mitte in Berlin!

Es ist wohl kein Zufall, dass das Kraftwerk Berlin ausgerechnet in den Jahren 1961-1964 entsteht. Die DDR-Regierung hat gerade die Berliner Mauer errichtet, um die Flucht ihrer eigenen Bürger in den Westen zu unterbinden. Die Stadt ist vollständig geteilt und das Zentrum des abgetrennten Ostteils der Stadt braucht eine eigene Energieversorgung. So wächst an der Köpenicker Straße ein riesiges, neues Kraftwerk aus dem Boden – ein Heizkraftwerk, um es genau zu sagen. Ein Heizkraftwerk ist eine besondere Kraftquelle, denn es erzeugt gleichzeitig Wärme und Elektrizität in einem gekoppelten Verfahren. Besonders für eine dicht besiedelte Stadt wie Berlin bietet sich dieses Verfahren an, denn es funktioniert effizient und schont Ressourcen. Zunächst noch mit Schweröl, seit 1982 auch mit Erdgas laufen die riesigen Turbinen des Kraftwerks Berlin und versorgen Wohnungen am Alexanderplatz ebenso wie die Charité oder das DDR-Staatsratsgebäude. *(www.visitberlin.de/de/kraftwerk-berlin-im-ehemaligen-heizkraftwerk-mitte, 30.9.2020)*

Kraftwerk Mitte, Wikipedia, 13.2.2020

Man sieht hier, ein Anschlag auf einen Betrieb, der lebenswichtig ist für den Rhythmus einer ganzen Stadt, wäre bei erfolgreicher Durchführung eine gute Propaganda und vielleicht sogar ein Signal, sich gegen die DDR-Regierung aufzulehnen. Die KgU hatte in der Vergangenheit bereits durch zahlreiche Flugblätter die Bürger aufgefordert, nur noch langsam zu arbeiten und nur das Allernötigste zu leisten, um das Land in ernsthafte Schwierigkeiten zu bringen! Nun war also wieder einmal eine Aktion geplant, die ganz genau so ein Ziel verfolgte! Und ich sollte dabei sein, um mitzuhelfen, diesen geplanten Angriff zu verhindern! In der Besprechung wurde festgelegt, welchen Einsatzort unsere Gruppe abzusichern hatte. Es handelte sich um die Rückfront des Geländes des Heizkraftwerkes, genau an der Spreeseite. Die gesamte Ermittlungsarbeit war in diesem Fall übergreifend. Das bedeutete, alle Kräfte wurden eingesetzt: Die Volkspolizei, der Wasserschutz sowie Kräfte der Bootskompanie des Grenzregimentes 35, stationiert in Berlin-

Rummelsburg. Aber auch der Werkschutz und die Kampfgruppe des Heizkraftwerkes. Und natürlich unsere Leute, Kräfte des Ministeriums für Staatssicherheit! Unsere Gruppe bekam russische Makarow-Pistolen mit mehreren Reserve-Magazinen und die Genehmigung, diese im Ernstfall auch anzuwenden! Koordiniert wurde der gesamte Einsatz über Funk. Dazu waren wir mit schwedischen Sprechfunkgeräten ausgerüstet. Die hatten eben eine höhere Zuverlässigkeit als die RFT-Technik aus DDR-Produktion! Was wir zu dem Zeitpunkt noch nicht wussten, war die Tatsache, dieser Einsatz würde sich über vierzehn Tage hinziehen! Die ganze Zeit lag man da auf der Lauer, und niemand kam! Nach Acht- bzw. Zwölfstundenschichten erfolgte eigentlich die Ablösung unseres Beobachtungspostens, da unten am Spreeufer. Ja, eigentlich, denn es kam vor, dass eben keine Ablösung kam und ich mit zwei anderen Genossen wirklich ganze 24 Stunden dort gelegen habe! Meine anfängliche Begeisterung für eine verdeckte Ermittlung wurde dadurch schon ein wenig getrübt, denn so eine Arbeit war regelrecht langweilig und hatte nicht im Geringsten was zu tun mit Abenteuer oder Cowboy-und-Indianer-Spielen! Man hatte da auf seinem verlorenen Posten auch gar keine richtige Übersicht oder Informationen, ob irgendwo anders irgendwas Interessantes oder Spannendes passierte. Nein, der Funk schwieg die ganze Zeit über! Außer immer wieder Kontrollmeldungen, um die Einsatzbereitschaft zu überprüfen! Ich war tatsächlich davon ausgegangen, der Zugang von der Wasserseite, von der Spree her, würde besonders verlockend sein für gegnerische Kräfte, um das Kraftwerk zu überfallen und den Maschinensaal zu sabotieren!

Ja, von wegen ... Unser Einsatz wurde nach zwei Wochen abgebrochen! Es schien, als hätte die Information aus Insiderkreisen Westberlins nicht gestimmt. Oder der Anschlag auf das Kraftwerk war von der KgU abgeblasen worden, aus welchen Gründen auch immer! Ob unsere Beobachtung und Aufklärung des Gebietes um das Kraftwerk herum die Strukturen der KgU irgendwie durcheinandergebracht hatte? Keine Ahnung. Ich wusste nur, es waren mehrere Gruppen von uns im Einsatz. Aber was genau die getan haben und wo und wie sie eingesetzt wurden – diese Informationen waren von der Leitung des Einsatzes sauber getrennt worden: Man musste nur wissen, was man wissen musste! Und nicht, was die anderen machten! Schon gar nicht, wie das Kraftwerk innerhalb abgesichert war! Doch egal, wir hatten unsere Aufgabe erfüllt und einen Angriff auf unsere Hauptstadt und das Heizkraftwerk Mitte erfolgreich verhindert! Darauf kam es schließlich an!

Wir hatten damals öfter mal mit der KgU zu tun. Zum Beispiel, weil die immer wieder aus Berlin-West in die DDR einreisten, um hier verschiedenste Kontakte zu knüpfen. Die fuhren dann zu irgendwelchen Dorffesten oder zum Karneval. Wir waren ihnen stets auf den Fersen, manchmal mit zwei oder drei Autos und vernetzt mit den bewährten schwedischen Handfunkgeräten. Wenn wir dann am Einsatzort eingetroffen waren, mischten wir uns einfach unters Volk und ließen die KgU-Leute nicht mehr aus den Augen. Und wie gesagt, wenn es notwendig wurde, informierten wir die „Schnelle Eingreiftruppe“, die dann flink erschien und klärend tätig wurde, auch durch Verhaftungen!

Übrigens hatte ich nie einen „Klapp-Fix“, so wurden die Dienstausweise des MfS genannt, nach einem Autoanhänger aus DDR-Produktion, aus dem man ein kleines Zelt aufbauen konnte! Wenn wir mal zu verschiedenen Aufklärungsaufgaben auf dem Gebiet der DDR oder Berlin eingesetzt wurden, hatten wir Dienstausweise und Legitimationen aller möglichen und unmöglichen Organisationen dabei: Zum Beispiel vom Ministerrat. Oder von irgendeinem Ministerium: Vom MdI, dem Ministerium des Innern. Oder vom Ministerium für Volksbildung. Von der ABI, der Arbeiter- und Bauern-Inspektion. Vom DTSB, dem Deutschen Turm- und Sportbund der DDR. Auch Dienstausweise der Berufsfeuerwehr oder der Freiwilligen Feuerwehr. Aber auch von der Staatsanwaltschaft, der Kriminalpolizei, der Kreisleitung der SED, vom Magistrat oder vom Rat eines der elf

Stadtbezirke Berlins, ja, selbst von der Zentralverwaltung für Statistik … Kurzum Ausweise von Dienststellen oder Behörden, von Ämtern oder einer der unzähligen Kommissionen, die es in der DDR zuhauf gab und deren Träger durchaus Erkundigungen einziehen konnten über alle möglichen Dinge und dabei irgendwelche Bürger und Bürgerinnen des Landes befragen konnten, ohne großartig aufzufallen! Immer so, wie es gebraucht wurde und wie es am besten passte! Wir hatten jedenfalls niemals irgendwelche Dokumente dabei, die hätten verraten können, wer unsere eigentlichen Herren und Meister waren! Manchmal kam ich mir vor wie eine Art Partisan: Unerkannt, heimlich, still und leise, unterwegs im Dschungel der Großstadt! Genau *das* sollte mir schon ein paar Tage später passieren!

Wie ich nach Jahren wieder nach Westberlin reiste

Eines Morgens kam einer der älteren Genossen, er hieß Herbert, im Büro auf mich zu und fragte mich, ob ich an einem kleinen Ausflug teilnehmen wolle. Aus der Art, wie er das fragte, schloss ich, die Antwort meinerseits könne nur «Ja» lauten. Ich erkundigte mich, wohin es denn gehen sollte. Er meinte, wir würden jetzt zu dritt mal ins „operative Gebiet" fahren. Das Ziel der Reise sei Westberlin! Meine Aufgabe wäre es, den Tag zu nutzen, um mir im westlichen Teil der Stadt alles anzusehen! Mich mit den öffentlichen Verkehrsmitteln der BVG, den Bussen und der U-Bahn, und mit der S-Bahn vertraut zu machen. Mich so in der Stadt zu bewegen, als wäre ich eine Art Tourist! Ich solle in Supermärkten und Kaufhäusern einkaufen gehen! Dazu gab er mir einige D-Mark-Scheine und meinte, ich solle mich im Westen „vernünftig" einkleiden! Er überreichte mir einen Reisepass und einen Dienstausweis. Dann erfuhr ich, meine Legende für diesen Tag sei, ich sei Mitglied der Deutschen Reichsbahn. Wieso gerade der Reichsbahn? Um diese

Frage zu beantworten, muss man ein wenig in die Geschichte einsteigen:

Der Name „Deutsche Reichsbahn" musste nach dem Krieg aus formaljuristischen Gründen erhalten bleiben, weil die westlichen Alliierten nur der Deutschen Reichsbahn die Erlaubnis erteilt hatten, den Eisenbahnbetrieb in West-Berlin durchzuführen. Frankreich wehrte sich erfolglos gegen den Wortteil Reichs-, da Bezeichnungen, die an das „Reich" erinnerten, aus dem Wortschatz getilgt werden sollten. Hinzu kam das nicht offiziell protokollierte Bestreben der Sowjetischen Militäradministration in Deutschland (SMAD), die Rechte der Zivilverwaltung der SBZ (später DDR) zu begrenzen. Die Transportabteilung der SMAD war lange Zeit gegenüber der Deutschen Reichsbahn weisungsbefugt. Auch wirtschaftliche Erwägungen vor allem bezüglich der hohen Kosten, mit denen eine Namensumstellung verbunden gewesen wäre (beispielsweise neue Schilder, Drucksachen, Änderung bestehender Verträge auf einen neuen Namen usw.), spielten eine Rolle. Den Eisenbahnern und der Bevölkerung in der DDR wurde dieser Grund meist vorgegeben, wenn die Bezeichnung Deutsche Reichsbahn zur Diskussion stand. Ebenso erhoffte sich die DDR einen Zugriff auf ausländisches Reichsbahnvermögen. Einen großen Teil hatte die Deutsche Bundesbahn übernommen. Etliche Immobilien gingen in andere Hände über.

Auch nach dem Mauerbau 1961 behielt die Deutsche Reichsbahn die Betriebsrechte für den Eisenbahn- und S-Bahn-Verkehr in Berlin, da für die gesamten Bahnanlagen eine eigenständige Regelung bestand und diese Flächen nicht Bestandteil der Westsektoren der Alliierten waren und somit zum Hoheitsgebiet der DDR gehörten. Dadurch gab es ein großes Interesse der DDR-Staatsführung an einer gesicherten Präsenz in West-Berlin, die auch für politische und administrative Aktivitäten außerhalb des Bahnbetriebes nützlich waren. Der Mauerbau führte in West-Berlin nach Aufruf von Politikern und Gewerkschaften zum S-

Bahn-Boykott. Daraufhin gingen die Fahrgastzahlen stark zurück. In Ost-Berlin blieb die S-Bahn mit einem Beförderungsanteil von etwa 35 Prozent das Verkehrsmittel mit dem höchsten Fahrgastanteil. Zum 9. Januar 1984 gab die Deutsche Reichsbahn die Betriebsrechte für die S-Bahn in Berlin (West) unbefristet an den Berliner Senat ab. Der Betrieb war wirtschaftlich nicht mehr interessant, die Betriebskosten konnten (auch wegen des S-Bahn-Boykottes) nicht mehr gedeckt werden. Durch die Entspannungspolitik war der Betrieb der S-Bahn in Berlin (West) als Mittel des Kalten Krieges nicht mehr tauglich. Die BVG übernahm den S-Bahn-Betrieb in West-Berlin. Allerdings bekam die BVG von der Deutschen Reichsbahn nur die ältesten Fahrzeuge; sie war aber bestrebt, auch hier schnell eine Anpassung an den modernen Standard der U-Bahn zu erreichen. Daher wurden im Auftrag der (West-) Berliner-Verkehrs-Gesellschaft bald neue S-Bahn-Züge beschafft, die teilweise auch heute noch im Berliner S-Bahn-Netz unterwegs sind. *(Wikipedia, Deutsche Reichsbahn, 9.9.2020)*

Im Jahre 1968 war aber die S-Bahn- und Güterbahn-Welt in Westberlin noch in Ordnung. Da die DDR alle Hoheitsrechte hatte, gab es Kollegen und Kolleginnen der Bahn, die als Westberliner vom Osten angestellt, aber im Westen beschäftigt und darum in D-Mark bezahlt wurden. Durch diese seltsamen Verhältnisse bestand aber die Möglichkeit, dass sogar DDR-Reichsbahner mit gesonderten Dokumenten ungehindert nach Westberlin einreisen konnten!

Sonderrechte galten übrigens auch für die Binnenschifffahrt der DDR und das Wasserstraßenhauptamt Berlin! Nach Kontrollen an den entsprechenden „Wasser"-Grenzübergangsstellen in Berlin und dem Bezirk Potsdam …

- *Berlin, Osthafen, in Treptow (Elsenbrücke bis Schillingbrücke),*
- *Berlin, Britzer-Zweigkanal in Baumschulenweg,*
- *Berlin, Marschallbrücke in Mitte, Friedrichstraße,*
- *Hennigsdorf, im Kreis Oranienburg (Transit),*

- Nedlitz/Jungfernsee, im Kreis Potsdam,
- Kleinmachnow – Dreilinden
(Stand: 1968, Wikipedia, 3.12.2020)

… konnten die Binnenschiffer täglich, meist mit Schubeinheiten, zwischen Westberlin und der DDR hin- und herfahren. Somit erfüllten diese Betriebe wichtige Aufgaben beim Transport und der Versorgung von Westberlin sowie bei der Unterhaltung und Instandsetzung von Gleisanlagen und Wasserstraßen. Es gab tatsächlich ein starkes Interesse vonseiten des Westberliner Senats, dass die betrieblichen Angelegenheiten solcher staatlicher Unternehmen der DDR in der „besonderen politischen Einheit Berlin (West)", wie das die DDR-Seite nannte, nicht behindert wurden, sondern störungsfrei ablaufen konnten!

Es gab außerdem noch eine ganze Reihe von Grenzübergangsstellen (GÜSt) von und nach Westberlin:

9 Straßengrenzübergangsstellen:

- Berlin, Bornholmer Straße,
- Berlin, Heinrich-Heine-Straße,
- Berlin, Chausseestraße,
- Berlin, Invalidenstraße,
- Berlin, Oberbaumbrücke (nur Fußgänger),
- Berlin, Sonnenallee
- Berlin, Friedrich-/Zimmerstraße (Checkpoint Charlie),
- Potsdam, Glienicker Brücke (nur für alliierte Militärmission),
- Mahlow/Lichtenrade, Kreis Zossen (Müllfahrzeuge der Berliner Stadtreinigungsbetriebe),

2 Übergänge für den Transitverkehr:

- Drewitz/Dreilinden (Autobahn, Checkpoint Bravo),
- Staaken/Heerstraße, Kreis Nauen,

4 Eisenbahngrenzübergangsstellen:

- *Berlin Bahnhof Zoologischer Garten/Bahnhof Friedrichstraße,*
- *Berlin-Wannsee/Griebnitzsee, Kreis Potsdam,*
- *Berlin-Spandau/Staaken,*
- *Berlin-Treptow Güterbahnhof – Berlin Görlitzer Bahnhof,*

Flughäfen:

- *Berlin-Schönefeld – Waltersdorfer Chaussee / Rudower Chaussee (Transfer-Bus)*

(Stand: 1968, Wikipedia, 3.12.2020)

Wir benutzten an diesem Vormittag die Übergangsstelle am Bahnhof Friedrichstraße und gingen als DDR-Reichsbahner einzeln und in Zivil durch die Grenze. Wir, das war eine Dreiergruppe: Der alte, erfahrene Kämpfer Herbert, dann Peter, auch ein „Agentenlehrling" und schließlich ich. Seit 1962 gab es diesen Grenzübergang am Bahnhof, der später umgangssprachlich „Tränenpalast" genannt wurde, weil hier DDR-Bürger ihre Westverwandten „unter Tränen" verabschieden mussten, wenn die nach Westberlin zurückkehrten. Vom Bahnhof Friedrichstraße konnte man dann entweder mit der Ringbahn nach Westberlin fahren oder mit der Stadtbahn. Für normale DDR-Bürger war das natürlich nicht möglich. Nur dann, wenn sie entweder beruflich in Westberlin zu tun hatten oder sie waren eben Rentner! Später wurde der Schlager aus dem Jahr 1977, „Mit 66 Jahren" von Udo Jürgens, gerne etwas umgewandelt und hieß dann:

„Mit 65 Jahren, da fängt das Leben an,
weil man mit 65 in den Westen fahren kann!"

Ich hatte mir anfangs die Frage gestellt, wieso die in Westberlin angesiedelten Geheimdienste nicht einfach nur die Grenzübergangsstellen genauestens im Auge behielten. Dann hätten sie, meiner Meinung nach, im Laufe der Zeit leicht feststellen können, wer da des Öfteren und wiederholt die Grenze passierte. Denn eigentlich waren es ja wirklich meistens Rentner, die da unterwegs waren. Jüngere Leute passierten in der Regel kaum oder gar nicht die Grenze, zumindest nicht aus Richtung der DDR. Andersherum, aus Westberlin kommend, war das eine völlig andere Geschichte und seit den entsprechenden Passierscheinabkommen auch wieder möglich:

Die Passierscheinabkommen waren Vereinbarungen zwischen dem Senat von Berlin (West) und der Regierung der DDR. Nach dem Mauerbau waren Ost- und West-Berliner aufgrund des Kalten Krieges zwischen beiden deutschen Staaten fast zweieinhalb Jahre lang ohne persönlichen Kontakt. Im Dezember 1963 unterzeichneten Unterhändler der Senatsverwaltung in West-Berlin und des DDR-Staatssekretariats das erste Passierscheinabkommen. Diesem folgten bis 1966 drei weitere Abkommen, um meist über die Feiertage – Weihnachten, Ostern sowie Pfingsten – von Westberlin in die DDR einzureisen. In allen vier Abkommen wurden insgesamt 2,4 Millionen Passierscheine ausgegeben. Ab November 1964 fordert die DDR erstmals einen Mindestumtausch für West-Berliner von 3 DM pro Tag!

Nach dem Auslaufen des letzten Passierscheinabkommens zu Pfingsten 1966 konnten West-Berliner nur ab Oktober 1966 aufgrund der Entscheidung einer seit 1964 existierenden Härtestelle in seltenen „dringenden Familienangelegenheiten" nach Ost-Berlin einreisen.

Keinen Passierschein brauchte man für Geschäftsreisen, Reisen zur Leipziger Messe sowie für Reisen auf Einladung amtlicher Stellen der DDR.

Das Viermächteabkommen über Berlin trat mit Unterzeichnung des Viermächte-Schlussprotokolls am 3. Juni 1972 in Kraft. Ab dann ermöglichte der „Berechtigungsschein zum Empfang eines Visums der DDR" den West-Berlinern jederzeit Besuche Ost-Berlins und der DDR. (Wikipedia, Passierscheinabkommen, 17.8.2020)

Wie gesagt, die Anzahl der Leute, die aus der DDR oder Berlin in den Westteil der Stadt einreisten, war überschaubar. Gut, es kamen noch die Bürger aus Westdeutschland dazu sowie viele Touristen, die von Berlin-Ost nach Berlin-West fuhren. Wie mir erklärt wurde, gab es generell nur Kontrollen auf dem Gebiet der Grenzübergänge von Seiten der DDR, vorgenommen von den Passkontrolleinheiten (PKE). Die waren Teil des MfS und unterstanden der Hauptabteilung VI. Zur Tarnung trugen die speziell dafür ausgebildeten und verpflichteten Genossen Uniformen der Grenzorgane der DDR.

Erstaunlicherweise gab es wirklich auf der Westseite keinerlei Kontrollen im Personenverkehr, nur sogenannte „Posten" von Polizei und Zoll. Das aber auch nur innerstädtisch. Der Grund war ein einfacher: Nach der westlichen Auffassung war die Grenze zwischen den beiden Stadthälften Berlins keine Staatsgrenze, sondern nur eine Sektorengrenze. Somit konnte es auch keine Grenzkontrollen geben! Bei der Berliner Stadtgrenze zur DDR hin war das schon eine ganz andere Geschichte: Hier war es nach Auffassung des Westens wiederum völkerrechtlich bedeutend, dort Kontrollen zumindest möglich zu machen. Die wurden aber nur selten durchgeführt, höchstens im Rahmen von Fahndungsmaßnahmen, zum Beispiel bei Ringfahndungen.

Die beiden deutschen Staaten waren Nahtstellen zwischen den zwei Weltsystemen: Dem Sozialismus und dem Kapitalismus. Und das politisch, militärisch und ökonomisch! Westberlin hatte wie keine andere Stadt auf der Welt einen ganz besonderen Status: Eine Großstadt, fast 200 Kilometer weit weg mitten in „feindlichem Gebiet". Nachdem die drei westlichen Sektoren der Stadt dank ihrer Luftbrücke die sowjetische Blockade von Juni 1948 bis Mai 1949 überstanden hatten, galt das „Freie West-Berlin" als der Stachel im Fleisch der DDR und des gesamten Ostblocks! Es war wie eine Insel mit etwa zwei Millionen Menschen inmitten des „gefährlichen roten Meeres"!

In der deutsch-englisch-tschechischen Agenten-Miniserie „Spy City" von 2020 wird die Geschichte Berlins erzählt, kurz vor dem Bau der Mauer. Die Autoren lassen einen der Protagonisten sagen:

«In Berlin ist Provokation die Mutter der Frustration. Und die Frustration ist der Vater der Konfrontation!»

In dieser Aussage liegt viel Wahrheit. Berlin hatte einen ganz besonderen Status. Darum war es ein wahres Paradies für die Geheimdienste aus aller Welt! Alle waren hier versammelt: Der israelische Mossad, das sowjetische KGB, der englische Secret Intelligence Service (SIS), auch MI 6 genannt, die amerikanische CIA. Aber auch diverse andere europäische Geheimdienste, aus West und Ost, gaben sich hier die Klinke in die Hand! Trotzdem, mag man es nun glauben oder nicht, die Leute vom MfS waren in Westberlin tonangebend! Die vielen Geheimdienste, die sich in Westberlin tummelten, hatten sowieso alle Hände voll zu tun mit ihren Geheimdienstaufgaben und somit auch nicht viel Zeit und Interesse, das Hin und Her an den Grenzübergängen zu beobachten. Wahrscheinlich gab es keinen anderen Ort auf der ganzen Welt, wo die Geheimdienste in so großer Zahl anwesend waren, dass es erstaunlich schien, dass sich nicht alle gegenseitig auf die Füße getreten sind! Wahrscheinlich war jeder Fünfte, dem man über den Weg lief, irgendein Agent irgendeines Geheimdienstes irgendeines Landes! Gewundert hätte mich das nicht …

Nun, wie auch immer, ich ging an diesem Tag das erste Mal wieder nach Westberlin. Meine Aufgabe war es, mich in der Stadt umzusehen und den ganzen Tag zu nutzen, um zu lernen: Verkehrsverbindungen auszuprobieren mit Bussen und Bahnen. Wichtige Straßen kennenzulernen. Alle möglichen Sehenswürdigkeiten anzuschauen. Bekannte und berühmte

Denkmäler, Museen und historische Plätze zu besichtigen und sich das alles lagemäßig einzuprägen! Das bedeutete, den ganzen Tag über auf den Beinen zu sein und, wie mein Opa Max immer sagte: «Mit den Augen klauen!», die einzige Art von Diebstahl, die er gut fand! Und ich machte reichlich davon Gebrauch! Hierbei kam mir eine Eigenschaft zugute, die ich später ausbaute und verfeinerte: mein sehr gutes fotografisches Gedächtnis! In Höchstzeiten konnte ich mir beispielsweise bis zu einhundert verschiedene Nummernschilder von allen möglichen Fahrzeugen merken! Aufgeschrieben werden durfte sowieso nichts! Man musste also lernen, wenn man wieder im Lande war, sich sozusagen aus dem Effeff alles abzurufen und dann erst zu notieren!

Als wir am frühen Abend wieder in unserer Hauptstadt eintrudelten, war ich etwas erschöpft wegen der vielen Tausend Schritte, die ich auf meiner Wanderung durch die Westberliner Stadtbezirke getan hatte. Aber ich kam auch mit neuen Sachen an: einem Leineweber-Anzug, neuen Hemden und Schuhen und ein paar Kleinigkeiten für meine Lieblingsfrau Iris! Als sie mich fragte, was mir in Westberlin besonders aufgefallen war, sagte ich ihr lächelnd, es wäre der Geruch der Stadt gewesen! Sie machte ein erstauntes Gesicht, musste aber auch gleich lachen, als ich ihr erklärte, dass die Luft anders roch! Was kein Wunder war, denn irgendwelche Autos mit Zwei-Takt-Motoren habe ich gar nicht gesehen! Und somit fehlten auch die blauen Auspuff-Fahnen, die sie in die (West-) Berliner Luft hätten pusten können! WARTBURG und TRABANT sah man auf den Straßen kaum, sie waren echte Exoten! Und aus eigener West-Produktion gab es nur noch vereinzelt Fahrzeuge von DKW und AUTO UNION mit Zweitaktmotoren! Die Ära der Zweitaktmotoren im westdeutschen Automobilbau war eben vorbei! Nicht aber meine „Lern"-Ausflüge nach Westberlin!

Es folgten in unregelmäßigen Abständen in der nächsten Zeit noch eine ganze Reihe von Besuchen, auch zu unterschiedlichen Tageszeiten. Irgendwann kam es mir vor, als kannte ich mich im Westteil der Stadt besser aus als in der DDR-Hauptstadt! Mittlerweile erhielten wir auch schon ganz konkrete Aufgabenstellungen. Es ging zum Beispiel um die Aufklärung von Westberliner Behörden des Senats, Kennzeichen, Fahrzeugtypen und Personen, die diese Fahrzeuge fuhren. Dann das Beobachten des Besucherverkehrs einzelner Behörden. Aber auch Aufklärungsaufgaben in Verbindung mit Aktivitäten der alliierten Streitkräfte in Westberlin. Dabei war es so, unsere Dreiergruppe hatte sich gegenseitig immer im Blick. Auch über größere Entfernungen und Abstände hinweg verloren wir uns nie aus den Augen. Das waren sozusagen die ersten Trockenübungen – allerdings schon im Wasser! Man lernte, auf Besonderheiten zu achten, die man sich bei der Arbeit zunutze machen konnte. Beispielsweise gab es schon erste technische Einrichtungen auf den Dächern einiger Häuser, wie besondere Antennensysteme oder auch die ersten Sendeschüsseln und Richtfunkanlagen. Da konnte man sich sicher sein, solche Häuser gehörten nicht Meyer, Schulze oder Müller. Vielmehr hatten die Besitzer wohl mit Geheimniskrämereien zu tun – sprich, Geheimdienste hatten dort mit großer Wahrscheinlichkeit ihre Domänen aufgeschlagen. Das galt nicht nur für Einfamilien- sondern auch für Mehrfamilienhäuser. Bei denen musste man schauen, ob man eventuell Leitungen sehen konnte, die vom Dach kommend zu bestimmten Etagen führten. Dann sah man nach, wer in diesen Etagen wohnte, und schon konnte man konkrete Informationen mit nach Hause nehmen. Im Kopf versteht sich, aufgeschrieben durfte nie etwas werden! Diese Infos wurden dann im Büro ausgewertet. Oftmals konnte sich aus verschiedenen kleinen Stücken ein großes Ganzes zusammenfügen. In der Regel blieb uns die Gesamtheit unserer Aufklärungen verborgen! Wie gesagt, ein Geheimdienst ist eben ein Geheimdienst!

Übrigens gab es da etwas, das habe ich mein Leben lang nicht verändert: Wenn man, um von A nach B zu kommen, in der Regel nur zwanzig Minuten brauchte, machten wir aus Sicherheitsgründen Umwege, die die Zeit verlängerten, sodass

Quelle: Promo/Scantinental Berlin

man erst, sagen wir mal, fünfzig Minuten später am Punkt B ankam. Somit musste man also genügend Zeit einplanen, sollte man zu einer festgelegten Zeit an einem bestimmten Ort ankommen! Diese Form, um sich selbst abzusichern, geht einem in Fleisch und Blut über! Dabei sollte man stets bedenken, der Gegner oder ausgesuchte Kräfte wissen selbst ganz genau, wie man da vorgeht. Denen darf natürlich nichts von den eigenen Handlungen auffallen! Das ist schon eine Kunst, will man so etwas perfekt beherrschen! Es kann in bestimmten Situationen überlebenswichtig sein, eben *nicht* aufzufallen, sondern sich den Anschein zu geben, als wäre man irgendjemand, der irgendetwas tut, was andere auch tun würden: aus einer S-Bahn auszusteigen, an einen Kiosk zu gehen, sich eine Zeitung zu kaufen, die zu lesen, bis die nächste Bahn kommt, mit der man mitfahren möchte. Dann einzusteigen, kurze Zeit später aber wieder auszusteigen und an einen anderen Kiosk zu gehen, weil man angeblich vergessen hatte, dass man noch Zigaretten kaufen wollte. Oder man merkt, man ist versehentlich in den falschen Zug eingestiegen und verlässt die Bahn wieder. Oder auf der Straße, der Klassiker: Man bleibt an einem Schaufenster stehen und sieht sich angeblich die Auslagen an, beobachtet aber in der Scheibe das Treiben hinter einem. Und so weiter und so weiter, Beispiele gibt es da viele.

Mir war es immer wichtig, niemals die Kontrolle zu verlieren! Und das aber auch auf heimatlichem Boden. Man musste stets damit rechnen, dass man auch von den eigenen Leuten überwacht wurde. Sei es als Teil der Ausbildung, sei es aus Überprüfungssituationen. Es hat sich echt bei mir eingebrannt, stets und überall die Augen offenzuhalten und alles im Griff zu haben! Damals wie heute! Der Instinkt war für mich immer ein guter Wegweiser!

Lustig waren da für mich solche Situationen, wenn die Beobachter, die *mich* beobachten sollten, von *mir* beobachtet wurden! Zum Beispiel fuhren wir privat oft und gerne an die Ostsee, meist über die Fernstraße 96. Fuhr man dann durch die Mecklenburger Schweiz, war es fast wie im Gebirge, es ging auf und ab. Rechts und links des Weges gab es ausgedehnte Waldgebiete. Zuerst waren wir meistens mit unserem WARTBURG unterwegs. Später hatten wir einen sowjetischen MOSKWITSCH 412, den mit dem 1,5-Litermotor, 75 PS und Knüppelschaltung! Der machte ganz ordentlich Betrieb, und man war ziemlich flink unterwegs!

Wenn ich nun bemerkte, dass ein anderer Autofahrer bemüht war, mich nicht aus den Augen zu verlieren, sah ich doch ein wenig genauer hin. Saßen dann im Auto hinter uns zwei Männer, konnte man sicher sein, woher der Wind wehte! Ich mochte solcherlei Überprüfungen nicht und konnte es mir darum auch nicht verkneifen, wiederum meinerseits ein paar Spielchen mit den Kollegen abzuziehen. Konkret hieß das, nach der kommenden Bodenerhebung schnell die Lage zu überblicken, und wenn sich die Möglichkeit ergab, mit „Schmackes" in den nächsten kleinen Waldweg einzubiegen. Ich konnte das ganz gut, da mussten sich meine Mitfahrer nicht fürchten, sondern nur richtig festhalten! Dank Fahrtraining beherrschte man solche Manöver „mit links und vierzig Fieber"! Die arme Iris kannte meine diesbezüglichen Fahrkünste schon – ich glaube, sie hasste sie! Denn gerne vollzog ich da solche Sachen: Wenn beispielsweise vor unserem Haus eine Parklücke frei war und ich von der anderen Seite angefahren kam, wusste ich, was passiert, wenn man das Lenkrad einschlägt und dabei die Handbremse anzieht: Der Wagen steht wenig später genau im 180-Grad-Winkel ordentlich in der Parklücke! Iris hat mich oft ausgemeckert und mich als „leichtsinnigen Mistkerl" bezeichnet! Was ich nicht verstand, denn entweder man kanns oder man kanns nicht. Und ich konnte!

Doch zurück in den Waldweg, da auf der F 96! Hinter uns auf der Straße flitzten unsere Verfolger vorbei. Dann sagte ich nur: «Festhalten!» und fuhr schnell rückwärts auf die Straße zurück. Schon kurze Augenblicke später waren wir es nun, die unsere Verfolger verfolgten! Nach einer Zeit machte ich Lichthupe und die Jungs vor mir verringerten ihre Geschwindigkeit. Ich zog vorbei, grinste ein wenig und hielt an der nächsten Möglichkeit an, wo es ein Telefon gab. Ich wählte eine Berliner Nummer und sagte, als dort jemand ans Telefon ging: «Leute, die können jetzt wieder nach Hause fahren!» Der Mann am anderen Ende der Leitung erkundigte sich verdutzt, wen ich meinte. Ich nannte ihm dann meinen Decknamen und die Autonummer meiner tapferen Verfolger und legte danach sofort auf. Mit einem Grinsen auf dem Gesicht ging ich zu meinem Auto zurück, denn ich sah die Männer angefahren kommen. Sie wendeten auf dem Platz, auf dem ich stand und fuhren in entgegengesetzter Richtung davon. Allerdings nicht mit einem Grinsen, sondern nur mit langen Gesichtern!

Solche Überprüfungen gab es aber auch schon mal im operativen Gebiet. Einmal fielen mir zum Beispiel zwei Männer auf, die mich nicht aus den Augen ließen. Da war ich in einem Westberliner Kaufhaus unterwegs. Mir war schnell klar, die kamen aus „unserem großen Haus". Mein Grinsen und mein Verhalten verrieten ihnen, ich hatte sie enttarnt! Flugs verschwanden sie und waren nicht mehr gesehen! Zu Hause mussten wir alle zum Rapport. Nachher sagte mir mein Führungsoffizier unter vier Augen: «Meine Güte, Hansen, musste *das* jetzt wieder sein?» Aber gleich darauf lächelte er mich an, klopfte mir auf die Schulter und meinte nur kurz: «Gut gemacht!»

Ja, ich habe mich nie erwischen lassen. Das mag daran liegen, dass ich mich stets und ständig abgesichert habe. Eine Eigenschaft, die ich bis zum heutigen Tage nicht abgelegt habe! Ich hatte öfter mal solche ähnlichen Erlebnisse wie da im Kaufhof. Ich kann nicht genau sagen, wieso ich einen Blick dafür hatte, wer mich wo und wann beobachtete. Aber genau diesen Blick hatte ich und merkte ja, ich lag immer richtig!

Und noch etwas lernte ich bei meinen Beobachtungen: Wenn man zu weit weg war von etwas, das man aufklären sollte, war es genauso gefährlich, als wenn man zu nah dran war. Es kam immer auf einen gesunden Mittelweg an, wie eben im wahren Leben auch! Wobei man mit einplanen musste, dass man selbst nicht gesehen wurde! Das Ganze ist schon ein Drahtseilakt, ja, man kann sagen, eine Kunst!

Als Beispiel nenne ich mal den Teufelsberg in Westberlin. Der war eine amerikanische Nachrichtenstation für Empfang und Sendung militärischer Dinge. Wenn man aufklärend unterwegs

war, konnte man ja nicht von früh bis spät da irgendwo in der Gegend herummarschieren. Das wäre ziemlich schnell den entsprechenden Sicherheitsleuten der Station aufgefallen! Also kann man sagen: Jede Situation hat ihre Besonderheiten und jeder Einsatz neue Herausforderungen.

Wie ich in Berlin den „Prager Frühling" erlebte

Das Jahr 1968 brachte mir innerhalb meiner Ausbildungszeit eine Überraschung der besonderen Art. Es ging um den „Prager Frühling" und seine Niederschlagung durch die Truppen des Warschauer Pakts. Das Ganze erlebte ich nicht in Prag, sondern mitten in Berlin!

> *Der Prager Frühling ist die Bezeichnung für das Streben der tschechoslowakischen Kommunistischen Partei (KSČ) unter Alexander Dubček im Frühjahr 1968, ein Liberalisierungs- und Demokratisierungsprogramm durchzusetzen, sowie vor allem die Beeinflussung und Verstärkung dieser Reformbemühungen durch eine sich rasch entwickelnde kritische Öffentlichkeit. Mit dem Begriff „Prager Frühling" verbinden sich zwei gegensätzliche Vorgänge: einerseits der Versuch, einen „Sozialismus mit menschlichem Antlitz" zu schaffen, andererseits aber auch die gewaltsame Niederschlagung dieses Versuchs durch am 21. August 1968 einmarschierende Truppen des Warschauer Paktes. Die Bezeichnung „Prager Frühling" stammt von westlichen Medien und ist eine Fortführung des Begriffs Tauwetter-Periode, der wiederum auf den Titel des Romans Tauwetter von Ilja Ehrenburg zurückgeht. (Wikipedia, Prager Frühling, 5.1.2021)*

Nun fragt sich mancher bestimmt, was das MfS und Kräfte der Aufklärung mit dieser Geschichte zu tun hatten. Das ist schnell erklärt. Es gab zwischen der DDR und der ČSSR zahlreiche politische und wirtschaftliche Beziehungen. Schon allein damit begründet, dass beide Länder zum sozialistischen Lager gehörten und Nachbarstaaten waren, die außerdem jeweils einen Teil ihrer Staatsgrenze mit Westdeutschland teilten. Somit gab es auch einen regen Reise- und Tourismusverkehr. Die Ereignisse um den Prager Frühling – die DDR- Staats- und Parteiführung nannte das viel lieber eine Form der Konterrevolution! – machte natürlich nicht an der Grenze halt. Für mich war es eine der ersten Möglichkeiten, mich einmal mehr als sonst mit Fragen der Außen- und Innenpolitik der DDR zu befassen. Der sogenannte Arbeiteraufstand 1953 in der DDR war an mir völlig vorbeigegangen, weil ich einfach noch viel zu jung gewesen war, um solche Sachen zu verstehen. Und auch der „ungarische Volksaufstand" Ende Oktober 1956 war für mich noch kein Thema gewesen. Anders verhielt sich die Sache jetzt im Jahre 1968, nachdem ich zuerst während meiner dreijährigen Armeezeit wöchentlich ordentliche Portionen von Politunterricht abbekommen hatte! Das war bei meiner Agentenausbildung ähnlich. Hier wurde oft über alle möglichen Fragen der Politik diskutiert! Was nicht verwunderlich war, denn die „Kundschafter für den Frieden" waren ja andauernd irgendwelchem Propaganda-Gedöns aus dem Westen ausgesetzt. Da war klar, dass sich die MfS-Führung gerne versichern wollte, ihren Mitarbeitern konnten solcherlei Provokationen des Klassenfeindes nichts anhaben! Ich hatte schon im Hubschrauber-Geschwader von den März-Unruhen 1968 in Polen gehört, die mit Studenten-Demonstrationen in Warschau, Danzig und Krakau begonnen hatten, dann aber relativ schnell von Kräften der polnischen Miliz und „Arbeiter-Aktivisten", der ORMO, wie sie sich nannten, niedergeschlagen wurden.

Im gleichen Zeitraum begannen auch in der Tschechoslowakei Menschen auf die Straße zu gehen, um ihrem Unmut über die Verhältnisse im Staate Gehör zu verschaffen. Hier ging es aber noch weiter, weil sich Kräfte der Staats- und Parteiführung der ČSSR in die erste Reihe der Demonstrationen stellten, die Veränderungen des sozialistischen Systems in Osteuropa erreichen wollten! Da konnten natürlich die Genossen Staatslenker der Bruderländer nicht die Hände in den Schoß legen, um abzuwarten, wie das Ganze diesmal ausgehen würde!

Und richtig gedacht! So tauchten wie aus dem Nichts plötzlich überall Diskussionen auf, die auch in der DDR mehr echte Mitspracherechte forderten. Besonders die Intellektuellen und die Künstler, aber auch die Studenten regten zahlreich solche Diskussionen an. Plötzlich zeigte sich das ganze Ausmaß der Unzufriedenheit - auch und besonders in der DDR! Wobei es hier nicht zu solchen gewaltigen Demonstrationen kam wie in Polen oder in der Tschechoslowakei! Aber man wurde in Berlin sehr, sehr hellhörig! Niemand wollte eine Eskalation der Ereignisse! Es gab damals eine ganze Flut von Informationen, die der Staatsführung der DDR vonseiten des MfS vorgelegt werden konnten. Hier zeigte sich, dass die Arbeit von IM, von inoffiziellen Mitarbeitern, reichlich Früchte trug, um ein genaues Stimmungs- und Meinungsbild der DDR-Bevölkerung aufzuzeigen! Das war etwas völlig anderes, als es Jahre später mit den IM praktiziert wurde: Da wurden sie nämlich oft dazu benutzt, zielgerichtet Kräfte der beginnenden Opposition in der DDR auszuhorchen. Das lag daran, dass sich die Staats- und Parteiführung der DDR geradezu krankhaft, ja, hysterisch, bemühte, in jedem kleinen politischen Pups einen Donnerschlag zu vermuten! Allerdings muss man sagen, es gab unter den IM dann auch sehr viele Leute, die dachten, sie könnten sich aus überzogener Suche nach Unzulänglichkeiten und gezielter Denunziation ihrer Mitbürger persönliche Vorteile verschaffen!

Somit wurde der eigentliche Grundgedanke der Tätigkeit und des Inhaltes dieser Tätigkeit eines IM, eines inoffiziellen Mitarbeiters, nämlich sich unterstützend für die Sicherheit seines Vaterlandes einzusetzen, vollkommen verwässert, verraten und ad absurdum geführt!

Doch zurück zum „Prager Frühling“ und seinen Auswirkungen auf die DDR! Welche Chancen hatte man nun auf der Seite der politisch Verantwortlichen, mit der damaligen Situation im Lande umzugehen? Wissen ist Macht!! Ein geflügeltes Wort im Deutschen, das auf den englischen Philosophen Francis Bacon zurückgeht, der Ende des 16., Anfang des 17. Jahrhunderts lebte. Wilhelm Liebknecht, einer der Gründungsväter der SPD, nahm später diesen Gedanken auf und führte ihn weiter: „Wissen ist Macht - Macht ist Wissen"!

Also war es keine Frage, man musste ganz genau einen Blick auf die Dinge haben und durfte die Situation nicht aus den Augen verlieren! Und bei diesem Alles-im-Auge-behalten, erfuhr man Folgendes:

9. Mai 1968

Einzelinformation Nr. 511/68 über die Verbreitung des Aktionsprogramms der KSČ im Haus der Tschechoslowakischen Kultur in Berlin, Friedrichstraße
Dem MfS wurde bekannt, dass seit dem 8.5.1968, 10.00 Uhr, im Haus der Tschechoslowakischen Kultur, Berlin, Friedrichstraße, die deutschsprachige »Prager Volkszeitung« (Wochenblatt der Deutschen in der ČSSR) vom 19.4.1968 mit dem vollständigen Text des Aktionsprogramms der KSČ verbreitet wird. Exemplare dieses Blattes waren ständig in den dortigen Räumlichkeiten ausgelegt und konnten von den Besuchern eingesehen bzw. unentgeltlich mitgenommen werden. Bisher wurde nicht beobachtet, dass die Zeitschrift vom Personal des Hauses der Tschechoslowakischen Kultur persönlich angeboten oder dass zur Mitnahme aufgefordert wird. Der Besucherverkehr am 8.6.1968 konnte als normal eingeschätzt werden. Überprüfungen ergaben, dass der Bezug dieser Zeitschrift nicht über den Postzeitungsvertrieb der DDR, sondern durch das Haus der Tschechoslowakischen Kultur direkt aus der ČSSR erfolgt. Diese Praxis entspricht den internationalen Gepflogenheiten in den Beziehungen zwischen den sozialistischen Ländern und wird ebenfalls von den DDR-Kulturzentren in den sozialistischen Staaten geübt. Vom MfS wird weiter geprüft, ob und in welchem Umfang das Aktionsprogramm

der KSČ bzw. andere derartige Druckerzeugnisse im Haus der Tschechoslowakischen Kultur an DDR-Bürger verbreitet werden. Im Falle einer Weiterverbreitung wird empfohlen, zu prüfen und zu entscheiden, inwieweit über das MfAA (Ministerium für Auswertige Angelegenheiten) geeignete Maßnahmen gegen diese Praktiken der ČSSR eingeleitet werden sollten.

(Internet, ddr-im-blick.de, Der Bundesbeauftragte für die Unterlagen des Staatssicherheitsdienstes der ehemaligen Deutschen Demokratischen Republik (BstU), 17.10.2020)

Des Weiteren kam es natürlich auch gleich wieder dazu, dass die westdeutschen und Westberliner Journalisten eifrigst die Bleistifte anspitzten und in die Schreibmaschinen weißes, unschuldiges Papier einspannten, um ihre seit Jahren bekannten Hetztiraden und Lügenmärchen aufzuschreiben! Irgendwas war ja immer, und alles ließ sich dazu verwenden, um gegen die DDR reichlich Stimmung zu machen! Das konnte, durfte und musste man sich nicht gefallen lassen! Gut, auf der anderen Seite machten wir ja eigentlich auch nichts anderes! Und ist es nicht so, dass jeder seine Chancen ausnutzt, wenn es nur irgendwie passt und wenn sich die Gelegenheiten bieten? Es heißt zwar, im Krieg und in der Liebe ist alles erlaubt! Aber man muss ja nicht immer gleich übertreiben! Auf der anderen Seite musste man alles tun, um das Gleichgewicht der Kräfte stets und überall zu gewährleisten. Mit voller Kraft! Somit schickte die DDR alles los, was sie hatte, um wieder Ruhe ins Land zu bringen, eine Bestandsaufnahme des Zustands der Bürger vorzunehmen und Schadensbegrenzungen zu versuchen!

Und damit begann auch für unsere Gruppe der angeblichen Baumonteure die Arbeit! Wir hatten drei Aufklärungspunkte: Die Botschaft der ČSSR, damals noch in der Schönhauser Allee 10/11. Dann das Haus der Tschechoslowakischen Kultur in der Friedrichstraße. Und schließlich die Handelsvertretung der ČSSR, da weiß ich allerdings nicht mehr genau, wo die sich damals befand. Später war sie in der Leipziger Straße. Was genau war nun unsere Aufgabe? Ich war sowieso sehr gespannt und sogar ein wenig aufgeregt, denn das war ja eigentlich mein erster richtiger Einsatz, sozusagen meine Feuertaufe unter den Augen und in Gegenwart ausländischer Kräfte! Es ging also darum, fototechnisch festzuhalten, wer da wann diese drei Anlaufpunkte betrat und nach welcher Zeit sie wieder verließ. Wir wechselten uns in unregelmäßigen Abständen bei der Beobachtung ab, schließlich sollte man ja nicht gleich herausbekommen, dass Sicherheitskräfte der DDR ein wachsames Auge auf die Aktivitäten der entsprechenden Häuser hatten. Wie wir schnell feststellten, gaben sich da Leute die Klinke in die Hand, die kamen zum Beispiel von allen möglichen Geheimdiensten: CIA, BND, MI 6, SDECE (französischer Auslandsgeheimdienst). Wie wir anhand der zahlreichen Autos mit CD- und CC- Kennzeichen herausfanden, marschierte da alles vor, von westeuropäischen Botschaften, Geschäfts- und Handelsunternehmen bis zu diversen Journalisten! Ja, wenn es darum ging, den Kuchen eines eventuell abtrünnigen sozialistischen Staates aufzuteilen, eilten sie flink herbei, die Damen und Herren mit den Essbestecken! Das war damals schon so, genau wie später nach der „Wende" 1989 in der DDR!

Wie ich ein Konzert der Rolling Stones erlebte

Das Jahr 1969 hatte unter anderem einen sehr seltsamen Auftrag im Oktober für mich parat: Bereits Tage zuvor ging das Gerücht im ganzen sozialistischen DDR-Heimatland herum, die, wie die Genossen das nannten, „Beat-Kapelle Rolling Stones" sollten in Westberlin spielen. Das war zunächst einmal von Seiten der Sicherheitskräfte problem- und kommentarlos zur Kenntnis genommen worden. Die Sache wurde erst interessant, als sich dieses Gerücht verdichtete, die „Stones" würden am 7. Oktober 1969 spielen, dem „Tag der Republik". Ausgerechnet noch dem 20. Jahrestag der Republik!! Und dann auch noch auf dem Dach des Springer-Verlagshochhauses in der Kochstraße!

Nun wurde man doch etwas unruhig und ging der Sache mit größerer Aufmerksamkeit nach.

Die „Rolling Stones" waren schon einmal in Westberlin aufgetreten, das war am 15. September 1965 in der Waldbühne gewesen. Das Ende vom Lied *(Ha, Ha!)* war gewesen: Eine frenetische Menge hatte nach dem Konzert das gesamte Gelände kurz und klein geschlagen; die Waldbühne war weitestgehend verwüstet und musste komplett neu aufgebaut werden!

Da waren sich die Genossen aber vollkommen einig, so etwas wollte man nicht erneut erleben müssen, schon gar nicht auf dem Gebiet der DDR! Zumal das Springerhaus unmittelbar an der Grenze stand. Jetzt trafen zwei Aktivitäten aufeinander: Staats- und Parteiführung wollten den 20. Jahrestag ihrer wunderbaren DDR pompös und ungestört feiern. Auf der anderen Seite sah es so aus, als wollten viele „negativ eingestellte und dekadent aussehende Jugendliche" gleich daneben, im Zentrum der Hauptstadt unmittelbar an der Mauer ein Konzert der „Rolling Stones" erleben! Das passte nicht zusammen. Die Stones galten damals als der Inbegriff dieser „grauenhaften und lauten Beat-Bewegung"! Dazu kam jetzt die Furcht, bei einem solchen Konzert mit tausenden Fans könnte der Wind schnell einmal drehen und sich zu einem Sturm auf die Grenze entwickeln! *Das* war eine mehr als beängstigende Vorstellung! Also ging man flugs auf die Suche nach der Quelle jenes Gerüchtes. Und man wurde fündig: Als im September 1969 der auch im Osten bekannte Moderator Kai Blömer in der über die Grenzen hinaus überaus beliebten und viel gehörten Sendung „Treffpunkt" vom RIAS meinte, die Rolling Stones würden am 7. Oktober '69 ein Konzert geben, und zwar auf dem Dach des Springer-Verlagshauses, war das nur als Scherz gedacht. Zum Ende der Sendung stellte der damals 21-jährige Moderator die Sache klar und erklärte, er habe nur einen Witz gemacht! Doch es war bereits zu spät. Der Geist war aus der Flasche, das Gerücht war in der Welt! Besonders im Osten hatte das wie eine Bombe eingeschlagen! Nun waren die Genossen doch in Panik! Man erfuhr aus einer „ganz sicherer Quelle" *(??)*, die Sendestärke der „kleinen Dach-Musik" sollte angeblich über 100 Phon betragen, die Reichweite 15 Kilometer sein! So hieß es nämlich in einem MfS-Vermerk über die angebliche Veranstaltung mit einer „Beat-Kapelle" auf dem Springer-Hochhaus. Parteitreue Jugendliche sollten an diesem Tag bei einer Militärparade den SED-Machthabern zujubeln, aber keine langhaarigen Rockfans den Stones auf dem Springer-Hochhaus im Westen! Jugendliche in der ganzen DDR verteilten inzwischen Flugblätter, die riefen dazu auf, das Konzert an der Mauer zu besuchen! Das MfS reagierte mit der Aktion „Stafette". Sogenannte „negative Jugendliche" sollten daran gehindert werden, aus ihren Heimatorten in der DDR nach Ost-Berlin zu reisen. Doch das alles würde nur bedingt erfolgversprechend sein. Wie gesagt, der Geist war aus der Flasche, und niemand kriegte ihn da wieder hinein! Also wurde alles aufgeboten, was man hatte, um Massenansammlungen in Höhe der Leipziger Straße zu verhindern und, sollten sie trotzdem stattfinden, schnell und unbemerkt aufzulösen. Der Plan war ja echt mächtig gewaltig! Der Erfolg eher zweifelhaft …

Unsere Gruppe war auch in diese Aktion eingebunden. Man stellte in der Nähe der Leipziger Straße einen Bauwagen auf, extra für uns wackere Aufklärer! Die Sache hatte nicht nur einen Haken, sondern auch gleich noch diverse Ösen! Zum ersten war das Gelände damals zwischen Gendarmenmarkt und Leipziger Straße immer noch ein recht trauriges Fleckchen Erde. Leider standen noch nicht die heutigen großen Wohnhäuser an der Grenze nach Westberlin. Darum war das Springerhaus weit zu sehen. Und es war auch gar nicht so einfach, dieses Gelände vernünftig abzuriegeln. Es gab viel zu viele Möglichkeiten, sich in den diversen alten Gebäuden rundherum zu verstecken! Oder sich zur Leipziger Straße hinzuschleichen! Oder sonst irgendwie dort hinzugelangen!

Schließlich war es ziemlich schwer, die Konzertinteressierten von den DDR-Jahrestag-Feiernden zu unterscheiden und diese alle richtig einzusortieren! Drittens war so ein Bauwagen kein Wohnwagen, geschweige denn für Camping geeignet! Das hieß, die Toilettenabteilung war nur ein Eimer hinter einem Vorhang! Man wollte es kaum glauben – zum Pinkeln hatte irgendjemand hinten ein Loch in den Boden gerammt. Das waren ja ganz zauberhafte Arbeits- und Lebensbedingungen! Da hockten wir also nun stundenlang in unserem Bauarbeiterwagen, die Kameras in ständiger Bereitschaft, um die Aktivitäten und Provokationen der bösen, bösen Kapitalisten und ihrer hinterhältigen Helfershelfer aus den Springer-Schreibstuben genauestens zu dokumentieren! Und auch die immer größer werdende Schar der negativen Jugendlichen im Auge zu behalten. Alles in allem war es ein grauenhafter Einsatz! Meiner Meinung nach nur vertane Zeit! Aber ich hielt besser die Klappe und solcherlei Gedanken nur für mich! Übrigens wurde später mal gesagt, wir hätten gewonnen! Das Konzert sei verhindert worden! Was nur für ein Konzert? Später sagten die Stones mal, sie hätten erst viele Jahre später davon erfahren und niemals auch nur so einen Plan gehabt, dort auf dem Dach ein Konzert zu machen! Das Ganze fanden sie sehr amüsant! Ich nicht! Ich war auch später nie auf einem Konzert der Rolling Stones, jedoch hin und wieder bei anderen Veranstaltungen und Konzerten. Besonders gerne, wenn die in der Waldbühne stattfanden!

Wie ich den Verfassungsschutz besuchte

Eine Sache war besonders zeitaufwendig. Es ging um die Beobachtung des Berliner Amts für Verfassungsschutz in der Joachimsthaler Straße. Der Verfassungsschutz war schon damals der Inlandsgeheimdienst der Bundesrepublik Deutschland. Nun gab es da aber ein Problem, das war der Partei- und Staatsführung der DDR ein mächtiger Dorn im Auge: der Status des Westteils der Stadt!

Im DDR-Sprachgebrauch wurde der Ostteil „Berlin, Hauptstadt der DDR" oder kurz „Berlin" genannt, während der Westteil „selbständige politische Einheit Westberlin" oder einfach „Westberlin" hieß, immer ohne Bindestrich geschrieben. Es sollte so der politisch erwünschte Eindruck von einem „eigentlichen" Berlin im Osten und einem fremdartigen Gebilde westlich davon erzeugt werden. (Wikipedia, 15.8.2020)

Und ganz wichtig: Westberlin ist kein Bestandteil der Bundesrepublik Deutschland und darf nicht von ihr regiert werden!

Diese These wurde geradezu gebetsmühlenartig immer und immer wieder propagiert! Der Senat von Berlin-West, die Regierung der BRD und die westlichen Alliierten hatten da natürlich eine ganz andere Meinung!

Die Westmächte USA, Großbritannien und Frankreich betrachteten sich als Schutzmächte der Freiheit West-Berlins. Ihr Ziel war es, ihren Einflussbereich in Berlin zu sichern und eine Vereinnahmung West-Berlins durch die Sowjetunion zu verhindern. Zu diesem Zweck waren sie bereit, die Integration Ost-Berlins in

die DDR und damit die Teilung der Stadt hinzunehmen, die mit einer Stabilisierung ihrer eigenen Machtposition im Westteil einherging. Insbesondere ihre Untätigkeit gegenüber dem Mauerbau 1961 wurde den Westmächten von vielen Berlinern verübelt und als Verrat an der Idee der Einheit und Freiheit Berlins wahrgenommen.
Formell hielten sie jedoch an ihrer Auffassung des die gesamte Stadt umfassenden Viermächte-Status fest. So blieb während der gesamten Zeit der Teilung der Platz des sowjetischen Abgesandten in der Alliierten Kommandantur symbolisch frei. Sie bestanden auf der Freizügigkeit westalliierter Militärangehöriger in ganz Berlin. Gegen Verletzungen des Viermächte-Status von östlicher Seite (z. B. Militärparaden der NVA auf Ost-Berliner Boden) reagierten sie mit diplomatischen Protestnoten. Die Botschaften der Westmächte und der meisten NATO-Staaten in Ost-Berlin hießen „Botschaft bei der DDR" (statt „in der DDR"), um zu betonen, dass sie sich nicht auf dem Territorium der DDR befänden. (Wikipedia, 15.8.2020)

Auch in den beiden deutschen Staaten gab es daher keine Botschaften, sondern „Ständige Vertretungen"! Zumindest eins konnten die Verhandlungen zum „Vier-Mächte-Abkommen über Berlin" erreichen: Von nun an wurde immer Berlin-West gesagt und geschrieben, nicht mehr Westberlin!

Übrigens war das MfS bei der Wortwahl immer ganz besonders vorbildlich, denn dort war nur die Bezeichnung „Berlin-West" im Sprachgebrauch, von Anfang an!

In den gesamten Jahren der Trennung Deutschlands in zwei völlig verschiedene deutsche Staaten war es für die Regierungen sowieso ein beliebter Zeitvertreib, sich andauernd über irgendwelche Bezeichnungen oder politische Situationen zu zanken und zu streiten. So erfand man in der BRD einen Trick, um Diskussionen aus dem Weg zu gehen, indem man einfach vor alles Mögliche das kleine Wörtchen „Bundes" setzte. Da es seit 1945 nach alliiertem Recht keine Beamten mehr in Deutschland gab, setzte man auf westlicher Seite einfach dieses Wort davor und hatte nunmehr „Bundes"-Beamte. Oder auch diverse „Bundes"-Ämter für sonst irgendwas! Oder auch eine „Bundes"-Verfassung, somit auch ein „Bundes"-Verfassungsgericht"!

Wobei das alles vollkommen falsch war, denn es gab und gibt in der Bundesrepublik keine Verfassung, sondern nur ein „Grundgesetz *für* die Bundesrepublik Deutschland"! Auch wenn alle sagen, dieses Grundgesetz sei ja quasi eine Art Verfassung!

Entschuldigung, der fliegende Fisch ist eben ein *Fisch* und kein *Vogel*, auch wenn er den Anschein macht, als könne er fliegen. Und auch wenn er in seinem Namen den Begriff „Fliegen" führt, ist er noch lange nicht das, was man ihm da angedichtet hat!

Diese ganzen Tricks des Westens gefielen den Politikern der DDR nicht besonders. Auch nicht ihrem großen Bruder Sowjetunion, nebst dessen kleineren sozialistischen Geschwistern im Warschauer Vertrag oder dem RGW (Rat für gegenseitige Wirtschaftshilfe, eine internationale Organisation der sozialistischen Staaten unter Führung der Sowjetunion). Da war es logisch, dass man mithilfe von konkreten Informationen und Fotomaterial Beweise vorlegen wollte, die im internationalen Maßstab oder bei diversen bilateralen Zusammenkünften zeigen sollten, dass es andauernd Verstöße der Westmächte und der Bundesrepublik gegen den Status Westberlins gab.

Man wollte auch unbedingt beweisen, dass der Bundes-Verfassungsschutz in Westberlin aktiv war, was er aber angeblich nach den Gesetzen nicht sein durfte. Unsere Aufgabe war es nun, diese Beweise zu beschaffen und Mitarbeiter des Verfassungsschutzes in Westberlin aufzuklären, ihre Fahrzeuge zu dokumentieren, ihre Wohnorte festzustellen und auch, ihre Familienverhältnisse genauestens zu ermitteln. Wie macht man so etwas möglichst effektiv, wenn man dafür nur drei Personen und KEIN Auto zur Verfügung hat? Öffentliche Verkehrsmittel helfen da nicht weiter, wenn die Kollegen Verfassungsschützer mit ihren Fahrzeugen an einem vorbeirauschen! Das war eine Sisyphus-Arbeit der ganz besonderen Art! Wobei ich sagen muss, da wäre ich lieber selbst Sisyphos, König zu Korinth und Sohn des Aiolos gewesen, der Typ, der andauernd einen Stein den Berg hinaufrollen sollte, das aber nicht schaffte! Da wüsste ich aber genau, ich hätte schon dafür gesorgt, dass diese Riesenklamotte nicht laufend wieder heruntergerollt wäre! Aber egal!

Wie haben wir diese Aufgabe nun gelöst? Zuerst einmal muss ich sagen, sehr zeitaufwendig und in mehreren Etappen! Nehmen wir ein Beispiel: Irgendein Mitarbeiter verlässt das Gelände des Verfassungsschutzes, biegt ab auf die Straße und fährt nach links oder rechts davon. Dann hieß das für uns, wir hatten in Sichtweite nach beiden Richtungen einen Mann stehen, der sich da unauffällig aufhielt. Er sah dem Fahrzeug hinterher, soweit er das konnte und merkte sich entweder, wo der Wagen abbog oder wie weit er das Fahrzeug sehen konnte. Dieser Punkt war für den nächsten Tag der Ausgangspunkt für die weitere Beobachtung. Wenn also der entsprechende Wagen am nächsten Tag dort vorbeikam, wiederholte sich die Prozedur der Beobachtung, wie am Tage davor: Hinterhersehen, bis das Fahrzeug abbog oder aus dem Blickfeld verschwand. Am nächsten Tag ging es so weiter. Und so weiter und so weiter. Eines Tages dann stand man in der Nähe eines Hauses, auf dessen Grundstück der Fahrer mit seinem Auto einbog. Dann musste man nur noch herausfinden, wie der Name an der Tür lautete, schon hatte man eine Person ermittelt. Wie gesagt, EINE Person! Das wiederholt sich nun, bis man eine ganze Reihe von Mitarbeitern ausgekundschaftet hatte. Und ausgehend vom Wohnort kamen jetzt noch die Ehepartner und Familienmitglieder dazu. Da machte man es genauso! Das Ganze war wirklich sehr zeitaufwendig, aber effektiv! Denn wie sagt man so treffend: Gottes Mühlen mahlen langsam, aber sehr, sehr fein! Das war jetzt nur *ein* Beispiel und *ein* Weg, um jemanden zu beschatten und seine Tätigkeit und sein gesamtes Umfeld aufzuklären!

Alle Informationen wurden nach den Einsätzen im konspirativen Büro gesammelt und ausgewertet. Somit konnte man also anhand der diversen Fotos, die angefertigt wurden, ein ganzes Sammelsurium von Informationen vorlegen: Das ist der und der. Der fährt dieses Auto oder diese Autos. Der wohnt da und da. Seine Frau ist die und die. Die arbeitet, als was auch immer, da und da. Seine Kinder sind die und die. Die gehen da und da in die Kita oder zur Schule. Und so weiter und so fort! Dann kam noch ein anderer Aspekt hinzu: Die HVA hatte natürlich in diversen Büros der Verwaltung, der Polizei, der Zulassungsstellen, der Einwohnermeldeämter oder aller möglichen Behörden in Westberlin die einen oder anderen Bürger oder Bürgerinnen sitzen, die dafür entlohnt wurden, ab und an mal eine Gefälligkeit zu leisten und Infos über bestimmte Personen zu übermitteln. So rundete sich ein Bild immer mehr ab, bis man schließlich genug Informationen gesammelt hatte. Diese wurden dann aber nicht dazu verwendet, um auf besondere Personen Druck auszuüben oder so etwas in der Art! Es ging nur um das Sammeln von bestimmten Informationen! Dabei wusste man oft nicht, zu welchen Operationen oder Maßnahmen die eigenen Aufklärungsergebnisse verwendet wurden oder verwendet werden sollten! Wie gesagt, darum heißt es eben Geheimdienst, man muss nicht alles wissen! Ich hatte mir allerdings schnell angewöhnt, von allen Aktionen, an denen ich beteiligt war, eine Art Blaupause in Form von Kopien für mich zu haben. Einfach nur zur eigenen Sicherheit und gut getarnt gelagert. Davon später mehr. Unser konspiratives Büro jedenfalls war mittlerweile eine angebliche kleine Außenstelle des Fischkombinates Rostock und befand sich in der Nähe des Antonplatzes in Berlin-Weißensee.

Eine Anmerkung muss ich an dieser Stelle noch mal machen: Das Bundesamt für Verfassungsschutz galt stets als der Inlandsgeheimdienst der Bundesrepublik. So weit, so gut. Aber was genau sollte denn da diese Behörde im Inland aufklären, mit *ihrer* Art von IM, von informellen Mitarbeitern? Gut, die hießen V-Leute, Verbindungsleute. Und die schnüffelten nun vielen Bürgern der BRD und Westberlins hinterher, um deren politische Gesinnung auszukundschaften! Wie war das damals mit den Berufsverboten für Lokführer und Eisenbahner der Bundesbahn generell? Oder für Postler, Ärzte oder Lehrer, die beispielsweise Mitglieder der DKP waren, der Deutschen Kommunistischen Partei? Es ging darum, Leute mit solchen Gesinnungen, die Arbeitsplätze im öffentlichen Dienst hatten, aus dem Staatsdienst zu entfernen! Oder solche erst gar nicht zuzulassen! Dabei wurde laut „Bundes"-Verfassungsgericht vorgeschlagen, die Verwendung des Wortes „Berufsverbot" nicht zu wählen, weil es sich dabei um ein „Schlag- und Reizwort" handeln würde, das nur „politische Emotionen" wecken könnte!

Der Verfassungsschutz also als höchster Tugendwächter der Demokratie im Lande? Aber das MfS war ungerecht, menschenverachtend und steckte alle ins Gefängnis, die gegen die DDR waren? Ist das nicht ein wenig zu sehr Schwarz-Weiß-Malerei? Jeder Staat hat das Recht, seine Bevölkerung zu schützen, seine Souveränität zu erhalten und seine Landesgrenzen zu sichern! Aber was dem einen recht ist, sollte doch dem anderen billig sein! Übrigens machten wir mit unserer Arbeit nichts anderes als die anderen auch. Sagen wir es mal so: Ein Maurer in Westberlin und ein Maurer in Ostberlin gehen demselben Handwerk nach. Nur eben tun sie das mit unterschiedlichen Werkzeugen und unterschiedlichem Material!

Wie ich mir so meine Gedanken machte (1)

Bevor man in einen Einsatz ging, wurde man vergattert. Das bedeutete, man erhielt seinen Auftrag, der war gedacht zum Schutz der DDR. Und wenn man dann innerhalb dieser Aufgabenstellung versagte oder irgendwas versemmelte, hieß es, würde einen „die harte Strafe des werktätigen Volkes der Arbeiter und Bauern“ treffen! Echt jetzt? Besonders die Stelle mit den Bauern fand ich stets sehr amüsant. Was genau würden wohl die Genossen Bauern mit mir anstellen, wenn ich da irgendwie was falsch gemacht hätte? Mich mit faulen Eiern bewerfen? Oder mit Kuhkacke? Oder würden sie mich mit Mistgabeln und Dreschflegeln verfolgen, um mich dann mal so richtig zu vermöbeln? Es gab schon seltsame Wortfindungen und Formulierungen in der DDR!

Aber so weit, dass man was richtig vergeigte, musste es ja gar nicht erst kommen. Konnte es eigentlich auch nicht, denn wir wurden alle andauernd von Spezialisten begutachtet, bei allem, was wir so taten, während unserer besonderen Form der Berufsausbildung mit Abitur! Notwendigerweise, damit man an höherer Stelle sehen konnte, ob wir den Ansprüchen genügen würden. Daraus entstanden dann sterile Analysen und Beurteilungen, die natürlich so ungeschönt sein mussten, einfach um zu sehen, wofür man später eingesetzt werden konnte. Der Kreis der Entscheider waren letztendlich maximal drei Personen, meistens sogar nur noch einer!

Wir waren da bei den Baumechanikern zur Vorbereitung auf unseren weiteren Weg so fünf bis sieben junge Leute, um die zwanzig Jahre herum, aber keiner älter als fünfundzwanzig. Drei von denen gingen dann ins „große Haus“ in der Normannenstraße und direkt an den Schreibtisch. Ich fand immer, am grünen Tisch ist alles eben nur grün! Damit wohl auch ein wenig zu weit weg von der Realität! Darum wäre ein Schreibtisch für mich der blanke Horror gewesen! Ich wollte lieber immer weit vorn sein, mitten im prallen Leben!

Im Laufe der Zeit entwickelte man seine eigene Art, wie man vorging, um gestellte Aufgaben zu erfüllen. Dazu musste man herausfinden, was man für Fähigkeiten und Talente von Hause aus mitbrachte und wie man diese Fähigkeiten und Talente einsetzen und ausbauen konnte. Das war auch notwendig, weil es eben kein Schema F geben kann, wenn man irgendetwas aufzuklären hat! Neuer Tag, neues Glück! Neue Aufgabe, neuer Weg! Man war so getaktet und auch psychologisch vorbereitet worden, dass man davon ausgehen sollte, man wäre unbesiegbar und unkaputtbar! Für die konkrete Arbeit hatte es sich bewährt, bei Aufklärung und Beobachtung Dreiergruppen loszuschicken. Die Mitglieder solcher Gruppen kannten in der Regel keine anderen Gruppen, weder in der Aufgabenstellung noch im Personal. Da ich immer mit offenen Augen durch die Welt lief, konnte es gar nicht anders sein, ich kriegte mit, wer und wo wie arbeitete. Und das bei mindestens zwei, drei anderen solcher Gruppen!

Nun muss man sich das vorstellen, als wäre man in der Schule. Man geht beginnend in die erste Klasse und erlernt dort die Grundlagen in Rechnen, Schreiben und Lesen. In den nächsten Klassen kommen dann andere Fächer hinzu und bestehende Kenntnisse werden weiterentwickelt und verfeinert. Das alles unter Nutzung von persönlichen Kapazitäten wie Erfahrungen, Talenten, Auffassungsgabe, Begreifen, wie auch immer. Und hier beim Geheimdienst ist das nicht nur ähnlich, sondern ganz genau so! Denn da wurde auch ausgesiebt. Leute, die die Aufgabe nicht bewältigen konnten, aus welchen Gründen auch immer, mussten ja logischerweise ausgesondert werden! Sie wurden an anderen Stellen eingesetzt, ganz nach ihren Fähigkeiten. Aber eben nicht mehr an der vordersten Front! Es nutzte schließlich keinem, wenn irgendwas den Bach runterging, nur weil man es mit Leuten zu tun hatte, die für die Aufgabe ungeeignet waren! Man war sich immer im Klaren darüber, dass die eigene Arbeit ein Mosaiksteinchen war, das zusammen mit anderen Mosaiksteinchen schließlich und letztendlich ein großes

Bild ergab! Es mag überheblich klingen, aber eins ist die Wahrheit: Unsere Arbeit - meine Arbeit - half mit, den Frieden zu erhalten! Beide Systeme konnten gar nicht anders, als immer bemüht zu sein, ein gewisses Gleichgewicht zu halten, wollte man nicht, dass es zu Unregelmäßigkeiten in den Beziehungen zwischen West und Ost kam! Allerdings gibt es neben der Schwarmintelligenz auch das Gegenteil davon, die Schwarmdummheit! Im Laufe der Zeit gelang es mir, genau das oft zu sehen. Auf beiden Seiten des Zaunes konnte man das beobachten. Nun ist es für den einzelnen super und lehrreich, wenn er Wahrheiten erkennt, für die Gesellschaft ist es tödlich! Ich meine, wenn man in beiden Systemen unterwegs war, sah man die Unterschiede. Man sah die Vorteile und man sah die Nachteile, die der Westen hatte, aber auch der Osten. Zwangsläufig fängt man an, alles miteinander zu vergleichen und darüber nachzudenken, was nun besser ist und was schlechter. Allerdings begriff ich eins sehr schnell: Durch dieses Selbst-vor-Ort-ansehen-Können war ich für die DDR als „Parteisoldat" verloren! Denn ich hatte ja Vergleichsmöglichkeiten, ich konnte beide Systeme erleben. Jeden Tag und das Ganze in ORWO-COLOR, in AGFA und in KODAK! Durch mein Sammeln von Erkenntnissen und Erfahrungen sah ich ja die Diskrepanzen überall im Lande, im Osten und im Westen! Es ist wahr, beide Systeme hatten ihre Probleme, ihre Vor-, aber auch ihre Nachteile!

Die Widersprüche zwischen Wort und Tat, zwischen Traum und Wirklichkeit! Und es stimmt, wer einmal „draußen" war, sah bestimmte Dinge mit anderen Augen. Man erlebte hautnah den Überfluss! Man erkannte, die Leute orientieren sich an den vollen Schaufenstern. Alles in allem konnte ich gar nicht anders, als den Sozialismus infrage zu stellen; zumindest den Sozialismus, wie er in der DDR betrieben wurde! Über viele Jahre hinweg versuchten Ost und West täglich, sich gegenseitig zu übertrumpfen und somit vorzuführen, das jeweilige politische System wäre das bessere! Und ich sage dazu: Auf beiden Seiten lebte man nur eine Illusion!

Letztendlich war es nicht nur kaum möglich, jemanden zu finden, mit dem man über solche Themen diskutieren konnte, es war auch kreuzgefährlich! Denn wie schnell traf man auf Leute, die solche Reden und Gedanken in den falschen Hals kriegten und sofort Zeter und Mordio schrien und einem so die Zukunft verbauen konnten. Wobei ich sagen muss, ich fand es schon immer viel gefährlicher, wenn sich Leute in die innere Emigration zurückzogen. Sich zu nichts mehr zu äußern, nicht mehr die eigene Meinung zu sagen und sich nicht mehr mit gesellschaftlichen Themen auseinanderzusetzen, da ist die Gefahr sehr groß, dass es zu einer verheerenden Explosion kommen kann, weil der Druck keine Möglichkeit mehr hat, irgendwohin zu entweichen!

Aber solche Situationen hätte es auch in meiner Arbeit geben können. Beispielsweise ist eines bei der Tätigkeit als Kundschafter lebensgefährlich: die Angst! Wer in so einem Job Angst hatte, hätte gleich nach Hause gehen können! Man musste sich auf seinen oder seine Partner absolut verlassen können, wenn man im operativen Gebiet unterwegs war. Ich hatte da ein Problem, und dieses Problem hatte einen Namen: Peter. Der zweite „Agentenlehrling" in unserer Dreiergruppe! Peter war von Hause aus Techniker und ein herzensguter Mensch. Er war eine Art moderner Pawel Kortschagin …

„Beim Spaziergang ergreift ihn eine ‚seltsame Niedergeschlagenheit'. Am Stadtrand kommt er zu dem Platz, an dem Genossen erhängt wurden, und zu ihren Gräbern: ‚Hier hatten die tapferen Kameraden ihr Leben gelassen, damit das Leben derer schöner werde, die in Elend und Armut geboren wurden und für die allein die Geburt schon den Anfang der Sklaverei bedeutete. … Trauer, tiefe Trauer erfüllte sein Herz.' Er nimmt die Mütze ab und denkt: ‚Das Wertvollste, was der Mensch besitzt, ist das Leben. Es wird ihm nur einmal gegeben, und er muss es so nützen, daß ihn sinnlos verbrachte Jahre nicht qualvoll gereuen, die Schande einer kleinlichen, inhaltslosen Vergangenheit ihn nicht

bedrückt und daß er sterbend sagen kann: Mein ganzes Leben, meine ganze Kraft habe ich dem Herrlichsten in der Welt – dem Kampf für die Befreiung der Menschheit – geweiht. Und er muß sich beeilen, zu leben. Denn eine dumme Krankheit oder irgendein tragischer Zufall kann dem Leben jäh ein Ende setzen.'" (*Nikolai Ostrowski: Wie der Stahl gehärtet wurde*)

Dieses Gebaren mag ja durchaus ehrenrührig sein, aber auf der Straße, im Einsatz, unter den Bedingungen des Klassenkampfes, so wie wir ihn führten, ist diese Herangehensweise nicht nur naiv, sie ist auch lebensgefährlich. Man musste begreifen, dass in der konspirativen Arbeit die kürzeste Verbindung zwischen zwei Punkten meistens die Spirale ist!

Mein Kollege „Herzblut-Peter" war für meine Begriffe viel zu durchschaubar. Und er hatte Angst bei der Arbeit. Das merkte man schnell, aber somit bestand auch die Gefahr, dass es unser „Gegenüber" bemerken konnte. Ein Risiko, das ich nicht lange bereit war einzugehen! Leider war Genosse Peter aber auch unpünktlich und vor allem unzuverlässig! Es gab da im Einsatz mehrere Situationen, da wusste ich, das wird nichts werden mit uns. Also suchte ich zuerst einmal das Gespräch mit ihm. Ich machte ihm klar, wenn wir abgemacht hatten, uns um so und so viel Uhr da und da zu treffen, und er tauchte dann mehrmals nicht rechtzeitig auf, war damit die Sicherheit des gesamten Teams gefährdet! Das könnten wir uns aber nicht erlauben! Schon gar nicht im Operativgebiet! Ich erklärte ihm, ich würde diese Angelegenheit in größeren Maßstab besprechen müssen, denn die Gefahr war einfach zu groß, wenn man sich nicht auf seinen Nebenmann verlassen konnte. Ich wollte da natürlich meinem „Herzblut"-Peter keinerlei Vorschriften machen, das stand mir auch gar nicht zu. Aber so würde es nicht weitergehen! Wir setzten uns dann zusammen. In der Runde mit dem entsprechenden Abteilungsleiter, einem Mann mit Dienstgrad General, wurde das dann zur Kenntnis genommen, und man beschloss gemeinsam, dass ich nicht mehr mit Peter außerhalb des Gebietes der DDR zusammenarbeiten würde. Auch der ältere Genosse Herbert, unser Führungsoffizier, war da anwesend. Und wie gesagt, es gab keine Beschuldigungen oder laute Worte, Schuldzuweisungen oder solche Sachen. Sondern man einigte sich, dass Peter eine andere Tätigkeit finden würde, die seinen Interessen am nächsten kam und ihm auch gestattete, eine gute Tätigkeit auszuüben. Unsere Dreiergruppe wurde aufgelöst und zukünftig zogen erst einmal nur noch der Herbert und ich los. Wenig später ergab es sich dann, dass auch Herbert nicht mehr ins operative Gebiet fahren konnte, denn seine Frau war mittlerweile schwer erkrankt. Und auch für ihn fand sich ein guter Arbeitsplatz im „großen Haus", in der Zentrale!

VII.

Unterwegs als Einzelkämpfer

Das Jahr 1969 ging langsam zu Ende. Nun war ich also vom Dreiergestirn als letzter Kämpfer übriggeblieben. Erstaunlicherweise bekam ich keine zwei neuen Mitstreiter an die Seite gestellt. Im Gegenteil, man fragte mich, ob ich nicht als „Einzelkämpfer" losziehen wollte! Wahrscheinlich gab es da jemanden im Hintergrund, der sich gesagt haben muss: «Leute, lasst den Hansen mal machen!»

Somit war meine Arbeit auf dem Territorium der Deutschen Demokratischen Republik erst einmal beendet. Es gab wohl neue Einsatzgebiete, neue Aufgabenbereiche und eine Vielzahl der verschiedensten Erkenntnisse, bei denen man mir zutraute, ich würde gut mit ihnen zurechtkommen!

Wie ich mir so meine Gedanken machte (2)

Das Ministerium für Staatssicherheit war, wie alle anderen Ministerien auch, dem Ministerrat der DDR unterstellt. Wobei ich da einige Zweifel hatte, dass die Genossen des Ministerrates genau und in allen Einzelheiten wussten, was der Sicherheitsdienst der DDR da so alles am Start hatte! Ich gehe davon aus, die ahnten im Hause des Ministerrates, dem ehemaligen Alten Stadthaus in der Stralauer Straße, Ecke Klosterstraße in Berlin-Mitte, nur Bruchstücke dieser geheimen Arbeiten, wenn überhaupt! Wie gesagt, ein Geheimdienst ist nur geheim, wenn er auch Geheimes tut und die Ergebnisse geheim hält! So gut das eben möglich ist, bei all der Bürokratie, für die Deutschland in der ganzen Welt stets bekannt war!

Ich hatte sowieso von Anfang an den Gedanken, die überwiegende Mehrheit der Leute beim MfS waren wie Beamte und die Häuser in der Normannenstraße, den Bezirksverwaltungen und in den Kreisdienststellen sowas wie Behörden. Gut, die HVA und die Berliner Verwaltung hatten einen anderen Stellenwert als die einzelnen Bezirksverwaltungen. Das mag darum so gewesen sein, weil die Berliner eben ganz nah an das Ministerium angebunden waren und somit eine intensivere Zusammenarbeit möglich war.

Trotzdem ging ich immer davon aus, nur die Leute, die nicht an den Schreibtischen saßen, sondern im Operationsgebiet eingesetzt waren, durften sich als echte Agenten fühlen. Oder besser: Kundschafter. Und die HVA konnte nur mit handverlesenen Spezialisten arbeiten, das war auch klar! Es kam mir immer zu Ohren, dass unsere Geheim-Leute international als top angesehen worden waren. An die kamen nur die Jungs und Mädels vom Mossad ran, eventuell noch die Kollegen vom KGB. Aber dann wurde es schon ziemlich dünn, da oben an der Spitze der Geheimdienste!

Und um es noch mal zu sagen: Der Anspruch der Hauptabteilung Aufklärung war es nicht, Spitzelberichte über die Bürger Lehmann, Schulze, Meyer und andere anzufertigen. Das wird bis in die heutigen Tage immer wieder gern behauptet. Aber das ist völliger Quatsch!

Besonders die Arbeit der HVA war sehr effektiv. In den Zeiten des Kalten Krieges in Europa tobte der Klassenkampf auf beiden Seiten der politischen Bühne. Das ging sogar so weit, dass man teilweise wusste, mit wem man es als Spiegel auf der anderen Seite zu tun hatte. Ja, richtig gelesen! Und man respektierte die Arbeit der anderen! Man musste davon ausgehen, alle Geheimdienste in der BRD und auch international hatten ähnliche Strukturen wie wir. Genau wie wir durften deren Mitglieder nicht offen hin und her reisen, wie es ihnen gerade in den Kopf kam. Selbst Besuchsreisen familiärer Art waren zwischen den beiden deutschen Staaten kompliziert. Das ging bis hinunter in die staatlichen Stellen im Kreismaßstab.

Alle wussten, was man so tat. Allerdings nicht bei mir! Ich war *dort* immer einer von *ihnen*. Jedoch hübsch bescheiden im Schatten bleibend, denn nur so konnte man sich keinen Sonnenbrand zuziehen! Schwieriger dagegen wurde es mit der Zeit im „richtigen" Zuhause. Das war so, weil sich gewisse Gewohnheiten einschliffen, sprachlich und mental, aber auch im Auftreten. Es war nicht immer ganz einfach, problemlos den Schalter zwischen Ost und West umzulegen. Man sagt zwar: Übung macht den Meister! Aber manchmal baut der Alltag seine Fallgruben ein und man muss teilweise höllisch aufpassen, damit man nicht hineintappt!

Die Arbeit im operativen Gebiet war nicht, wir schicken mal drei Leute los und schauen dann, wer ist wofür am besten geeignet, quasi wie in der Schule, wo man es so macht bzw. so machen sollte. Bei der Arbeit war das anders. Die Struktur der Dreiergruppe war festgelegt worden und hatte sich bewährt. Sie war eine gute Strategie. Aufklärung und Beobachtung funktionierten am besten in einem kleinen Kollektiv.

Westberlin, als Einsatzort, lag nah, weil es rein räumlich gesehen auch wirklich nah war. Aber das Operationsgebiet war eigentlich die ganze Welt. Nicht nur im kapitalistischen Ausland, sondern auch in den sozialistischen Staaten schaute man mal ganz gerne vorbei, um herauszubekommen, was da so los war. Einfach, um sich ein Bild machen zu können, wie alles so umgesetzt wurde, was auf der internationalen Bühne zwischen den Staaten besprochen worden war, und so weiter und so fort.

Der Plan, zukünftig alleine loszuziehen und ohne partnerschaftliche Unterstützung an der Seite Aufgaben zu erfüllen, hatte seine Vor- und Nachteile. Konkret bedeutete das, ich hatte mich ab jetzt und gleich nur noch mit einer Person herumzuärgern, wenn ich im Einsatz war: Und das war ich! Das hieß, wenn ich nicht aufpassen würde oder leichtsinnig wäre oder irgendwas, würde mir das auf die Füße fallen, aber es wäre dann ganz und gar meine eigene Schuld! Natürlich war das keine Option für mich! Im Gegenteil, das hieß, noch viel mehr als vorher genau zu überlegen, bevor gehandelt wurde! Bei der Arbeit als Kundschafter muss man Folgendes bedenken: Man muss an sich glauben und an seine Fähigkeiten. Man muss an das glauben, was einem in der Ausbildung beigebracht wurde. Man muss davon ausgehen, mir kann keiner was! Man muss sich als etwas ganz Besonderes sehen, als jemand, der sich aus der Masse heraushebt, allerdings ohne irgendwie aufzufallen! Aber eben als jemand, der selten ist und einzigartig! Das ist eine psychische Sache, so ein Kopf-Ding! So etwas kann man trainieren! Und etwas anderes gibt es da noch: Das ist die Frage des Vertrauens. Wem kann man bedingungslos vertrauen? Den eigenen Leuten? Ich hatte da so meine Bedenken. Schließlich kam ich zu dem Schluss, mir das besser von Anfang an gar nicht erst anzugewöhnen. Das Problem war, ich konnte ja nie sagen, ob die Dinge, die in der Arbeit besondere Abläufe betrafen, so richtig waren, wie man sie mir mitteilte. Weil ich ja nie wusste, wer diese Abläufe wie geplant hatte und wer dahinterstand. Ich meine, Idioten gibt es überall! Wie sollte ich einschätzen, ob da nicht auch Leute dabei waren, die von der Fassade her zwar so taten, als wären sie die besten Tschekisten der Welt! Aber wie es in den Köpfen jedes einzelnen wirklich aussah, wer sollte das wissen? Genau aus diesem Grund hielt ich mich stets an das Leninsche Prinzip: „Traue *niemandem*!" Natürlich außer meiner einzigartigen Iris!

Bei der Arbeit ist Dankbarkeit oder so etwas völlig egal! Nur Loyalität ist wichtig! Und ein Grundprinzip gab es beim MfS und der HVA zu beachten: Einmal dabei hieß *immer* dabei!

In den Vorbereitungen auf meine Zeit als Einzelkämpfer gab es eine Sache, die war wirklich sehr interessant: Sollte man mich in westlichen Teil unserer schönen deutschen Heimat erwischen, wobei auch immer, musste ich mir keine allzu großen Sorgen machen, bezüglich irgendeiner Strafverfolgung. Hätte man als Bürger oder Bürgerin der BRD im Westen spioniert und wäre dabei erwischt worden, könnte man wegen Landesverrat vor Gericht gestellt und verurteilt werden und würde viele Jahre im Gefängnis verbringen müssen. Hätte man mich dabei ertappt, was wäre mir passiert? Nicht so viel! Gut, man hätte mich wegen geheimdienstlicher Arbeit anklagen können. Das wäre möglich, aber mehr auch nicht. Wieso das so war? Ganz einfach: Auch hier nutzte man wieder einen Trick: Die DDR war nun mal kein Teil der Bundesrepublik, auch wenn die Kollegen auf der anderen Seite des Zaunes immer wieder betonten, sie hätten den Alleinanspruch für das gesamte Deutschland! International kamen sie damit aber nicht durch! Und somit akzeptierten im Laufe der Jahre immer mehr Länder die Existenz zweier deutscher Staaten. Besonders nach dem Beitritt von DDR und BRD zur UNO, das war 1974. Damit war ich als Bürger der DDR ein Bürger eines anderen Staates! Das hieß im Klartext, der Tatbestand des Landesverrates konnte da nicht angewandt werden und war von Anfang an vom Tisch. Und ich wusste, unsere Leute hätten alles getan, um mich da rauszuhauen, wenn es notwendig gewesen wäre!

Man konnte noch einen anderen Punkt für sich nutzen, nämlich die Form des Rechtsstaates, wie das von den Stellen der BRD formuliert war: Der demokratische Rechtsstaat definierte einen Mann oder eine Frau so lange als unschuldig, bis dessen oder deren Schuld bewiesen war! Das funktionierte dann doch ein wenig anders als in der DDR, denn da musste man selbst alles unternehmen, um seine Unschuld zu beweisen!

Wir hatten in der Ausbildung Bekanntschaft gemacht mit dem sogenannten Lügendetektor.

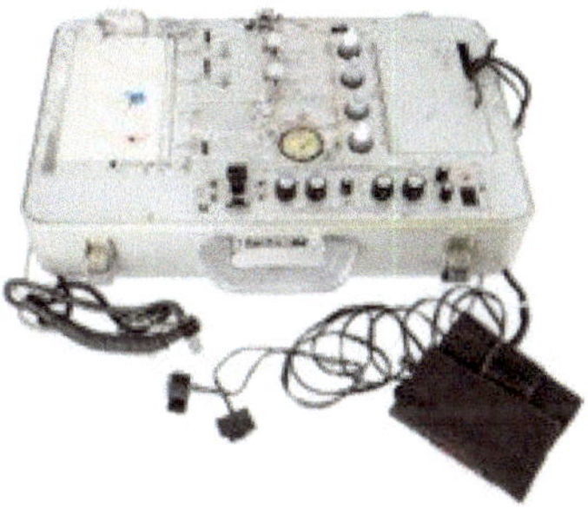

Von US-Behörden in den 1970er Jahre genutzt: Polygraph Lafayette Model 76056
(www.deutsches spionagemuseum.de, 16.2.2021

Die Dinger kannte man ja aus jedem besseren Spionagefilm! Mit solchen Teilen würden die Amis aus jedem, der ihnen in die Finger kam, die Wahrheit herausholen! Träumt mal weiter, Kollegen Spione!

Sollte man wirklich mal von einem ausländischen Geheimdienst weggefangen und an so ein Teil angestöpselt werden, wusste man darauf richtig zu reagieren. Wir hatten gelernt, wie man sich verhalten musste und welche Anti-Techniken man anwenden konnte. Da wurde nur eine grobe Richtung vorgegeben, man musste schon seinen eigenen Stil finden, mit so einem Lügenkasten-Teil umzugehen. Es ging darum, zu begreifen, auch solche Technologien waren eher eine Kopfsache. Erfahrungsgemäß waren die Fehlerquoten solcher Tests sehr hoch. Ich hatte von Anfang an keinen Respekt vor diesen Maschinen! Weil ich ja von Hause aus schon immer ein ziemlicher Einzelgänger gewesen war, hatte ich frühzeitig gelernt, wie man Leute auflaufen lässt. Man muss sich aufführen wie ein Schauspieler, man muss den Leuten etwas vorspielen! In der Ausbildung brachte ich in solchen Situationen unsere Lehrkräfte fast zur Verzweiflung, weil ich mich dabei an die Bücher von Karl May erinnerte und mich so verhielt wie seine Protagonisten: Ich machte einen auf sturer Indianer! Ohne die Miene zu verziehen oder etwas zu sagen, saß ich da die ganze Zeit über nur herum. Diese Technik hatte ich ja auch schon als Kind äußerst erfolgreich angewandt, immer nach dem Motto: *Beweist mir erstmal, was ich gemacht haben soll!*

Ich meine, man hat mich nie geschnappt! Schon aus dem Grund, weil ich immer bestimmt habe, wohin der Hase läuft. Auch die, die wohl glaubten, sie hätten mich im Griff, mussten lernen, dass sie es eben nicht hatten! Ich war immer mein eigener Chef. Ich habe immer entschieden, was geht! Angst hatte ich sowieso nie! Angst wäre auch ein völlig falscher Ratgeber gewesen, weil man dann Fehler machte. Was ich hatte war: Respekt vor der Sache! Und ich begriff auch sehr schnell, in der Arbeit kann Routine tödlich sein. Aber bei der Absicherung ist eine gewisse Form von Routine in den Abläufen wie ein Handwerk, das man gut zu beherrschen gelernt hat! Und im Laufe der Zeit perfektioniert man so seine Arbeit!

Wie gesagt, es traf auf mich nicht zu, aber es war gut, davon gehört zu haben: Es heißt: „Der Verrat wird stets geliebt, nicht aber der Verräter!" Das bedeutete, absolut den Mund zu halten, sollte man irgendwie bei irgendwas erwischt worden sein! Und somit wurden dann Mechanismen in Bewegung gesetzt, die für beide Seiten von Interesse waren, bis hin zum Agentenaustausch. Der allerdings wieder nicht so ablief, wie man das aus den Agententhrillern kennt: Austausch von Agenten in Nacht und Nebel auf der Glienicker Brücke! Nein, auch diese Zusammenarbeit der beiden deutschen Staaten verlief heimlich, still und leise. Wie viele andere Dinge auch, besonders auf wirtschaftlicher Ebene!

In dem Zusammenhang muss ich sagen, natürlich wurde in unserem Land auch gegen Leute vorgegangen, die mit gegnerischen Diensten kooperiert haben. Die wurden selbstverständlich dafür zur Verantwortung gezogen, wie überall auf der Welt. Uns wurde immer eingetrichtert, dass das MfS nicht dafür da ist, Straftaten zu organisieren, sondern immer für die Menschen tätig zu werden!

Heute wissen wir, es gab auch eine Menge Ungerechtigkeiten, die von charakterlosen und starrsinnigen Zeitgenossen veranlasst worden sind. Oftmals aus Egoismus und um des eigenen Vorteils willen!

Trotzdem war eins völlig klar. Wer gegen die Gesetze der DDR verstieß, wer etwas tat, das gegen die Verfassung der DDR (ja, wir hatten eine *richtige* Verfassung!!) gerichtet war, musste mit Bestrafung rechnen. Das wusste jeder, und jeder konnte und sollte sich darauf einstellen. Ein besonders sensibles Thema war die Zusammenarbeit mit gegnerischen Kräften trotzdem. Natürlich musste man solche Leute aus dem Verkehr ziehen. Manchmal kam es aber auch vor, dass solche Personen umgedreht wurden und dann sozusagen als Doppelagenten arbeiteten. Selbstverständlich kam es auch vor, dass es Leute aus unseren Reihen gab, die zum Verräter wurden! Das wiederum war eine ganz andere Geschichte! Wer dabei erwischt wurde, dem konnte bei schwerwiegenden Verfehlungen sogar die Todesstrafe drohen! Andere kamen in Haft. Man sagte, wer von da zurückkam, war gebrochen. Aber niemand sprach darüber: Was in Schwedt und anderen Haftanstalten passierte, blieb für immer dort! Trotzdem sage ich es an dieser Stelle noch einmal klar und deutlich: Jeder, der beim MfS arbeitete, wusste, worauf er sich einließ! Oder er lernte es sehr schnell! Wenn man mit solchen Sachen Probleme hatte, war es wirklich besser, von diesen Geschichten die Hände zu lassen. Niemand nahm es einem übel, wenn man von selbst darum bat, andere Aufgaben zu übernehmen. Oder wenn einem das gesagt wurde. Es machte ja überhaupt keinen Sinn, aufgrund von eigenen Unzulänglichkeiten, aus Angst oder Unfähigkeit Operationen in Gefahr zu bringen. Bei mir war das nicht der Fall. Meine Aufgabenstellung für den operativen Einsatz war, als ZBV tätig zu werden. Also für Aufgaben bereitzustehen, die in die Sparte fielen: „Zur besonderen Verwendung“!

WIE ICH MIT EINEM PORSCHE UNTERWEGS WAR

Eines Tages saßen wir zu Hause beim Abendbrot. Es klingelte. Vor der Tür standen zwei Genossen, die mir flüchtig bekannt waren. Sie lieferten mir als Nachtisch zum Abendessen einen Sonderauftrag! So ist das nun mal, wenn man als ZBV („zur besonderen Verwendung“) eingesetzt ist; da gilt nicht die Bürozeit von 9 Uhr bis 17 Uhr! Nein, da geht es um 24-Stundendienste! Die Jungs luden mich ein und fuhren mich zu einem Hof an einem konspirativen Ort in der Nähe des Berliner Ostbahnhofes. Dort stand dann ein PORSCHE 911 S, 2,7, ein nettes kleines Sahneschnittchen! Der Wagen hatte eine Coburger Autonummer. Und genau dahin, nach Bayern, sollte ich schleunigst abdampfen! Ich zog mich um und war nunmehr ein Handelsreisender mit westdeutschem Pass. Der Pass hatte schon eine ganze Reihe verschiedenster Visa und zahlreiche Ein- und Ausreisestempel. So auch welche, die mit meiner „letzten Reise" aus Westdeutschland in die DDR und nach Westberlin zu tun hatten. Dann auch den Stempel mit dem Vermerk, heute erst aus Westberlin ausgereist zu sein. Der war gerade einmal eine halbe Stunde alt! Ich musste also gleich los! Es gab mehrere Aufgaben für mich: Zuerst einmal eine Aufklärung des Grenzregimes im Bereich des Grenzüberganges Rudolphstein/Hirschberg. Dann Aufklärungsaufgaben im grenznahen Bereich des Hofer Landes von Seiten der BRD aus. Außerdem sollte ich noch in Coburg einen „toten Briefkasten" leeren und neu bestücken! Dieser Briefkasten befand sich auf einem Friedhofsgelände, somit stimmte der Begriff „toter Briefkasten" haargenau, fand ich jedenfalls! Nach Erledigung dieser Aufträge sollte ich dann mit dem PORSCHE umgehend nach Berlin zurückkehren. Wieso dieser Einsatzbefehl gerade an mich ging, konnte ich nicht sagen. Ob es da kurzfristig zu einem Ausfall des Kundschafters kam, der diesen Auftrag eigentlich hatte erledigen sollen? Keine Ahnung. Ob es zum Beispiel in dem „toten Briefkasten" wichtige Dokumente gab, die umgehend auf die Schreibtische im „großen Haus" gelangen mussten? Wahrscheinlich. Wie bereits mehrfach angedeutet, der Grund für durchzuführende Handlungen wurde einem nicht gesagt, es gab nur einen Befehl, den galt es auszuführen!

Bei meinem Reisegepäck befand sich auch ein Diplomaten-Aktenkoffer. Der hatte ein Geheimfach, so einen dieser berühmten doppelten Böden! Das Teil war gedacht zum Transport von sensiblen Dokumenten. An einer bestimmten Stelle konnte man dieses Fach mithilfe einer speziellen Nadel öffnen. Diese Nadel wiederum wurde im Revers des Jacketts versteckt. Nachdem ich meine Instruktionen erhalten hatte und somit alles geklärt war, fuhr ich los. Der PORSCHE war wirklich ein nettes Auto – und vor allem verdammt schnell! Es war dunkel, die Autobahnen waren leer. Ich hatte einen Freibrief und trat somit feste aufs Gaspedal! Die Tachonadel stand immer bei 240 km/h!

Übrigens, über PORSCHE lästern die Leute so lange, bis sie selbst mal einen gefahren haben! Nur Fliegen ist schöner!

Kurz nach dem Hermsdorfer Kreuz habe ich einen kleinen TRABANT überholt. Zuerst dachte ich, die roten Lichter da weit vor mir wären eine Baustelle. Doch weit gefehlt, es war ein einsam dahinrollender Trabi. Als ich an dem vorbeigeschossen bin, dachte der Fahrer bestimmt, da war der Fliegende Holländer unterwegs! Ich war einfach viel zu schnell, als dass der Fahrer überhaupt hätte mein Nummernschild lesen können! Wahrscheinlich hatte er nicht mal erkannt, was da gerade für eine West-Rakete an ihm vorbeidonnerte!

Meine Aufgabe in dieser Nacht auf bundesdeutschem Gebiet war unter anderem die Leerung eines „toten Briefkastens“ mit sehr wichtigen Unterlagen, die umgehend in die Hände Verantwortlicher in Berlin gelangen mussten. Wie so etwas vonstattengeht? Na ja, es ist schon ein bisschen so, wie man das aus Agentenfilmen kennt:

Man kommt zu einem dunklen, etwas unheimlichen Ort.
Einem Friedhof eben. Ein Käuzchen schreit in der Nähe, leichte Nebelschwaden liegen über dem Land.
Vorsichtig schleicht man heran. Man ist hochkonzentriert, sieht sich andauernd um und versucht herauszubekommen, ob es irgendetwas in der Umgebung gibt, das einem verdächtig vorkommt.
Man versucht, kein Geräusch zu machen, das verraten könnte, da schleicht jemand zu nachtschlafender Zeit in der Gegend herum …

So würde ich es vielleicht darstellen, wenn ich ein Drehbuch schreiben müsste. Doch die Realität war völlig anders, eher trivial. Ganz einfach, ohne Romantik oder Thrill oder irgend sonst was. Natürlich musste man sich Zeit lassen, um die Gegend genau aufzuklären. Logischerweise, denn wer hält sich schon des Nachts allein auf dem Friedhof auf? Natürlich sollte man nicht auffallen. Aber nix da mit Nebel oder Käuzchen oder knackenden Zweigen am Boden! Es war eine Arbeit, eine Aufgabe, die es zu erledigen galt. Ein wichtiges Puzzle-Teilchen in einer ganzen Kette von Arbeiten, die parallel zu meiner gerade abliefen oder vorher erledigt worden waren. Und mein Anteil sollte letztendlich dazu führen, dass es zu weiteren Schritten kommen sollte in irgendeinem Fall oder einer Operation, die ich natürlich nicht kannte. Wie ich auch nicht den Inhalt der Dokumente kannte, die ich aus dem toten Briefkasten holte. Und auch nicht wusste, was ich stattdessen in dem Versteck, für wen auch immer, deponierte! Wie gesagt, Geheimdienstkram ist nunmal so!

Wie ich ans Schwarze Meer reiste

Die Bundeszentrale für politische Bildung veröffentlichte am 19. Juli 2011 einen Artikel unter dem Titel „Das Reisebüro der DDR", in dem dargestellt wurde, wie die Zusammenarbeit zwischen dem DDR-Reisebüro und dem MfS funktionierte. Dazu gab es eine Unterabteilung der Hauptabteilung VI (Grenzkontrollen, Reise- und Touristenverkehr), die Abteilung für den Bereich Abwehr und Reisen/Tourismus Ost.

Gerne nachzulesen unter: Bundeszentrale für politische Bildung

https://www.bpb.de/geschichte/zeitgeschichte/deutschlandarchiv/53573/reisebuero-der-ddr?p=all

Nun haben wir hier auch wieder das kleine Wörtchen „Bund" im Namen dieser politischen Einrichtung, was darauf schließen lässt, alle Informationen, die solche Berichte und Seiten darstellen, sehen die Inhalte natürlich aus der Sicht der Bundesrepublik Deutschland.

Ferdinand August Bebel (1840 - 1913) war ein sozialistischer deutscher Politiker und Publizist. Er war einer der Begründer der deutschen Sozialdemokratie und gilt bis in die Gegenwart als eine ihrer herausragenden historischen Persönlichkeiten. (Wikipedia, 4.8.2021)

Von August Bebel stammte folgendes Zitat:

„Wenn mich meine Feinde loben, kann ich sicher sein, einen Fehler gemacht zu haben!"

Dem muss man wohl nichts weiter hinzufügen. Aber was ich sagen will, ist, es gibt in der Sache - wie immer - auch eine andere Seite der Medaille. Die Arbeit, die wir bei der HVA in dieser Angelegenheit betrieben haben, war nicht, auszukundschaften, was die DDR-Leute in ihrem Urlaub, beispielsweise in der Sowjetunion und in Bulgarien, so veranstalteten. Viel mehr interessierte, welche ausländischen Kräfte an der gesamten Schwarzmeerküste damit beschäftigt waren, gezielt DDR-Bürgerinnen und -Bürger für geheimdienstliche Aktivitäten anzuwerben, sie zu bespitzeln oder sie mit Hilfe von Schleusern dazu zu verleiten, illegal entsprechende Grenzen in Richtung Türkei, Griechenland oder auch Jugoslawien zu benutzen und somit aus der DDR zu fliehen.

Es gab einen DEFA-Fernsehfilm von 1971, der sich mit dieser Thematik beschäftigt hat: „Istanbul-Masche". Das Drehbuch war von Harry Thürk (siehe: „For Eyes Only").

Regie führte Ingrid Sander, eine Frau, die in der DDR eine ganze Reihe solcher Agentenfilme bei der DEFA gemacht hat. Man erzählte sich, Frau Sander hätte stets einen *sehr* guten Draht zum MfS gehabt …

Unsere Arbeit bestand nun darin, gemeinsam mit Leuten des KGB und in anderen Fällen mit denen des bulgarischen „Komitees für Staatssicherheit" (KDS) aufzuklären und aufzudecken, wer da was und wie betrieb, denn es gab ganz konkrete Hinweise auf solche Aktivitäten! Der Weg führte uns von Berlin über Kiew, Odessa und die Krim ans Schwarze Meer. Einsatzorte waren Sotschi, Adler, Batumi und Sochumi. Also das gesamte Schwarzmeergebiet der Sowjetunion, mit Georgien, Armenien und teilweise auch Aserbaidschan. Es ging um bekanntgewordene Vorbereitungen für versuchte Schleusungen von Spezialisten aus der DDR, von Wissenschaftlern, Technikern und Ingenieuren. Ich wurde eingesetzt mit der Legende, ein Mitglied des Reisebüros der DDR zu sein, das sich vor Ort die Gegenden ansieht, in denen das Reisebüro Urlaubsorte und Hotels für DDR-Bürger anbot. Somit hatte ich die Möglichkeit, mich uneingeschränkt im Bereich des Schwarzen Meeres zu bewegen. Wie gesagt, es ging nicht darum, Leute aus der DDR zu verfolgen und einzusperren, sondern aufzuklären, was ausländische Geheimdienste aus Nachbarländern vorbereiteten, um im Gebiet des Schwarzen Meeres tätig werden zu können. Hier ging es konkret um die Türkei. Diese Strukturen galt es aufzuklären. Dazu kamen dann später auch Einsätze in Bulgarien und Rumänien, mit der gleichen Zielstellung. Doch zurück zur Arbeit in Batumi. Das Stadtzentrum ist nur 18 km von der türkischen Grenze entfernt. Ich war auch bei Einsätzen des KGB dabei, als man mit Schnellbooten auf dem Schwarzen Meer Aktivitäten der türkischen Marine genauestens unter die Lupe nahm. Die Türkei hatte im Auftrag der NATO besonders in diesen Gebieten ein wachsames Auge auf alles zu haben, was da auf und über dem Wasser von Seiten der Sowjetunion unterwegs war.

Die Schwarzmeerflotte war seit dem Zweiten Weltkrieg zu einem modernen operativ-strategischen Verband der Sowjetischen Seekriegsflotte ausgebaut worden. Neben dem Einsatz im Schwarzen Meer war die Schwarzmeerflotte auch im Mittelmeer eingesetzt. Aus Anlass des 20. Jahrestages des Sieges über das Deutsche Reich und des Endes des Zweiten Weltkrieges wurde die Flotte am 7. Mai 1965 mit dem Rotbannerorden ausgezeichnet. Nach dem Zusammenbruch der Sowjetunion 1991 wurde der Schiffs-

bestand der Schwarzmeerflotte zwischen der nun unabhängigen Ukraine und Russland aufgeteilt. (*Wikipedia*, 12.7.2021)

Verständlicherweise war das Interesse der NATO-Führung groß, genau Bescheid zu wissen, in welchem technischen Zustand sich diese Verbände befanden und wie kampfbereit sie waren. Und so wurde immer wieder versucht, die Einsatzbereitschaft der sowjetischen Seestreitkräfte auf die Probe zu stellen. Es war in meinen Augen stets erstaunlich, dass man offensichtlich nichts aus der Geschichte gelernt hatte. Wer ernsthaft glaubte, man könne die Sowjetunion in einer militärischen Auseinandersetzung besiegen, der sollte sich nicht wundern, wenn er dann schwer angeschlagen vom Schlachtfeld humpeln würde. Vorausgesetzt, er wäre überhaupt noch in der Lage dazu! Gleiches gilt für das heutige Russland! Ich weiß nicht, was man für Rauschmittel eingepfiffen haben muss, um solche Halluzinationen zu erschaffen! Dass sich die sowjetischen Militärkräfte vonseiten der Türken nicht alles gefallen ließen, konnte ich mit eigenen Augen erleben. Wir fuhren bei einem Kontrolleinsatz der Flotte mit Tragflügelbooten aufs Schwarze Meer, um die dortigen Aktivitäten der türkischen Marine zu beobachten. Diese Boote hatten Tragflächen, waren recht ordentlich bewaffnet und erreichten Geschwindigkeiten um die 60 Knoten. Da der gesamte Küstenbereich des Schwarzen Meeres auf sowjetischer Seite militärisches Sperrgebiet war, gab es vonseiten der Militärs ein großes Sicherheitsbedürfnis. Der Anteil der Sowjetunion an der Schwarzmeerküste dürfte damals so bei etwas mehr als 2.000 Kilometer betragen haben. Neben der Arbeit gab es auch Momente, in denen man die Schönheit der Küste, die unglaublichen Landschaften und die besondere Gastfreundschaft der Leute genießen konnte. Und trotz Temperaturen zwischen 40 und 45 Grad wurde nicht nur reichlich gegessen, sondern auch getrunken! Der Wein war einfach umwerfend im Geschmack. Aber auch in der Wirkung. Am nächsten Tag kam man nur schwer aus den Federn. Zumindest aber mit einem ordentlichen Brummschädel! Trotzdem war es eine wunderbare Zeit …

Übrigens, unsere Arbeit war erfolgreich. Gemeinsam mit den sowjetischen Kollegen gelang es uns, die Strukturen des Gegners aufzuklären und somit mitzuhelfen, diese Wege über die Grenze zu versperren. Das konkrete Ergebnis für unsere Leute bestand darin, dass man wieder einmal gemeinsam verhindert hatte, dass Bürgerinnen und Bürger unserer Republik in Gefahr gebracht wurden.

Wie ich erneut den Verfassungsschutz besuchte

Im Rahmen der verdeckten Aufklärung führte mich mein Weg Anfang der 1970er-Jahre wieder einmal ins Westberliner Stadtzentrum, in die Gegend um den Kurfürstendamm. Die Aufgabe war schnell erledigt und ich hätte eigentlich in heimatliche Gefilde zurückkehren können. Ich schlenderte aber noch in der Gegend umher und fand mich ein wenig später in der Joachimsthaler Straße wieder, gegenüber der brasilianischen Botschaft, ganz in der Nähe der Hausnummer 10-12. Dort befand sich bekanntermaßen der Sitz des Berliner Amtes für Verfassungsschutz. Seit ich das letzte Mal hier gewesen war, hatte sich scheinbar nicht viel verändert. Der gesamte Komplex bestand immer noch aus einer ganzen Anzahl verschiedener Passagen, verteilt über ein Gelände mit mehreren Höfen. Darin die unterschiedlichsten Geschäfte, eine Filiale der Berliner Sparkasse und eben im hinteren Teil des Komplexes der besondere Trakt des Verfassungsschutzes. Und wie man sich so manchmal sagt: *Ach, wenn ich schon mal da und da bin, kann ich ja auch gleich mal noch das und das machen …*

In meinem Fall wollte ich mich einfach nur ein bisschen in der Gegend umsehen. Wollte mal schauen, was die Kollegen Spione der Gegenseite so trieben. Das System und die Organisation des Verfassungsschutzes hatten wir ja in früheren Zeiten ausgiebig aufgeklärt. Es wäre also eigentlich überhaupt kein Problem, da mal wieder einen Blick drauf zu werfen. Schließlich waren solcherlei Aufklärungen in der Größenordnung keine Tagesaufgaben. Solche Sachen dauerten oftmals sogar Jahre, in denen man immer wieder neue Erkenntnisse zu einem alten Thema sammelte. Aber jetzt kam das „Aber": Es gab dafür gar keinen konkreten Auftrag oder Befehl, keine Aufgabenstellung oder besondere Notwendigkeit. Ich muss ehrlich sagen, aus späterer Sicht konnte ich mir nicht erklären, was mich da geritten hat. Denn das Vernünftigste wäre gewesen, auf der Stelle kehrt zu machen und schleunigst die Gegend zu verlassen. Ich tat aber genau das Gegenteil. Alle Regeln der verdeckten Beobachtung bei der Aufklärung beachtend, bewegte ich mich unerkannt und unbemerkt in den Passagen. Ich ging durch die Geschäfte. Natürlich interessierten mich nicht die Angebote oder irgendwelche Schnäppchen. Mein Ziel war der Verfassungsschutz. Wie immer in solchen Situationen war mir im Kopf klar, es lag allein an mir, wie ich die Sache angehen wollte. Selbstverständlich hatte ich nicht die Absicht, mich unnötig irgendwelchen Gefahren auszusetzen, denn Vorsicht ist ja bekanntermaßen die Mutter der Porzellankiste! Zumal hier noch etwas anderes zu bedenken war: Zum Ersten klärten immer verschiedene Gruppen zu unterschiedlichen Zeiten teilweise gleiche Objekte oder Personen auf. Ganz einfach, um eingegangene Informationen oder geheimdienstliche Erkenntnisse noch einmal aus einer anderen Sichtweise zu verifizieren. Das hatte nichts mit Misstrauen zu tun, sondern kam eher aus der Ecke: „Doppelt genäht hält besser!" Das Problem war nur, niemand konnte oder wollte einem sagen, wer sich wann und wo aufhielt. Man musste also die Augen gleich zweimal so genau offenhalten! Und es gab noch einen weiteren Aspekt, der darin bestand, dass man mir des Öfteren zusätzliche Aufgaben übertrug, weil ich eben gerade an diesem Tage in der Nähe irgendeines wichtigen Objektes zu tun hatte. Machte Sinn, nicht andauernd alle möglichen Leute loszuschicken, wenn ein Einzelner die Arbeit machen konnte. Speziell in der Joachimsthaler Straße gab es ein ganzes Sammelsurium von interessanten Orten verschiedenster Couleur. So zum Beispiel nur ein paar Häuser weiter, in der Nr. 19. Dort hatte Anfang der 1980er-Jahre eine Truppe ihren Unterschlupf, die einer äußerst sensiblen und gefährlichen Tätigkeit nachging, der Beobachtung der Militärinspektion der GSSD (Gruppe der Sowjetischen Streitkräfte in Deutschland). Natürlich wurde das von der HA VIII genauestens aufgeklärt.

In Westberlin arbeitete unter britischer Legendierung ein spezieller Observationsdienst gegen sowjetische Staatsbürger. Das MfS taufte diesen Dienst „Charly". Die Observationsteams von „Charly" waren auch für die Kontrolle der sowjetischen Militärinspektionen (MI) bei ihrer Einfahrt in die Westsektoren der Stadt zuständig. Ein fester Beobachtungspunkt am Grenzübergang Checkpoint Charlie mit Kameraüberwachung und Funkverbindung zur Zentrale stellte einen schnellen Informationsfluss zu den Observationsteams bei der Einreise „verdächtiger" sowjetischer Fahrzeuge sicher. Sehr zum Leidwesen des MfS verschlüsselte „Charly" anfangs der 80er-Jahre sein Funknetz, sodass in der HA III des MfS (Funkaufklärung/Funkabwehr) keine direkte Abschöpfung mehr möglich war. Auch die Zentrale wurde in ein anderes Gebäude verlegt.

Ein Team der HA VIII (Beobachtung, Ermittlung) klärte den neuen „Charly"-Standort in der Joachimsthaler Straße 19 auf und fertigte eine ausführliche Fotodokumentation.
(Lizenzierte Spionage – Die alliierten Militärverbindungsmissionen und das MfS – von Söhnke Streckel, 2008)

Doch zurück zur Joachimsthaler Straße 10-12. Nachdem ich mich ausgiebig davon überzeugt hatte, dass die Gegend um den Bürokomplex des Verfassungsschutzes ruhig und unauffällig war, machte ich mich auf den Weg zum Eingang. Wie gesagt, was ich da vorhatte, konnte richtig ins Auge gehen! Aber wie heißt es so schön: „Frechheit siegt!" Da mir die Ausweise des Verfassungsschutzes ja hinreichend in Form, Größe und Farbe bekannt waren, zog ich einen getürkten Ausweis hervor, hob ihn kurz mit lässiger Geste in die Höhe, nickte dem älteren Mann am Eingang freundlich zu und war schon drin, in den heiligen Hallen, nachdem mir der Mann ebenfalls freundlich zugenickt hatte. Er war scheinbar im Rentenalter, und ich hatte ihn wahrscheinlich durch das sichere Auftreten eines wohl wichtigen jungen Staatsbeamten untrüglich überzeugt. So schnell geht so etwas! Wie gesagt: „Frechheit siegt!“ Ich hielt mich eine ganze Weile in dem Gebäude auf. Niemand nahm von mir Notiz, keiner sprach mich an oder fragte mich, was ich hier wollte. Es gab im Flur eine Art Schwarzes Brett, an dem diverse Benachrichtigungen, Informationen für irgendwelche Veranstaltungen und aller möglicher Schnickschnack angepinnt war.

Ich machte mit meinem kleinen Spionage-Fotoapparat unauffällig ein paar Fotos. Diese sogenannte Knopfkamera trug man unter dem Mantel. So eine kleiner Apparat hatte mir schon öfter gute Dienste geleistet.

Dann war ich auch kurz in einem Büro. Keine Angst, ich hatte vorher angeklopft und bin dann hineingehuscht. Wäre jemand in dem Büro gewesen, hätte ich mich entschuldigt und etwas gefaselt von: «Oh, falsches Büro, hab mich geirrt, sorry ...»

Nach einer Weile verließ ich wieder die Räume jener Organisation, die meiner Meinung besser „Grundgesetz-Schützer“ heißen sollte und nicht „Verfassungsschutz“. Ich hatte es ja an anderer Stelle bereits bemerkt, trotzdem kann man es gar nicht oft genug sagen! Mir ist bis heute schleierhaft, welche Verfassung die Kollegen da eigentlich zu schützen bemüht waren, da die BRD erst eine Verfassung bekommen würde, wenn der Paragraph 146 des „Grundgesetzes für die Bundesrepublik Deutschland“ zur Geltung kommen würde. Es gibt eine zauberhafte Organisation, ansässig beheimatet, wie schon immer, in der Provinz. Bonn ist Gott sei Dank weit genug weg vom Schuss! Ich rede von der „Bundeszentrale für politische Bildung“. Auf deren Internetseite findet man viele Beiträge und Informationen, die einen immer wieder in Erstaunen versetzen können, wenn man ein politisch interessierter Mensch ist. Es gibt da auch mehrere Beiträge zur Frage des Grundgesetzes und seiner Zeitaktualität. Besonders einen Artikel sollte man in diesem Zusammenhang lesen: „Das Grundgesetz – eine Verfassung auf Abruf“ vom 20.04.2009, von Dr. jur. Horst Dreier.

https://www.bpb.de/apuz/32023/das-grundgesetz-eine-verfassung-auf-abruf?

Mir kommt es vor, als sollte einem da eine Art Taschenspielertrick vorgeführt werden, der den Zuschauern vorgaukelt, so – und nur so, wie da aufgeschrieben – hat es zu sein. Punktum! Zum 70. Jahrestag des Grundgesetzes hat die Bundesregierung sogar eine eigene Seite im Internet herausgegeben:

https://www.70jahregrundgesetz.de/70jgg-de

Bei Interesse gerne mal einen Blick drauf werfen …

Doch zurück zur Joachimsthaler Straße. Ich ging also und verließ die heiligen Hallen. Ohne dass mich irgendwer aufhielt, war ich wieder draußen auf dem Hof. Zügig, aber nicht übertrieben schnell, ging ich in Richtung einer der möglichen Ausgänge, die mir ja aus früheren Zeiten bekannt waren. Plötzlich stutzte ich kurz, denn ich hörte Polizeisirenen. Als ich um die Ecke bog und mich wieder auf der Joachimsthaler befand, sah ich einige Polizeiwagen vor der Einfahrt in den Komplex stehen. Polizisten standen in Bereitschaft an den Funkwagen. Sie riegelten die Zufahrt ab, teilweise mit gezogenen Pistolen. Sie sahen alle in die Richtung der Passagen. Ich dachte: *Ob mir das gilt? Haben etwa die Leute vom Verfassungsschutz bemerkt, dass jemand in ihren Räumen gewesen ist, der da nichts zu suchen hat? Aber die rufen dann doch nicht die Polizei! Seltsam …*

Aber ich geriet jetzt nicht in Panik, vielmehr analysierte ich die Gegebenheiten, wie ich es gelernt hatte. Da ich mir Klarheit verschaffen wollte, gab es nur einen Weg: Fragen kostet ja nichts! Und ob man es glaubt oder nicht, ich ging zu einem der Polizisten und erkundigte mich in bestem Berliner Dialekt: «Wat issen da drinne los, Meesta?»

Der Polizist war ein schon etwas älterer Kollege, der mir nur kurz erklärte, bei der Sparkasse in der Passage hätte es einen Überfall gegeben. Ich tat mächtig interessiert und wollte mehr wissen. Wie man das so macht, als unbeteiligter Bürger, der irgendwo zufällig vorbeikommt, wo gerade irgendwas passiert ist. Der Polizist hatte aber keine Zeit für nähere Erklärungen und kümmerte sich nicht weiter um mich. Also ging ich meiner Wege …

Zurück in der Heimat, legte ich meinem Führungsoffizier die kleine Foto-Kassette meiner Knopfkamera auf den Tisch. Als er sich erkundigte, was auf den Fotos drauf sei, und ich ihm erklärte, wo ich gewesen war und was ich fotografiert hatte, klappte er den Unterkiefer runter. Ich dachte mir, es sei wohl doch besser, schnell aus seinem Büro zu verschwinden, bevor er aus seiner Pseudo-Lethargie erwachte und mir eventuell noch die Ohren abreißen würde. Mein Führungsoffizier schüttelte zum Glück nur den Kopf, konnte sich aber ein leichtes Grinsen nicht verkneifen. Als ich den Raum verließ, hörte ich noch, wie er leise murmelte: «Verrückter Hund … »

Ich dachte mir: *Warte erst mal ab, wenn Du siehst, was ich da alles fotografiert habe …*

Erstaunlicherweise ging nie jemand darauf ein, dass ich eigenmächtig auf den Fluren beim Verfassungsschutz unterwegs gewesen war. Es war sowieso manchmal unverständlich für mich, dass meine Leute mir so viel durchgehen ließen! Ich fühlte schon, ich hing an einer Leine. Zum Glück war die aber immer ziemlich lang.

Wie ich mir so meine Gedanken machte (3)

Die gleiche Situation, in der sich damals die beiden deutschen Staaten befanden, gespalten in einen sozialistischen und einen kapitalistischen Teil, gab es nur noch an zwei weiteren Stellen in der Welt: das geteilte Vietnam, in Nord- und Südvietnam, und Korea, ebenfalls in Nord und Süd gespalten. Doch für die beiden deutschen Staaten war da im Zentrum Europas ja noch die Trennlinie zwischen den beiden Wirtschaftssystemen und die Nahtstelle zwischen den beiden weltgrößten Militärblöcken. Also hatte international gesehen das geteilte Deutschland eine ganz andere Wertigkeit als beispielsweise Vietnam und Korea, da in Fernost. Obwohl die natürlich auch Brennpunkte im Weltgeschehen waren. An vielen Stellen der Welt standen sich Sozialismus/Kommunismus und Kapitalismus/Imperialismus gegenüber …

Foto: picture-alliance / dpa

Das Manifest der Kommunistischen Partei, auch Das Kommunistische Manifest, ist ein programmatischer Text aus dem Jahr 1848, in dem Karl Marx und Friedrich Engels große Teile der später als „Marxismus" bezeichneten Weltanschauung entwickelten. Das Manifest entstand um die Jahreswende 1847/48 im Auftrag des Bundes der Kommunisten, der darin seine Anschauungen darlegen wollte. Es erschien am 21. Februar 1848 in London, kurz vor der Februarrevolution in Frankreich sowie der Märzrevolution im Deutschen Bund und in dessen größten Staaten Österreich und Preußen. Im Laufe der Zeit in mehr als 100 Sprachen übersetzt, wurde das Kommunistische Manifest im Juni 2013 in das UNESCO-Dokumentenerbe aufgenommen. Das 23-seitige Werk besteht aus einer Einleitung und vier Kapiteln. Es beginnt mit dem heute geflügelten Wort: „Ein Gespenst geht um in Europa – das Gespenst des Kommunismus" und endet mit dem bekannten Aufruf: „Proletarier aller Länder, vereinigt euch!" (Wikipedia, 22.7.2021)

Obwohl – oder gerade eben weil – Karl Marx und Friedrich Engels *keine* Kommunisten waren, haben sie das „Kommunistische Manifest" geschrieben. Das war die Zeit, in der die industrielle Revolution gerade erst aus den Startlöchern war. Marx und Engels analysierten diese Zeit, wissenschaftlich belegt und genau dargestellt. Sie erklärten, wie das damalige System funktionierte und kamen zu dem Schluss, es ging weltweit nur um Rohstoffe und Absatzgebiete sowie um billige Arbeitskräfte. Offensichtlich hat sich bis in die heutige Zeit daran nichts geändert! Und genau darum ist dieses Buch eben nicht ein alter Hut aus vergangenen Zeiten, sondern auch heute noch brandaktuell! Und nach wie vor ein rotes Tuch für das System des Kapitalismus. Genau wie Marx' anderes großes Werk: „Das Kapital". Der erste Band von ihm, Band zwei und drei von Engels, von ihm herausgegeben nach dem Tod von Karl Marx. In diesem Werk analysierte und kritisierte Marx die politische Ökonomie der kapitalistischen Gesellschaft. Kein Wunder also, dass man bis zum heutigen Tag immer wieder versucht, das Wirken eines der größten deutschen Philosophen und Visionäre zu verwässern, zu verunglimpfen und zu verzerren.

Dazu fällt mir ein Erlebnis ein, dass meine wunderbare Iris und ich vor einigen Jahren hatten, als wir uns in Salzwedel einmal zufällig einer Stadtführung anschlossen. Die Dame, die da Touristen und Besucher durch meine Heimatstadt führte und alles Mögliche erklärte, war eine Lehrerin, ursprünglich aus den sogenannten „alten Bundesländern" stammend. Sie machte ihre Sache ganz ordentlich. Allerdings nur, bis sie mit unserem Besucher-Trupp in der Jenny-Marx-Straße 20 ankam, dem Geburtshaus von Jenny von Westphalen, der späteren Ehefrau von Marx. Dort vermeldete die Stadtführerin, in diesem Haus hätte lange die zukünftige Frau des „Kommunistenführers Karl Marx" gelebt. Meine kluge Iris zupfte mich sofort am Arm, denn sie wollte verhindern, dass ich mich gleich wieder einmischen würde. Doch das war vergebens. Ich *musste* dazu etwas sagen. Das tat ich dann auch und erklärte, Karl Marx sei ja vieles gewesen: Einer der größten deutschen Philosophen, ein Ökonom, ein Gesellschaftstheoretiker, ein politischer Journalist, Protagonist der Arbeiterbewegung und Kritiker des Kapitalismus und der Religion. Aber eins war er ganz bestimmt nicht – er war *kein* Kommunist! Mein kurzer Ausflug in die Vergangenheit mit Ansätzen des dialektische Materialismus fiel leider auf unfruchtbaren Boden, denn der Trupp ließ uns einfach stehen und zog unbeeindruckt weiter, Richtung Marienkirche. Meine kluge Iris sah nur mein unzufriedenes Gesicht und wollte mich flink vom Geschehen wegführen, ablenkend irgendetwas von noch zu besorgenden Dingen plaudernd. Aber da hatte sie sich gründlich geirrt. So kampflos wollte ich der Demagogin und Faktenverdreherin nicht das Feld und ihre Stadtführung überlassen. Also stapfte ich ihr und der interessierten Besichtigungsgruppe hinterdrein. Seufzend folgte mir Iris, den Plan im Kopf, eventuell folgende weitere Streiteinwürfe von meiner Seite konflikteindämmend abzuwiegeln. Erstaunlicherweise kam es dann aber ganz anders. Bei der lauschenden Gruppe angekommen, vernahm ich die Worte der Stadtführerin, die gerade behauptete, der rechte Eingang in die Marienkirche sei das sogenannte „Braut-Tor" gewesen. Ich holte tief Luft, um der Inkompetenz dieser sogenannten Stadtführerin eine vernichtende Richtigstellung entgegenzuschmettern, da war es meine nunmehr sehr streitsüchtige Iris, die sich durch die Menschengruppe drängte und der verdutzten Ex-Lehrerin erregt ins Wort fiel. Nein, dem sei nicht so, erklärte meine Iris, denn die Brautleute betraten die Kirche grundsätzlich durch das *linke* Tor! Die Stadtführerin machte jetzt einen entscheidenden Fehler, sie erkundigte sich etwas herablassend, woher das denn Iris wissen wolle. Mit fester Stimme, keinerlei weiteren Widerspruch duldend, erklärte meine kampfentschlossene Iris, sie hätte ehemals als Brautjungfer genau hier fungiert. Und das mehrfach! Und stets sei man eben durch dieses linke Tor in die Kirche einmarschiert. Dann zog sie mich weg vom Ort des Geschehens. Die Wahrheit ist eben die Wahrheit! Auch wenn sie der eine oder andere nicht so gern hören will!

Doch zurück zum eigentlichen Thema. Werfen wir noch einmal einen Blick auf die beiden deutschen Staaten in der Zeit des Kalten Krieges. Die Bundesrepublik hat alte Strukturen übernommen. Genau wie die DDR solche Strukturen übernommen hat. Auf beiden Seiten wurden diese natürlich im Sinne der jeweiligen Ideologien angeglichen und überarbeitet. Zum Beispiel bei den Massenorganisationen der DDR:

Hitlerjugend (HJ) und	
Bund Deutscher Mädel (BDM)	*- FDJ*
Pimpfe	*- Junge Pioniere*
KDF („Kraft durch Freude")	*- FDGB u. DFD*

(Freier Deutscher Gewerkschaftsbund und Demokratischer Frauenbund Deutschlands) als Teil der Nationalen Front.

Wegen der optischen Wirkung wurden auch Fackelzüge und Militärparaden übernommen. Was in den dunklen Zeiten des Nationalsozialismus funktioniert hatte, wurde eben genutzt, wenn auch ein bissel aufgemöbelt.

Der Planwirtschaft der DDR stand die Soziale Marktwirtschaft der BRD gegenüber. Später dachten ein paar ganz schlaue Leute, man könne doch diese beiden Formen irgendwie zusammenlegen! Das war ein völlig blödsinniger Plan! Billige Mieten, kostenloses Gesundheitswesen und eine allgemeinbildende Schulbildung für alle. Das gemischt mit den angeblichen Vorzügen des Kapitalismus? Die politische „eierlegende Wollmilchsau“? Eine Lösung des Problems, das nur Vorteile hat, alle Bedürfnisse der Menschen befriedigt und allen Ansprüchen genügen kann? Träumt mal schön weiter, Kollegen! Die Wahrheit war, der Herbst 1989 war für beide deutsche Staaten ein Glücksfall! Denn die DDR war am Abnippeln, ihr westlicher Nachbar BRD aber auch! Und so tobte all die Jahre bis zum 9. November 1989 der Klassenkampf. Vonseiten der BRD aus gesehen war der Sozialismus willkürlich und verbrecherisch und nur der westdeutsche Staat demokratisch. War das so? Meines Wissens wollte die DDR nie die BRD übernehmen, andersherum schon. Und hieß es nicht in der DDR- Nationalhymne:

Lass uns dir zum Guten dienen,
Deutschland, einig Vaterland …

Jeder wollte der Beste sein, jeder hatte seine angeblich nicht zu schlagenden Argumente. Die Frage, wer war der bessere Staat, ließ sich eigentlich so nicht beantworten. Aber mal im Ernst, was war wichtiger? Alle drei Jahre ein neues Auto oder billig wohnen? Kostenlose Schulausbildung, kostenlose medizinische Betreuung, aber darüber meckern, dass es nicht jeden Tag Bananen zu kaufen gab! Und dann das In-die-ganze-Welt-reisen-Wollen! Ich war immer der Meinung, lasst doch die Leute fahren! Wer nicht für die DDR war, würde es sowieso nicht sein, wenn er sich eingesperrt vorkam! Wenn man ausgiebig und immerwährend Reisefreiheiten erlaubt hätte, wären die meisten wiedergekommen!! Denn Heimat ist eben Heimat! Ich verstand ja, der Staat hatte investiert und wollte darum, dass die Ausgebildeten dann auch im Lande blieben! Nur, wie gesagt, sie darum einzusperren, war der völlig falsche Weg, den man gehen konnte! Viele, die ausgereist waren und später wieder mal hierherkamen, hatten andere Ansichten als vorher! Jeans für 25 Mark?! Mein Gott, ja, warum nicht?! Aber was man täglich brauchte, war eben viel teurer im Westen als hier! Beispielsweise Thema Mieten: Teilweise ging bis zur Hälfte des monatlichen Geldes für Miete drauf! In der DDR war es anders. Was notwendig war, war billiger! Alles andere war Luxus, also teurer! Manch einer der buckligen West-Verwandtschaft lebte eben nicht in Saus und Braus, kam aber hierher und haute ordentlich auf den Schlamm! Und viele von den armen Brüdern und Schwestern in der Zone fielen darauf herein! Nach der Wende 89 klappte denen dann der Unterkiefer runter, als sie ihre angeblich ach so reichen Familienmitglieder zum ersten Mal im Westen besuchten und feststellen mussten, die kochten da auch nur mit Wasser in ihren teilweise existierenden Potemkinschen Dörfern!

Die Bezeichnung „Potemkinsche Dörfer" wird heute sprichwörtlich im Sinne von Blendwerk, Trugbild, leerer Schein verwendet. Der Legende folgend soll der russische Fürst Potemkin 1787 Zarin Katharina auf einer Inspektionsreise durch die Krim nur blühende Dorfattrappen gezeigt haben. (Wikipedia, 20.3.2020)

Na, das kommt einem doch auch irgendwie bekannt vor! Die gesamte sogenannte „Protokollstrecke" vom Wohnort der Partei- und Regierungsgrößen in der ehemaligen Waldsiedlung in Wandlitz bei Bernau, nördlich von Berlin, bis zum Staats- und Ministerrat im Zentrum der Stadt, war in Sichthöhe renoviert, bunt und schön anzusehen. Auch was die Auslagen der Geschäfte betraf – alles da, alles drin! Aber wenn man nur kurz um die Ecke schaute, gab es da wieder das nette Grau in Grau der traurigen täglichen Versorgung. Gut, zu hungern brauchte niemand in der DDR. Aber mal ein bissel mehr „Naschbares" wäre so schlecht auch nicht gewesen! Zumal die Regierungsgrößen mit ihren VOLVOS die morgens und abends gesperrte Protokollstrecke mit Tempo 120 langbretterten und sowieso kein Auge hatten für die extra für sie angefertigte sozialistische Pseudo-Realität!

Der einfache DDR-Bürger und die einfache DDR-Bürgerin hatten zumindest den Vorzug, für nur 20 DDR-Pfennige mit Bus oder Straßenbahn durch die ganze Stadt zu touren. Und dann wurde selbst da noch beschummelt, an den Zahlboxen!

Ich jedenfalls fand es immer sehr belustigend, wenn mir jemand erklären wollte, wie die DDR funktionierte und wie es da zuging! Meist waren das auch noch Leute aus dem Westen! Fakt ist, der gelernte DDR-Bürger ging mit allem, was er hatte, sehr spar- und sorgsam um. Das ist etwas, das wir uns bis heute erhalten haben auf dem Gebiet der ehemaligen DDR. Zumindest die meisten von uns!

Und wie sah es mit der Bildung aus? Die war wirkliche Volksbildung! Allgemeinwissen konnten wir! Erziehung war in der DDR auch Herzensbildung. Die Frage des Miteinanders war sehr ausgeprägt. Ellenbogen und Egoismus gab es bei uns auch. Aber das war im Westen viel verbreiteter als hier. Warum auch immer …

Wie ich nach Chile wollte

Das Datum des 11. September zieht sich wie ein roter Faden durch die Weltgeschichte. Hier ein paar Beispiele:

- *1867: In Hamburg erscheint der umfangreiche erste Band von Karl Marx' Hauptwerk „Das Kapital".*

- *1941: Der Grundstein für das Pentagon wird gelegt.*

- *1944: Zweiter Weltkrieg: Alliierte Truppen der US-Armee überqueren die Grenze des Deutschen Reiches nördlich von Trier. In der sogenannten „Brandnacht" in Darmstadt sterben bei einem Großangriff der Royal Air Force mit anschließendem Feuersturm 11.500 Menschen.*

- *1944: Mein Vater fällt als Kampfpilot in einer der größten Luftschlachten im Zweiten Weltkrieg im Mitteldeutschen Raum. Der Tag geht in die Geschichte ein als der „Schwarze Montag".*

- *1954: Das Bundessozialgericht in Kassel wird eröffnet.*

- *1961: Der World Wide Fund for Nature (WWF) wird unter dem Namen World Wildlife Fund in der Schweiz gegründet.*

- *1962: The Beatles nehmen ihre erste Single „Love Me Do" auf.*

- *1965: Erster Deutschland-Auftritt der Rolling Stones in der Halle Münsterland in Münster.*

- *1970: Mit der Operation „Tailwind" weiten die USA den Vietnamkrieg auf Laos aus, um den Druck auf die Vietcong-Kämpfer auf dem Ho-Chi-Minh-Pfad zu erhöhen. Die Operation dauert bis zum 13. September.*

- *1972: Die Spiele der XX. Olympiade gehen in München einen Tag später als geplant mit der Schlussfeier zu Ende. Die Anwesenden erheben sich bei der Veranstaltung, um der Opfer beim Olympia-Attentat auf israelische Athleten zu gedenken.*

- *1989: Ungarn öffnet den Eisernen Vorhang, um Deutschen aus der DDR die Möglichkeit zur Ausreise in den Westen zu geben.*

- *1989: Die Sicherheitskräfte der DDR versuchen mit brutaler Gewalt und Verhaftungen weitere Montagsdemonstrationen in Leipzig zu verhindern.*

- *1990: US-Präsident George H. W. Bush hält eine Rede, in der er zum ersten Mal vor großem Publikum über die „Neue Weltordnung" (New World Order) spricht.*

- *1991: Die Sowjetunion kündigt den vollständigen Abzug ihrer auf Kuba stationierten Militäreinheiten an.*

- *2001: Terroranschläge in den USA. Es sterben insgesamt etwa 3000 Menschen – „der 11. September" wird in Deutschland später Wort des Jahres 2001. (Wikipedia, 18.4.2021)*

Eines der bekanntesten Ereignisse, die am 11. September stattfanden, war 1973 der Putsch des chilenischen Militärs unter General Augusto Pinochet.

Es ging darum, mithilfe der CIA den ersten demokratisch gewählten Präsidenten in Chile, Dr. Salvador Allende, der drei Jahre zuvor gewählt worden war, zu stürzen. Die Amerikaner wollten mit aller Macht ein zweites Kuba in Südamerika verhindern. Während der Bombardierung und des anschließenden Sturms auf den Präsidentenpalast La Moneda durch das Militär wählte Präsident Allende den Freitod. Unter der Führung von Pinochet wurde eine Junta gebildet, und diese Militärdiktatur

(Foto: © Enrique Aracena/AP)

regierte bis zum 11. März 1990. Während dieser Zeit wurden nach Schätzungen der amerikanischen Botschaft in Santiago de Chile circa 5.000 Menschen ermordet. Amnesty International ging in seinen Schätzungen sogar davon aus, es seien zwischen 5.000 und 30.000 Männer, Frauen und Kinder getötet worden. Über 1 Million Chilenen flüchteten ins Exil. Etwa 5.000 von ihnen fanden in der DDR eine zweite Heimat. Sie wurden von Partei und Bevölkerung herzlich empfangen und großzügig unterstützt. In der nächsten Zeit gab es kaum eine offizielle Veranstaltung ohne chilenische Emigranten. Auch wurden Schulen, Genossenschaften und gar Kasernen nach Salvador Allende, Luis Corvalán *(KP-Generalsekretär)*, Pablo Neruda *(Dichter und Schriftsteller)* oder Víctor Jara benannt. In Berlin-Köpenick entstand ein ganzer Wohnkomplex mit einem solchen Namen, das Allende-Viertel.

Víctor Jara wurde zusammen mit vielen Dozenten und Studenten ins Estadio Chile verbracht, wo er erst dort von einem Offizier erkannt und, wie auch viele seiner Leidensgenossen, gefoltert wurde. Unter diesen Umständen entstand sein letztes Gedicht

> *(eigentlich ohne Titel, meist aber nach der Anfangszeile Somos cinco mil, „Wir sind fünftausend", genannt). Später brachen ihm seine Peiniger die Hände, damit er nicht mehr Gitarre spielen konnte. (...) Als Reaktion auf die hämische Aufforderung der Soldaten, er solle doch singen, wenn er ein Sänger sei, erhob Víctor Jara noch einmal seine Stimme, um das Lied der Unidad Popular, „Venceremos" („Wir werden siegen"), anzustimmen. Daraufhin wurde er zusammengeschlagen und schließlich mit über 40 Schüssen aus einem Maschinengewehr getötet. Nach einigen Tagen wurde seine Frau darüber informiert, dass seine Leiche gefunden worden war, woraufhin sie ihr übergeben wurde. Sie verließ bald danach Chile. Ausländische Journalisten halfen ihr, versteckte Aufnahmen ihres Mannes nach Europa zu schmuggeln. Ende der 1980er-Jahre kehrte sie nach Chile zurück, wo sie 1994 die Víctor-Jara-Stiftung gründete.* (Wikipedia, 20.1.2021)

Der amerikanische Schauspieler und Sänger Dean Reed lebte von 1972 bis zu seinem Suizid 1986 in der DDR. Er widmete seinem Freund Víctor Jara 1977 einen Fernsehfilm, der von der DEFA für das DDR-Fernsehen produziert wurde. Dean Reed selbst spielte die Hauptrolle in dem Film „El Cantor", in dem die Geschichte der letzten Wochen des Sängers Víctor Jara erzählt wird.

> *Venceremos (span. für „Wir werden siegen") ist ein politisches Kampflied aus Chile. Die Musik wurde von Sergio Ortega komponiert, der Text stammt von Claudio Iturra. Víctor Jara verfass-*

te eine alternative Textversion, die 1970 die Hymne für den Wahlkampf von Salvador Allendes sozialistischer Unidad-Popular-Bewegung wurde. Das Lied wurde schnell so populär, dass es bis zum Putsch von 1973 die inoffizielle Nationalhymne Chiles war. Nach dem Putsch durfte es in Chile jahrelang nicht mehr gespielt werden, fand dafür aber schnell internationale Verbreitung und wurde in vielen Sprachen Ausdruck der Solidarität mit dem chilenischen Volk. In der spanischsprachigen Welt hat es in etwa die gleiche Bedeutung wie „We Shall Overcome" in der englischsprachigen. Zahlreiche andere Künstler haben später „Venceremos" gesungen. (Wikipedia, 18.5.2021)

Ich gehe hier aus einem ganz bestimmten Grund so intensiv auf die damaligen Ereignisse in Chile ein, auf die Zeit des dunkelsten Kapitels in der Geschichte dieses Landes. Die Nachrichten und Filmberichte, die die ganze Welt erreichten, die vielen Erzählungen von Leuten, die in den ersten Tagen die Zeit des Junta-Faschismus in dem südamerikanischen Land erleben mussten, diese Dinge hinterließen bei den Menschen in der ganzen Welt einen unauslöschlichen Eindruck. Wir verspürten auf der einen Seite eine unglaubliche Welle der Solidarität mit dem geschundenen chilenischen Volk. Aber auf der anderen Seite gab es unbeschreibliche Wut und Hass auf die Verbrecher, die ihr eigenes Volk auszurotten bereit waren, sollten diese nicht vom Gedanken des Sozialismus in Südamerika abweichen!

Zum zweiten Mal im 20. Jahrhundert kam es zu einer unfassbaren Solidaritätsaktion vieler Menschen aus allen Ländern dieser Erde. Nach dem Vorbild der Internationalen Brigaden 1936 in Spanien wollten viele Menschen nach Südamerika, um das chilenische Volk im Kampf gegen seine Unterdrücker zu unterstützen. Und das mit dem Einsatz aller Möglichkeiten des Klassenkampfes, auch militärisch! Wie auch schon 1936 waren es nicht nur Kommunisten, sondern Männer und Frauen aller Berufe und aller politischen Richtungen, die für den Frieden in den Krieg ziehen wollten! Die Spanische Republik vereinigte im

Bürgerkrieg letztendlich etwa 40.000 Freiwillige aus 60 Ländern, die, in sieben Internationalen Brigaden organisiert, auf ihrer Seite gekämpft haben.

Der spanische Philosoph Miguel de Unamuno (1864-1936) sagte einmal: „Zivilisten kann man militarisieren. Militärs aber nicht zivilisieren."

Der mögliche bewaffnete Einsatz in Chile war auch in den Reihen des MfS ein tagesaktuelles Thema. Es lag auf der Hand, wer da wem gegenüberstand. Wieder einmal, wie schon so oft vorher, hatte die CIA ihre schmutzigen Hände mit im Spiel. Warum, dürfte kein Geheimnis gewesen sein: Die politischen Katastrophen für die reaktionären Kräfte in Mittel- und Südamerika nahmen stetig zu. Erst Kuba, dann die Freiheitsbewegung in Guatemala, die Situation in Panama und jetzt schließlich Chile, wo ein Systemwechsel durch eine demokratische Wahl stattgefunden hatte. Es gab aber einen zweiten, ganz entscheidenden Grund für die USA, um alles auf eine Karte zu setzen: das „chilenische Metall", Kupfer!

> *Seit Jahrzehnten war der US-Kupferkonzern Kennecott führend damit beschäftigt, diesen wertvollen Rohstoff kostengünstig abzubauen bzw. abbauen zu lassen. Dann kam Allende an die Macht und schob diesem Raubbau den Riegel vor. Staatspräsident Allende ließ im Sommer 1971 neben anderen amerikanischen Kupfergesellschaften auch die chilenischen Anlagen der New Yorker Firma Kennecott verstaatlichen. Er sagte, in den mehr als 50 Jahren ihrer Tätigkeit in den Anden hätten Amerikas Kupferkonzerne das Land, dessen Exporte zu 70 Prozent aus Kupfer bestehen, „wie eine Zitrone ausgepresst". Die Antwort des Großkapitals ließ nicht lange auf sich warten, General Pinochet trat ins Licht der Weltöffentlichkeit.* (Der Spiegel 3/1973)

International mehrten sich in der nachfolgenden Zeit die Stimmen, nicht mehr abzuwarten, sondern sich zu organisieren, um gegen die Junta in Chile anzutreten.

Von genauen bilateralen Beziehungen, Absprachen oder Unternehmungen zwischen der DDR und Chile hatte ich zu keinem Zeitpunkt irgendwelche Kenntnisse. Sie lagen auch gar nicht in der Zuständigkeit der HVA, zumindest nicht in der meines Wirkungsgrades. Erst Jahre später, nach der sogenannten Wiedervereinigung der beiden deutschen Staaten, tauchten diverse Dokumente auf, es gab verschiedenste Berichte in Zeitungen, Zeitschriften und bei einer ganzen Reihe von Veröffentlichungen im Internet. Unter anderem gab es da auch Behauptungen, chilenische Bürger wären in der DDR militärisch auf eine Art Partisanenkrieg in Chile vorbereitet worden! Ich wusste nichts darüber, erspare es mir aber hier, zu solchen Sachen Stellung zu nehmen. Der interessierte Leser kann ja durch eigene Recherchen seine Kenntnisse zum Thema DDR und Chile gerne erweitern.

Was ich allerdings wusste: Es war geplant, nach Chile zu gehen und dort militärisch einzugreifen. Allerdings ging ich damals wie heute davon aus, dies sollte ausschließlich mit Spezialisten und absoluten Profi-Militärs vonstattengehen. Das Ganze unabhängig von irgendwelchen Freiwilligen in neu zu bildenden Internationalen Brigaden. Eine stabsmäßig organisierte militärische Aktion, im Zusammenwirken mit verschiedenen Waffengattungen aus den sozialistischen Staaten des Warschauer Vertrages, die dazu beitragen sollte, die Militärjunta zu stürzen. Auf jeden Fall waren dazu Pläne ausgearbeitet und Aufträge bereits durchgestellt. Ich hatte mich im Rahmen der Vorbereitungen solch einer Aktion freiwillig gemeldet. Meiner Meinung nach musste man konsequent und rücksichtslos gegen Kräfte vorgehen, die jegliche menschliche Regung verloren hatten und vor der regelrechten Abschlachtung von Männern, Frauen, ja selbst von Kindern, in abscheulichster Art und Weise nicht zurückschreckten! Das Unternehmen war mit absolut konspirativer Herangehensweise vorbereitet worden, und wir wussten, es würde von unserer Seite diesen Verbrechern kein Pardon gewährt werden! Ich hatte selbst zwei Kinder. Wenn ich mir vorstelle, irgendwer hätte versucht, meinen Kindern etwas anzutun, der hätte das nicht überlebt!

Man mag es mir glauben oder nicht, durch meine Ausbildung als Fernmeldetechniker stand für mich die Aufgabe, mit einer Luftlandeeinheit in Santiago de Chile den Fernsehturm zu sichern. Wäre es zu diesem Einsatz gekommen, hätte es nur zwei Wege gegeben: Entweder ich würde heute in Chile unter dem grünen Rasen liegen oder ich wäre General a.D.! Es war allen klar, wären Leute nach Chile gegangen, um die Lage dort mit Waffengewalt zu klären, wären nur die zurückgekommen, die vorher eben keinen Warnschuss abgegeben, sondern sofort und zielgenau militärisch gehandelt hätten! Ich machte kein Geheimnis aus meinem Plan, mit anderen in Chile an aktiven Kampfhandlungen teilnehmen zu wollen! Viele meiner Freunde waren etwas verschreckt, als sie davon erfuhren. Aber wenn sie mich wirklich kannten, durfte sie meine Entschlossenheit kaum verwundern!

Wie wir nun ja aus der Geschichte wissen, kam alles ganz anders. Die Sowjetunion stellte sich letztendlich gegen ein militärisches Eingreifen mit offenem Visier in Südamerika. Wohl zur Erleichterung einer ganzen Anzahl von Mitgliedern des Politbüros der SED. Denn von denen wollte man nicht die beabsichtigte Anerkennung der DDR als eines selbständigen und souveränen Staates durch viele Länder in der Welt riskieren. Und auch die zukünftige Mitgliedschaft in der UNO, für 1974 geplant, stand auf dem Spiel. Nicht auszudenken, die BRD wäre in den Staatenbund aufgenommen worden, aber nicht die DDR!

Somit hielt sich die chilenische Militärjunta bis 1990. General Augusto José Ramón Pinochet Ugarte verstarb im Dezember 2006, ohne dass er auch nur für eines seiner Verbrechen während der Militärdiktatur jemals zur Rechenschaft gezogen worden wäre.

Erst 42 Jahre nach der Ermordung des Volkssängers Víctor Jara wurden zehn ehemalige chilenische Militärs im September

2015 des Mordes angeklagt. Acht weitere ehemalige Offiziere der chilenischen Armee mussten sich im Juli 2018 vor einem Gericht verantworten und bekamen hohe Strafen. Ein amerikanisches Zivilgericht befand den ehemaligen Leutnant Petro Pablo Barrientos Núñez für schuldig, die Folter und Ermordung Víctor Jaras befohlen zu haben. Núñez lebte in den USA. Er wurde zu einer Entschädigungszahlung an die Familie des Volkssängers in Höhe von 28 Mill. US-Dollar (rund 25,5 Mill. Euro) rechtskräftig verurteilt! Späte, aber absolut gerechte Urteile, finde ich!

Wie ich in Nord- und Westeuropa unterwegs war

Eine ganze Reihe von verdeckten Einsätzen führte mich in den 1970er-Jahren durch den Westen und den Norden von Europa. Es waren Aufgaben der verschiedensten Arten zu erfüllen. Meistens Aufklärung von Personen, aber auch von Wirtschafts- und Militäranlagen und der Abläufe bestimmter Vorgänge, die damit zu tun hatten. Aber auch das Beobachten von anderen Diensten, Militärkonvois und verschiedensten Standorten hatte ich durchzuführen. Was eben gebraucht wurde. Konkreter kann und will ich hier nicht darauf eingehen. Nur so viel, meine Arbeit wurde von den Genossen geschätzt, darum war und blieb ich „ZBV", zur besonderen Verwendung. Von dem, was ich genau zu tun hatte oder wo ich mich wann aufhielt, wussten immer nur maximal zwei Leute im „großen Haus".

Das Arbeitsfeld war umfangreich, die Einsätze vielfältig. Es ging unter anderem darum, konkreten Hinweisen nachzugehen, um auszuschließen, dass es eventuell zu versuchten Störungen oder Provokationen kommen könnte, zum Beispiel bei Konferenzen, an denen Delegationen unseres Landes teilnahmen. Man hatte den Schutz und die Absicherung von deren Mitgliedern zu gewährleisten. Das Ganze unbemerkt und zusätzlich zu den offiziellen Personenschützern der Delegation. Auch ging es darum, eventuelle Zwischenfälle umgehend und genauestens zu dokumentieren. Da kam Foto- und Video- sowie Nachrichten- und Übertragungstechnik zum Einsatz, die dem guten, nicht alternden James Bond alle Ehre gemacht hätte. Es gab aber auch teilweise abenteuerliche Dinge wie Minikameras in einem Ring oder eingebaut in Diplomatenkoffer oder solcherlei Sachen.

Es kam vor, dass es Sondereinsätze gab, bei denen vonseiten der DDR-Botschaften in Nord- oder Westeuropa kurzfristig und zeitlich begrenzt sozusagen neue Spielfiguren aufs Schachbrett gesetzt werden sollten. Was Sinn machte, wenn man bedenkt, alle Mitglieder unserer Botschaften im Ausland standen mehr oder weniger genauso unter Kontrolle, wie das auch hier in der DDR bei den ausländischen Botschaften der Fall war. Somit waren Leute von „außerhalb" hilfreich, weil die niemand vor Ort kannte.

Darum passierte es des Öfteren, dass ich die Order bekam: „Morgen geht es nach da und da hin, kann zwei bis drei Tage dauern! Einsatzort wird erreicht mit Bahn, Bus, Flugzeug oder Auto, ganz wie vorgesehen."

Doch galt es, hier ein paar wichtige Regeln zu beachten: Der schnellste Weg von A nach B ist nicht immer die Gerade, sondern eher die Spirale! Und wenn irgendetwas schnell gehen soll, dann mache es langsam und mit Bedacht! Ansonsten können sich Fehler einschleichen, und das kann echt gefährlich werden. Für alle Beteiligten! Man kann sich das vorstellen wie beim Tauchen, da muss man sich auch reichlich Zeit lassen, wenn man wieder unbeschadet an die Oberfläche gelangen will. Wegen des notwendigen Druckausgleiches.

Bei solchen brandeiligen Einsätzen ging es um persönliche Treffen mit irgendwelchen Leuten, den Austausch von wichtigen Dokumenten, Informationen, aber auch die Übergabe von finanziellen Mitteln in verschiedensten Währungen. Manchmal sollte man aber auch Kontakte zu Bürgern der entsprechenden

Länder knüpfen oder erneuern. Solche Aktionen waren im Vorfeld natürlich ganz besonders akribisch vorbereitet, damit man sich auf Eventualitäten, Störungen oder mögliche Zwischenfälle einstellen konnte.

Es gab zahlreiche bürgerliche Kräfte im Ausland, die Einblicke hatten in konkrete Abläufe, die in der Zeit des Kalten Krieges das Gleichgewicht der Systeme stören und damit den Weltfrieden in Gefahr bringen konnten. Dadurch ergaben sich Möglichkeiten, um an Informationen zu gelangen. Dafür war man – übrigens auf beiden Seiten der Erde – gern bereit, auch finanziell und teilweise sehr tief in die Tasche zu fassen! Denn Geld konnte wohl jeder gebrauchen! Erstaunlicherweise gab es aber auch sehr viele Menschen, die solche Informationen weitergaben, ohne dafür auch nur einen Pfennig zu verlangen. Für diese Leute standen Anstand, Moral und die Angst vor Krieg und Zerstörung im Mittelpunkt ihres Handelns.

Apropos Geld. Als ich 1969 zum ersten Mal im Westen einen Auftrag zu erledigen hatte, bekam ich monatlich 575 Mark der DDR. Ich bin mir sicher, die Kollegen beim BND hätten sich totgelacht, wenn sie das gewusst hätten! Später waren es dann immerhin so um die 1.500 Mark herum. Aber auch für dieses Gehalt wären die Jungs und Mädels aus Pullach bestimmt nicht mal früh aus dem Bett gekommen! Nun gut, für die Einsätze im Ausland bekam dann jeder noch ein wenig „Hand- und Taschengeld“ für die Reise dazu, in Höhe der entsprechend möglichen Kosten, die einem entstehen konnten. Aber nix da jetzt mit lockerem Lotterleben! Alle Spesen mussten per Quittung nach Rückkehr im Büro abgerechnet werden. Wenigstens in dieser Hinsicht war das MfS eine durch und durch deutsche bürokratische Behörde!

In solchen Situationen kamen dann flugs wieder meine kaufmännischen Gene ans Tageslicht. Man konnte schon etwas an der Uhr drehen und mittels des einen oder anderen kleinen Zaubertricks ein wenig von den Devisen abstauben – natürlich rein offiziell! Wo gehobelt wird, fallen Späne! Und wer größere

Späne will, muss einfach nur einen größeren Hobel nehmen! Bloß eben nicht übertreiben! Das Leben funktionierte dann in etwa folgendermaßen: Mit DDR-Mark Miete, Wasser und Strom bezahlen. Und die Tausend kleinen Dinge des Alltags „drüben" kaufen, für kleines Geld, in D-Mark. Das hat das Haushalts-Budget ordentlich entlastet. Es war mir gelungen, eine ausgewogene Fusion aus Ost und West zustande zu bringen. Zumindest in der kleinsten Zelle der Gesellschaft, der Familie nämlich – in dem konkreten Fall, meiner Familie –, fand dieses Ost-West-Arrangement wohlwollende Zustimmung!

Übrigens hatte meine tapfere Iris niemals Angst, wenn ich im anderen Teil Deutschlands oder im Rest der europäischen Welt als „Kundschafter für den Frieden" unterwegs war. Sie hat immer an mich geglaubt. Sie sagte mal: «Warum sollte ich mich ängstigen? Wenn's sein muss, zieht Gerd immer irgendein Ass aus dem Ärmel! Der findet immer einen Weg!»

Diese unerschütterliche Zuversicht gab mir oft die Kraft, selbst in schwierigen Zeiten durchzuhalten. Machen wir uns nichts vor, „Dienst ist Dienst und Schnaps ist Schnaps!" Und wann Feierabend ist, bestimmt der entsprechende Auftrag. Feste Arbeitszeiten, sowas wie von 9 bis 17 Uhr, dann fällt der Hammer, konnte es ja auch gar nicht geben. Ich war manchmal sogar ein paar Tage lang ohne Schlaf unterwegs. Aber was soll's, die Arbeit musste schließlich gemacht werden, damit Leute in Büros, weit ab vom Ort des Geschehens, ihre Auswertungen machen und verschiedene Strategien entwickeln konnten. Man hatte nach erfolgreicher Rückkehr in heimatliche Gefilde ein gutes Gefühl. Man hatte seinen Anteil dazu beigetragen, damit andere aus den kleinen Farbklecksen, die wir mitbrachten, ein klares Bild malen konnten. Geschichte wird nicht von einzelnen Menschen gemacht!

Trotzdem gab es da etwas, das will ich nicht verschweigen. In der Arbeit war ein gewisses Misstrauen durchaus hilfreich. Ich hatte das bereits angedeutet. Man musste ja nach einem Einsatz alles fein und sorgfältig zu Papier bringen. Von all diesen Unterlagen, von allen Sachen, die ich gemacht habe, behielt ich eine Kopie für mich. Die Frage der Selbstabsicherung hatte man mir doch während der Ausbildung in mühevoller Kleinarbeit beigebracht. Also wandte ich *nun* mein Wissen darüber in der Praxis an! Und wer weiß? Irgendwann vielleicht muss jeder mal eine Karte aus dem Ärmel ziehen. Da wäre es gut, wenn diese Karte ein Ass wäre. Wie heißt es so treffend in einer Skatregel: „Beim Grand spielt man Asse, oder man soll's lasse!" Dem habe ich nichts hinzuzufügen.

Ich bin nie in Hektik verfallen, im Gegenteil. Je aufgeregter das Umfeld war, desto ruhiger und konzentrierter wurde ich. Vielleicht war ich darum erfolgreich, denn eine gewisse Form von Kaltschnäuzigkeit und Selbstüberschätzung war schon nötig. Zweiter Vorteil: Man war in der Ausbildung psychologisch auf solche Situationen vorbereitet worden. Stets war in meinem Kopf, es lag an mir, was und wie passieren sollte! Da sollte mir keiner reinreden. Denn Fakt ist, es blieben nicht viele übrig, die über lange Zeitabschnitte im Ausland gearbeitet haben.

Übrigens, ob man mir das nun glaubt oder nicht, ich habe damals zu meinen Zeiten als Kundschafter im Operationsgebiet niemals Kontakt aufgenommen mit meinen Verwandten jenseits der Elbe, dort im schönen Frankenland. Zugegeben, ich war ein paarmal in der Nähe und konnte sie aus der Ferne sehen. Aber ich hätte zu keinem Zeitpunkt durch einen direkten Kontakt sie oder mich in eventuelle Schwierigkeiten gebracht. Auch wenn es richtig wehtat, dass man seine Lieben zwar sehen konnte, aber nicht mit ihnen reden durfte. Es war eine echt verrückte Zeit damals, mit wirklich völlig konfusen Situationen …

Wie ich eines Tages selbst unsichtbar wurde

Ein altes Sprichwort sagt: „Wenn zwei sich streiten, freut sich der Dritte!“ Wenn ich aus eigener Erfahrung jetzt mal dieses Sprichwort ein wenig abändere, kommt in meinem Fall dabei heraus: Wenn sich eine Institution um eine Person streitet und ein fast Unbeteiligter erscheint im Dunstkreis der Streitenden, holt der sich meist eine blutende Nase! Und genau *das* ist mir passiert. Wie kam es dazu?

In meinem großen Bekanntenkreis gab es auch einige Leute, die für die „Firma“ tätig waren. Ich erzählte ja schon davon und habe auch schon dargelegt, dass man niemals etwas erfuhr, was nicht unbedingt für die eigene Aufgabenerfüllung notwendig war. Das mag stellenweise kompliziert sein. Aber tritt so etwas in Verbindung mit der eigenen Person auf, kann es ziemlich verheerend werden! Vielleicht hat der geneigte Leser schon einmal etwas gehört von Triangulation.

> *Triangulation ist eine geometrische Methode der optischen Abstandsmessung durch genaue Winkelmessung innerhalb von Dreiecken. Die Berechnung erfolgt mittels trigonometrischer Funktionen. Vereinfacht könnte man auch sagen, dass von zwei Punkten, deren Abstand bekannt ist, Winkelmessungen zu beliebig anderen Punkten im Raum erfolgen, um deren Lage eindeutig zu bezeichnen. (Wikipedia, 10.4.2021)*

Der letzte Satz ist der interessante dabei! Denn in diesem Fall war ich dieser „beliebige andere Punkt im Raum, dessen genaue Lage man eindeutig bezeichnen wollte“ …

Die ganze Geschichte begann völlig normal, kann man sagen. Eines Tages, ich war gerade auf dem Weg zu unserem konspirativen Büro in Weißensee, traf ich am Antonplatz rein zufällig auf einen alten Mitstreiter aus Lehrlingstagen in Halle. Wir hatten uns im Laufe der Jahre aus den Augen verloren. Natürlich gab es viel zu erzählen. Mein alter Lehrlingskamerad hatte eine nette Karriere hingelegt. Er hatte studiert und war mittlerweile eine Kapazität auf dem Gebiet von Werkstofftechnologien im Bereich der Mikroelektronik und Computerindustrie. Zumindest war es eine Arbeit, bei der vieles unter dem Siegel der Geheimhaltung lief. Wer, wenn nicht ich, verstand, was das bedeutete. Verschwiegenheit und Diskretion bei solchen Themen war ja auch mein Tageswerk! Wie ich wenig später herausfand, arbeitete mein alter Kamerad auch für das MfS, bei einer Bezirksverwaltung im Süden unserer Republik. Natürlich meldete ich diesen Kontakt mit ihm meinen Genossen im Büro. Er wird das auch getan haben, schließlich gab es ja Regeln, die für alle Mitarbeiter des MfS galten.

Mein alter Lehrlingskumpel und ich trafen uns oft und verbrachten viele Stunden miteinander. Ich kann sagen, es wurde eine richtige Freundschaft daraus. Wir redeten über Gott und die Welt, meistens bis spät in die Nacht hinein. Auch meine geliebte Iris freundete sich mit ihm an.

Eines Tages erzählte uns unser Freund, er sei für einen ganz besonderen Einsatz im Ausland vorgesehen. Er konnte uns natürlich nicht mehr darüber erzählen, nur so viel, dass vorgesehen war, dass er über Bulgarien „ausgereist werden sollte", wie er das lächelnd nannte. Er schlug uns vor, doch einfach mitzukommen. Natürlich wussten wir alle über unsere Arbeit für das MfS Bescheid, nach wie vor aber nur im Groben und ohne Kenntnisse der konkreten Aufgabengebiete. Iris und ich waren uns darin einig, wir konnten nicht mitgehen! Wir hatten unsere beiden Kinder, und besonders Grit, unser kleines „Sorgenkind", brauchte unsere ganze Aufmerksamkeit. Es wäre eine viel zu komplizierte Sache gewesen, so einen Landeswechsel vorzubereiten. Auch glaubte ich damals schon nicht daran, dass meine Leute einverstanden wären, wenn ich plötzlich meine Kundschafter-Laufbahn selbstständig in die Hand nehmen würde. Das war absolut keine Option! Wir versprachen uns aber gegenseitig, in Kontakt zu bleiben, schon allein, sollte es einmal nötig sein, dass er irgendwie unsere Hilfe bräuchte. In unserem

Metier musste man ja ständig mit Ausnahmesituationen rechnen. Dann war es eben ganz hilfreich, wenn man einen „Plan B" aus der Tasche ziehen konnte. Da hatten wir also jetzt ein Geheimnis, von dem kein anderer erfahren würde.

Kurze Zeit später war unser Freund verschwunden. Illegal legal über die bulgarische Grenze „ausgereist", um dann in der BRD zu landen, in Bayern, und dort seine Arbeit zu tun, für die er vorgesehen war.

Wer jetzt denkt, damit wäre unser Freund auf immer und ewig unserem unmittelbaren Dunstkreis entschwunden, der irrt sich gewaltig. Es mag sehr unglaubhaft klingen, aber es ist die Wahrheit! Wir trafen uns schon einen knappen Monat später in Berlin wieder, im „Palasthotel". Wie das möglich war, unerkannt und unbehelligt? Es heißt, am besten versteckt man sich in der Menge, da fällt man am wenigsten auf! Das stimmt schon. Aber es gab zur damaligen Zeit viele Sachen, die die meisten Leute in der DDR nicht mal im Ansatz wussten, ja nicht einmal ahnten. Ich kann dazu nur sagen, in vielen Bereichen gab es bis kurz vor der sogenannten „Wende" im Herbst 1989 zahlreiche intensive Kontakte und enge Beziehungen auf allen möglichen Gebieten zwischen der DDR und der BRD. Das sahen zwar die entsprechenden Partner beider Länder nicht so gern, aber was sollten sie dagegen tun? Was man nicht weiß, macht einen nicht heiß! Und wenn man Geheimdienst richtig macht, merkt sowieso keiner was!

Es ging wieder eine gewisse Zeit ins Land, da erfuhr ich, mein alter Freund hatte eine ganz interessante Arbeitsperspektive in Aussicht. Er sollte in den transozeanischen Raum wechseln, um dort für international operierende Konzerne, heute würde man „Global Player" sagen, an Projekten zu arbeiten, die streng geheim und in höchster Sensibilität und Sicherheitsrelevanz einzustufen waren.

Es gab damals ja alle möglichen elektronischen Sachen, die dem Boykott unterlagen und absolut nicht in die Hände der sozialistischen Staaten gelangen durften, schon gar nicht in die von Leuten der DDR. Unser Freund würde, so wie ich das verstanden habe, durch seine Arbeit einen umfangreichen Einblick in solche Prozesse bekommen und Zugriff auf alle möglichen Unterlagen erhalten, in diesem Fall in Bereiche der Mikroelektronik. Kopien und Blaupausen dieser Dinge waren heiß begehrt und für die DDR und ihre sozialistischen Geschwisterländer technisch-industriell überlebensnotwendig. Eigene Entwicklungen auf diesem Gebiet waren zu kostenintensiv und dauerten auch zu lange. Was sollte man also tun? Man machte es wie alle: Man klaute einfach beim Nachbarn! Das war zwar nicht die feine englische Art, aber immer wieder sehr erfolgreich, wenn es klappte!

Das war also der Hintergrund dieser Geschichte. Wie gesagt, die Zusammenhänge erfuhr ich erst viel später. Und selbst dann immer noch nicht in vollem Umfang!

Zum damaligen Zeitpunkt allerdings hatte ich absolut null Ahnung. Natürlich durfte mir keiner auch nur ansatzweise irgendetwas von diesen Dingen erzählen. Ich wurde sozusagen eiskalt erwischt, als man mit mir sprechen wollte. Der Grund dafür war die Tatsache, dass mein Freund mich vorgeschlagen hatte, der Kurier zwischen ihm und unserem „großen Haus" zu sein. Er wollte für diese Aufgabe jemanden, dem er absolut vertraute. Als also mein Name fiel, muss das wohl den Stress-Schweiß auf so manche Stirn in den heiligen Hallen der Normannenstraße getrieben haben. Nun galt es herauszufinden, wieso ausgerechnet ich ins grelle Licht des Scheinwerfers einer der ganz geheimen Geheimoperationen geraten war. Man fragte sich, wer war ich? Wieso wusste ich (angeblich) von diesem Geheimprojekt? Für wen arbeitete ich? Vielleicht sogar für den Klassenfeind? War ich etwa ein Doppelagent? Ein Verräter gar?

Das Problem für alle miteinander war wieder einmal die Geheimhaltung. Außer den unmittelbaren und somit handverlesenen Leuten durfte von solchen Aktionen niemand auch nur ein Sterbenswörtchen erfahren. Es heißt: „Viele Köche verderben den Brei, manchmal sogar auch die Köchin!" Um so etwas eben zu verhindern, war alles „geheimste Verschluss-Sache“. Sozusagen ein eigenes „For Eyes Only“, was da auf mich zukam!

Wenn solche Fragen auftraten, griffen ganz andere Mechanismen. Natürlich ging es darum, herauszufinden, wie es in diesem Fall zum angeblichen Durchsickern von Informationen hatte kommen können. Und noch interessanter war jetzt die Suche nach eventuell vorhandenen Mitwissern oder gar Helfern. Man zündete also die Laternen an, um Licht ins Dunkel zu bringen. Somit saß ich nun in einem Büro und wurde lange und ausgiebig befragt. Nur wollte ich nichts sagen, weil ich ja auch nicht alles darüber wusste. Ich dachte mir zwar meinen Teil, hütete mich aber davor, den zu äußern oder gar zu diskutieren! Man versuchte es mit all diesen Dingen, die man aus den Agentenfilmen kennt: guter Bulle, böser Bulle. Druck aufzubauen. Zu drohen. Alle möglichen psychischen Spielchen oder so etwas. Das war bei mir allerdings vollkommen sinnlos, schließlich war ich ja darin ausgebildet worden, eben *nichts* zu sagen. Letztendlich kam man nicht weiter. Es war weder zu beweisen noch zu widerlegen, ob ich in diesem Vorgang in irgendwas verwickelt war. Die operative Abteilung im Süden des Landes, die involviert war, wollte und musste ihren Mann schützen. Darum schloss es sich aus, irgendwem irgendwas zu erklären, die Karten blieben verdeckt auf dem Tisch liegen. Wichtig war, diese Aktion absolut wasserdicht zu halten und das von allen Seiten, damit der Gegner nicht in irgendeiner Form einen Verdacht hegen konnte gegen „unseren Mann“. Wenn die Legende nicht mehr erhalten worden wäre, hätte das unseren Kundschafter verbrannt! Somit stand das Thema des Sicherheitsbedürfnisses im Raum.

Und noch eine andere Geschichte war ebenfalls bedeutsam. Ich war bei einigen meiner Mitstreiter als jemand bekannt, der oftmals eine kesse Lippe riskierte und nie mit seiner Meinung hinter dem Berg hielt. Manch einer warf mir Überheblichkeit, ja mangelnden Respekt gegenüber vorgesetzten Entscheidungsträgern vor. Leider saß mir bei meinen Befragungen ein Exemplar dieser Sorte gegenüber. Ein Genosse, der unbedingt seinem Vorgesetzten einen großen Erfolg präsentieren wollte, um seine kleine hässliche Unbedeutsamkeit etwas aufzuhübschen. Da kam ich ihm gerade recht. Er zog alle Register seines theoretischen Könnens, um mich bei einem Widerspruch meiner Aussagen zu ertappen. Da ihm das nicht gelang, wählte er einen ganz fiesen Trick. Mit seiner seltsamen Wortwahl von „... man kann auch anders" oder „Es gibt Methoden, die man anwenden kann" und allerlei solch nebelösen Wortfindungen, brachte er mich langsam in Rage. Bis er schließlich lauernd meinte, in solchen Fällen wie dem meinen könne man irgendwen auch irgendwie weit hinter den Ural schicken. Zumindest so lange, bis für mich und meine Familie über die ganze Geschichte ein wenig Gras gewachsen wäre.

Ich dachte so bei mir: *Was soll das für ein Zeitraum sein? Ewig und drei Tage? Wie lange braucht denn brisantes Gras, wie lange dauert es, bis es so groß gewachsen ist, dass niemand mehr mich und meine Lieben darunter erkennen kann? Und wie kommt es überhaupt, dass mein Gegenüber der Meinung ist, er könne solche Entscheidungen treffen und über mein Leben bestimmen?!*

Ein Wort gab das andere. Schließlich hatte ich die Nase gestrichen voll von diesem ganzen Affentheater! Ich musste die Sache selbst in die Hände nehmen. Was ich dann tat, war ein echt gewagter Drahtseilakt. Ich zog eine Trumpfkarte aus dem Ärmel und hoffte, dass sie stach. Meinem Gegenüber erzählte ich von den Kopien aller Aktionen, an denen ich beteiligt gewesen war. Auch davon, dass ich Kopien meiner Aufzeichnungen an verschiedenen Stellen platziert hatte. Das Ganze solle nicht als Erpressungsversuch von meiner Seite bewertet werden, sondern als meine persönliche Absicherung. Schließlich hatte man mir das bei der Ausbildung beigebracht. Ich wollte nicht „weit hinter den Ural"! Was sollte ich denn da? Ich wollte nicht meiner Familie solcherlei Umstrukturierungen unseres Lebens zumuten. Wir hätten es auf jeden Fall geschafft, egal wo auch immer auf der Welt, Fuß zu fassen, keine Frage, aber warum sollte man so etwas tun, wenn es nicht unbedingt nötig war. Und ich konnte beim besten Willen diese Notwendigkeit nicht erkennen! Für mich stand fest, ich würde mich und meine Familie auf jeden Fall beschützen! Egal, wie und wann! Und niemand sollte auch nur den Versuch unternehmen, uns ernsthaft Schaden zufügen zu wollen! Wie gesagt, dieser Schachzug meinerseits hätte zu einem bösen Schachmatt führen können, auch eine Patt-Situation wäre ein gefährliches Ding gewesen. Aber ich setzte eben alles auf eine Karte und ging davon aus, ich hatte in der gesamten Zeit meiner Tätigkeit für das MfS mein Möglichstes getan, alle Aufgaben nach bestem Wissen und Gewissen zu erfüllen und meine Einsätze stets oder zumindest in den meisten Fällen erfolgreich zu bewerkstelligen. Dass man mir nicht vertraute, ja mir sogar einen eventuellen Verrat vorwarf, traf mich tief. Auf der einen Seite verstand ich ja, dass die Genossen solche Möglichkeiten zumindest in Betracht ziehen mussten, auf der anderen Seite war ich allerdings tief enttäuscht, wie man mich behandelte.

Egal, wie auch immer – ich hatte mit meinen Worten die geheimdienstliche Büchse der Pandora geöffnet. Es heißt in einem schottischen Sprichwort:

Du bist der Herr deiner Worte, doch einmal ausgesprochen, beherrschen sie dich!

Aber ehrlich gesagt, es war mir egal. Ich hielt dem Blick meines Gegenübers stand. Und der schien zu merken, wie ernst es mir war …

Nach umfangreichen Prüfungen dieser Geschichte zum Thema: „Sachen gibt es, die gibt es gar nicht!", kam man zu einem Entschluss. Natürlich wollte und konnte man nicht auf mich und meine Fähigkeiten und Talente als Einzelkämpfer verzichten. Einen Mann zu haben, der einsetzbar war, wenn Dinge schnell, unauffällig und effizient erledigt werden mussten, hatte einen hohen Stellenwert. Trotzdem wurde ich erst einmal in eine Art Quarantäne geschickt …

Wie ich zum Staatssekretariat kam

So. Und was jetzt? Da saß ich nun mit meinen Talenten. Man hatte mir meinen Reisepass vorläufig abgenommen und meine Einsätze im operativen Gebiet waren erst einmal ad acta gelegt. Ich saß mehr oder weniger zu Hause herum und war echt angemeiert. Wie gesagt, auf der einen Seite kannte ich ja das Prozedere und mir war klar, dass meine Leute so und nicht anders handeln mussten, in dieser Situation. Aber das: „Du, ist ja erst einmal nur vorübergehend!", hatte mich schon irgendwie getroffen. Ich hatte auch einen neuen Führungsoffizier bekommen, der war Major und hieß Peter. Er war aus der Bezirksdirektion Dresden nach Berlin versetzt worden und nunmehr auch für mich verantwortlich. Ich merkte schnell, Peter war eine ehrliche Haut, wir beide würden gut miteinander auskommen. Wir wurden richtig gute Freunde. Im Laufe der kommenden Zeit hielt er oft seine Hände schützend über mich. Er war wirklich ein Glücksfall für mich, denn ich war nun mal so, wie ich eben war.

Ein neues Arbeitsgebiet sollte sich für mich auftun. Vorher schlug man mir vor, Verbindungsoffizier beim VEB Verbundnetz Gas, in der Rhinstraße in Berlin-Lichtenberg zu werden. Ein Unternehmen, dass 1958 gegründet wurde und heute noch unter dem Namen VNG-Verbundnetz Gas Aktiengesellschaft existiert und eine wichtige Rolle auf dem Energiesektor spielt. Dort sollte ich also ein eigenes Büro bekommen. Gleich nebenan saß der Generaldirektor, mit dem ich eng zusammenarbeiten sollte. Meine Abteilung war mit dem Thema Reisekader beschäftigt. Das bedeutete, es ging darum, die diversen Monteure, die im Auftrag des VEB in aller Herren Länder unterwegs waren, zu betreuen und stets zu überprüfen. Aber auch neue Reisekader zu finden, die man beruhigt mit einem Pass ausstatten konnte. Als ich von meinem zukünftigen Arbeitsplatz erfuhr, war ich alles, aber nicht begeistert. Hier hatten wir nun wieder so einen der Fälle, wo man mich an einen Schreibtisch setzen wollte, in einem netten Büro, mit viel Verantwortung und freier Hand bei bevorstehenden Entscheidungen. Es war ein sehr gut bezahlter und auch sicherer Arbeitsplatz. Nur genau war es das, was ich eben nicht wollte! Der Schreibtisch wäre mein Tod, das wusste ich ganz bestimmt! Ich war eben nicht fürs Büro geboren! Und die Frage, was mir wohl passieren hätte können, wenn der eine oder andere Monteur sich dazu entschließen sollte, lieber für immer im Ausland an irgendwas herumzuschrauben und zu montieren, allerdings dann nicht mehr für eine DDR-Firma? Nicht auszudenken. Da wusste ich doch, dass es dann gleich wieder Ärger geben würde. Wo man mich derzeit sowieso ein bisschen auf dem Kieker hatte.

Nee, Freunde, lasst man gut sein! Das ist nichts für mich!

Dank meines neuen Führungsoffiziers gelangte diese Meinung zu den Verantwortlichen im Hause. Zum Glück kann ich nur sagen! So blieb mir die Büroarbeit erst einmal erspart.

Eines Tages bekam ich endlich wieder eine Aufgabe, die sofort mein Interesse geweckt hat. Es ging um das Staatssekretariat für Körperkultur und Sport. Da ich schon immer viel mit Sport zu tun gehabt hatte und man mir in Aussicht stellte, ich könnte während meiner Arbeit dort ein Studium im Fachgebiet Sportwissenschaften absolvieren, an der DHfK (Deutsche Hochschule für Körperkultur) mit Sitz in Leipzig, hier aber in der Außenstelle Berlin, war ich anfangs sehr erfreut. Ich dachte mir, besser als nur irgendwo herumzusitzen, ist das allemal! Zuerst aber musste ich mich ausgiebig mit den Strukturen meines neuen Arbeitsplatzes vertraut machen. Auch hatte ich hier sofort eine neue Legende, die besagte, ich sei doch ein etwas schwieriger Zeitgenosse, ein leicht negatives Element der Gesellschaft, das nicht so recht zu gebrauchen war für den sozialistischen Staat. Somit sollte ich freie Hand haben, um die auf mich zukommenden Aufgaben ordentlich zu meistern. Zuerst kam wiedermal ein wenig Theorie, die gar nicht so trocken war, wie ich anfangs dachte. Mit Sport ist es ja immer so eine Sache. Schnell erfuhr ich, wie eng Sport und Politik zusammengehörten.

Mit der Gründung des Staatlichen Komitees im Jahr 1952 durch das Politbüro des ZK der SED verlor der Deutsche Sportausschuss seine führende Rolle, da dieser nach Meinung der SED zu wenig ideologische Arbeit leistete. Das Staatliche Komitee wurde auf Wunsch von Generalsekretär Walter Ulbricht und im Namen des Politbüros gebildet, um nach verkündeter Zielsetzung den „Aufbau des Sozialismus" zu fördern und den Klassenkampf zu verschärfen, um letztendlich eine Angleichung an die UdSSR sowie das sowjetische Sportsystem zu erreichen. Mit der Einführung der neuen Sportstrukturen kam es auch zur Umverteilung der Aufgabenbereiche. Das Staatliche Komitee existierte neben dem Deutschen Sportausschuss und dem 1957 gegründeten DTSB (Deutscher Turn- und Sportbund) als zentrales Organ in der Art eines Sportministeriums der DDR. (Wikipedia, 30.4.2021)

Aber eben nur *nach* der Art, denn es war nicht vorgesehen, ein eigenes Sportministerium in der DDR zu gründen!

Nach 18-jähriger Tätigkeit wurde das Staatliche Komitee 1970 ohne Vorankündigungen aufgelöst und in ein Staatssekretariat für Körperkultur und Sport umgewandelt. Die SED forderte eine zunehmende Konzentration der Staatsmacht, womit es zur erneuten Aufteilung und Hierarchisierung der staatlichen und gesellschaftlichen Organisationen kam. Das Staatssekretariat wurde mit allen Vollmachten ausgestattet und besaß die Verantwortung und die Entscheidungsbefugnis für alle staatlichen Aufgaben im Bereich von Körperkultur und Sport. Das Prinzip der Zentralisierung entsprach dem leninistischen Führungsstil.

Das Staatssekretariat war nur formal das zentrale Organ in Fragen Körperkultur und Sport, da die wirkliche Aufgabe darin bestand, von der Öffentlichkeit als staatliche Verantwortung in Sachen Sport wahrgenommen zu werden. Dazu erhielt das Staatssekretariat die Aufgabe, die Sportwissenschaft anzuleiten und zu steuern, sodass vor allem dafür gesorgt werden sollte, dass der Sport in der DDR unter besten Bedingungen existieren konnte. Somit verwaltete das Staatssekretariat auch die Investitionsgelder für die Sportwissenschaft und die Sportmedizin. (Wikipedia, 30.4.2021)

So weit, so gut. Jetzt kommt ein weiterer, sehr interessanter Aspekt ins Spiel. Es ging um den Präsidenten der riesigen und mächtigen Organisation DTSB mit etwa 3 Millionen Mitgliedern aller Berufszweige und jeder Altersgruppe, einer unglaublich starken Massenorganisation in der DDR.

Als Präsident des DTSB wirkte von 1961 bis 1988 Manfred Ewald, der als Präsident des NOK (Nationales Olympisches Komitee der DDR), Vorsitzender der geheimen Leistungssport-Kommission sowie als Mitglied des ZK der SED die zentrale Rolle im DDR-Sportsystem innehatte. (Wikipedia, 6.6.2021)

Eine Institution ist der verlängerte Schatten eines Einzelnen, sagt man. Der Genosse Ewald rückte somit ins Interesse des MfS. Denn, wie gesagt, der Sport hatte einen großen Zuspruch im Lande, und die Politik wollte sich da nicht das Heft aus der Hand nehmen lassen.

„Ewald ist zu Gute zu halten, dass unter seiner bis zur Perfektion gesteigerten preußisch-strengen Regie der DDR-Leistungssport einen weltweit unglaublichen Aufschwung nahm. In seiner Amtszeit übertrafen die DDR-Athleten bei den Olympischen Sommerspielen 1972 in München erstmals die dreimal größere BRD. In den Jahren 1976, 1980 und 1988 stieg die DDR sowohl

bei Winter- als auch Sommerspielen zur zweitstärksten Sportnation auf und war 1984 bei der Winter-Olympiade sogar die Nr. 1. Unter Ewalds Leitung erkämpften die DDR-Athleten bei den Olympischen Spielen 160 Gold-, 153 Silber- und 141 Bronzemedaillen. Ewald, der 1964 in Tokio auch Chef der Mission der damals gesamtdeutschen Mannschaft war, ordnete dem leistungssportlichen Aufstieg des DDR-Sports alles unter – auch um den Preis der 1968 beschlossenen Zurücksetzung anderer, nicht medaillenträchtiger olympischer Sportarten. Unbestritten ist, dass er ein fähiger Mann war, einer mit hohem Sportfachwissen, großer Detailkenntnis und enormer Organisationsfähigkeit. Aber er war auch einer, der zur Selbstherrlichkeit neigte, oft nach Belieben schaltete und waltete. Seine Rolle im Partei- und Staatsgefüge der DDR aber wuchs mit jeder Medaille, und durch die Erfolge der DDR im Weltsport wurde auch die internationale Anerkennung der DDR maßgeblich vorangetrieben. Seine Gegner sahen in Ewald eher einen »Sport-Diktator«. Doch die Erfolge gaben ihm und seinen Methoden Recht." (https://www.neues-deutschland.de/artikel/25423.organisator-des-aufstiegs.html)

Damals, im Jahre 1978/79 gab es einige sicherheitsrelevante Vorkommnisse, die ich klären sollte, da ich ja gerade sozusagen vor Ort war. Es ging um Bestrebungen von diversen ausländischen Geheimdiensten, an alle möglichen Infos zu kommen, die mit dem Sport in der DDR zu tun hatten. Auch Fragen aus dem Bereich Doping und Antidoping rückten immer mehr in den Mittelpunkt des Interesses. Natürlich waren die Jungs und Mädels der anderen Seite auch nicht von gestern. Natürlich wäre es ein interessanter Fischzug gewesen, wenn man hätte herausbekommen können, ob „die da aus der sogenannten DDR" irgendein Geheimrezept hatten, damit ihre Sportlerinnen und Sportler andauernd führende Plätze bei Europa- und Weltmeisterschaften belegten und das selbst bei Olympischen Spielen! Ja, die DDR verlagerte den Klassenkampf in die Stadien und Sportanlagen. Krönung des Ganzen war dann für die größte

DDR der Welt, seit 1968 erfolgreich mit einer eigenen DDR-Nationalmannschaft bei Olympia anzutreten. Und die sportlichen Erfolge dieses kleinen Fliegenschiss-Landes auf dem großen Erdenglobus waren zunehmend mehr Europa- und Weltmeistertitel sowie Bronze-, Silber- und Goldmedaillen bei den Olympischen Spielen!

> *Der DTSB wurde in der Praxis unmittelbar durch das ZK der SED angeleitet. Zuständig war die Abteilung Sport unter der Leitung von Rudi Hellmann. Erich Honecker (bis 1971), Paul Verner (1971–1984) und Egon Krenz (1984–1989) waren die verantwortlichen Politbüromitglieder für die Sportentwicklung in der DDR. (Wikipedia, 10.10.2020)*

Allerdings wurde in der täglichen und praktischen Arbeit inhaltlich meist das gemacht, was Manfred Ewald und sein Stab organisiert und vorbereitet hatten. Trotzdem war der DTSB eine nachgeordnete Institution. Somit wusste die Staatsführung immer ganz genau, was der Sport für ein wichtiger und mächtiger Motor war. Und den wollten sie besser nicht unkontrolliert vor sich hin tuckern lassen!

Um nun auf die Frage der sammelnden Informationsjäger jenseits der Elbe zurückzukommen, ich bekam schließlich die Aufgabe, dem „Generalsportmeister" Ewald ein wenig auf die Finger zu schauen. Mir wurde eindeutig gestattet, ja, man erwartete hierbei sogar von mir, ganz gezielt die sogenannte „japanische Form" der Aufklärung anzuwenden. Das bedeutete, man gibt sich seinem Gegenüber zu erkennen und wartet ab, ob der daraufhin einen Fehler macht. Es ging darum, welche Kontakte zu welchen wichtigen Personen des In- und Auslandes hatte der Genosse Ewald denn so. Wo und wie bewegte er sich durchs Leben. Aus vielen verschiedenen Blickwinkeln wird schließlich im Laufe der Zeit ein immer klarer werdendes Bild!

Aber wie auch immer, mir fehlte die Arbeit im Operationsgebiet, das musste ich mir selbst eingestehen. Die Tätigkeit, der ich jetzt größtenteils nachging, führte immer öfter in Richtung Schreibtisch. Ich war wissenschaftlicher Mitarbeiter und Sektorenleiter beim Ministerrat der DDR, wurde gut bezahlt und genoss die eine oder andere Annehmlichkeit, die so eine Funktion mit sich brachte. Zum Beispiel konnte ich in der Verkaufsstelle des Ministerrates einkaufen. Dort gab es wohl kaum etwas, was es nicht gab. Solche Dinge waren zwar sehr angenehm, aber für mich weder erstaunlich noch unbekannt. Es gab also keinen Grund, voller Entzückung komplett auszurasten, nur weil man auf Staatslenkungsgebiet Bananen kaufen konnte, bis zum Abwinken! Mit Speck fängt man bekannterweise Mäuse, aber ich war sozusagen Katze genug, nicht auf solche Äußerlichkeiten abzufahren!

Im Gegenteil. Die in meinen Augen, „kleine" Aufklärungsaufgabe beim Genossen Ewald war relativ flink erledigt und mir blieb wieder genügend Zeit für andere Dinge. Nur merkte das auch mein unmittelbarer Pseudo-Vorgesetzter. Und somit war ich wieder in einem Büro eingefangen und wurde mit diversen Arbeiten zum aktiven Zeittotschlagen zugeschüttet! Meine Güte, ich war ein rein politischer Mitarbeiter und kein Bürohengst! Mein Tageswerk sollte nunmehr sein:

„Maßnahmen erarbeiten für die Diplomaten im Trainingsanzug"

und

die „Erarbeitung von Richtlinien für die nächsten Olympischen Sommerspiele im Juli/August 1980 in Moskau sowie für die Winterspiele in Lake Placid, USA, im Februar des gleichen Jahres".

Dieses ganze verkrampfte Gemurkse sollte dazu dienen, um den Medaillenspiegel der DDR noch mehr zu erhöhen. Und das dann auch noch unter dem schlechten Stern eines drohenden Boykotts von 42 NOKs und weiteren 24 NOKs, die aus finanziellen oder sportlichen Gründen auf eine Teilnahme verzichteten oder die Einladung zur Olympiade erst gar nicht beantworteten. Und diese Boykotte trafen die UdSSR genauso wie die USA. Denn beide Staaten befürchteten finanzielle Einbußen in Millionenhöhe durch verlorengehende Fernseh-Übertragungsrechte und auch ausfallende Werbeeinnahmen. Übrigens, nur zur Erinnerung: Dieses ganze Hin- und Herboykottieren kam vom Einmarsch sowjetischer Streitkräfte in Afghanistan. Allerdings führte das Androhen und auch Anwenden solcher Boykottmaßnahmen nur dazu, dass vier Jahre später der sowjetische Gegenboykott für die Olympiade in Los Angeles 1984 erfolgte. Wie gesagt, Sport ist Politik!

Interessant waren da eher Dinge völlig anderer Natur, die ich in meinem Verantwortungsbereich hatte. Zum Beispiel die Zusammenarbeit mit den Bezirks- und Verbandsärzten und dem sportmedizinischen Dienst der DDR. Aber auch Kontakte mit Trainern und Sportlern der verschiedensten Bereiche waren superspannend und gaben mir viele Einblicke in die Abläufe von Trainings- und Wettkampfsituationen.

Aber all das nutzte mir herzlich wenig, ich wurde dort im Staatssekretariat für Körperkultur und Sport nicht heimisch. Ich hatte es einfach nicht drauf, mir andauernd irgendwelche sinnlosen Sachen aus den Fingern saugen zu müssen. Und dann andauernd diese seltsamen Sprüche und angeblich politisch korrekten Bezeichnungen und diese laufenden Vor- und Nachbereitungen von nationalen Meisterschaften, aber auch Europa- und Weltmeisterschaften. Tagtäglich die gleichen langweiligen Rituale, belegt mit unglaublich wichtigem Getue um irgendwelche Kleinlichkeiten! Es war zum Aus-der-Haut-Fahren! Als man mir wieder mal etwas aufs Auge drücken wollte, was ja ach so wichtig war und unbedingt am besten vorgestern erledigt werden musste, habe ich die Notbremse gezogen. Ich war es leid, dass jedermann glaubte zu wissen, was gut und wichtig für mich wäre! Schluss damit, denn ich bin ich! Und ich sage, wo es für mich langgeht!

Ja, kaum zu glauben, aber wahr: Ich habe beim Ministerrat der Deutschen Demokratischen Republik - gekündigt!!

Alle dachten, jetzt flippt er völlig aus! Die Genossen waren verblüfft. Aber für mich stand fest: Immer die Partei vorneweg, verlogen und betrogen ...

Nee, danke, liebe Sportsfreunde, ohne mich! Ich bin dann mal weg!

Dann war ich erst einmal ein Dreivierteljahr arbeitslos - zumindest auf dem Papier! Denn die Genossen im Hintergrund hatten so ihre Pläne mit mir. Dazu später mehr. Zuerst einmal möchte ich ein bisschen was über meine Familie erzählen ...

VIII.

Gestatten, Familie Ammon aus Berlin

Noch einmal zurück in die 1960er-Jahre. Damals reifte natürlich bei meiner wunderbaren Iris und mir der Wunsch nach eigenen Kindern. Trotz diverser Versuche wollte es nicht klappen, *wir* wurden einfach nicht schwanger. Iris hatte da schon seit früher Jugend leichte Probleme. Wie sie mir erzählte, war sie darum bei Prof. Dr. Helmut Kraatz in Behandlung gewesen. Professor Kraatz war Inhaber des Lehrstuhls für Frauenkrankheiten und Geburtshilfe an der Charité in Berlin und galt als bedeutendster Gynäkologe in der DDR. Die Charité ist das älteste Krankenhaus von Berlin und bis zum heutigen Tag eine der größten Universitätskliniken Europas! Das half uns jetzt aber auch nicht einen Schritt weiter, zumal der Professor Iris damals schon erklärt hatte, sie wäre rein körperlich nicht so gut zum Kinderkriegen geschaffen. Er meinte, sie würde sich damit abfinden müssen, eventuell keine eigenen Kinder bekommen zu können.

Wie ich mit Iris eine Familie gründen wollte

Iris war darüber natürlich ziemlich traurig, aber ich, wie immer, frohen Mutes und voller Tatendrang! Meiner Meinung nach würden wir das schon hinkriegen! Schließlich macht Übung ja bekanntermaßen den Meister! Also begannen wir umgehend mit einer sehr angenehmen Art der Körperertüchtigung und der Zielstellung, eine ganze Schar kleiner Ammon-Wellmann-Nachfahren in die Welt setzen zu wollen. Allein der wohldurchdachte Plan dafür reichte nicht aus. Bei aller Freude an solcherlei netten körperlichen Aktivitäten wollte sich kein zielführendes Ergebnis einstellen: Iris wurde leider nicht schwanger! Um von vornherein auszuschließen, dass ich vielleicht die Ursache des Problems sein könnte, begab ich mich in die Hände der Medizin. Genauer gesagt, besuchte ich eine Praxis in der Warschauer Straße, die sich auf derlei Fälle spezialisiert hatte. Ich war gespannt, was nun passieren würde! Das kleine Plastik-Becherchen, das mir eine junge Schwester lächelnd in die Hand drückte, sollte ich dann doch eher flugs in Eigeninitiative befüllen! Wer jetzt dachte, ich wäre diesbezüglich peinlich berührt gewesen, den muss ich wieder mal enttäuschen! Im Gegenteil, mit einem breiten Grinsen erklärte ich der netten Schwester, es wäre bestimmt viel besser, sie würde mir ein weitaus größeres Gefäß zuteilen! Aus der Reaktion der jungen Krankenschwester – sie rollte seufzend mit den Augen – entnahm ich, solche Sprüche schienen ihr nicht fremd zu sein!

Wie auch immer, das Ergebnis der Untersuchung meines Beitrags zur Erhaltung der menschlichen Rasse war negativ. Was wiederum positiv war, zumindest für mich! Aber damit war uns auch nicht geholfen. Wir standen immer noch vor der Frage, was wir anstellen sollten, um unseren Zweig des Familien-Stammbaumes kräftig sprießen zu lassen! Die Lösung stellte sich dann doch noch ein: Eine Spezialklinik in der Nähe von Leipzig, in Bad Lausick, hatte ein neues Verfahren entwickelt, mit dem sich Paare ihren Kinderwunsch erfüllen konnten. Iris war dort für drei Wochen. Als sie wieder in Berlin war, verging nur eine kurze Zeit, und ihr Arzt konnte ihr die freudige Mitteilung machen, jetzt sei sie schwanger!

Am 9. November 1969 kam schließlich unsere Tochter Grit zur Welt. Allerdings klingt das jetzt viel einfacher, als es war. Denn der Weg bis zur Geburt war sehr schwer und schmerzvoll. Iris bekam Präeklampsie.

Die Präeklampsie (früher: EPH-Gestose) ist eine ernste Erkrankung schwangerer Frauen. Sie zählt zu den sogenannten hypertensiven Schwangerschaftserkrankungen. Das sind Erkrankun-

gen mit Bluthochdruck in der Schwangerschaft. Frauen mit Präeklampsie haben zudem Eiweiß im Urin und Wasseransammlungen im Gewebe (Ödeme) ...

Eine Präeklampsie tritt bei etwa drei bis fünf Prozent aller Schwangeren auf, die zum ersten Mal ein Kind erwarten (Erstgebärende) ...

Die genaue Ursache der Präeklampsie ist nicht bekannt. Es gibt aber verschiedene Erklärungsansätze zur Entstehung der Erkrankung. Vermutlich liegt bei den betroffenen Frauen eine gestörte Anpassung des Organismus an die Schwangerschaft vor.
(netdoctor.de, Präeklampsie, Pascale Huber/Martina Feichter, 5.11.2009)

Außerdem konnte die Medizin auch nicht genau sagen, in welchem Schwangerschafts-Monat die arme Iris nun wirklich war. Das Ergebnis dieser ganzen Beschwerden war eine mehrmonatige Krankschreibung, bei der ihr nahegelegt wurde, sich zu schonen, soweit das möglich war. Und es gab ein Thema, das plötzlich im Raum stand: Die Ärzte erkundigten sich, ob Iris diese Schwangerschaft nicht besser beenden wolle, weil man nicht genau sagen konnte, ob und wie sich ihr nicht guter gesundheitlicher Zustand auf die Gesundheit des in ihr heranwachsenden Kindes auswirken würde. Iris ging immer davon aus, alles würde sich noch zum Guten wenden. Sie wollte unser Wunschkind nicht verlieren und zeigte sich die ganze Zeit über sehr tapfer. Eines Tages allerdings ging es Iris so schlecht, dass sie dringend ins Krankenhaus eingeliefert werden musste. Natürlich erklärte ich den behandelnden Ärzten, wenn die Frage im Raum stehen würde, sollte alles getan werden, damit ich meine Frau behalten könne! Iris wurde mit starken Mitteln behandelt und erholte sich wieder zusehends. Wenig später bekam sie Wehen. Die Geburt zog sich hin und war recht kompliziert. Das kleine menschliche Wesen musste sogar reanimiert werden. Unsere Tochter verbrachte als Frühchen die erste Zeit im Inkubator, im Brutkasten.

Als wir am 12. Januar 1970 unsere kleine Grit endlich aus dem Krankenhaus abholen und nach Hause bringen konnten, war das mein schönstes Geschenk zum 25. Geburtstag! In der nächsten Zeit stand uns besonders Iris' Mutter mit Rat und Tat zur Seite. Grit entwickelte sich prima. Trotz einer ganzen Reihe von gesundheitlichen Problemen aß sie ordentlich und lächelte alle an und war eine richtige kleine Käthe-Kruse-Puppe!

Wie der Zufall es wollte – und wenn ich „Zufall" sage, meine ich Zufall! –, es geschah etwas, das konnte man eigentlich als Fügung einer höheren Macht bezeichnen: Iris wurde erneut schwanger! Das war weder geplant noch so gedacht! Da wir jetzt nicht genau wussten, wie wir mit dieser Situation umgehen sollen, wollten wir uns den Rat von einem Fachmann holen und gingen zur ambulanten Sprechstunde zu Oberarzt Dr. Kaiser nach Lichtenberg. Es brauchte nur einen klitzekleinen Moment, einen kurzen Augenblick, und mir war klar, da würde ich mich wohl sehr zurückhalten müssen. Der gute Dr. Kaiser war ein ziemlich arroganter junger Schnösel! Als wir ihm unsere Geschichte erzählt hatten, sah er uns nur an und erkundigte sich etwas von oben herab, was wir nun eigentlich genau von ihm wollten. Ich erwiderte, wir seien auf der Suche und wollten uns erkundigen, was wir tun sollen. Ob so etwas wie bei unserer kleinen Tochter noch einmal vorkommen könnte, solche gesundheitlichen Probleme. Und was jetzt das Beste für alle Beteiligten wäre. Wir würden es nicht wissen, *ich* würde es nicht wissen. Da machte der junge Arzt einen folgenschweren Fehler. Er blaffte mich an und meinte, ich müsse selbst wissen, was ich wolle. Schließlich hätte ich doch Iris ein Kind gemacht, nicht er! Da sollte man schon wissen, was man will, wenn's dann so weit ist! Ich dachte zuerst, ich könne meinen Ohren nicht trauen! Oder ich hätte mich irgendwie völlig verhört! Ich meine, was erlaubte sich denn dieser überhebliche Fatzke! Am liebsten hätte ich ihm sofort eine reingehauen! Innerlich kochte ich vor

Wut, aber äußerlich versuchte ich ruhig zu bleiben. Ich erwiderte, dass, abgesehen davon, dass er sowieso niemals, auch nur ansatzweise, in die Situation kommen würde, meine wunderbare Frau zu schwängern, wir zu ihm gekommen wären, weil wir Hilfe und Rat gesucht hatten. Und er führe sich hier auf wie ein Vollidiot! Ich stand ganz nah bei ihm, als ich ihm leise, aber eindringlich erklärte, wenn meiner Iris irgendetwas passieren sollte oder meinem zweiten, noch ungeborenen Kind, dann würde ich hier wieder auftauchen! Aber darüber dürfte er sich kaum freuen, denn dann würde ich dafür sorgen, dass er kaum noch irgendwo weiterhin als Oberarzt werde arbeiten können! Mein entschlossener Gesichtsausdruck muss ihm wohl klar gemacht haben, dass meine Worte nicht nur so dahingesagt waren, sondern ich es verdammt ernst meinte!

Und wie es wieder der Zufall wollte – man sagt ja, man sähe sich im Leben immer zweimal –, kreuzten sich ein paar Monate später unsere Wege erneut. Ausgangspunkt war, dass es auch bei unserem zweiten Kind in Verbindung mit der Geburt wieder Komplikationen gab. Iris bekam Wehen, da war abzusehen, auch dieses Baby wird ein Frühchen werden. Und auch wie bei Grit würde es zu einer Steißgeburt kommen. Für diejenigen, die nicht genau wissen, wieso das gefährlich ist:

> *Die „Becken-Endlage", wie die Medizin das nennt, birgt ziemliche Risiken: Da der Kopf der größte Teil des Kindes ist, wird die Nabelschnur dabei eingeklemmt und das Baby so kurzfristig mit Sauerstoff unterversorgt. Wenn dieser Zeitraum der Unterversorgung nur kurz ist, stellt dies für das Kind kein Problem dar …*
> *(Wikipedia, 5.5.2021)*

Nun hieß es wieder einmal, schnelles Handeln ist gefordert! Ich rief die Jungs vom Rettungsamt an. Die saßen damals noch in der Marienburger Straße im Prenzlauer Berg. Die waren ratzifatzi kurze Zeit später auch schon da und transportierten Iris und mich ins Krankenhaus Friedrichshain. Und wer war wohl der Bereitschaftsarzt im Kreißsaal? Richtig, der Kollege Oberarzt Kaiser! Der brauchte uns nur zu sehen, dann kam aber Bewegung in die Runde! Kurze Zeit später war Holm auf der Welt! Die Geburt ging zwar unkomplizierter über die Bühne als bei seiner älteren Schwester, aber gleich darauf musste auch er in den Inkubator. Es war der 19. Oktober 1970 …

Der kleine Holm musste, genau wie Grit ein paar Monate vorher, erst einmal in der Klinik bleiben. Wir besuchten ihn, sooft das möglich war. Der Bursche wollte anfangs nichts essen, kriegte sich dann aber schnell in den Griff. Vier Wochen später durften wir ihn endlich mit nach Hause nehmen.

WIE ICH UNS „3 ZIMMER, KÜCHE, BAD" BESORGTE

Nun hockte also das vierblättrige Kleeblatt in einer viel zu kleinen Wohnung in der Rigaer Straße. Gott sei Dank hatten unsere Nachbarn, ein älteres Ehepaar, mit uns und unserer Wohnraumenge Mitleid. Sie erklärten sich bereit, ihre Wohnung mit uns zu tauschen! Wir konnten unser Glück kaum fassen, griffen zu Tapete, Pinsel und Farbe und renovierten unser zukünftiges neues Heim innerhalb kürzester Zeit komplett durch! Bei der Gelegenheit wurden auch die elektrischen Leitungen gleich unter Putz gelegt. Jetzt hatten wir ein riesiges Berliner Zimmer über Eck, Küche, Bad und eine kleine Kammer. Da standen hintereinander zwei Kinderbetten drin, für Grit und Holm.

Nun hätte eigentlich alles eitel Sonnenschein sein können. War es aber nicht! Unsere beiden Kinder hatten weiterhin mit gesundheitlichen Schwierigkeiten zu kämpfen. Holm hatte oft asthmaartige Anfälle. Es stellte sich heraus, er litt an Pseudokrupp, einer Erkrankung der Atemwege. Die typischen Kennzeichen sind da ein plötzlich auftretender „bellender" Hustenanfall mit Heiserkeit, pfeifende Geräusche beim Einatmen und

Atemnot. Der Grund dafür: Unsere Wohnung war doch ziemlich feucht und kühl.

Ich habe sonst nie irgendwo „mit der Faust auf den Tisch gehauen“, wie man so schön sagt. Ich habe nie irgendwelche Forderungen gestellt. Doch jetzt hatte ich keine andere Wahl, denn es ging um die Gesundheit unserer Kinder! Ich erklärte meinen Leuten, ich bräuchte eine andere, eine bessere Wohnung! Schon kurze Zeit später tauchte dann ein kleiner Mann bei uns auf, nämlich der Horst, der uns erklärte, er habe da eine wunderbare Wohnung für uns: eine Dreizimmerwohnung! Wunderschön! In der Hufelandstraße, im Bötzowviertel im Prenzlauer Berg, unweit des Volksparks Friedrichshain! Wir sollten gleich mit ihm mitkommen und uns die Wohnung ansehen. Und wenn sie uns gefiele, könnten wir sofort einziehen!

Iris und ich konnten unser Glück kaum fassen, kniffen uns gegenseitig in den Arm und stellten somit fest: Nein, wir träumten nicht! Wenig später bestätigte sich das auch, es war kein Traum - es war ein Albtraum! Die Wohnung wurde zurzeit bewohnt von einem Oberstleutnant. Der war der Leiter der K1, der politischen Kriminalpolizei aus dem Präsidium der Volkspolizei in der Keibelstraße am Alexanderplatz. Die K1 arbeitete eng mit einer entsprechenden Abteilung des MfS zusammen. Daher gab es wohl auch bei Fragen der Wohnraumbeschaffung eine bilaterale Zusammenarbeit dieser zwei politischen Behörden. Und da kam dann der kleine Mann, der Horst, ins Spiel. Er war so eine Art wohnraumlenkender Koordinator!

Jedenfalls war diese Wohnung nun für den Genossen Oberstleutnant und seine Frau mit ihren fünf oder sechs Kindern zu klein geworden, darum erhielten die jetzt ein Haus. Zu unserem Glück! Wir bekamen dadurch eine neue, helle, warme, großartige, super Wohnung! In exorbitanter Lage, zu einem vernünftigen Mietpreis! Das versprach uns der Horst mit frohem Lächeln im Gesicht.

Dann standen wir vor dem Haus. Ein wunderbarer bürgerlicher Bau vom Anfang des 20. Jahrhunderts mit einem hübschen

Hausflur, großen schweren Eingangstüren und Stuck an den Flurdecken. In der ersten Etage sollte dann unsere Wohnung sein!

Oh, Herz, was willst du mehr?! Ja, von wegen! Unsere Herzen blieben fast stehen, als wir einen ersten Blick in die Wohnung werfen konnten! Es sah aus, als wäre ein schwerer Orkan durch die Bude gefegt! Der ganze Laden war total verwohnt. Das Wohnzimmer war zwar ziemlich groß, es hatte bestimmt 50 Quadratmeter. Dazu einen riesigen Erker. In dem Zimmer standen fünf oder sechs Betten. Die Bettdecken und Kopfkissen hatten keine Bezüge, es waren nur die roten Inletts zu sehen. Nur eine Ecke, weit hinten, hob sich aus dem chaotischen Gewühl heraus. Dort war das Bett bezogen. Die Ecke war mit Tapete beklebt, es waren Poster an der Wand. Die Besitzerin dieses kleinen gemütlichen Paradieses musste wohl aus der Art der anderen Kinder geschlagen sein! Das war aber auch der einzige Lichtblick in all dem Schmutz und Dreck! Wir bewegten uns vorsichtig weiter auf unserer Exkursion durch das Elend! Große Flügeltüren verbanden die Zimmer. Das eine Zimmer hatte einen Balkon. Jetzt aber kommt das „Aber"! An den Wänden gab es kaum noch Tapeten, der Fußboden hatte wohl mal Parkett, jetzt war da irgendwie alles mit dicker, fast schwarzer Farbe überstrichen worden. Die Türen klebten vor Schmutz, auch und besonders die Türklinken! Die Küche brauchte eine Totalrenovierung. Aber das war noch gar nichts im Vergleich zum Bad. Wobei das Wort „Bad" besser durch „Riesenkloake" ersetzt werden sollte! Ich hatte in meinem Leben schon viel gesehen, so etwas aber noch nie! Es stank bestialisch, Badewanne und Waschbecken, alles starrte vor Dreck! Die Kinder machten da kaum einen Unterschied. Ihre Klamotten hatten auch schon mal bessere Zeiten gesehen! Überhaupt waren die Kinder alle sehr gut genährt, ja, man kann sagen, sie waren ziemlich fett! Zur Krönung des Ganzen kam noch eine Katze vorbei, die gehörte auch in diesen Räuberhaushalt. Sie war ebenfalls dick. Damit sich die Katze uneingeschränkt überallhin bewegen konnte, hatte irgendwer unten aus der Wohnungstür eine Art Katzenklappe ausgesägt. Die Katze kam wohl gerade von der Jagd. Jedenfalls legte sie stolz eine tote Maus auf den ziemlich ausgeblichenen Teppich im Flur!

Iris war erschüttert. Ich warf ihr einen beruhigenden Blick zu. Dann sahen wir beide gleichzeitig, wie auf Kommando, den kleinen Horst an. Der stand mit offenem Mund da und war einfach nur sprachlos! Ich wandte mich zu ihm und meinte sarkastisch: «Wie war das vorhin? Hier können wir sofort einziehen? – Ha, ha, ha, mein Lieber! Selten so gelacht!»

Doch meine kluge Iris nahm mich zur Seite und redete leise auf mich ein. Sie meinte, wenn hier die Handwerker durch seien und alles wieder in Ordnung gebracht sei, würde es bestimmt eine wunderschöne Wohnung sein! Kurze Rede, kurzer Sinn! Wir wurden uns schnell mit dem Wohnungsbeschaffungs-Horst einig. Er gab uns die entsprechenden Schriftstücke und Unterlagen in die Hand und wir marschierten zur zuständigen KWV, der Kommunalen Wohnungsverwaltung. Die junge Kollegin dort kam uns bekannt vor. Es stellte sich heraus, wir kannten ihre Mutter, die arbeitete beim Wohnungsamt. Damit war das erste Eis umgehend gebrochen: Die junge Frau fand uns gut und wir sie auch. Und somit war alles flink in trockenen Tüchern.

Kurze Zeit später waren dann auch endlich der Genosse der K1 und seine Familie ausgezogen. Nunmehr sollte es einen ersten gemeinsamen Termin geben, bei dem die KWV in Person der netten Mitarbeiterin mit uns kurz vor Ort über „eventuell notwendige kleinere Reparaturen" reden wollte. Wir konnten uns kaum die Schadenfreude verkneifen, als wir erneut die Wohnung betraten. Die junge Kollegin der KWV stand da und war wie vom Blitz getroffen! Oder zur Salzsäule erstarrt! Ganz wie man wollte. Ihr war sofort klar, mit ein paar Schönheitsreparaturen wäre hier kaum etwas auszurichten. Da hatte sie unsere uneingeschränkte Zustimmung! Iris meinte noch, um die größten Spuren der Verwüstungen zu beseitigen, könnte man doch die Vormieter ein wenig zur Kasse bitten! Ich verkniff mir besser eine Stellungnahme zu dieser wilden These!

Entschuldigung, Iris ging wirklich davon aus, irgendwer würde den Leiter der Politischen Polizei K1 im Präsidium der Volkspolizei für seine völlig verschlamperte und verdreckte Wohnung mit Forderungen für Schadensersatzzahlungen beballern? Das wäre in der Tat ein Wunder gewesen! Natürlich kam es *nicht* dazu!

Die Frage war nur, wie sollte man es schaffen, in relativ kurzer Zeit aus der Wohnruine ein behagliches Familienplätzchen zu backen?! Das ging echt nur mit vereinten Kräften! Und so ergab es sich, dass wir unsere Beziehungen spielen ließen und die KWV ihre Handwerker beisteuerte. Die ersten waren zwei Männer mit einer Maschine, die die vergammelten Parkettböden abschleifen wollten. Das war eine wirklich kräftezehrende Tätigkeit. Wie die Männer später sagten, trieb sie nur eine gewisse Wut voran, bei dieser Aufgabe nicht zu scheitern! Mit reichlich Muskelkraft kam nach mehrmaligem Einsatz der Abschleifmaschine unter den Farbschichten ein edles Parkett ehemalig deutscher Wertarbeit zum Vorschein. Die Handwerker versiegelten die Böden, und die Räume erstrahlten in edlem Glanze. Als nächstes waren die Türen dran. Dank eines guten Helfers, des bekannten „Meister Proper", ließen sich der Dreck und die Schmiere von den Türen leicht abwischen. Leider nicht nur das, sondern auch der alte Lack nahm seinen Hut und ward nicht mehr gesehen! So wie es aussah, hatte den nur noch der Schmutz an den Türen haften lassen. Nun lag jedenfalls das blanke Holz vor uns. Ich organisierte vernünftige weiße Lack-Farbe („Made in Western Germany"), die wackere Iris und ich griffen zum Pinsel und das Ergebnis konnte sich sehen lassen. Wir bekamen eine neue Küche eingebaut, das Bad wurde komplettsaniert mit neuer Wanne und neuem Waschbecken. Die Armaturen dazu habe ich besorgt. Natürlich auch aus Westproduktion, das versteht sich ja von selbst! Als schließlich auch noch alles ordentlich tapeziert war, konnte man mit ruhigem

Gewissen wieder von einer Wohnung reden, in die man gerne einzieht! Der letzte Handwerker war ein alter Meister mit seinem Gesellen, die beiden sollten den alten Kachelofen im Wohnzimmer wieder in Gang bringen. Schnell war den Fachleuten klar, das würde nichts bringen. Sie rissen den Ofen ab, erstaunlicherweise ohne viel Dreck im frisch renovierten Wohnzimmer zu veranstalten, und bauten einen neuen Kachelofen hin. Handwerk hat goldenen Boden, sagt man. Das konnten wir getrost unterschreiben. Denn das, was die Ofenbau-Meister da aufgestellt hatten, war ein reinstes Meisterwerk! Ein Kaminofen mit Luftzug und Ofenbank! So etwas kannte ich nur aus Franken! Der alte Meister bewies uns dann bei der Generalprobe des Ofens, dass man mit fünf bis sechs Ausgaben des „Neuen Deutschland", des Zentralorgans der Sozialistischen Einheitspartei, nicht nur für klare politische Ansichten sorgen konnte, sondern dass die im zerknüllten Zustand innerhalb von zehn Minuten ein 50 Quadratmeter großes Zimmer mollig warm werden ließen! Der Meister gab uns noch einen Rat mit auf unseren Heiz-Weg: In diesem Kamin-Ofen könnten wir alles verbrennen: von Holz über Klamotten bis zu Schuhen. Selbstverständlich auch Brikettkohlen, wenn wir wollten! Diesen Rat befolgten wir später ausgiebig, denn es gab bei uns kaum etwas, was wegzuwerfen war. Diese Dinge verließen uns im Kamin, in Rauch und Asche aufgegangen!

Nachdem schließlich alle Arbeiten abgeschlossen waren, konnten wir endlich unser neues Heim beziehen. Vom ersten Besuch bis zur endgültigen Schlüsselübernahme waren wirklich fast fünf Monate ins sozialistische Land gegangen! Das machte uns aber nichts aus, denn wir hatten endlich eine gute Wohnung und tolle Nachbarn. Die waren bestimmt alle froh, dass diese Schmuddelfamilie mit den dicken und lauten Kindern, nebst der fetten Katze, endlich ausgezogen war!

Zum Beispiel gab es da im Parterre die Frau Bredow, Inhaberin des Blumenladens im Parterre, obwohl sie schon Rentnerin war. Darum konnte sie in den Westen fahren, was sie auch oft tat. Ich traf sie einmal bei „Bilka", in der Nähe vom Bahnhof Zoo.

Bilka war eine von dem deutschen Warenhauskonzern Hertie gegründete Niedrigpreiskaufhauskette. In ihrer besten Zeit (1986) umfasste sie 53 Filialen in der Bundesrepublik und in Berlin (West). Bilka-Warenhäuser bestanden von 1952 bis 1996. „Bilka" ist ein Akronym aus „Billig-Kaufhaus". (Wikipedia, 25.2.2021)

Ich schlenderte da also in meinem Leineweberanzug durch die Regalreihen und blickte kurz zur Kasse. Da sah ich sie in der Reihe der Wartenden stehen, unsere Nachbarin, die gute Frau Bredow. Natürlich hat sie mich nicht gesehen. Das wäre ja auch noch schöner gewesen! Aber genau das war eine der Situationen, mit denen man immer und überall rechnen musste. Wenn man auf jemanden traf, den man kannte, hätte es viele Fragen geben können. Gar nicht so sehr auf dem Heimatgebiet der DDR, sondern außerhalb unserer Landesgrenzen. Erkläre mal einem Bekannten oder selbst einem, den man nur vom Sehen her kannte, was man als Nicht-Rentner auf den Straßen Westberlins zu suchen hatte. Oder in Westdeutschland. Oder sonst irgendwo in Westeuropa! Darum hieß es zusätzlich zum allgemeinen „Augen-immer-offen-Halten", stets mit außergewöhnlichen Situationen zu rechnen und dann schnell und logisch zu reagieren!

Apropos „Bilka", da fällt mir noch eine Sache ein, die zeigt, wie groß die Unterschiede zwischen Ost und West so waren, damals in den zu Ende gehenden Sechzigern. Eines Tages sollte ich meine zauberhafte Iris begleiten, weil sie irgendwelche Einkäufe machen wollte. Das war zugegebenermaßen nicht unbedingt eine meiner Lieblingsbeschäftigungen. Ich meine jetzt, einkaufen zu gehen, und nicht, mit Iris unterwegs zu sein! Aber was tut man nicht alles aus Liebe! In der Regel hatte ich ja erfolgreich versucht, immer alles Mögliche für den Haushalt von

„drüben“ mitzubringen. Das klappte stets sehr gut, denn ich wurde nie kontrolliert, wenn ich von Tagesausflügen im Auftrag der Sicherheitskräfte des Volkes aus der „Frontstadt Westberlin“ zurückkehrte. Die Leute der Passkontrolleinheit der MfS-Hauptabteilung VI ließen mich stets zollrelevant unkontrolliert durch die Sperre gehen, entsprechend den Weisungen ihrer vorgesetzten Dienststelle. Schließlich sollte niemand zu Gesicht bekommen, was ich für meine Vorgesetzten so alles an dienstlichen Unterlagen und ähnlichem mit mir herumtrug. Dadurch gab es für mich auch keinerlei Beschränkungen, was private Mitbringsel aus der Produktion des bösen Klassenfeindes betraf! Natürlich habe ich jetzt nicht kistenweise alle möglichen Großgeräte oder sowas mitgebracht. Aber theoretisch wäre es machbar gewesen. In meinem Mantel hatte ich einige „Geheimtaschen“ eingebaut, unter dem Futter. Die waren zwar nicht dafür vorgesehen, aber ich nutzte sie oft, um dort für meine Kinder Süßigkeiten oder „Matschies“, Matchbox- Autos, zu verstecken. Immer, wenn ich dann zu Hause aufgetaucht bin, kamen Grit und Holm gleich anmarschiert und forderten: «Hat du mitdebrackt? Mitdebrackt?»

Aber zurück zu unseren Tageseinkäufen. Meine Iris schleppte mich an diesem Tag auch in einen Laden, den man Repassierwerkstatt oder Repassierstube nannte. Dort konnte man für wenige Pfennige pro Laufmasche seine Strumpfhosen oder Nylonstrümpfe reparieren lassen. Diese Läden hielten sich in der DDR sogar bis zur Wende 1989! Gerade an diesem Tag war der Laden richtig voll. Wir stellten uns also ans Ende des sozialistischen Wartekollektivs, sprich Warteschlange. Und da standen wir nun, und es ging einfach nicht voran. Schließlich packte mich die Ungeduld und ich die Tüte mit den Strumpfhosen von Iris. Sie versuchte mich festzuhalten, aber da wurde nichts draus. Ich ging an den Verkaufstresen. Die gesamte Warteschlange begann zu protestieren, weil ich mich angeblich versuchte vorzudrängeln. Das war mir völlig egal. Ich legte der Verkäuferin die Tüte auf den Ladentisch und meinte, sie könne die Teile behalten, der Inhalt der Tüte sei frisch gewaschen, da müsse sie sich keine Sorgen machen. Als ich zu Iris zurückkehrte, nahm ich sie am Arm und zog sie aus dem Laden. Draußen auf der Straße erkundigte sie sich, was dieser Auftritt eben von mir wieder mal zu bedeuten hätte, es wäre ihr äußerst peinlich, wie ich mich immer aufführen würde. Ich erwiderte, *mir* wäre peinlich, was *Iris* immer so für seltsame Sachen veranstalte! Wenn sie Strumpfhosen brauche, könne ich ihr welche aus Westberlin mitbringen. Da lägen die Dinger zu Dutzenden für ein paar Pfennige auf jedem Grabbeltisch herum! So viel zum Thema: Mangelwirtschaft und Wegwerfgesellschaft!

Bei uns in der Hufelandstraße gab es unten im Haus einen Fischladen. Die drei Mädels, die da arbeiteten, waren immer freundlich. Aber wenn die ihre leeren Kisten am Freitagabend vor den Laden gestellt hatten und ihre Zulieferer es nicht mehr schafften, die Dinger abzuholen, standen die Teile dann eben übers Wochenende vor dem Laden. Und in der Sonne! Der Geruch ist dann schon ziemlich penetrant! Nun war ich nie ein Mann der lauten und bösen Worte. Aus diesem Grund suchte ich am darauffolgenden Montag ein klärendes Gespräch. Ich versprach den Mädels, wenn Not am Mann sei, könnten sie bei uns klingeln. Dann würde ich einfach mal mit anfassen und irgendwas wegräumen oder so. Und wenn sie irgendwie Ärger mit der Elektrik hätten, kein Problem, ich war schließlich gelernter Fernmeldemechaniker mit Elektroausbildung. Die Fischmädels waren froh über meine Hilfsbereitschaft und kamen auch ab und an darauf zurück. Die Leiterin ging noch einen Schritt weiter und machte mich umgehend zum Verkaufsstellenbeirat! Ja, in der DDR musste immer alles gleich einen gesellschaftlichen Nutzen haben und einen entsprechenden Namen erhalten! Das hatte ich nun davon. Es bewahrheitete sich wieder das Sprichwort: Keine gute Tat bleibt ungesühnt! Aber in meinem Fall konnte ich doch einen Nutzen daraus ziehen, denn: Der Laden war ein Fischladen. Und ein Fischladen verkaufte auch Räucheraal! Wenn's den mal gab! Bekannterweise war Räucheraal sehr selten und darum auch ein gutes Zahlungsmittel, beinahe so gut wie die Westmark. Einsetzbar für alle möglichen Tauschgeschäfte, von denen man in der DDR ganz gut leben konnte, vorausgesetzt, man fasste das richtig an!

Wir hatten eine wirklich gute Zeit in der Hufelandstraße im Friedrichshain. Und es gab noch einen Vorteil, den wir ausgiebig nutzten. Wenn auch der Grund ein nicht so guter war. Von der Hufelandstraße konnten Leute, die das wussten, von hinten auf das Gelände des Krankenhauses kommen. Unsere kleine Grit bekam ab und an schwere Krampfanfälle, sie litt unter dem sogenannten zerebralen Anfallsleiden. Wenn sie von solchen Krämpfen heimgesucht wurde, mussten wir schnell handeln und sie umgehend zum Arzt bringen. Aus solchen Krämpfen konnte sie sozusagen nicht selbst wieder herauskommen. Und wenn man nicht sofort einen Arzt hinzuzog, entstand eine lebensbedrohliche Situation, denn der Körper würde ansonsten ein Organ nach dem anderen regelrecht abschalten. Wenn Grit solche Krämpfe bekam, nahm ich sie einfach auf den Arm und wir marschierten so schnell es ging ins Krankenhaus. Durch die Abkürzung, durch den Zaun hinter dem Krankenhaus, hatten wir spätestens nach zehn Minuten unser Kind beim Arzt! Wenn uns der Pförtner kommen sah, klingelte er immer gleich bei der Kinderklinik an. Wenn wir dann auf Station eintrafen, standen die Ärzte und Schwestern schon bereit, um unserer Grit zu helfen. Als unser Kind das erste Mal mit solch einem Krampf zu tun bekam, war sie gerade einmal knapp ein Jahr alt. Im Laufe der Zeit traten diese Krämpfe immer wieder auf. Iris sagte einmal, nur weil wir beide so fest zusammenstanden und alles Menschenmögliche unternahmen, konnte sie die Kraft aufbringen, diese Situationen zu bewältigen. Sie hätte nicht gewusst, ob sie es geschafft hätte, wenn sie allein gewesen wäre!

Der längste Zeitraum solcher Krämpfe bei unserer Tochter waren einmal sechs lange Stunden! Da war Gritt drei Jahre alt. Der Chefarzt der Kinderklinik, ein Professor, meinte damals, er könne jetzt nichts mehr machen, das Leben des Mädchens läge nunmehr in den Händen einer höheren Macht, die Medizin sei nach diesen Stunden an ihre Grenzen gestoßen. Es kam uns wie ein Wunder vor, dass dieses kleine Wesen Mensch einen unglaublichen Lebenswillen entwickelte, der sie fast in letzter Sekunde den Kampf gegen diese schwere Krampfzeit gewinnen ließ. Grit hatte bis zu ihrer Pubertät mit solchen Krampfanfällen zu kämpfen, dann besserte sich das etwas. Wohl auch, weil sie mittlerweile medikamentös gut eingestellt war. Aber selbst heute noch kann man beim EEG die Spitzen solcher Anfälle erkennen, wenn man die Aufzeichnungen genau studiert.

Übrigens hielt man damals unsere beiden Kinder immer für Zwillinge. Da Grit ein kleines zartes Wesen war und nur ein knappes Jahr älter als ihr jüngerer Bruder, fiel das auch gar nicht so groß auf. Zweckmäßigerweise hatten wir darum auch einen Zwillingswagen organisiert, in dem sich die beiden gegenübersaßen. Iris hatte niemals irgendwelche Schwierigkeiten, zum Beispiel wenn sie allein irgendwohin fahren wollte, mit der Straßenbahn oder mit der S-Bahn. Immer gab es hilfsbereite Menschen, die ihr mit dem Kinderwagen beim Ein- und Aussteigen behilflich waren. Oder auch, wenn sie an der Treppe vom Bahnhof stand.

Da fällt mir gerade noch eine lustige Sache ein. Als der Holm noch ein kleiner Bursche war, nahm er sich oft eine Fußbank, stellte die ans Fenster oder an den Balkon und sah auf die Straße. Und dabei brabbelte er laufend irgendwas vor sich her. Als Iris mal genauer hinhörte, bemerkte sie, der kleine Kerl nannte immer die Namen der Autos, die auf der Straße vorbeifuhren. Er konnte noch nicht mal richtig sprechen, aber mit den vielen Autotypen kam er schon klar und das völlig fehlerfrei! Wir haben nie herausbekommen, wer Holm das beigebracht haben könnte! Vielleicht hat er das irgendwie aufgeschnappt, wenn sich die Erwachsenen über Autos unterhalten haben. Bei einer Sache weiß ich, wie er dazu kam. Ich nahm ihn ein paar Mal mit, wenn ich in der Werkstatt der Regierungsfahrzeuge zu tun hatte. Die befand sich am Reichstag, natürlich auf der östlichen

Seite der Grenze! Ich erinnere mich, wie stolz Holm war, als er da in einer schwarzen Regierungskarosse des Typen TSCHAIKA mitfahren durfte.

Und noch etwas sei hier mal erzählt, was heute ja nicht mehr so oft zu erleben ist! Wenn wir mit unseren Kindern auf der Straße unterwegs waren, wenn wir zum Beispiel spazieren gingen, mussten wir uns keine Sorgen machen. Unsere Kinder wären niemals einfach so auf die Straße gelaufen. Sie blieben stets am Bordstein stehen und warteten auf uns. Sie liefen erst über die Straße, wenn wir es sagten. Und selbst dann schauten sie zuerst nach links und nach rechts, bevor sie losgegangen sind. Oder wenn wir mal in einer Gaststätte waren. Unsere beiden wären nie auf die Idee gekommen, wie die Irren herumzurennen oder alles anzufassen oder laut zu sein oder so. Nicht wie das heute allgemein üblich ist, wenn Kinder keine Regeln mehr kennen, weil ihnen das ja auch niemand mehr beibringt! Nein, unsere beiden Kinder waren immer gut erzogen und haben auf uns gehört, da mussten wir uns keine Sorgen machen!

Aus heutiger Sicht kann vielleicht auch eine andere Geschichte leichtes Befremden auslösen. Weder Grit noch Holm sind als kleine Kinder ohne Aufsicht in die Küche gegangen. Die Tür stand zwar immer offen, aber sie sind da nie allein hineinmarschiert. Und das war auch gut so, denn in so einer Küche lauerten viel zu viele Gefahrenstellen: der Herd, heiße Speisen, Messer, Schere, Gabel, Licht und so weiter und so weiter!

Grit und Holm fuhren mit Vorliebe Dreirad, Roller und Fahrrad. Bis aufs Fahrrad konnten sie das sogar in der Wohnung! Kein Wunder, denn unser Flur war fast vierzehn Meter lang! Das war eine tolle Rennstrecke für Kinder.

Wir haben im Laufe der Zeit viele interessante Leute kennengelernt. Iris war ja nun wegen der Kinder zu Hause. Und damit sie ein wenig Abwechselung hatte, arbeitete sie für die Staatliche Versicherung.

Die Staatliche Versicherung der DDR war eine staatliche Versicherungsanstalt in der Deutschen Demokratischen Republik (DDR) mit Sitz in Berlin und der einzige Versicherer in der DDR für Privatkunden.

Die Staatliche Versicherung der DDR war zuständig für Versicherungen in Bezug auf Gebäude wie beispielsweise Hausratversicherungen, für die Absicherung privater Haftpflichtrisiken, für Lebensversicherungen und Unfallversicherungen sowie für Kfz-Haftpflicht- und Kaskoversicherungen. Darüber hinaus oblag ihr die soziale Absicherung einschließlich der Krankenversicherung von selbständigen Unternehmern, von freiberuflich tätigen Personen mit Ausnahmen der ärztlichen Berufe sowie von Mitgliedern Landwirtschaftlicher Produktionsgenossenschaften (LPG) und Produktionsgenossenschaften des Handwerks (PGH). Damit war sie im Bereich der Sozialversicherung für rund zehn Prozent der DDR-Bevölkerung zuständig, während die Kranken- und Rentenversicherung für Arbeiter und Angestellte in Form der Sozialversicherung des Freien Deutschen Gewerkschaftsbunds organisiert war. Weitere Aufgabenbereiche der Staatlichen Versicherung der DDR waren unter anderem Zusatzrentenversicherungen sowie die Regulierung von Schadensersatzansprüchen im staatlichen Gesundheitswesen. *(Wikipedia, 29.6.2020)*

Da musste man dann in einem bestimmten Gebiet alle möglichen Leute aufsuchen und mit denen die einzelnen Versicherungen durchsehen, neu abschließen oder was auch immer. Ich stand ihr mit Rat und Tat zur Seite. Dank meines Geschäftssinns und kaufmännischen Verständnisses konnte ich meiner Iris oft unter die Arme greifen und ihr bei allen möglichen Abschlüssen behilflich sein. Da war es kein Wunder, dass Iris bald die beste Mitarbeiterin weit und breit war! Mit meiner Hilfe hat sie Abschlüsse gemacht, da konnte mancher nur von träumen. Und das Geheimnis dieses Erfolges war ganz leicht erklärt: Ich sagte den Leuten, das (DDR-) Geld hat sowieso nicht viel Wert, da kann man es auch ruhig arbeiten lassen. Und es bringt somit trotzdem Gewinn!

So trafen wir auch eines Tages, nur ein paar Straßen um die Ecke, auf das Schauspielerehepaar Cox Habbema und Eberhard Esche. Im Laufe der Zeit entwickelte sich aus dieser geschäftlichen Beziehung eine nette Bekanntschaft. Wir waren oft zu Besuch bei den beiden. Und da tauchten auch andere Leute auf, die man so kannte, zum Beispiel Manfred Krug.

Wir hatten einen guten Freund, Achim, der war damals der Chef der „Großen Melodie", eines Klubs am alten Friedrichstadtpalast, gleich neben dem Berliner Ensemble. Montags war da grundsätzlich Jazzabend. Wir haben da oft und viel gefeiert! *Das* Getränk war Cola-Wodka! Und der Genuss einer ganzen Reihe dieser Mischung machte nicht nur „fröhlich sein und singen", sondern füllte einem auch ordentlich die Blase! Ich war mal mit dem Achim draußen vor der Tür, da mussten wir beide schlagartig pinkeln. Das mag daran gelegen haben, dass wir uns am „SCHIFF"-Bauerdamm befanden! Jetzt gingen wir aber nicht zurück ins Haus, wie es sich gehörte. Der Weg war uns viel zu weit! Wir gingen lieber nur die paar Meter bis zum Geländer an der Spree, in Höhe der damaligen wunderbaren Gaststätte „Ganymed". Dort pieselten wir frohen Mutes ins Wasser. Erstaunlicherweise tippte uns plötzlich jemand auf die Schulter und sagte in bestem Sächsisch: «Nu, Bürscha, nu wos mochen Sie´n doa? Drähn Se sisch ma soh-fort umm zu mia!»

Achim und ich sahen uns kurz an, grinsten und drehten uns wie auf Kommando und erbeten herum. Da hatte der Kollege Genosse Volkspolizist dann ein wenig Urin am Hosenbein! Das fand der nicht so lustig und brüllte uns an, wir wären richtige Dreckferkel! Dann baute er sich vor uns auf und verlangte als Vertreter der Staatsmacht umgehend fünf Mark Strafe wegen des „Unerlaubten Urinierens in der Öffentlichkeit" und somit einer „Erregung öffentlichen Ärgernisses". Achim gab ihm einen Zehner und meinte nur kurz: «Stimmt so, Meister! Behalte mal den Rest und mache dir damit mal einen schönen Abend!»

Wir grinsten ihn freundlich an und nickten ihm auffordernd zu. Er nahm das Geld, steckte es ein und ging kopfschüttelnd weiter. Übrigens hatte er vergessen, uns eine Quittung auszustellen. Aber, ach, was soll's! Den Spaß war es allemal wert!

Insgesamt war es eine wunderbare Zeit in unserer Wohnung in der Hufelandstraße. Nur eins sei nicht unerwähnt, der einzige Wermutstropfen im süßen Nektar des Genusses: Kohlen raufholen! Aus dem Keller! Anfangs hatten wir noch diese losen Kohlen, die schüttete der Kohlenhändler immer einfach so in den Keller. Da brauchte es einen Eimer oder so eine Vorrichtung, wo man die Briketts einstapelte. Später bestellte ich nur noch gebündelte Brikettpakete. Die gab es zu 25 Kilogramm, also einem halben Zentner. Da waren die Kohlen mit einem Plastikband befestigt, und man hatte solche Griffe mit jeweils zwei Haken. Die wurden in das Band eingehängt, und so ließ sich von einem richtigen Mann je ein halber Zentner Kohlen auf jeder Seite locker die paar Treppen bis zur Wohnung hinauftragen! Hinter unserer Toilette gab es da noch so eine kleine Abstellmöglichkeit, da habe ich dann immer Holz und Kohlen einsortiert. Aber trotzdem war das alles furchtbar ermüdend. Im Winter musste man fast jeden Tag Kohle schleppen. Und dann erst die Asche, die musste immer runtergebracht werden, um sie in die Aschekästen auf dem Hof zu entsorgen. Fürchterlich!

Nun, wie auch immer, man soll ja froh sein mit dem, was man hat. Nicht, dass es einem so ergeht, wie im Märchen vom Fischer und seiner Frau. Nicht, dass man am Ende plötzlich ohne irgendwas dasteht!

Wie ich und meine Familie „Wohnraum-endversorgt“ wurden

Wir galten bei den entsprechenden Behörden als mit Wohnraum „endversorgt“, wie das damals in der DDR genannt wurde. Dann flatterte aber eines Tages, Anfang des Jahres 1976, ein seltsamer Brief in unsere Hände. Besser gesagt in Iris' Hände. Ein Schreiben des Wohnungsamtes. Sie sollte sich melden, wegen der Klärung der Frage einer Wohnraum-Endversorgung. Da meinte Iris, da bräuchte sie gar nicht erst hinzugehen, eine bessere Wohnung als die, in der wir jetzt wären, würden wir sowieso nicht bekommen. Außerdem wären wir ja schon endversorgt! Das Schreiben kam von der Mutter, deren Tochter da bei der KWV arbeitete und die uns ja letztendlich unsere jetzige Wohnung besorgt hatte. Ich dachte kurz nach. Und irgendwie hörte ich die Nachtigallen trapsen, und zwar: „Mächtig gewaltig, Egon!“

Man weiß ja, wie so eine Behörde funktioniert: Nämlich ein bisschen wie ein riesiger Öltanker! Wenn der erst einmal in Fahrt ist, braucht der Versuch, das Ding zum Halten zu bringen, viel Zeit! Die schienen wirklich bei der KWV nichts von unserer derzeitigen Wohnsituation zu wissen. Da wäre es doch bestimmt mal interessant zu erfahren, was sich die Wohnungsleute da für uns ausgedacht haben könnten. Iris meinte trotzdem, es wäre vertane Liebesmüh. Zumal wir gerade erst die Genehmigung und Bestätigung zum Einbau einer Gasheizung für unsere Wohnung bekommen hatten! Die Monteure hatten bereits alle Rohre, Leitungen und Gasheizkörper auf dem Flur abgeladen, und der Einbau sollte in Kürze stattfinden. Selbst die Übernahme der gesamten Kosten für diese Unternehmung waren vollständig von der KWV zugesichert worden.

Aber wie auch immer, ich konnte Iris zum Schluss doch noch überzeugen, beim Wohnungsamt vorstellig zu werden. Wir marschierten also eben dorthin. Das war zu Beginn des Jahres 1976.

Fairerweise haben wir dann doch ganz ehrlich unsere jetzige Wohnsituation geschildert und dass wir eigentlich keinen Anspruch auf eine andere Wohnung hätten. Die Kollegin im Wohnungsamt verstand, was wir meinten, erklärte aber, irgendwie müsse sich da ein Fehler ins System eingeschlichen haben. Das sei wiederum nicht unsere Schuld, und genau darum könne sie uns eine Wohnung anbieten: 4 ½ Zimmer, WBS 70, Neubau, Erstbezug, Rudolf-Seiffert-Straße, Nähe der Storkower Straße. Mit Fahrstuhl, Keller, Müllschlucker, Fernheizung! Einfach nur ein Traum! Und das Verrückteste war, wir hätten sogar die Wahl zwischen dritter, fünfter oder elfter Etage!

Wir wählten die elfte Etage. Der Fahrstuhl ging zwar nur bis zur zehnten Etage, und auch der Müllschlucker war sozusagen eine Treppe tiefer, aber das war ja wohl völlig egal! In der elften Etage hatte man einen Blick auf den Rest der Neubausiedlung rund um die Storkower Straße, das war einfach nur irre! Wir fuhren jedenfalls gleich mal bei unserem neuen Quartier vorbei und waren total begeistert. Es gab in der nahen Umgebung alles, was man brauchte: Gute Einkaufsmöglichkeiten, eine Post, eine Mehrzweckgaststätte und eine Schwimmhalle. Es gab sogar eine Poliklinik. Und auch die Schule war gleich um die Ecke. Alles in allem ein Glückstreffer! Und die Krönung: Unser neues Domizil kostete monatlich nur 75 DDR-Mark!!

Wir sind ruckzuck umgezogen. Unser Leben war jetzt der reinste Luxus! Holm ging noch die letzten Monate dort in den Kindergarten, bevor er im September eingeschult wurde. Er meinte dann gleich, den ganzen Tag wolle er aber nicht im Hort bleiben! Also bekam er einen Schlüssel um den Hals gehängt und ging dann von der Schule ganz allein nach Hause. Damals konnte man ja solche Sachen noch machen!

Das Wohnen in der elften Etage bot, wie gesagt, einen wunderbaren Ausblick. Sogar bis nach Westberlin konnte man sehen. Ich hatte mir so ein militärisches Fernglas besorgt und saß oft auf unserem Balkon. Man konnte sogar die Flugzeuge in Tempelhof starten und landen sehen. Unser Blick ging auch bis zum Alexanderplatz. Sogar der Ku'damm war zu beobachten, auch der Büroturm des Europa-Centers mit dem drehenden Mercedesstern auf dem Dach.

Wie ich ein Häuschen im feuchten Grün erwarb

Wie gesagt, unser Sohn Holm ging gleich bei uns schräg gegenüber zur Schule. Bei seiner älteren Schwester Grit war das schon etwas komplizierter. Sie war aufgrund ihrer zahlreichen gesundheitlichen Probleme in Tangermünde, in einer Sonderschuleinrichtung für Blinde und Sehschwache. Zu Anfang gefiel es Grit dort ganz gut. Sie hatte eine ältere Betreuerin, die war sehr nett und verständnisvoll. Doch diese ging dann in Rente und als Ersatz für sie erschien ein junger, dynamischer Lehrer, direkt und frisch von der Universität. Er trug sehr stolz den Titel eines Sonderpädagogen. Das war aber leider auch schon alles, was man an Positivem von ihm sagen konnte. Gut, viel Erfahrung bei der praktischen Arbeit mit Kindern konnte er nicht haben, weil seine Ausbildung gerade erst abgeschlossen war.

Aber man weiß ja, wie das so ist mit den neuen Besen, die besonders gut kehren wollen! Dummerweise versuchte der junge Mann alles, was er theoretisch an der Uni gelernt hatte, mit Karacho in die Praxis einzubauen. Da blieb leider das Erbe seiner Vorgängerin komplett auf der Strecke. Anstelle von Verständnis und Liebe herrschte nun übertriebene Zucht und Ordnung! Bestrafungen waren an der Tagesordnung. Doch davon erfuhren wir vorerst einmal noch nichts.

Eine ganz andere besondere Unternehmung forderte voll und ganz unsere Aufmerksamkeit. Wir hatten in Mahlow, einem kleinen Ort am südwestlichen Stadtrand von Berlin, ein Wochenendgrundstück. Dadurch, dass unsere Grit aber nun rund 150 Kilometer entfernt in Tangermünde war, schmiedete ich einen Plan: Ich erkundigte mich, ob man in oder um Tangermünde herum irgendwo ein vergleichbares Stückchen Erde finden könne, um unsere Tochter öfters zu sehen. Dazu hieß es, umgehend das Grundstück in Mahlow zu verkaufen. Da fiel mir unsere Blumenverkäuferin ein, die wir gehabt hatten, als wir noch in der Rigaer Straße gewohnt hatten. Ich glaubte mich dunkel zu erinnern, dass die mal auf der Suche nach einem Wochenendgrundstück gewesen war. Da ja bekannterweise Wochenendgrundstücke in der DDR weggingen wie geschnittenes Brot, war die Wahrscheinlichkeit, dass sie bereits eins hatte, nicht so sehr groß. Und richtig, als wir bei ihr auftauchten, konnte unsere Blumenfee ihr Glück nicht fassen und war sofort Feuer und Flamme. Wir wollten für das Gelände 25.000 Mark haben. Sie gab uns sofort 10.000 Mark als Anzahlung und versprach uns, den Rest des Geldes nach dem 8. März zu bezahlen. Wieso gerade nach diesem Tag? Für die Leute, die nicht aus der ehemaligen DDR kommen, eine kurze Erklärung: Am 8. März wurde in der DDR der Internationale Frauentag gefeiert. Da war es selbstverständlich, dass jede Frau einen Blumenstrauß geschenkt bekam. Mindestens einen! Dazu gab es dann eine Schachtel Pralinen und in diversen Festveranstaltungen kluge Worte von Männern, die die Arbeit ihrer weiblichen Kolleginnen gar nicht genug lobpreisen konnten! Und zum Abend zu viele betrunkene Frauen, denn es wurde an diesem Tag auch ordentlich gebechert! Gleichberechtigung war ja schon in der Verfassung der DDR festgeschrieben. Somit durften die Frauen auch mal, zumindest einmal im Jahr, feste die Feste feiern, bis sie fielen! Doch zurück zu den Blumen. Fleurop und alle anderen Blumenläden machten an diesem Tag stets den jahresstärksten Umsatz! Somit war es auch unserer Blumenfrau möglich, sich nach dem Feiertag für die werktätige Frau den einen oder anderen Wunsch zu erfüllen! Für sie sollte es ein Wochenendgrundstück sein. Gesagt, getan. Sie bekam, was sie wollte, und wir hatten nach dem Frauentag genug Geld in der Hand, um uns in Tangermünde und Umgebung weiter umzusehen.

Tangermünde wurde es dann doch nicht. Aber wir fanden über eine ganze Reihe von Querverbindungen mit diversen Freunden und Bekannten in Pritzerbe ein Wochenendgrundstück. Pritzerbe ist eine knappe Dreiviertelstunde mit dem Auto von Tangermünde entfernt. Eine evangelische Pfarrei hatte dort ein riesengroßes Grundstück direkt an der Havel, das sollte in mehrere Wochenendgrundstücke aufgeteilt werden. Wassermäßig gut angebunden an die vielen kleineren und größeren Seen der Umgebung. Ein herrliches Fleckchen Erde, um sich gut entspannen zu können. Die Sache hatte nur einen kleinen Haken, wen wundert's …

Als wir das erste Mal dort vor Ort waren, um uns eins der Grundstücke auszusuchen, bemerkten wir erstaunt, die Wochenendhäuser standen alle auf etwa ein Meter fünfzig hohen Stelzen. Uns wurde erklärt, das wäre angeblich nur eine Vorsichtsmaßnahme, denn im Frühjahr käme es dort regelmäßig zu *etwas* Hochwasser. Aber das wäre gar nicht so schlimm, bis Mai wäre das Wasser wieder weg und erst im nächsten Jahr käme es erneut zu leichten Überschwemmungen. Das war für uns kein Problem, wir machten alles klar und bezogen in unsere Wochenend-Hausbauplanung so einen seltsamen Unterbau auf Stelzen mit ein. Nun ergab es sich aber, dass unsere arme Grit wieder unter Krämpfen zu leiden begann. Schnell war der Grund dafür gefunden: Es war die eigenartige Pädagogik dieses jungen Mannes, bei dem Grit im Unterricht war. Wir setzten uns mit der Direktorin der Blinden- und Sehschwachen-Sonderschuleinrichtung zusammen. Da es vor Ort keine Lösungsmöglichkeiten für dieses Problem gab, machte ich die klare Ansage, unsere Tochter würde nach den Sommerferien nicht mehr in diese Schule zurückkehren!

Wir schafften es dann ziemlich schnell, für unsere kleine Grit eine Fördereinrichtung für geistige und körperliche Behinderungen zu finden. Und zwar im Hans-Loch-Viertel, in der Nähe des Berliner Tierparks. Dort hatte unsere Tochter nunmehr von Montag bis Freitag eine Tagesbetreuung. Damit meine liebe Iris unser Kind täglich hin- und hertransportieren konnte, besorgte ich ihr einen eigenen SHIGULI, wie die ersten LADA 2101 in der DDR genannt wurden.

So weit, so gut. Oder eben nicht! Denn nunmehr lag uns das Grundstück in Pritzerbe doch ein wenig zu weit weg von zu Hause. Also musste es auch wieder unter den Hammer. Mir fiel sofort unsere Blumenfrau ein, die bestimmt jemanden kennen würde, der auf der Suche nach einem Grundstück war, bei den vielen Leuten, die täglich in ihrem Laden ein- und ausgingen. Und richtig. Einer ihrer Kunden war: Gerhard Kurt Egilhard Schäfer, besser bekannt unter dem Namen Gerd E. Schäfer. Der bekannte Berliner Schauspieler war zufälligerweise gerade auf der Suche nach einem ruhigen Örtchen zum Entspannen und „Akkuaufladen“, möglichst nah am Wasser! Möglichst *nah* am Wasser? Na, da war doch unser Grundstück genau richtig!

Unsere Blumenfee organisierte also ein Treffen. Gerd E. war sofort schwer begeistert von der Vorstellung, am Ufer der Havel in Pritzerbe ein kleines Paradies zu besitzen. Verkaufen konnte ich dem guten Mann das Grundstück natürlich nicht, es war ja nur zur Pacht. Aber eine kleine Vermittlungsgebühr war doch bestimmt möglich. Wir einigten uns schließlich auf 10.000

Mark! Zu zahlen, wenn Herr Schäfer das Grundstück besichtigt hatte.

Moment mal! Wie war das da gleich mit dem „kleinen Haken"? Mit dem „leichten" Übertritt der Havel wegen frühjahreszeitlichen Wasseranstiegs? Was wir nicht ahnten, war die Tatsache, in diesem Frühjahr machte das Hochwasser nicht nur seinem Namen alle Ehre, sondern es war diesmal außerdem noch besonders zurückhaltend mit der Wiederkehr in sein eigentliches Flussbett, unter normalen Wasserständen und Tauchtiefen!

Darum war das ganze Land überschwemmt, als wir mit unserem LADA und Gerd E. Schäfer mit seinem blauen VOLVO am Rande des Baufeldes eintrafen. Gerd E. war nicht begeistert von der Vorstellung, seine Wochenenden zukünftig in einem Stelzenhaus zu verbringen. Und schon gar nicht davon, dass sein gedankliches Eiland der Entspannung im realen Leben eine echte Insel zu sein schien! Kurzum, er sagte kein weiteres Wort, stieg vor Wut schnaufend in seinen VOLVO, düste davon und ward nie wieder gesehen. Die 10.000 Mark Vermittlungsgebühr war somit selbstverständlich auch futsch …

Wie ich mich selbst ausgiebig mit Autos versorgte

Wir hatten schon zu DDR-Zeiten sehr viele verschiedene Autos. Alles, was der nationale und osteuropäische Markt so hergab: Von „A", wie … *da fällt mir gerade kein Autotyp ein* … bis „Z", wie ZASTAVA!

TRABANT, WARTBURG, SHIGULI, LADA, MOSKWITSCH, POLSKI FIAT 125p, ŠKODA, DACIA, ZASTAVA und natürlich WOLGA. Das ganze Programm! Wobei – Trabant nur unter Protest *(grins)*! Bei all den anderen Autos, die ich so gefahren habe, kam mir dieses Fahrzeug eher wie ein Spielzeugauto vor.

Die Autos habe ich immer gekauft, gefahren und weiterverkauft. Manchmal dachten die Nachbarn bestimmt, ich wäre Autohändler. Darum waren alle stets freundlich zu mir. Damals dachte ich doch wirklich noch, es wäre wegen meines unwiderstehlichen Charmes! Deswegen bestimmt auch, aber zuerst ging es den Leuten darum, über mich eventuell günstig an ein Kraftfahrzeug zu kommen! Das war für Normalsterbliche gar nicht so einfach, denn die Realisierung von Autoanmeldungen für Neufahrzeuge konnte bis zu 18 Jahren (!!) dauern, in der Regel lag sie so bei 12 Jahren! Es herrschte das geflügelte Wort im Land, das beste Geschenk zur Geburt eines Kindes wäre eine Autoanmeldung, damit der Spross zu seinem 18. Geburtstag sein Auto im Laden abholen könnte! So mag es auch keinen verwundern, dass gebrauchte Autos im Verkauf fast den Neupreis erreichten, teilweise konnte der sogar noch höher liegen!

Als dann später die „Westautos" die DDR-Kundschaft erreichten, gingen die Preise völlig durch die Decke! Ich hörte von der Geschichte, dass zu der Zeit der ehemalige Stadionsprecher von Dynamo Dresden einen PEUGEOT 305 kaufen wollte. Nun hatte er aber leider keine dazu notwendige Autoanmeldung. Durch Vermittlung eines in der DDR bekannten Entertainers *(Name ist der Redaktion bekannt!)* kam er in Kontakt mit einem sehr bekannten DDR-Schlagersänger *(auch DER Name ist der Redaktion bekannt!)* Auf dem Hof seines Grundstückes am Müggelsee standen dann mehrere PEUGEOT 305 in der komplett angebotenen Farbpalette, der Stadionsprecher sollte sich einfach nur einen davon aussuchen. Die Freundlichkeit des Schlagerstars verschwand augenblicklich, als der Sprecher ihm 70.000 DDR-Mark für den Franzosen anbot – der Schlagerstar wollte die Autos NICHT unter 140.000 DDR-Mark (!!) veräußern! Der „normale" Ladenpreis dieser Fahrzeuge lag bei 44.400 Mark! Nette Gewinnspanne, oder?! Erstaunlich in diesem Zusammenhang ist noch die Tatsache, dass es mit diesen PEUGEOT-Fahrzeugen eine ganz besondere Bewandtnis hatte. Sie wurden 1979 und 1985 in kleiner Stückzahl von etwa 500 Stück eingeführt. Und nur an besonders „wichtige" Leute abgegeben, wie Künstler oder Wissenschaftler, bei denen man verhindern wollte, dass die ihrem sozialistischen Vaterland den Rücken kehren würden. Auf welch wundersame Weise unser Schlagersänger gleich zu jeweils einem dieser Modelle in der jeweils angebotenen Farbe kam? Wer weiß, wer weiß …

Der Entertainer Wolfgang Lippert hatte übrigens auch so ein Teil. Er erzählte mal, wenn er mit seinem PEUGEOT 305 unterwegs war, wurde er nie angehalten, auch wenn er mal versehentlich eine kleine Ordnungswidrigkeit begangen hatte. Es war die Order von „ganz oben", keinen PEUGEOT anzuhalten oder zu kontrollieren. Man wollte eben die DDR-V.I.P.s nicht verärgern! Unglaublich? Eher nicht, es gab eben doch Unterschiede bei den Menschen im Sozialismus in der DDR.

Doch zurück zu den Autoverkäufen. Der überhöhte Preis bei solchen Transaktionen war weniger die Frage, denn Geld hatten die Jungs und Mädels in der DDR in vielen Fällen mehr als genug, besonders, wenn sie handwerklich unterwegs waren! Oder Mitglieder der sogenannten sozialistischen Intelligenz! Oder Kunst- und Kulturschaffende! Denn was nutzte es, wenn die Kopfkissen prall mit DDR-Mark gefüllt waren, die entsprechenden „Konsumgüter" aber nicht in ausreichender Menge zur Verfügung standen, um diese großen Geldmengen abzuschöpfen.

Bei meinem kleinen anonymen „Ammon's Automarkt" ging ich natürlich nicht so rigoros vor, meine Preise waren eher moderat. Trotzdem gelang es mir, ein nettes Handgeld aus den Verkäufen zu erzielen. Ich hatte mir beispielsweise einen gebrauchten MOSKWITSCH 412 besorgt, für den habe ich 7.500 DDR-Mark bezahlt. Dann brauchte es nur einen Nachmittag und ein paar ordentliche Reinigungsmittel aus (west-) deutscher Produktion, schon sah das gute Stück aus wie aus dem Laden! Noch ordentlich gestaubsaugt, und ab damit in die Pettenkoferstraße, in der Nähe des S-Bahnhofes Frankfurter Allee. Dort fristete im Geheimen ein illegaler Automarkt sein Dasein.

Geheim ist gut, denn jeder wusste davon! Zumindest, wenn man Käufer war oder Verkäufer eines Personenkraftwagens. Und dabei waren Zustand, Alter und Fabrikat völlig egal. Hauptsache, das Auto fährt! Wie lief so eine Geschichte ab? Wenn man sein Goldstück aus in- oder ausländischer Produktion verkaufen wollte, stellte man den Wagen einfach in der Pettenkoferstraße ab. Dann ließ man das Beifahrerfenster einen kleinen Spalt offen. Durch diesen Spalt warfen die finanziell potenten Käufer auf einem gefalteten Zettel ein Kaufangebot ein und warteten, was passieren würde. Auf den Zettel schrieb man neben der Geldsumme noch seinen Namen und die Adresse. Bei der Angabe von Telefonnummern sollte man etwas vorsichtiger sein. Das galt für Käufer genauso wie für Verkäufer, denn wer hatte damals schon ein eigenes Telefon! Bei den Kaufsummen für gebrauchte Fahrzeuge gab es einen Richtwert: Das Doppelte des Neupreises des Autos abzüglich 1.000 Mark pro Nutzungsjahr. Dann wusste man in etwa, was der Verkäufer gerne auf dem Angebot-Zettelchen für teilweise exorbitante Summen lesen wollte! Der Verkäufer tauchte ein paar Tage später wieder an seinem Auto auf, sammelte die Zettel ein, studierte die vorgeschlagenen Kaufsummen und suchte sich einfach das beste Angebot heraus. Soziale Marktwirtschaft à la DDR! Not macht erfinderisch!

Dazu passend fällt mir noch eine andere lustige Anekdote ein. Es gab im Süden Berlins, am S-Bahnhof Grünbergallee – der liegt in der Nähe von Schönefeld – einen „offiziellen" Automarkt. Dort lief das Prozedere genauso ab wie in der Pettenkofer Straße und dem einen oder anderen netten „Straßen-Automarkt" in Berlin. Der Markt in Grünbergallee war täglich sehr gut besucht. Das DDR-Fernsehen wollte einen „Polizeiruf 110" drehen, der sich mit dem Thema Betrug beim Autokauf befasste. Und der Drehort war unter anderem auch genau dieser Automarkt. Nun hatten sich die Requisiteure ausgedacht, es wäre ganz nett anzusehen, wenn da auch ein paar Autos aus dem oberen Preissegment stehen würden. Man dachte an GOLF,

PEUGEOT, CITROËN, FIAT und VOLVO. Der Regisseur und die Produktionsleitung waren davon sehr angetan. Und damit sich die entsprechenden Schauspielerinnen und Schauspieler, die im Film diese Fahrzeuge fahren sollten, mit den Autos vertraut machen konnten, setzte man die einfach in die Fahrzeuge und ließ sie nach Grünbergallee fahren. Was man nicht bedacht hatte, war die große Käuferschar, die sich sofort auf die Autos stürzte, in dem Glauben, heute ein sehr gutes Geschäft zu machen. Die armen Künstler konnten nur mit Mühen davor bewahrt werden, durch des Volkes Zorn ordentlich verprügelt zu werden, weil sie natürlich diese Fahrzeuge gar nicht verkaufen wollten. Konnten sie ja auch nicht, die Autos hatte das Fernsehen ja nur für diese Produktion angemietet. Man erkennt, Autokauf war in der DDR ein sensibles, teilweise sogar gefährliches Abenteuer!

Mir wäre der Weg, so zu einem gebrauchten Auto zu kommen, viel zu kompliziert und nervenaufreibend gewesen. Ich hatte ein anderes Ass im Ärmel, denn in Ermangelung riesiger Bargeldsummen verfügte ich über eine andere sehr wichtige Währung: Vitamin B! Das berühmte „Eine Hand wäscht die andere – und beide das ganze Gesicht!“ war damals sehr verbreitet in der „Deli-D-R“! Bei mir war es für automobile Unternehmungen ein Kumpel aus Hallenser Lehrlingstagen, der Wolfgang. Der Junge von damals war mittlerweile Technischer Leiter bei der DHZ, der Deutschen Handelszentrale, des volkseigenen Unternehmens VEB Maschinen- und Materialreserven (MMR) in der Blankenburger Straße in Berlin-Pankow. Und da waren sie wieder, diese wohlklingenden wichtigen Bezeichnungen für Betriebe und Kombinate in der DDR! Der VEB MMR hatte unter anderem die Aufgabe, alle Dienstfahrzeuge, die aus den Beständen des Staates, aus Ministerien, auch aus Parteien und ähnlichen Institutionen, ausgemustert wurden, zu vermarkten. Hier waren alle Fahrzeugtypen zu haben – sogar bis zum TSCHAIKA! Aber auch Betriebsfahrzeuge von DDR-Unternehmen wie zum Beispiel vom VEB Taxi waren hier zu finden. Selbst Autos aus westlicher Produktion wurden angeboten! Da alle Fahrzeuge ordentlich und genauestens getaxt waren, gab es an den Preisen nichts zu meckern. Zweiter Vorteil, hier konnte jeder DDR-Bürger und jede DDR-Bürgerin einkaufen. Natürlich kam es auch hier wieder zu Engpässen und langen Wartelisten, wollte man ein gebrauchtes Auto erwerben. Zum Glück hatte ich dieses Problem nicht. Mein alter Kumpel Wolfgang war ein guter Freund und vertrauenswerter Zeitgenosse. Das eine oder andere Fahrzeug, das etwas später in der Altmark von freundlichen Genossenschaftsbauern durch die Gegend kutschiert wurde, kam vom MMR! Wichtig war, am Ende solcher Geschäfte waren alle zufrieden und glücklich: Der Verkäufer, der Vermittler und der Endverbraucher! Wie es sein sollte …

Eins der vielen Autos, die ich vom MMR erworben hatte, war ein ganz spezielles Fahrzeug: ein WOLGA M-21. Der russische Panzer hatte einen 2,5-Liter-Motor, der fast 200 PS stark war, ausgerüstet mit einem speziellen Vergaser! Dieser Wolga-Typ war eigentlich nur in geringer Stückzahl für das KGB gebaut worden! Keine Ahnung, wie sich solch ein Schlachtschiff ins Seichtwasser-Gebiet der DDR hatte verirren können! Der Wagen gefiel mir auf Anhieb, ich musste ihn einfach mitnehmen. Eine Sache war allerdings nicht so recht glücklich getroffen. Der Wagen hatte eine grauenhafte Lackierung in beiger Farbe! Selbst mein Kohlenfritze, Manfred Schulz, bei uns um die Ecke, musste sich ein ironisches Grinsen verkneifen, als er mich mit dem Teil vorfahren sah. Aber er hatte gleich eine Idee, denn er meinte, er würde mir das Auto umlackieren, wenn ich ausreichend Farbe besorgen könnte. Da ich wusste, mein Kohlenmann hatte auf seinem Hof nicht nur eine gute Autowerkstatt, sondern auch eine Lackiererei am Start, nahm ich sein Angebot dankend an. Doch welche Farbe sollte ich wählen? Da hatte ich eine besondere Idee. Ich organisierte mir von meinem Kumpel aus der Regierungswerkstatt die originale dunkelblaue Farbe der DDR-Staatskarossen. Nur ein paar Tage später stand der WOLGA nun da und glänzte in elegantem Vornehm-Dunkelblau, auch „VOLVO-Blau" genannt. Das Auto hatte keinerlei Schnickschnack, weder irgendwelche Sachen, die am Innenspiegel befestigt waren, noch den berühmten DDR-Wackeldackel auf der Hutablage oder irgendwelche mit der Autonummer bestickte Kissen! Nein, wir fuhren stets leicht steril in der Gegend herum. Daher machte unser WOLGA den Eindruck, als wäre er ein Fahrzeug der Regierung! Zumal er auch noch im Nummernschild die Buchstaben „IA" trug. Eigentlich ein untrügliches Zeichen für: Achtung, Regierungsfahrzeug! Tja, *eigentlich …*

Einmal kam mir dieser Umstand allerdings sehr zupass. Meine fleißige Iris arbeitete zwischenzeitlich in der Fachschule des Gaststättenwesen. Bevor wir als Eltern unserem täglichen Arbeitspensum nachgingen, brachten wir immer unsere beiden Kleinen in den Kindergarten in der Winsstraße. Dort war es schwierig, einen Parkplatz zu finden. Also blieb ich einfach in der zweiten Reihe stehen, während Iris die zwei kleinen Ammons in den Kindergarten brachte. Dummerweise gab es schräg gegenüber ein Polizeirevier. Und dummerweise Nummer zwei gab es da auch einen jungen, dynamischen Wachtmeister. Dem war wohl aufgefallen, dass ich mit meinem großen Auto früh immer längere Zeit mit laufendem Motor dort in der zweiten Reihe stand. Und da das Auge des Gesetzes stets wach ist und nie ruht, kam es schließlich, wie es kommen musste. Der junge Volkspolizist stand eines Tages plötzlich neben mir auf der Fahrerseite und klopfte an die Scheibe. Ich kurbelte das Fenster herunter und sah den Genossen Volksmacht freundlich an. Der wiederum grüßte mit zackig an die Mütze gelegter Hand und Nennung seines Dienstgrades, nebst des dazugehörigen Namens. Zum Glück war meine zauberhafte Iris nicht dabei, denn das Gespräch, das sich anschließend ergab, hätte ihr wieder einmal nicht so richtig gefallen.

Dialog am Straßenrand:

Polizist: «Guten Tag, Bürger!»
Ich: «Tach … »
Polizist: «Sie parken widerrechtlich in der zweiten Reihe!»
Ich: «Stimmt.»
Polizist: «Wieso denn?»
Ich: «Weil keine Parklücke frei ist, alles besetzt. Sehen Sie ja.»
Polizist: «Und da nehmen Sie sich das Recht heraus, zu parken, wie Sie wollen, ja? Oder wie soll man das verstehen?»
Ich: «Meine Chefin bringt nur schnell ihre beiden Kinder in den Kindergarten. Dann sind wir auch gleich wieder weg.»
Polizist: «Hmm. Das mag ja sein. Aber so geht das nicht. Sie können hier nicht einfach stehen.»
Ich: «Was soll ich denn Ihrer Meinung nach machen?»
Polizist: «Fahren Sie doch einfach einmal um den Block rum!»
Ich *(kurz auflachend):* «Da kennen Sie meine Chefin aber schlecht! Was meinen Sie, was mir blüht, wenn die da rauskommt und ich bin nicht da! Und sie müsste warten!»
Ich winkte ab. Der Polizist macht ein nicht so recht überzeugtes Gesicht. Besser, ich legte noch mal nach.
Ich *(verschwörerisch):* «Die Genossin ist ziemlich hoch angebunden, wissen Sie. Die versteht keinen Spaß!»
(noch geheimnisvoller) «Ihr Vater ist ein ziemlich hohes Tier. Sie verstehen …»
Der Polizist und ich nickten uns kurz zu.
Polizist: «Verstehe.»
Ich: «Ja.»
Eine kurze Pause entstand. Der Polizist sah seufzend, aber hoffend, Richtung Kindergarten. Dann schaute er mich ein wenig ratlos an. Er schien nachdenklich. Plötzlich hatte er wohl einen Gedankenblitz. Er wandte sich mir wieder zu. Ganz kampflos wollte er nämlich nicht das Schlachtfeld räumen.
Polizist: «Dann machen Sie doch mal wenigstens den Motor aus, Genosse!»

Ich: «Geht leider nicht.»
Polizist: «Wieso nicht?»
Ich (wichtigtuerisch): «Vorschriften!»
Der Polizist sah mich erstaunt an.
Polizist: «Vorschriften?»
Ich *(nickend):* «Ja. Fahrzeuge im Sondereinsatz dürfen niemals den Motor abstellen. Sicherheitsrelevante Anordnung. Tja, ist eben so.»
Polizist (leicht enttäuscht): «Aha.»
Der Polizist sah wieder zum Kindergarten. Da bemerkte er „meine Chefin", die aus dem Haus kam.
Polizist *(schnell):* «Ihre Chefin kommt, Genosse!»
Ich *(schulterzuckend):* «Hab ja gesagt, die braucht nicht lange!»
Polizist: «Ich geh dann mal. Wenn Sie in Zukunft hier wieder halten wollen, das geht schon in Ordnung, Genosse!»
Ich: «Danke, Genosse!»
Polizist: «Schon gut. Ich weiß ja, wie das so ist, mit den Chefs!»
Der Polizist grüßte zackig und ging Richtung Revier davon. Mittlerweile traf Iris auch ein, öffnete die Tür und setzte sich auf den Beifahrersitz.
Iris: «Alles gut hier?»
Ich: «Klar.»
Iris: «Was wollte denn der Polizist von dir?»
Ich: «Och, nur bisschen quatschen.»
Iris: «Gab's Ärger?»
Ich: «Gar nicht! Der hatte die Hosen voll bis obenhin, als ich ihm gesagt habe, Du wärst ein hohes Tier bei der Regierung!»
Iris (kopfschüttelnd, streng): «Hans-Gerhard … »
(So nennt sie mich bis heute, wenn sie genervt ist!!)
« … irgendwann sperren die dich noch mal weg!»
Ich *(grinsend):* «Mich doch nicht … »

Ich fuhr los. Gegenüber, an der Tür zum Revier, stand der Polizist. Als wir vorbeifuhren, nahm er Haltung an und grüßte, militärisch-polizeilich korrekt. Ich grüßte zurück. Iris rollte nur mit den Augen. Von Stunde an konnten wir immer in zweiter Reihe parken, und der Polizist nickte mir stets verstehend zu, wenn wir uns zufällig sahen. Weil er eben wusste, wie das so ist mit den Chefs!

Diese kleine Anekdote zeigt wieder einmal, Kleider machen Leute. Und Autos, die aussehen wie Regierungswagen, machen Leute eben – wichtig!

So ein Auto wie unser KGB-WOLGA hatte normalerweise Durst wie eine ganze Kamelherde. Bei den Minol-Tankstellen hieß es immer: „Stets dienstbereit zu Ihrem Wohl ist immer der Minol-Pirol!" Vielen Dank, lieber Wald- und Wiesenvogel, aber kein Bedarf! Ich weiß gar nicht, was genau unser russisches Wunder so weggesoffen hat, auf 100 Kilometer. War mir aber auch völlig egal. Der Liter „VK 88, Normal" (Vergaserkraftstoff, 88 Oktan) kostete beim lustigen Vogelfänger eine Mark fünfzig, DDR. Ich tankte aber den Liter für nur 21 Pfennige! Wie das möglich war? Ich sagte doch schon, meine Handelswährung war „Vitamin B"! Einer meiner Kumpels gab mir den Rat, ich sollte mich bei einer Art Industrietankstelle in der Prenzlauer Allee, bei einem gewissen „Fritze" melden und dem einen schönen Gruß von „Paule" bestellen, schon sei alles in Butter. In der Tat, das klappte auf Anhieb. Von Stunde an konnte ich „Testbenzin" tanken. Das war eine Art konzentriertes Waschbenzin, so was wurde nur an Firmen mit besonderer Genehmigung ausgegeben. Hatte ich ja, dank „Paule"! Ich mischte dem Zeug ein besonderes Öl bei, einer meiner Kumpels stellte mir den Vergaser ein, damit mein russisches Schlachtschiff während der Fahrt nicht so klingelte. Allerdings durfte ich den WOLGA an meiner neuen Lieblings-Tankstelle nicht direkt betanken, sondern nur jeweils mit 20-Liter-Kanistern. Kein Problem, drei bis vier Stück davon hatte ich immer im Auto – der Kofferraum war schließlich groß genug!

Wir waren mal im Winter mit den Kindern in der ČSSR. Da hatten wir im Kofferraum mehr Kanister als Koffer! Was sinnvoll war, denn die Straße hoch zum Auersberg war vereist. Alle anderen Autos blieben hängen, nur wir nicht. Zur großen Freude unserer Kinder zogen wir mit genug Last auf der Antriebsachse unseres WOLGA unaufhaltsam zur Spitze des Berges empor!

Später hatte ich nochmal so eine russische Wundertüte aus dem Gorkier Automobilwerk mit Sitz in Nischni Nowgorod (ehemals Gorki). Das Teil war sogar noch einen Zacken schärfer als seine Brüder aus normaler Produktion: Ein WOLGA GAZ 24-24. Die KGB-Geheimwaffe für die Straße! Dieses Gerät hatte einen 5,5-Liter-V8-Motor, der über 200 PS stark war! Eigentlich nur in Kleinserie und vorwiegend für das KGB gebaut, konnten ihn Privatpersonen eigentlich gar nicht bekommen. Tja, eigentlich! Denn wie der Zufall es wollte und unter Einsatz des DDR-bekannten „Vitamin B", hatte ich so einen Panzerkreuzer!

Gott sei Dank, konnte ich den auch nach kurzem technischen Feintuning mit dem 21-Pfennig-Super-Zauber-Benzin betreiben. Ansonsten hätte uns der Spritverbrauch wahrscheinlich in den finanziellen Ruin getrieben. Aber so habe ich den Wagen lange als Taxi gefahren. Meine Fahrgäste waren immer sehr erstaunt, wenn ich mit dem blubbernden V-8-Motor vorgefahren bin …

Ich hatte sogar auch mal einen Amischlitten, einen richtig fetten PLYMOUTH. Das war ein echter Straßenkreuzer, eine Riesenkarre mit roter Innenausstattung, in Samt gehalten. Inklusive rotem Armaturenbrett und rotem Lenkrad. Die Amis schienen doch nicht gegen alles zu sein, was rot war! Die Leute auf der Straße hörten mich schon kommen, bevor sie mich überhaupt sahen. Ein Hingucker war das Teil allemal. Genau aus diesem Grund brauchte es gar nicht lange und aus Berlin kam auch was Rotes: Die rote Lampe, nämlich ein eindeutiges Stopp! Die Genossen meinten, so eine Karre ginge gar nicht, die wäre viel zu auffällig. Somit müsse das Ding weg! Ein LADA wäre in Ordnung. Immer getreu dem Satz: „Wo versteckt man sich am besten? Natürlich in der Masse, da fällt man am wenigsten auf!". Na gut, wurde auch dieses amerikanische Protzteil weiterverkauft.

Später hatten wir auch mal zwei GOLF. Aber die waren mir zum nur so „Herumjuchten" einfach viel zu schade. Nicht auszudenken, da hätte jemand einem eine Beule reingefahren! Da habe ich sie lieber wieder gewinnbringend verkauft. Im Gegensatz zu anderen Leuten aber in finanziell normaler Größenordnung!

IX.

Hallo, Taxi!

Man konnte es jetzt drehen und wenden, wie man wollte, es änderte sich nichts an der Tatsache: Ich war schon wieder arbeitslos! Ich glaube, offiziell wurden Arbeitslose in der DDR gar nicht erwähnt. Da der Sozialismus überall und zeitlos unbegrenzt alle Hände voll zu tun hatte, wurden dazu auch alle Hände gebraucht! Wer keiner ordentlichen Arbeit nachging, war ein asoziales oder arbeitsscheues Element, meistens gleich beides! Punktum! Denn, was nicht sein durfte, konnte auch gar nicht sein! Seltsame Logik? Mag sein. Aber es gab da ja bekanntlich so einige Dinge, die nicht ganz ersichtlich waren, in unserem schönen Vaterland.

Wie ich mich zu neuen Ufern aufmachte

Nun, es blieb mir gar nichts anderes übrig, ich musste mir eine neue Tätigkeit suchen. Aber diesmal wollte ich es ein wenig ruhiger angehen und mir reichlich Zeit lassen und nichts überstürzen, bis ich eine passende Tätigkeit gefunden hätte. Somit saß ich öfters mal auf unserem Balkon im elften Stock in der Sonne und ließ mich braunbrennen. Da klingelte es eines Tages, und mein alter Kumpel Friedhelm stand vor der Tür. Im Schlepptau brachte er seinerseits einen Freund mit, den er mir unbedingt vorstellen wollte: Volkert Leipold hieß der. Der war mit einer recht begabten Eiskunstläuferin von Dynamo Berlin verheiratet. Und deren Vater, also Volkerts Schwiegervater, hatte eine Unterbodenpflege-Werkstatt, die befand sich in der Thaerstraße in Berlin. Die Thaerstraße ist eine Verbindungsstraße zwischen Bersarinplatz und Storkower Straße im Friedrichshain.

Der echte Berliner spricht den Straßennamen aus, dass es klingt wie „Teerstraße". Treffender Name für eine treffende Tätigkeit!

Der Typ verdiente sich mit seiner Bude dumm und dämlich und suchte ständig Arbeitskräfte, weil die Aufträge auf diesem Gebiet immer mehr wurden. DDR-Autos mussten lange halten, also investierten ihre Besitzer gerne viel Geld in die Erhaltung ihrer fahrbaren Untersätze. Das galt auch für die Betriebe. Die Zuteilung von Personenwagen für die volkseigenen Unternehmen im Lande zog sich sehr schleppend hin. Somit wurde wirklich viel getan, um die Lebensdauer solch eines Autos mit allen Möglichkeiten, die es gab, zu verlängern. Und eine dieser Möglichkeiten war eben eine sogenannte Hohlraumkonservierung. Ehemalige DDR-Fahrzeuge mit solcherlei Schutz-Maßnahmen fahren auch heute noch in der Gegend umher. Roststellen oder Durchrostungen? Ein Fremdwort. Die Arbeit in der Werkstatt war schwer und schmutzig, wurde aber sehr gut bezahlt. Zuerst dachte ich schon, die Jungs wollten mir einen Job in „Schwiegerpapas Teerstübchen" anbieten. Zum Glück irrte ich mich da. Trotzdem hatten wir ein gutes Gespräch. Volkert erzählte, er sei Privatunternehmer, er habe einen Taxibetrieb. Und zurzeit sei er mit einer Geschichte beschäftigt, da gehe es um ein riesiges Grundstück bei Friedersdorf, südöstlich von Berlin, in wasser- und waldreicher Gegend. Da wollten sein Schwiegervater und er Ferienhäuser hinbauen und Wochenendgrundstücke schaffen. Klang interessant. Mein Kumpel Friedhelm erkundigte sich, was ich eigentlich derzeit so am Start hätte, rein arbeitstechnisch. Ich zuckte nur mit den Schultern und meinte, außer reichlich Sonnenbad gäbe es gerade nicht so viel für mich zu tun. Da wollte Volkert plötzlich wissen, ob ich einen Führerschein hätte. Klar hatte ich den. Dann fragte er mich, ob ich nicht bei ihm Taxifahrer werden wolle. Er könnte aufgrund einer Sondergenehmigung einen Taxifahrer in seinem Unternehmen einstellen. Klar, wollte ich! Nur gab es da ein klitzekleines Problem. Auf die Frage, ob ich einen „Personenbeförderungsschein" hätte, musste ich leider erwidern, dass ich nicht mal wisse, was das eigentlich sei. Worauf Volkert nur abwinkte und dann meinte, das kriege er schon hin. Wir besiegelten meinen neuen Ausflug ins bürgerliche Berufsleben mit Handschlag. Ich war gespannt, worauf ich mich da wohl eingelassen hatte …

Schon ein paar Tage später sollte ich mich in Weißensee einfinden, beim VEB Taxi Berlin. Der Kombinatsbetrieb Taxi war ein Teil vom VEB Kombinat Berliner Verkehrsbetriebe. Taxi Berlin war vielseitig unterwegs auf den Straßen der Hauptstadt. Die hatten in der Mila-Straße im Stadtbezirk Pankow eine staatliche Fahrschule. Es gab sogar eine sogenannte Kfz-Selbstfahrvermietung, die befand sich im einstmaligen Hochbahnhof Warschauer Brücke. Dort hatte man eine Großgarage eingerichtet mit Kfz-Werkstatt und Wagenpflegedienst. Man konnte wählen zwischen etwa 120 Mietwagen der Marken TRABANT und WARTBURG. Allerdings musste man auch dort wieder langfristige Warte- und Anmeldezeiten in Kauf nehmen. Auch hier war Vitamin „B" die übliche Währung. Später zog die Vermietungstruppe dann in die Persiusstraße im Friedrichshain um.

Und es gab eben die Taxi-Werkstatt in der Gehringstraße. Dort waren wir, mein neuer Chef Volkert und ich, mit dem Verkehrsmeister „kommerzielle Dienste" des Taxi-Betriebes verabredet. Weil es in der DDR und speziell in Berlin nicht genug Taxifahrer gab, waren private Unternehmen zugelassen. Das war nämlich beschlossen worden, auf einem der unzähligen Plenen des Politbüros oder des Zentralkomitees oder was weiß ich, was das für eine Versammlung welcher Organisation auch immer gewesen ist! Es ging um die Erhöhung der Transportleistungen überall im sozialistischen Lande. Die Genossen Staatslenker hatten beschlossen, dass auch in Berlin diese Dienstleistungen erhöht werden sollten. Nur wusste wieder mal keiner, wie man das machen könnte! Darum gab es also plötzlich eine ganze Reihe von Leuten, die sich als Kleinunternehmer selbst ausbeuten mussten, wie im Kapitalismus. Das haben die natürlich sehr gerne gemacht! In der Regel traf man da Leute aus allen Bereichen wieder. Sozusagen vom Straßenfeger bis zum Hochschullehrer war alles vertreten. Meist handelte es sich bei diesen Leuten um Aussteiger, die ihren gelernten Berufen den Rücken gekehrt hatten, aus welchen Gründen auch immer. Selbstredend auch aus politischen …

Damit auch ich an der eigenen Ausbeutung teilnehmen konnte, musste ich zuerst einmal eine Prüfung ablegen, um diesen Personenbeförderungsschein zu bekommen. Da gab es auf einem Fragebogen diverse Kreuzchen zu machen. Das tat ich gleich vor Ort und hatte null Fehler. Somit Prüfung bestanden.

Mein zukünftiger Chef Volkert holte ein „Chemiekombinat" aus der Brieftasche und drückte es dem Verkehrsmeister in die Hand. Als Erklärung: Der 50-Markschein der DDR hatte auf der Rückseite ein Bild des VEB Petrolchemisches Kombinat Schwedt aufgedruckt.

Dann sollte ich noch eine kurze praktische Fahrprüfung machen, in Anwesenheit des Kollegen Verkehrsmeisters neben mir auf dem Beifahrersitz. Er sagte nur: «Fahr mich mal zum Brandenburger Tor, mein Junge!»

«Welche Seite soll's denn sein, Meister? Rechts oder links? West oder Ost?», erwiderte ich grinsend. Der Kollege lachte, und los ging die Fahrt. Am Brandenburger Tor angekommen, meinte er, ich solle ihn jetzt mal zum Rosenthaler Platz kutschieren. Machte ich auch umgehend, war ja nichts dabei! Danach ging es zurück in die Gehringstraße.

Der Verkehrsmeister füllte flugs die Papiere aus, dann kam ein Stempel drauf und fertig war die Laube! Theoretische und praktische Prüfung am selben Tag, ohne irgendwelche Fisimatenten! Ich hatte meinen Personenbeförderungsschein und war nunmehr Taxifahrer. So schnell ging das.

In der nächsten Zeit fuhr ich mit einem Taxi der Firma Leipold, einem roten WARTBURG 353 munter in der Gegend herum. Die Taxifahrerei war eine leichte und angenehme Arbeit. Ich hatte schnell begriffen, wie der Hase läuft. Und meine Iris war bei der ersten Gehaltszahlung wirklich ziemlich baff: 1.500 Ostmark, brutto wie netto, war echt nicht zu verachten! Doch es kam ein wenig anders, denn meine erste reguläre Abrechnung bei meinem Chef war irgendwie recht hoch. Iris und ich fielen fast ins Koma. Knapp 2.500 Mark für 14 Tage Taxifahren? Wirklich erstaunlich! Allerdings fuhr ich nur Nachtschichten. Und immer mindestens 12 Stunden lang, oft sogar bis zu 15 Stunden. Für mich war es überhaupt nicht schlimm, so lange „auf dem Bock" zu sitzen, schließlich fuhr ich für mein Leben gern Auto! Und irgendwelche Überprüfungsgeräte waren in Taxen nicht eingebaut. Ich meine solche Fahrtenschreiber, wie sie zum Beispiel für LKW vorgeschrieben waren. Somit konnte auch niemand überprüfen, wie lange ich hinter dem Steuer meines Taxis saß. Wie gesagt, ich hatte kein Problem mit meinen reichlichen Nachtschichten. Trotzdem erschien uns der Erlös der Nachtfahrten recht hoch. Konnte das wirklich stimmen? Wir rechneten mehrmals nach, doch das Ergebnis war stets das gleiche. Kaum zu glauben, aber wahr! Die Formel für mein Gehalt lautete: Bei täglicher Abrechnung erhielt ich 50 Prozent vom täglichen Umsatz. Dazu kamen noch die Trinkgelder und irgendwelche weiteren kleinen Nebeneinnahmen. Insgesamt ergab das ein nettes und ordentliches Salär! *Na, Leute,* dachte ich, *so kann das gerne noch lange weitergehen!*

Ging es aber leider nicht. Nach einer Weile gab es bei den Leipolds irgendwelche familiären Probleme. Volkert konnte mich nach anderthalb Jahren nicht mehr weiterbeschäftigen. Das war echt blöd! Ich dachte mir, was nun? Wieder ab in die Arbeitslosigkeit? Auf keinen Fall!

Mein erster Plan war, ich kaufe mir eine Eisdiele. Es gab da nämlich ein Angebot eines alten Mannes aus der wunderbaren Gegend Gosen-Neu-Zittau, direkt im südöstlichen Speckgürtel von Berlin. Dem hätte ich sein kleines Eiscafé günstig abkaufen können. Das fand ich richtig klasse. Die Genossen leider nicht! Die hatten nämlich ganz andere Pläne mit mir…

WIE ICH ENDLICH MEIN EIGENER CHEF WURDE

Man schlug mir vor, einen Antrag zu stellen, um ein eigenes Taxigewerbe zu eröffnen. Erstaunlicherweise schien ihnen entgangen zu sein, dass ich das bereits in die Wege geleitet hatte. Natürlich hütete ich meine Zunge und verriet davon kein Sterbenswörtchen! Jedenfalls wurde mir gesagt, ich sollte mir da mal eine gute Begründung ausdenken und zu Papier bringen. Und dabei ruhig auch die Behinderung unserer Tochter mit anführen. Das fand ich zwar nicht gut, ließ mich aber überzeugen, dass der Zweck mit allen Mitteln geheiligt werden sollte, um uneingeschränkte Zustimmung bei solch einem Plan zu erreichen. Die Genossen wollten diese Geschichte schnell vom Tisch haben. Ich hatte meine Zweifel, dass das so funktionieren würde …

Trotzdem setzte ich mich zu Hause an den Schreibtisch und schrieb munter drauflos. Zum Schluss lag ein Dokument vor mir, bei dem man sich, nachdem man es gelesen hatte, voller Rührung selbst mal auf die Schulter klopfen konnte. Da stand was drin von eigenen Bedürfnissen im Einklang mit sozialistischen Zielstellungen bei der täglichen Erfüllung vorgegebener Maßstäbe der Genossen des Politbüros und der Volkskammer der DDR zum Wohle des Sozialismus in unserer Republik usw. usw. – Bla, bla, bla …

Meine kritische Iris rollte nur mit den Augen und konnte sich ein freches Grinsen gerade noch so verkneifen. Aber was soll's?! Wenn die Genossen sich kümmern, soll man sie dabei nicht aufhalten. Zumal es ja zum Wohle des Sozialismus sein sollte …

Später erfuhr ich dann, es war sogar ein hochrangiger Abteilungsleiter, der im Roten Rathaus einmarschierte, um unter anderem auch mein Anschreiben höchstpersönlich mit dem Genossen Köhler zu besprechen und so dem Antrag Nachdruck zu verleihen!

Alfred Köhler war seit Dezember 1978 der Berliner Stadtrat für Verkehrs- und Nachrichtenwesen. Ihm oblagen sämtliche Angelegenheiten der Entwicklung des örtlich geleiteten Verkehrs- und Nachrichtenwesens, einschließlich der Nutzung der Transport-, Umschlags- und Beförderungskapazitäten, des Ausbaus der Verkehrsbedingungen in den neuen Wohngebieten, der Unterhaltung der Verkehrsanlagen sowie der Kraftfahrzeuginstandhaltung. (Quelle: https://landesarchiv-berlin.de/)

Meine kleine Familie und ich waren zu der Zeit gerade auf der Insel Rügen und machten Urlaub in Alt-Reddewitz, beim „alten Ewald“, einem Fischer und Ofensetzer. Wir waren oft und gerne da und ließen es uns immer 14 Tage lang richtig gutgehen! Dieses Jahr war es aber dann doch ein wenig anders, denn das Telefon des Fischers klingelte und Iris' Schwester war dran. Sie teilte uns mit, es sei da ein amtliches Schreiben vom Magistrat von Berlin gekommen, das an mich adressiert sei. Ich muss dazu sagen, aufgrund der bekannten Tatsache meiner „anderen“ Arbeit hatte ich mich wegen der Taxigeschichte bei ihr als Untermieter angemeldet, um mit einer unauffälligen Adresse gelistet zu sein. Persönliche Absicherung ist eben die halbe Miete! Ich bat meine Schwägerin am Telefon, sie sollte bitte den Brief aufmachen und mir vorlesen.

Mir wurde mitgeteilt, dass ich ab dem 1. September 1980 eine Gewerbegenehmigung zur Führung eines selbstständigen Taxibetriebes erhielt. Ich solle doch bitte alle diesbezüglichen Unterlagen zeitnah im Roten Rathaus beim Stadtrat abholen. Unterschrieben und gestempelt war das Schreiben mit: „Gen. A. Köhler, Stadtrat für Verkehr“.

Der kurzfristig vor Ort auf Rügen einberufene Familienrat, bestehend aus meiner Iris und mir, beschloss, kurzerhand die Zelte in Alt-Reddewitz abzubrechen, um schleunigst alle Unterlagen aus dem Berliner Roten Rathaus einzusammeln.

Schon am nächsten Tag sprach ich im Rathaus am Alexanderplatz vor. Ich stand im edlen Zwirn da, mit Parteiabzeichen am Revers, vor meinem, beruflich gesehen, neuen Oberindianer, dem Stadtrat für Verkehr. Der war anfangs ein wenig irritiert ob meines Aufzuges. Wie ich erst später erfuhr, war es wohl ungewöhnlich, dass sich SED-Mitglieder als private Unternehmer - also „Ausbeuter" - ihren Lebensunterhalt verdienen wollten. Doch schließlich erhielt ich, neben einer Gratulation, alle notwendigen Dokumente. Ich musste nur noch ein paar Schriftstücke unterschreiben, die natürlich mit meinem „richtigen" Namen

HANS-GERHARD AMMON

Nun war ich also ein von staatlicher Seite anerkannter und gestempelter Kapitalist und wollte sofort mit der eigenen Ausbeutung beginnen! Aber da wieherte schon wieder gleich einmal der bekannte Amtsschimmel laut in der Gegend herum, denn so schnell schießen selbst die Preußen nicht!

Zuerst einmal musste die technische Grundlage für den Taxibetrieb geschaffen werden. Also hatte ich mich wieder in der Gehringstraße einzufinden. Dort erkannte mich der Verkehrsmeister sofort wieder. Für einen neidvoll in grün schauenden Johann Wolfgang von Goethe, das Gesicht auf dem 20-Mark-Schein, ging es mit meinem blauen 1300er LADA ab in die Werkstatt. Aber nicht, um die Verkehrssicherheit des Autos zu überprüfen! Das war eher uninteressant. Nein, es musste die Tachowelle verplombt werden, damit der emsige Taxifahrer nicht in Versuchung kommen konnte, ein wenig an den Fahrkilometern herumzumanipulieren! Da baute der fleißige Kfz-Schlosser eine Art T-Stück ein, damit die Welle vom Tacho auch richtig verplombt werden kann oder so. *Hüstel, Hüstel.* Das kostete dann gleich noch mal einen „Zwanni".

Des Weiteren bekam ich mein Taxischild und ein paar Quittungsblöcke in die Hand gedrückt und fertig war der Lack! Die Blöcke gab es, weil nicht ausreichend Taximeter vorhanden waren, und die, die es gab, baute man gleich in die staatlichen Taxen ein. Wahrscheinlich traute man diesen Taxifahrern noch weniger als unsereinem! Es gab noch einen Ratschlag mit auf den Weg, der da lautete: „Immer schön die Kilometer im Auge haben, denn der Kilometerstand sollte schon stimmen, falls mal Kontrollen kommen!" Und die würde es auf jeden Fall geben!

Dann ging es endlich los, ich düste davon! Mein Taxi trug nunmehr die offizielle Nummer „063". Endlich war ich frei!

Wie ich für uns ein Haus in Zeuthen ergatterte

Unsere große Neubauwohnung in der Rudolf-Seifert-Straße in Lichtenberg war wunderbar, überhaupt keine Frage. Aber – wie meistens kommt jetzt ein „Aber": Die teilweise sehr gewöhnungsbedürftigen Kollegen und Genossen Nachbarn hatten im Laufe der Zeit zunehmend ab und an leicht unangenehme Eigenschaften. Als da wären: seltsame Blicke, ablehnende Gesten, manches Kopfschütteln und ähnliches. Leider konnte man ihnen kaum ausweichen, denn, ging man in die Kaufhalle, traf man da zum Beispiel auf die Mieter aus dem zweiten Stock. Ging man in die Klubgaststätte, saßen da schon welche aus der fünften Etage. Überall und jederzeit konnten einem diese teilweise sehr bornierten Zeitgenossen über den Weg laufen. Das ging einem langsam, aber sicher richtig auf den Zeiger und war doch sehr nervig, um das mal vorsichtig auszudrücken. Zumal ich mich auch rein optisch von meinen Mitbewohnern unterschied. Wenn die täglich in Schlips und Kragen das Haus verließen, um zu ihren Arbeitsplätzchen zu gelangen, an denen sie dann acht Stunden und länger zu knabbern hatten, hüpfte ich da locker in Jeans und T-Shirt in der Gegend herum. Sie mussten ins Ministerium oder irgendwelche Staatsbüros. Ich, Gott sei Dank, nicht mehr! Im Gegenteil, ich war ziemlich entspannt. Ich konnte mir meine Zeit einteilen und hatte ein gutes Leben. Außerdem parkte ich vor unserem Haus im Wechsel andauernd ein anderes Auto. Wahrscheinlich hatten sie darum richtig Frust auf mich, keine Ahnung. Ihre verachtenden, teils echt hasserfüllten Blicke sprachen da Bände, die in einer Bibliothek ganze Regalreihen gefüllt hätten.

Durch meine Taxitouren lernte ich einen Haufen Leute kennen: vom Straßenfeger bis zum Hochschulprofessor, was und wen auch immer, ein ganzes Sammelsurium von interessanten Menschen unterschiedlicher Couleur. Da ich mit dem Taxi oft auch nachts unterwegs war, fand sich immer wieder der eine oder andere Nachtschwärmer auf dem Rücksitz meiner Taxe wieder. Eines Nachts sammelte ich einen relativ jungen Mann ein, der etwas verwildert und leicht vergammelt aussah und an diesem Abend dem Alkohol wohl äußerst erfolgreich zugesprochen hatte. Er war jedenfalls recht ordentlich abgefüllt! Den fuhr ich aus dem Berliner Stadtzentrum raus nach Zeuthen, einer Gemeinde im heutigen Landkreis Dahme-Spreewald in Brandenburg. Sie liegt am südöstlichen Stadtrand Berlins an der Dahme und dem Zeuthener See. Die Fahrt dahin war eine nette, vor allem finanziell interessante Tour. Mein Fahrgast wohnte in der Friedenstraße 75, in einem echt reparaturbedürftigen Einfamilienhaus. Soweit man das im Dunkeln erkennen konnte, machte auch der Garten keinen besonders ordentlichen Eindruck. Wir waren während der Fahrt ins Gespräch gekommen. Ich erfuhr, der junge Mann habe noch einen Bruder und einen Cousin, aber die beiden seien derzeit gerade im Knast! Sie hätten alle in der Familie mit ihrem sozialistischen Vaterland DDR nicht so viel am Hut. Darum würden sie eben auch ab und an mal ordentlich einen Volkspolizisten „verhauen“, wie er das nannte! Der junge Antiheld sei selbst gerade wieder mal auf freiem Fuß und lebe mit seiner Mutter in dem Haus, vor dem wir dann standen. Er meinte, in Zeuthen sei alles nur scheiße, wegen der vielen Saftnasen, die hier wohnen würden. Alle stünden da unter Kontrolle, würden ihm und seiner Familie nur auf den Sack gehen und so weiter und so fort. Das Haus sei ziemlich heruntergekommen, seine Familie wohnte da zur Miete drin, aber die Besitzerin würde sich nicht kümmern. Außerdem lebte die irgendwo in Wittstock, also richtig weit weg. Schon aus diesem Grunde würden er und seine Mutter am liebsten wegziehen aus diesem Zeuthener Kaff, besser heute als morgen. Oder irgendwohin tauschen, egal wohin, denn überall woanders wäre es besser als hier! Ich hatte die ganze Zeit über schon Haus und Garten fixiert, so gut das eben zu dieser vorgerückten Nachtstunde möglich war. Als ich das Wort „tauschen" hörte, war ich hellwach. Ich berichtete ein wenig beiläufig, ich hätte eine Neubauwohnung, 4 ½ Zimmer, Küche, Bad, elfte Etage, mit großem Balkon, alles wunderbar und vom Feinsten und mitten in Berlin, in Lichtenberg, mit Blick ins goldene Westberlin! Der Wurm war an der Angel befestigt, der Köder ausgeworfen, jetzt musste nur noch der Fisch anbeißen! Und das tat er auch! Der junge Mann war sofort von dem Gedanken angetan, zukünftig mit seiner leicht kriminellen Familie in einem Neubaugebiet in Berlin seine neue Wohnstatt zu finden. Wir besiegelten unsere Wohnungspläne mit Handschlag.

Wer mich kannte, konnte sich vorstellen, was das für einen Organisations-Tsunami auslöste. Gleich am Tag darauf begann ich mit meiner Ich-kaufe-mir-ein-Haus-Planung. Da ich ja mehr Menschen kannte als der Rest der Welt, fiel es mir nicht schwer, den richtigen Mann (oder die richtige Frau) für die richtige Lösung aller möglichen Aufgabengebiete zu finden. Ich recherchierte alles Notwendige: Name und Adresse der Besitzerin in Wittstock, Unterlagen, die das Haus und das Grundstück betrafen, und alles, was mit dem Umzug von uns und unseren Tauschpartnern zu tun hatte. Dann schlug ich unangemeldet im Rathaus Zeuthen auf, bei der Wohnraumlenkung der Gemeinde und trug meine Zuzugspläne in den Berliner Speckgürtel vor. Erstaunlicherweise stieß ich da sofort auf hellhörige Ohren und offene Arme. Wenig später erfuhr ich, warum: Der Gemeinde Zeuthen war diese Familie von Kleinkriminellen als Störfaktor eines ruhigen und behaglichen Landlebens schon lange ein Dorn im betrübten Auge. Und somit hätten mir die Mädels der Wohnraumlenkung sogar das Blaue vom Himmel versprochen, wenn ich für sie dieses äußerst unangenehme Problem erfolgreich lösen und diese „asozialen Elemente" nach Berlin entsorgen könnte! Ihnen seien da nämlich die Hände gebunden, schon allein aus sozial-humanistischen Gründen; im Sozialismus ging es immer um den Menschen, egal, um was für merkwürdige Zeitgenossen es sich da auch handeln mochte! Ich versprach mit ruhigem Gewissen, alles Menschenmögliche zu tun, und man war in der Gemeinde hellauf begeistert von mir!

Lange Rede, kurzer Sinn, dank meiner „behördlichen Verbindungen" - will ich das mal nennen - konnte ich sogar erreichen, das „Berlin-Verbot", sprich Aufenthaltsverbot, der Mitglieder dieser deutschen Ausgabe der „Flodders" zu kippen.

Aufgrund meiner klugen Verhandlungstaktik gelang es mir, der Besitzerin des Hauses, einer älteren Dame, die Verantwortung und das Gelände in der Friedenstraße für 25.000 Mark der DDR abzunehmen. Das Haus war mit knapp 13.600 Mark im Grundbuch ausgewiesen. Dieser Betrag war ein sogenannter Stopp-Preis, eine Preisregulierung, die sich aus Befehlen der sowjetischen Militär-Administration ergab. So sollte verhindert werden, dass Volkseigentum für spekulative Geschäfte missbraucht werden konnte. Der Hauskauf war außerdem recht günstig wegen der sehr notwendigen und sehr umfangreichen Instandhaltungsmaßnahmen, die auf jeden Fall in naher Zukunft anstehen würden. Trotzdem meiner Meinung nach ein gutes Geschäft in einer überschaubaren Größenordnung. Meine Iris fand das weniger und hatte reichliche Bedenken. Natürlich waren wir keine Baufachleute. Wir hatten keine Ahnung vom Heizungsbau, von Maurerarbeiten oder dem Ein- und Umbau von Fenstern und Türen und solchen Sachen. Aber wir kannten die Leute, die wussten, was da zu tun war. Hatten wir ja schon bei unserer ersten Wohnung bewiesen. Und darum hatte ich keine Angst vor dem, was auf uns zukam. Die Aussicht auf ein eigenes Häuschen im eigenen Grün beruhigte schließlich meine Frau und ließ ihre Zweifel hinwegschwinden. Das große Abenteuer konnte somit beginnen!

Und es begann gleich am ersten Tag. Mit den ehemaligen Mietern unserer zukünftigen Villa am Stadtrand waren Termin und genaue Stunde des Ringtausches abgesprochen. Ich hatte mehrere Kumpels organisiert, die bei unserem Umzug mit anfassen wollten. Einer der Kumpels fuhr für die Mitropa einen recht großen Lastwagen, auf dem wir unsere Habseligkeiten aus der Neubauwohnung ordentlich verpackt hatten. Die teils gehässigen, teils siegreichen Blicke der Nachbarn, die unseren Auszug beobachteten, konnte ich getrost ignorieren. Ich dachte mir: *Wartet mal ab, was wir euch mit unseren Nachmietern für eine niveauvolle Überraschung bereiten werden! Da werdet ihr euch noch mal nach uns sehnen! Worauf ihr euch verlassen könnt, liebe Freunde!*

Apropos „verlassen können“: Als wir mit unserem Umzugslastwagen vor unserem neuen Heim anhielten, mussten wir feststellen, dass die „Flodder-Familie“ überhaupt noch gar nichts für ihren Umzug vorbereitet hatte. Nicht nur, dass sie keine Kartons und Kisten gepackt hatten, wir mussten sogar erkennen, alle Schränke in Küche, Wohn- und Schlafzimmer und wo sonst noch so überall, quollen über mit Klamotten und allem möglichen Kramzeugs. Selbst meine sonst immer besonnene Iris musste sich sehr zusammennehmen, um nicht vor Wut zu explodieren! Ich übrigens auch! Aber das hätte uns ja auch nicht weitergeholfen. Fakt war, von unseren Wohnungstauschpartnern waren nur eine hysterische Mutter nebst faulem Sohn anwesend, die beide völlig planlos durch das Haus rannten und komplett neben sich standen. Was blieb uns anderes übrig, wir mussten selbst Hand anlegen. Zum Glück waren unsere Umzugskollegen richtig gute Freunde. Sie fassten mit an, luden unseren Hausstand vom Lastwagen, stellten alles erst einmal in den Garten und beluden das Gefährt dann mit Kisten und Kästen, Möbeln und dem ganzen Zeug der anderen. Als alles verladen war, gingen wir durch das leere Haus und sahen erst jetzt das ganze Ausmaß der Katastrophe: Hier würde es kaum reichen, ein bisschen Farbe, etwas Tapete und ein paar handwerkliche Stunden zu investieren. Hier standen wir vor einer notwendigen Komplettsanierung! Aber meine optimistische Iris fasste das Projekt in ein paar Worten zusammen: «Das schaffen wir!»

Während ich mit meinen tapferen Mannen den Hausrat der „Familie Schlampig" nach Lichtenberg fuhr, versuchte meine fleißige Iris unter Einsatz mehrerer West-Reinigungs-Mittel zuerst einmal dem penetranten Gestank einer alten, versifften Eckkneipe, bestehend aus Tabakqualm, Alkohol- und Essensgerüchen, zu Leibe zu rücken. Als ich ein paar Stunden später wieder in unserem neuen Zuhause eintraf, hatte sie nach reichlichem Putzeinsatz, ausgiebiger Lüftung und mehreren Spraydosen „Fichtennadel-Duft" wenigstens halbwegs eine atem- und bewohnbare Atmosphäre geschaffen. Wir waren beide ziemlich erledigt, deckten den Großteil unserer Möbel im Garten mit Planen ab und schafften es gerade noch, aus Matratzen, Decken und Kissen eine halbwegs bequeme Schlafecke zusammenzubauen. Kurz vor dem Einschlafen dachte ich noch so bei mir: *Hoffentlich werden die folgenden Tage und Wochen nicht ein einziger Alptraum!* Die erste Nacht im neuen Heim verlief in tiefem, traumlosen Schlaf in die neue Woche vor Ostern, und der Herrgott hatte wohl ein Einsehen mit uns. Er schickte Sonnenschein und blauen Himmel. Und auch Petrus schien uns zugetan, denn nicht ein Regentropfen fiel auf unser Mobiliar, das über Nacht im Garten stand, nur notdürftig abgedeckt mit einigen schützenden Planen.

Dann begann eine sehr seltsame, sehr arbeitsintensive, aber auch sehr schöne Zeit. Wenn ich gedacht hatte, die Renovierungsarbeit in unserer ersten Wohnung wäre schon anstrengend gewesen … *Ha, ha, ha!* Das war nur ein Fliegenschiss, ein lustiger Kindergeburtstag, im Vergleich zu dem, was jetzt auf uns zu kam!

Es brauchte eine Weile, dann kriegten wir einen Kredit von 33.000 Mark genehmigt. Das allerdings war auch mit erheblichem Stress verbunden. Dabei trat eine Genossin Dame im Rat des Kreises als besonders hartnäckig hervor. Sie wollte ihrer Aussage nach die Finanzierung von Privateigentum für den Erwerb eines Grundstücks unbedingt verhindern. Wir klärten dieses Problem auf anderer Ebene: Über den Ministerrat erhielten wir vom Ministerium für Bauwesen der DDR sogenannte Bezugsscheine für Baumaterialien aller Art und eine Ausnahmegenehmigung zum Einbau einer gasbetriebenen Zentralheizung. Die Firma, die das Ding einbauen sollte, fand ich in der 130 Kilometer entfernten Stadt Dessau, heute Sachsen-Anhalt, zur DDR-Zeit zweitgrößte freie Kreisstadt im Bezirk Halle. Die Heizungsleute meinten gleich, wir müssten uns aber selbst um die Heizkörper kümmern. Alle möglichen Rohre, Leitungen, Anschlüsse und solcherlei Kram hätten sie im Hause. Problem dabei sei aber, ich müsse die Materialien abholen. Also setzte ich mich in meinen LADA und transportierte im Hänger das ganze Zeug von Dessau nach Zeuthen. Die Sache mit den Heizkörpern war da gleich wieder ein ganz anderes Kaliber. Ich hatte von den Heizungsbauern den Tipp bekommen, wenn ich schon Heizkörper besorgen müsse, sollte ich die russischen nehmen, die würden richtig was taugen, seien aber gar nicht so leicht zu bekommen! Alles klar! Kurze Zeit später hatte ich eine Zusage für diese russischen Teile. Kein Problem! Oder doch? Die Dinger lagerten nämlich in Eisenhüttenstadt. Und da war der Name Programm, denn die Teile waren wirklich sauschwer! Also musste erneut ein Lastwagen her! Den bekam ich vom Freund eines Freundes eines Freundes. Doch um außerplanmäßig nach Eisenhüttenstadt fahren zu dürfen, brauchte der einen Grund und einen Fahrauftrag! Beides ergab sich ziemlich flink, denn der Fahrer des Lastwagens sollte drei, echt nur drei (!!) Stühle in irgendeine Klitsche in Eisenhüttenstadt bringen, die da angeblich dringend benötigt wurden. Da selbstverständlich gerade kein anderes Fahrzeug zur Verfügung stand, musste eben ein LKW eingesetzt werden. Auf der Rücktour könne der dann meine Heizkörper mitbringen. Na, wenn das kein Zufall war! Sozialismus bedeutet schließlich, im Mittelpunkt steht der Mensch!

Ich lernte in unserer Hausumbau-Zeit, wie wichtig es war, gute, vor allem viele Freunde zu haben. Und ich erfuhr, wie das Prinzip funktionierte: Eine Hand wäscht die andere - und beide das ganze Gesicht! Das galt nämlich bei allem, was mit dem Bau zu tun hatte!

Parallel zu den Hausarbeiten kümmerten wir uns natürlich auch um den Garten. Damals war man in Zeuthen noch nicht überall ans öffentliche Abwassernetz angeschlossen. Unser Haus auch nicht, war ja klar! Es gab hinten im Garten eine abgedeckte Sickergrube, die man in regelmäßigen Abständen leeren lassen musste. Da kam dann so ein Lastwagen angefahren mit einem großen Tank, es wurden dicke Schläuche verlegt und die Grube ausgepumpt. Erstaunlicherweise war unsere andauernd voll und der Lastwagen vom – in der Gegend liebevoll „Kacke-Frank" genannten – Abwasser-Fachbetrieb kam viel öfter als bei den Nachbarn. Irgendwas konnte doch da nicht stimmen! Also legten wir wieder selbst Hand an, pumpten nach einer erneuten Absaug-Aktion alle Reste aus der Grube und ließen den Boden etwas trocknen. Und ich bin dann da rein! Das war alles andere als angenehm, aber ich war erfolgreich und fand den Fehler im Abwassersystem. Denn die Kollegen Kriminal-Vormieter hatten die nicht benötigten Sachen aus ihren Raubzügen flugs in der Grube entsorgt! Niemand hätte da nachgesehen, schon allein wegen der sehr intensiven Gerüche! Ich wurde richtig fündig und zog allerlei Fahrrad- und Moped-Rahmen und so manch andere Dinge aus der Grube. Sachen, bei denen ich mir teilweise nicht erklären konnte, wofür man die überhaupt brauchte bzw. woher die stammen konnten?! Um das Thema nicht weiterzuführen, jedenfalls wurde die Grube schlussendlich von uns ordentlich saniert, und zukünftig war alles bestens. Später bekamen wir dann auch endlich unsere eigene Abwasserleitung!

Zu Ostern 1981 waren wir nach Zeuthen gezogen. Bis zum Jahr 1984 hatten wir alle Hände voll zu tun, bis unser Anwesen in dem Glanze erstrahlen konnte, den es heute noch hat! Jetzt wohnt unser Sohn Holm mit seiner Familie in dem Haus. Meine liebste Iris und ich haben uns Jahre später nebenan, auf dem Nachbargrundstück, ein eigenes Haus zugelegt. Das ließen wir uns fertig hinsetzen. Ich glaube nicht, dass wir uns noch einmal auf so ein Um- und Ausbauprojekt eingelassen hätten wie mit dem Häuschen nebenan! Aber wie heißt es so schön: „Sag niemals nie!"

Doch zurück in die 1980er-Jahre. Während die Leute damals an die Ostsee oder nach Bulgarien, Ungarn oder in andere sozialistische Länder in den Urlaub gereist sind, waren wir auch unterwegs. Allerdings nur zu diversen Baumärkten und allen möglichen PGH, stets auf der Suche nach Baumaterialien, Holz, Zement, Steinen, Türen, Fenstern, Dachziegeln … Das ganze Programm eben.

Eine Produktionsgenossenschaft des Handwerks (PGH) war in der DDR eine sozialistische Genossenschaft. Die Handwerks-produktionsgenossenschaften entstanden als Alternative zu den privaten Firmen. Die Mitglieder waren Handwerker oder Gewerbetreibende mit Eintrag in der Handwerks- oder Gewerberolle. Zudem konnten auch deren Beschäftigte und mithelfende Ehepartner Mitglieder in einer PGH sein. Der Zusammenschluss beruhte auf einer freiwilligen, gemeinschaftlichen/kollektiven Arbeit innerhalb einer Produktionsgenossenschaft mit dem Ziel, durch den Zusammenschluss ein Gemeineigentum an den Produktionsmitteln zu bilden. (Wikipedia, 20.12.2020)

Wir hatten also richtig viel zu tun. Aber es hat Spaß gemacht und letztendlich kam ja auch etwas Solides und Gutes dabei heraus!

Man kann ja sein ganzes Leben lang aktiv sein, wie man will. Trotzdem muss man lernen, an die nächste Generation abzugeben! Meine zauberhafte Iris und ich haben das gemacht. Heute werden unsere Unternehmungen von unserem Sohn Holm und seiner Frau geführt. Natürlich bin ich bis heute immer noch im Hintergrund zugegen und helfe, wenn ich kann, keine Frage!

Aber im Großen und Ganzen halte ich mich heraus. Ja, ich weiß, Leute, die mich kannten und kennen, hielten das eigentlich nicht für möglich! Aber hey, ich habe es gemacht und mache es quasi jeden Tag! Ich bin so etwas wie der Berater im Hintergrund. Aber wirklich nur, wenn man meine Hilfe und meinen Rat braucht. Und genau darum funktioniert es!

Das mag allein schon damit zu tun zu haben, dass es immer irgendetwas zu machen gibt. Wie hieß eine Serie des DDR-Fernsehens von 1977 mit Herbert Köfer und Helga Göring? „Rentner haben niemals Zeit"! Das kann ich aber ganz getrost unterschreiben! Allerdings mache ich im Gegensatz zu vielen anderen „Privatiers" viele Sachen spontan. Einen Plan? Brauche ich nicht. Ich stehe früh auf, gucke mal, wie das Wetter ist, und entscheide dann, was ich heute tun werde. Diesen Luxus muss man sich schaffen! Darum bin ich auch gern ein Privatier!

> *Als Privatier, auch Privatus und weiblich Privata bzw. Privatière, gilt allgemein eine Person, die finanziell so gut gestellt ist, dass sie nicht darauf angewiesen ist, zur Deckung ihrer materiellen Bedürfnisse einer Erwerbstätigkeit nachzugehen, unabhängig davon, wie sie zu dem Vermögen gekommen ist. Der Privatier bezieht keine Unterstützung vom Staat und bezahlt sämtliche Steuern und sonstige Abgaben selbst.* (Wikipedia, 14.3.2020)

Ich bin gerne frei. Ich mache meinen eigenen Tagesablauf, da muss mir mal keiner reinreden! Geld zu verdienen, macht mir bis zum heutigen Tag immer noch sehr viel Freude! Daran hat sich seit meiner Zeit als Kaufmann in der DDR aufgrund meiner guten Gene diesbezüglich, nichts verändert! In meiner Zeit als Kundschafter habe ich immer einen Teil meiner Devisen-Spesen dazu benutzt, meiner wunderbaren Iris ein bisschen Schmuck aus dem Westen mitzubringen. Die Aktionen mit den diversen Autos liefen damals auch wunderbar. Wie gesagt, viele Genossenschaftsbauern in Salzwedel und Umgebung fuhren mit Fahrzeugen in der Gegend herum, die ich für sie besorgt hatte. Und auch bei Farbfernsehern mit japanischen Bildröhren ergab es sich über eine gute Bekannte, dass ich einige davon aus dem Geschäft getragen habe, die dann kurz danach mit etwas Gewinn an Interessenten der ländlichen Gegenden weiterverkauft wurden. Viele Bauern in der Altmark hatten Geld und dann auch Fernsehgeräte mit japanischen Bildröhren. Als guter Kaufmann eben mit dem Gedanken, vier zu verkaufen und mit dem kleinen Gewinn aus diesem Geschäft meinen eigenen sozusagen zum Nulltarif zu erstehen. Aber, wie gesagt, ohne dabei zu übertreiben!

Eine lustige Sache muss ich noch erzählen. Der geneigte Leser erinnert sich an mein Vorbild Hansen aus „For Eyes Only". Dort hört Hansen, wie einmal sein Chef, Major Collin, zu ihm sagt: «Heißes Material bewahren wir *kalt* auf!»

Genau so machte ich es auch. Ich hatte einige Eiswürfelbehälter ein wenig umgebaut. Somit war unsere Devisen-Geld-Reserve im Eisfach des Kühlschrankes stets gut gekühlt und geheim aufbewahrt!

Wie ich endlich wieder unterwegs sein konnte

Aber das gerade Beschriebene war nur die eine Seite der tagtäglichen Beschäftigungen. Zwischenzeitig war ich wieder ab und an für meinen geheimen Arbeitgeber unterwegs: In Polen, der Tschechoslowakei, in Ungarn, aber auch in Westeuropa. Nunmehr allerdings mit offiziellem Pass und meistens mit dem eigenen Auto! Wie es dazu gekommen war? Das funktionierte, da ich die „begleitende Person" unserer Tochter Grit war. Unser kleines Mädchen wurde aufgrund ihrer Behinderung als Invalidenrentnerin eingestuft und somit „frühberentet", wie man das im klassischen Verwaltungs-Deutsch nannte. Dadurch erhielt sie einen Reisepass und ich eben auch, da ich, wie gesagt, die Begleitperson war. Meine Iris hatte nämlich keine so große Lust drauf, allein mit unserer Tochter in der europäischen Gegend herumzureisen, das war ihr alles viel zu stressig. Und ich kannte mich ja überall bestens aus, somit waren die Würfel schnell gefallen. Zumal ich auch viel lieber und viel öfter mit dem Auto in allen möglichen Landesteilen unterwegs gewesen war. Nun konnten Grit und ich mit dem eigenen Kfz ins Ausland fahren, auch in den Westen. Zum Beispiel zu Behandlungen, aber auch, um Verwandte zu besuchen. Wir waren damals des Öfteren in Franken, bei meiner Tante Friedel.

Die Genehmigung zu bekommen, um Verwandtschaftsreisen in den westlichen Teil unserer Heimat zu machen, war in der DDR ein schwerer und langer Weg, mit vielen Paragrafen, Anweisungen und Gesetzen, die man alle sehr gut studieren musste, um dem wiehernden Amtsschimmel in die Parade zu fahren! Da hatten die Bürokraten eben nicht mit meiner Ausdauer und Beharrlichkeit gerechnet! Ich tappte nicht in die vielen Stolperfallen, die es zu diesem Thema in der DDR zuhauf gab. Letztendlich hat es geklappt. Im Rahmen meiner Bemühungen schreibe ich mir mal auf die Fahne, ich habe mit dazu beigetragen, dass behinderte Leute in der DDR früher einen Reisepass bekommen konnten, da sie ja als Frührentner dann wie „normale" Rentner behandelt wurden und in den Westen reisen durften. Und eben da, wo es angebracht war und die Notwendigkeit vorlag, konnte eine Begleitperson mitfahren. Als Test hatte ich ein-, zweimal mit Grit so eine Reise unternommen, um auszuprobieren, ob das funktioniert. Und siehe da, es gab keinen Stress! Später bin ich auch oft allein gefahren.

Solche Testgeschichten hatte ich schon öfter im Vorfeld irgendwelcher Aktionen durchgeführt. Manchmal kam es vor, dass man gar nicht so dumm denken konnte, wie es dann in Wahrheit war! Um solchen Nervereien aus dem Wege zu gehen, hatte sich meiner Meinung nach eine Art „Testlauf" stets und überall bewährt. Außerdem ergab es sich, dass die Genossen der Abteilung VI und die vom Zoll sich oft erkundigten, wieso ich einen Reisepass hatte, obwohl ich schon rein optisch nicht wie ein Rentner aussah. Dann kam es da immer wieder gerne zu längeren Gesprächen. Ich blieb stets gelassen und stand den Genossen Rede und Antwort. Erstaunlich fand ich nur, wie schlecht sie informiert waren, wenn sie oftmals etwas ratlos auf meine Bescheinigung sahen, die mir erlaubte, ins westliche Ausland zu reisen, als Begleitperson meiner behinderten Tochter. Übrigens hatte ich immer eine Erklärung bereit, falls die Frage auftauchen sollte, warum denn meine Tochter gerade nicht mit im Auto saß. Dann erklärte ich, ich wäre auf dem Weg, um sie von den Verwandten abzuholen. Diese Logik überzeugte selbst den misstrauischsten Genossen Grenzposten!

Wenn man mit dem Auto unterwegs war, konnte es auch passieren, man wurde von der Volkspolizei bereits Kilometer vor der Grenze angehalten. Bei Fahrzeugen mit westlichen Autonummern war das kein Problem, die durften - außer im Transitverkehr - fast überall herumfahren. Bei Fahrzeugen mit Kennzeichen aus der DDR sah es da völlig anders aus. Ich hatte damals auch noch eine Berliner Autonummer, da fingen die Autokennzeichen mit einem „I" für Berlin an. Obwohl ich aus Zeuthen kam und das lag im Bezirk Potsdam. Darum hätte ich auf dem Nummernschild gewöhnlicherweise ein „D" oder „P" am Anfang haben müssen. Ich musste oft alle Papiere vorzeigen. Dabei verwies ich immer auf meine Genehmigung. Und wenn sich die Kollegen Volkspolizisten richtig wichtigmachen wollten, einen besonders strengen Blick aufsetzten und dazu dumme Fragen stellten, nach „Woher" und „Wohin", erklärte ich nur, das ginge sie überhaupt nichts an! Ich hätte schließlich eine Genehmigung, das sollte Erklärung genug sein. Besonders angepieselt ließen sie mich schließlich weiterfahren. Wahrscheinlich führten ihre Vermutungen wegen der Berliner Autonummer an einem typischen „Behördenfahrzeug" vom Typ LADA zu der Erkenntnis, hier hatten sie es mit einem besonderen Fall zu tun. Hatten sie ja auch, nämlich mit mir!

Wie ich es wieder mal „drauf ankommen“ ließ

Ich stand mein halbes Leben lang unter ständiger Fahndung. Das hatte nichts damit zu tun, dass man mich andauernd verhaften wollte, sondern es hing mit der Tatsache zusammen, dass man im „großen Haus“, in meiner Abteilung, stets wissen wollte und musste, wo ich mich befand. Selbst bei Personenkontrollen durch die Volkspolizei wurden Daten stichpunktartig in der Leitstelle abgefragt. Man bekam in der Regel nichts davon mit, aber ich wusste ja, wie diese Prozedur ablief. Die Leitstelle sah in ihren Unterlagen nach und der Posten bekam dann in meinem Fall den Hinweis: Ohne weitere Kontrolle weiterfahren lassen! Und genauso war es auch, wenn ich über irgendeinen Grenzübergang die DDR verlassen habe oder wieder eingereist bin.

In Bergen (bei Salzwedel) hatten sie wahrscheinlich ganz besondere Spezialisten an die Grenze gestellt. Ich kam mal dort aus dem Westen kommend angefahren und hatte noch ein kleines Schwätzchen auf der Westseite mit dem sehr netten Beamten des Bundes-Grenzschutzes geführt. Mit mir im Auto saß meine Tochter Grit. Der Genosse der Abteilung VI, Grenzkontrolle DDR, beobachtete das wohl schon mit einem gewissen Unbehagen. Als wir dann bei ihm vorfuhren, stand die Durchfahrtsampel erst einmal auf Rot. Also hielt ich bei seinem Fensterchen an. Er erkundigte sich, ob wir wohl wieder nach Hause fahren würden, was ich bejahte. Er erkundigte sich weiter, wo wir denn gewesen wären.

«Bei Verwandten», antwortete ich teilnahmslos. Nunmehr unterzog er besonders meinen Pass einer eingehenden Kontrolle und blätterte und blätterte, und schaute ihn sich von vorne bis hinten genauestens an. Dann allerdings gab er mir meinen Pass nicht wieder zurück, sondern legte ihn und den meiner Tochter auf eine Art kleines Förderband, somit reisten unsere Pässe schon mal ohne uns, mutterseelenallein in die DDR ein.

Etwas später durfte ich ihnen langsam hinterherfahren und stand dann mit unserem Auto am Schalter der Einreisestelle. Dort erhielten wir immer noch nicht unsere Pässe zurück, sondern der Pseudo-DDR-Grenzer kam aus seinem Kabäuschen heraus und baute sich neben mir auf. Ich wurde etwas unfreundlich aufgefordert, rechts neben die Ausfahrtspur zu fahren und dort zu halten. Da erschien als zweiter Mann ein Genosse des Zolls. Mein forscher Grenzmann blaffte mich an, ob ich etwas zu verzollen hätte. Meine Antwort fiel mit einem kurzen «Nö» negativ aus, was mich in seinen Augen wahrscheinlich gleich ziemlich verdächtig erscheinen ließ. Die nächste mürrische Frage lautete, ob ich Geld dabeihätte. Meine Güte, langsam begann mich das Frage- und Antwortspielchen zu nerven. Ich erwiderte ihm, ich hätte natürlich Geld dabei, schließlich würde ich kaum Benzin oder irgendwelche anderen Dinge mit Hosenknöpfen bezahlen können. Die allerdings würde ich nicht in größerer Menge mit mir herumtragen! Es brauchte gar nicht lange, da hatte sich durch das Hinzukommen von noch zwei anderen Grenz-Kollegen eine kleine Gruppe gebildet, die um unser Auto herumstand. Mittlerweise forderte man mich auf, das Fahrzeug zu verlassen. Ich tat das und alle standen ein wenig dumm in der Gegend herum. Einer der Zoll-Leute übernahm das Gespräch und erkundigte sich lauernd, ob wir denn irgendwas „Verbotenes" mit uns führen würden. Ich meinte nur, natürlich nicht, ich sei ja nicht doof! Meine Antwort stellte ihn wohl nicht zufrieden, und er hakte gleich nach und wollte wissen, ob ich irgendwelche Schallplatten oder Kassetten oder andere „Tonträger", Zeitungen oder sonst was mit mir führen würde. Ich erwiderte, langsam schon ein wenig patziger, ich würde doch durch solchen Quatsch nicht die Möglichkeit aufs Spiel setzen, dass ich mit meiner Tochter zusammen ins westliche Ausland reisen dürfte, indem ich irgendwelchen Mist mitbringen würde! Außerdem würde ich, wenn ich etwas lesen wollte, das doch vor Ort tun können, aber nicht noch das Zeugs mitnehmen! Der Zollmann wollte nicht lockerlassen und legte noch mal nach. Ob ich denn sonst irgendwas anderes mitgebracht hätte? Langsam reichte es mir. Vielleicht war meine Antwort jetzt ein wenig zu risikofreudig, als ich ihm sagte, dass DIE, sollte ich doch etwas mitgebracht haben, was ich nicht dürfe, sowieso nichts finden würden! Ich meine, ich verstand ja, es musste die Jungs schon ziemlich wurmen, dass da vor ihnen ein junger Mann stand, der mit einem LADA mit DDR-Kennzeichen aus Berlin in den Westen reisen konnte. Mein Gesprächspartner wollte einfach nicht klein beigeben. Schließlich, mit einem kurzen Blick zum Auto, meinte er, meine Frau solle doch mal aussteigen. Nun reichte es mir und ich nutzte das Oberwasser, das ich jetzt hatte, und erklärte ihm, er hätte doch besser vorher mal viel genauer in unsere Pässe sehen sollen, als er das gerade eben getan hatte. Dann wäre ihm vielleicht aufgefallen, dass die anwesende junge Dame meine Tochter war und nicht meine Frau! Da ich ihn nunmehr duzte, hatte er einen neuen Grund, mich zurechtzuweisen. Er verbat sich meine Duzerei auf das entschiedenste! Ich erwiderte lächelnd, wieso denn? Schließlich seien wir doch alle Genossen, und da duzt man sich doch, oder nicht? Das verstand er nicht, wie er mir verdutzt antwortete. Ich erwiderte darauf, dass ich mir das schon gedacht hatte. Denn *die* hätten sich die ganze Zeit benommen, als würden sie überhaupt nichts verstehen! Jetzt hatte ich meinen Gesprächspartner in die Enge getrieben, und es blieb nur noch ein Ausweg. Ich wusste, was der Zollheini gleich für eine Karte ziehen würde. Und richtig, seine nächste Ansage war: «Jetzt hören Sie mir mal gut zu, Bürger! Wir können auch ganz anders!» Und somit hatte ich ihn da, wo ich ihn haben wollte. Mit aufgesetzt ernstem Gesicht erwiderte ich, *er* solle jetzt mal *mir* gut zuhören, denn *ich* könne *auch* „ganz anders“! Und ob ich einmal sein Diensttelefon benutzen dürfe. Seine erstaunte Frage, wozu denn, beantwortete ich kurz und bündig, indem ich ihm erklärte, ich würde gern mal in einer ganz besonderen Dienststelle in einer ganz besonderen Straße in Berlin-Lichtenberg den Offizier vom Dienst anrufen!

Die Gruppe um mich herum stand nunmehr mit offenem Mund da. Der Hinweis von mir, jetzt könnten sie alle den Mund wieder zumachen, war gar nicht mehr nötig. Ich war zwar etwas rüde im Ton, aber ansonsten sehr gelassen. Die Jungs gaben uns schließlich unsere Pässe zurück und ließen mich weiterfahren. Doch jedes Mal, wenn ich diesen Grenzübergang passierte, gab es irgendwelche Problemchen. Sie suchten immer irgendeinen Grund, um mich regelrecht zu schikanieren. Aber über diese albernen Versuche konnte ich nur lächeln, was ich stets tat, sodass ich die Kollegen noch mehr auf die Palme brachte. Doch gegen mich hatten die eh keine Chance! Zumal ihre – nie ausgesprochene – Verdächtigung, ich könnte da vielleicht versuchen abzuhauen, sowieso völlig irrsinnig war. Wozu auch, wenn ich fahren konnte, wann und wohin ich wollte?!

Natürlich wurde mir solcherlei dummes Kräftemessen in Berlin, im Büro, öfter mal aufs Brot geschmiert. Natürlich gab es über mich die eine oder andere Beschwerde. Da man mich ja kannte, wusste man, ich ließ mir kaum etwas gefallen. Ich erwiderte dann immer, ich kann einfach die Leute nicht leiden, die da wichtigtuerisch auftreten, nach dem Motto: „Ich habe nur ein kleines Amt. Doch auch ein kleines hat Gewicht!" Das war dann der Moment, an dem mein Führungsoffizier seufzte und sich kopfschüttelnd erkundigte, ob das denn immer sein müsse. Ich zuckte einfach nur mit den Schultern und erwiderte, *die* würden es ja andauernd darauf anlegen, dass man ihnen mal die Meinung geigte!

Wie ich mir so meine Gedanken machte (4)

Im Leben ist es doch so: Hast du viel gelernt, ist das gut. Hast du wenig gelernt, ist das schlecht. Aufklärung war damals noch sehr einfach, sag ich mal. Es gab keine App, und es gab keine Handys. Und die technischen Hilfsmittel, die einem für die Arbeit zur Verfügung standen, waren doch sehr überschaubar. Man musste sehen, wie man foto- und audiomäßig alle möglichen Erkenntnisse festhalten konnte. Um noch Mal auf diese Sache mit der ständigen Fahndung zurückzukommen, ich empfand das nicht als Einschränkung meiner Person oder meiner Freiheiten. Ganz im Gegenteil, ich fühlte mich eher sicher und sogar beschützt bei dem Wissen, dass „man" stets und überall wusste, wo ich war. Und da mir ja klar war, wie diese Dinge gehandhabt wurden, bestand darin für mich eben kein Problem. Auch unter dem Gesichtspunkt, es könnten gegnerische Kräfte sein, die einem Schwierigkeiten bereiten wollen, fühlte man sich daher sicher. Denn eins war klar: Es gab über mich draußen - wenn überhaupt - nur die Kenntnis eines Namens. Ein Gesicht zu diesem Namen gab es nicht. Solange das so war, konnte ich anonym und unerkannt meiner Tätigkeit nachgehen. Somit sind diese Geschichten des Filmhelden James Bond völliger Unsinn! Ich meine, der arme Kerl arbeitet seit fast 70 Jahren - *hahaha* … - für den englischen Geheimdienst MI 6! Und überall stellt er sich vor mit: «Mein Name ist Bond. James Bond.» Dazu schlürft er stets seinen Wodka Martini: «Geschüttelt, nicht gerührt!» Und jeder Bösewicht an allen Orten dieser Erde muss zwangsläufig mal mit ihm Bekanntschaft schließen, wenn der „Geheimagent seiner Majestät mit der Lizenz zum Töten" andauernd gleich die ganze Erde rettet und ständig Krieg, Zerstörung, Verrat und Vernichtung verhindert und wohl auch weiterhin verhindern wird. Und dabei lernt er auch noch die schönsten Frauen überall auf der Welt kennen! Tja, das ist eben Kintopp! Die reale Welt ist aber überhaupt nicht James-Bond-like! Leider nicht …

Auf der Straße ist das Leben völlig anders und eben nicht so, als wäre irgendetwas einem Lehrbuch entsprungen. Ich hatte ja schon des Öfteren darauf hingewiesen, dass die Theorie zwar gut ist, wenn man sie kennt, aber die Praxis ist nun mal das Maß aller Dinge. Und nur da kann man, teilweise instinktiv, auf das Geschehen reagieren und vor allem agieren! Ein Kundschafter kann eigentlich nur darum überleben, weil er nichts Regelmäßiges tut. Weil ich solche Sachen stets beachtet habe, war ich bei meinen unmittelbaren Vorgesetzten immer ein Garant für Erfolg. Das mag jetzt hochtrabend klingen, war aber so. Ich kam natürlich auch manchmal von Einsätzen zurück und musste melden, dass es keine Erkenntnisse zu irgendeiner Sache gab, man also erfolglos weiterziehen musste. Aber solche Tage waren höchst selten. Ich hatte mir eine Art der Arbeit beigebracht, die in einem gesunden Verhältnis von Hirn, Herz und Bauchgefühl stand. Und meine Aufklärungserfolge gaben mir damit recht. Diese Herangehensweise hatte ich schon in der Oberschule entwickelt. Zum Beispiel war ich Wanderleiter. Ich hatte immer Ideen und war fantasievoll. Und wenn ich bei irgendwelchen abenteuerlichen Wanderungen sagte: «Kommt, wir gehen jetzt einfach mal hier lang!», und die anderen meinten, sie müssten einen anderen Weg einschlagen als von mir vorgegeben, kam es in der Regel vor, dass mein Weg der bessere, kürzere und leichtere Weg war als ihrer. Und das selbst, wenn es auf dieser Wanderstrecke irgendwelche plötzlichen Hindernisse gab. Die waren dann eben dazu da, dass sie überwunden werden wollten. Nach dem Motto: „Rechne immer mit dem Schlimmsten, dann wirst du nie davon überrascht!"

Zum großen Glück habe ich in meinem Leben meistens gute Leute getroffen. Manche Freundschaft hat bis in die heutigen Tage gehalten, worüber ich sehr froh bin. Es ist eben echt so: „Wie man in den Wald hineinruft, so schallt es heraus!" Für viele Menschen scheint die Welt immer nur aus Schwarz und Weiß zu bestehen, im besten Fall dazu noch Grau. Für mich war und ist die Welt stets bunt gewesen. Und nicht nur in den klaren einzelnen Farben, sondern auch in all den Zwischentönen, die jede dieser Farben zu bieten hat.

Wenn alle meinen, der kürzeste Weg von A nach B sei die Gerade, so kam ich schnell zu der Erkenntnis, dass die kürzeste Verbindung zwischen zwei Punkten eben doch die Spirale ist! Man weicht Dingen aus und kommt trotzdem schneller ans Ziel, allerdings darf man es dabei nie aus den Augen verlieren! In dem Zusammenhang fällt mir eine kleine Geschichte ein. Wenn man ins operative Gebiet ausreiste, bekam man eine eigene Legende zu seiner Person. Also, dieses „Woher, Wohin, Wozu und Warum". Und zu der Person, die man da sein sollte, gehörte auch ein bestimmter Beruf, dem man nachging. Wie oft habe ich im vorherigen Einsatzgespräch angemahnt, dass man da einen Beruf wählt, der der handelnden Person einen weiten Spielraum lässt. Was meine ich damit? Wenn jemand für die Legende beispielsweise „Dispatcher" in irgendeiner Firma sein sollte, erfragte ich, ob es möglich wäre, den Mann als „Chef-Dispatcher" zu führen. Denn in dieser Tätigkeit ist das berufliche Umfeld viel größer und man kann Möglichkeiten finden, um in Nebulöses auszuweichen, sollte man im Einsatz auf eine Person treffen, die sich in dem dargestellten Beruf bestens auskennt. Hätte man da keinerlei Spielraum, wäre man entweder unglaubwürdig oder im schlimmsten Fall für die da gestellte Aufgabe verbrannt! Aber solche Hinweise von Leuten, die vor Ort im Einsatz waren, wurden leider viel zu wenig beachtet. Ich glaube, die Jungs aus den Büros mit den grünen Tischen waren von ihren Ideen einfach zu sehr angetan, als dass sie zugeben würden, dass andere Leute auch einmal gute und wichtige Ideen hatten! Ich machte mir daraufhin einmal die Mühe und entwarf eine schriftliche Abhandlung zu dem Thema. Dieses Buch, man kann sogar von einer Art „Anleitung zum Dienstgebrauch" sprechen, hatte knapp 60 Seiten. Ich habe einfach alles zusammengetragen, was ich im Laufe der Zeit aus der täglichen Arbeit an Wissen und Erfahrung gelernt hatte. Mein Grundgedanke war es, die Besonderheiten bei Einsätzen im Operationsgebiet zu skizzieren, um anderen Kundschaftern eine Art Leitfaden in die Hand zu geben: Wie man sich bewegen sollte. Wie man sprechen muss. Was man konkret beachten musste, wenn man Sicherungsaufgaben zu absolvieren hatte. Auch Fragen der eigenen Tarnung, der Verstellung, Verkleidungen usw. beschrieb ich in dieser Dokumentation. Selbst das Auseinandersetzen mit politischen Fragen und aktuellem Geschehen, mit Vergleichen von West und Ost schrieb ich auf. Wie gesagt, ich wollte nicht derjenige sein, der alles besser wusste oder der meinte, die Weisheit mit Löffeln gefressen zu haben. Mir kam es wirklich nur darauf an, mit Hilfe dieses Papiers das Denken und Handeln nochmals durchzugehen, bevor man in den Einsatz geschickt wurde. Ich weiß gar nicht, ob meine Aufzeichnungen überhaupt jemals gelesen oder innerhalb der Befehlskette von den entsprechenden leitenden Leuten diskutiert wurden. Der Erfolg hat viele Väter? Das stimmt so nicht. Richtig muss es heißen: Diese Kinder haben nur einen Vater! Leider wurden meine Gedanken wahrscheinlich auf ewig in irgendeinem Giftschrank versenkt …

Wie ich mit dem Taxi unterwegs war

Jedenfalls war ich von den Genossen des MfS für eine Zeit lang auf einem Abstellgleis zwischengeparkt, um aus dem Dunstkreis einiger Aktionen verschwunden zu sein. Ich war aber trotzdem auch weiterhin als eine Art freier Mitarbeiter unterwegs, wenn auch nicht jeden Tag. Ich war immer noch ein „ZBV“, denn zumindest hatte man erkannt und es hatte sich bewährt: Wenn mal was war, durfte ich Sachen machen, die so nicht auf die Genossen im „großen Haus“ zurückfallen konnten.

Nur war diesmal meine Verfahrensweise etwas anders. Wegen unserer Grit hatte ich einen Pass, aber einen ganz „normalen“. Ich war offiziell ein DDR-Taxifahrer, der auch nach Westberlin fahren konnte und überall woanders hin, ins „nicht-sozialistische Wirtschaftsgebiet". Es ging aber nicht darum, „Tante Erna" auszuspähen. Es ging darum, Kontakte zu knüpfen zu Leuten, die wichtig waren oder werden konnten. Und das Ganze zum gegenseitigen Vorteil. Für mich war wichtig, ich war wieder einsetzbar, ich konnte wieder „raus"! Zwar mit anderen Aufgabenbereichen, aber immer wieder auch mal zu Einsätzen und zur Aufklärung. Aber es ging nie darum, irgendwelche Berichte zu schreiben, weil irgendwer gesagt hatte, Honecker sei ein Idiot oder so etwas in der Art.

Ich war kein regulärer Taxifahrer wie beispielsweise meine Kollegen von Taxi Berlin. Meine Taxifahrten waren unterschiedlicher Natur. Ich habe mich da schnell reingefummelt, in die Tagesgeschäfte, die ich aber meist nachts betrieben habe, weil ich viel lieber in der Nacht unterwegs war. In dieser Zeit habe ich für mich und meine Familie viel Geld verdient. Keinen Monat lagen meine Einkünfte unter 2.500 bis 3.000 Mark. Und immer so um die 1.000 DM waren zusätzlich möglich. Später wurde das sogar noch mehr!

Mittlerweile hatte ich auch hier, wie so oft im Leben, meine ganz eigene Arbeitsweise entwickelt. Um Aufträge zu bekommen, stand ich nicht irgendwo herum und wartete auf Kundschaft. Nein, meine Aufträge kamen übers Telefon. Und auch über einen ganz simplen Trick. Ich hatte zum Beispiel eine Vereinbarung mit meinem alten Kumpel Franz. Der war Taxidispatcher am Flughafen Schönefeld. Der rief dann an, wenn Flugzeuge landeten, die Leute anbrachten, die zum Beispiel weiter nach Westberlin wollten. Eine ganze Reihe von Fluggesellschaften nutzten die finanziell günstigen Bedingungen, die der Flughafen Berlin-Schönefeld bot. Eine Fahrt mit dem Taxi von Schönefeld zum S-Bahnhof Friedrichstraße und zurück, brachte so etwa 50 DM. Es gab ab und an mal einen kleinen Zuschlag von 20 DM für Franz, den Dispatcher, denn kleine Geschenke erhalten die Freundschaft, heißt es ja nicht zu Unrecht. Zweite Variante war, direkt in Schönefeld an einem Extraplatz zu parken und dann zu den Dispatchern zu marschieren, um sich dort die Fahraufträge zu organisieren. Ich gehe mal davon aus, dass die Dispatcher mit großer Wahrscheinlichkeit auch bei der Firma waren. Aber was soll's, niemand störte sich an den kleinen Geschäften, die am Rande der Tagesaufgaben so erledigt wurden. Wie gesagt, viele Leute hielt das Haus an der Leine. Wie lang diese Leine war, lag an jedem selbst. Meine jedenfalls war lang genug, um sich nicht laufend darin zu verheddern!

Übrigens ließen sich die monatlichen DM-Beträge anteilmäßig auch gerne mal im Verhältnis 1:3 tauschen. Bei ganz besonders guten Freunden waren es manchmal sogar nur 1:2! Wie gesagt, wenn man auf dem Boden blieb, war es ein gutes Geschäft für alle Beteiligten, damals in der DDR. Und jeder machte so seinen Schnitt.

Ich hörte mal von einem, der in der DDR eine Art Vermittler war für Ferienplätze im polnischen Riesengebirge. Dort hatte sein polnischer Kumpel zwei große Gästehäuser gebaut, alles vom Feinsten! Die Touristen bezahlten hier ihren Urlaub mit DDR-Geld. Der Pole kam einmal im Jahr vorbei. Die beiden hatten ausgemacht, der DDR-Partner sollte die Gelder, die hier gezahlt wurden, irgendwo in DM umtauschen, der Wechselkurs von 10:1 (1 DM für 10 DDR-Mark) würde seinem polnischen Freund ausreichen. Sollte der Berliner anders tauschen können, könne er den Rest behalten. Unser cleverer DDR-Mann fand irgendwo in Lichtenberg einen, der tauschte ihm das Geld 1:3 (also für 3 DDR-Mark bekam er 1 DM)! Da er nur 10:1 umzutauschen hatte, war das doch wohl ein nettes kleines Geschäft, oder?!

Besonders zu den Messezeiten in Leipzig gab es eine ganze Anzahl von finanziell interessanten Arrangements im Personentransfer zwischen Berlin und der Messestadt. Ich lernte viele Geschäftsmänner kennen, die in dieser Zeit die DDR besuchten. Aus einem der Kontakte wurde im Laufe der Zeit sogar eine sehr gute Freundschaft. Es ging um zwei leitende Personen, den Geschäftsführer und den Prokuristen der österreichischen Tochterfirma des Unternehmens „DRAGOCO“.

Dragoco war ein 1919 gegründetes Unternehmen der Duft- und Geschmackstoffindustrie mit Sitz in Holzminden. Dragoco fusionierte mit dem ebenfalls in Holzminden ansässigen Unternehmen Haarmann & Reimer (H&R) am 20. Februar 2003 zur Symrise GmbH & Co. KG. Dragoco wurde zu einem modernen Spezialunternehmen für konzentrierte Riech- und Aromastoffe. Dragoco gründete ab 1955 zudem auch mehrere Tochtergesellschaften im Ausland – unter anderem 1956 in den USA, 1967 in Mexiko, 1973 in Brasilien, 1964 in Großbritannien, 1975 in Hongkong, 1961 in Frankreich, 1959 in Österreich, 1955 in Italien und 1973 in der Schweiz. Dragoco war in seinem Bereich Platz 7 weltweit. Der Finanzinvestor EQT, der zur schwedischen Industriellenfamilie Wallenberg gehört, fusionierte Dragoco mit der benachbarten, viel größeren Bayer-Tochter Haarmann & Reimer und firmierte die beiden in Symrise um. (Wikipedia, 28.6.2020)

Das Unternehmen hatte zum damaligen Zeitpunkt bereits seit Jahrzehnten einen sehr guten Ruf, auch international. Rein zufällig kam ich mit den österreichischen Geschäftsleuten in Kontakt, als ich am Flugplatz Schönefeld wegen Aufträgen unterwegs war. Die Österreicher und ich merkten schnell, dass wir miteinander gut klarkommen würden. Daher bekam ich eine Art Sonderbonus, das bedeutete, immer wenn die Leute aus Österreich zur Messe oder zu anderen Geschäftsterminen in die DDR kamen, fuhren sie ausschließlich mit mir. Für mich war das außer einer guten Freundschaft auch finanziell eine sehr interessante Geschichte. So eine Fahrt von Berlin nach Leipzig und zurück brachte zum Beispiel 250 DM ein. Es gab Zeiten, da machte ich diese Tour dreimal am Tag. Nicht schlecht, oder?! Ich erinnere mich an eine Fahrt ganz besonders. Ich war mit den Leuten in Leipzig angekommen, da bat man mich, ob ich zurückfahren könnte, denn am Flugplatz Schönefeld wäre ein kleines Paket abzuholen, das wäre sehr wichtig und müsse unbedingt noch am gleichen Tag in Leipzig sein. Kein Problem für mich, schließlich war ich exklusiv für und von den Österreichern über die Gesamtzeit der Messe angemietet worden. Wie ich später erfuhr, befanden sich in dem Paket kleine Firmenschilder. Die wollte man an die Maschinen kleben, die auf der Messe ausgestellt wurden. In Wahrheit waren die Maschinen aber aus Schmalkalden, aus DDR-Maschinenproduktion. Da am nächsten Tag der Genosse Erich Honecker seinen üblichen Messebesuch in großer Runde absolvieren wollte, sollte diese Geste zeigen, wie gut die Zusammenarbeit zwischen der DDR und der österreichischen Tochterfirma von Dragoco funktionierte. Dann würde sich der Erich Honecker darüber sehr freuen, und alles wäre bestens! Tja, es war schon erstaunlich: Jeder betrog jeden, irgendwie, aber niemand kam dabei zu Schaden. Ganz im Gegenteil. Es war ja sowieso ein offenes Geheimnis, wie gut sich die Staaten des deutschsprachigen Raumes untereinander verstanden!

Ein anderes Mal war ich engagiert worden, um die österreichische Delegation zu einem Geschäftsessen nach Müggelheim in das „Hotel Müggelsee-Perle" zu kutschieren. Wir trafen uns mit dem Generaldirektor von Berlin-Chemie auf dem Alexanderplatz.

Die Berlin-Chemie betrachtet die Gründung eines Werks für Laborpräparate der Chemischen Fabrik Kahlbaum in Berlin-Adlershof 1890 als ihren Ursprung. Die erste Fabrik siedelte sich im damaligen Verwaltungsbezirk Treptow, Ortsteil Berlin-Adlershof, Glienicker Weg, an. Im Jahr 1927 begannen die Mitarbeiter nach einem Zusammenschluss mit der Schering AG mit der Entwicklung von Arzneimitteln.

In der DDR war die Berlin-Chemie ein wirtschaftsstarkes Pharma-Unternehmen mit Kontakten zu Ländern des RGW und auch zu westlichen Staaten. Bekannteste Produkte aus dieser Zeit waren Acesal, Analgin, Berlocombin und viele weitere. Als nach der politischen Wende die Volkseigenen Betriebe privatisiert oder aufgelöst wurden, übernahm der italienische Konzern Menarini im Jahr 1992 das Werk in Berlin samt den Warennamen und fand damit sofort einen größeren Absatzmarkt in Osteuropa. *(Wikipedia, 12.3.2021)*

Der Chef der Österreicher stellte mich bei der Begrüßung vor als: «Das ist der Herr Ammon. Er ist ‚unser Mann in Ostberlin'!»

Da war der Genosse Generaldirektor ein wenig baff, ich allerdings fand es witzig. Einige andere – nicht so sehr. Bei meinem nächsten Termin im MfS-Büro sah man mich etwas streng an und meinte nur lakonisch: «UNSER Mann in Ostberlin? Ist das dein Ernst?»

Aber ich merkte schnell, die Genossen fanden diesen Titel auch irgendwie lustig. Wer das Buch von Graham Greene kennt: „Unser Mann in Havanna", versteht vielleicht die Ironie. Wenn nicht, einfach mal dieses Buch lesen. Ich fand es sehr amüsant!

Um es noch einmal deutlich zu sagen: Es ging bei allem, was mit den Leuten aus Österreich zu tun hatte – übrigens, wie auch bei allen anderen Geschäftsleuten, die ich in diesem Zusammenhang in dieser Zeit kennengelernt hatte – nicht um Bespitzelung. Es ging nicht darum, ihnen irgendwelche Geschäfts- oder Unternehmensgeheimnisse abzuluchsen. Es ging darum, stets einen wachsamen Blick zu haben auf alle möglichen Unternehmen, die mit der DDR zusammenarbeiteten. Natürlich war ich irgendwie in einer Zwischenzone. Ich musste beide Seiten bedienen, habe aber immer überlegt, zu welcher Geschichte ich was und wie sagte. War ich so etwas wie ein Diener zweier Herren? Mag sein. Aber ich habe in erster Linie für mich gearbeitet. Und, wie gesagt, es entstanden im Laufe der Zeit richtige Freundschaften. Leute waren bei uns zu Hause, obwohl das nicht gern gesehen wurde, von beiden Seiten nicht! Für mich war es eine Form von Vertrauen. Man wusste um die Gewährung von Diskretion und Verschwiegenheit, keine Frage. Außerdem war es schon hilfreich, Menschen vor Ort zu kennen, auf die man sich verlassen kann. Auch wichtig für eine Art von Informationskette und individueller Vielfältigkeit. Aber alles, was im Auto gesagt wurde, blieb im Auto! Das war die Grundlage. Das wussten alle Beteiligten. Und es funktionierte. Natürlich wurden ab und an mal Tests gemacht, ob wer was sagte oder weitergab. Diese Überprüfungen gab es auf beiden Seiten. Auch das war allen bewusst. Man hielt sich an die Spielregeln, das brauchte niemand extra zu sagen, es war ein ungeschriebenes Gesetz. Und nur so war es überhaupt möglich, in jenen Tagen zusammenzuarbeiten!

Teilweise war es erstaunlich, wie zuvorkommend, oftmals regelrecht unterwürfig, die Leute aus dem „NSW" (Nichtsozialistisches Wirtschaftsgebiet) behandelt wurden. Das merkte man besonders im Hotel- und Gaststättengewerbe. Und ganz besonders in der DDR-Hauptstadt, in Berlin. Da gab es eine ganze Reihe von Nobelherbergen!

> *Das Berliner Grand Hotel, als Prestigeobjekt in Berlin-Mitte, damals schon gelistet unter „Leading Hotels Of The World", wurde pünktlich Anfang August 1987 zur 750-Jahrfeier von Berlin eröffnet. Das 5-Sterne-Nobel-Hotel war das Meisterstück des DDR-Devisenbeschaffers Alexander Schalck-Golodkowski. Etwa 200 Millionen Westmark soll der Bau gekostet haben, der von der japanischen Firma Kajima Corporation und dem schwedischen Unternehmen SIAB in knapp zwei Jahren erbaut wurde. (Wikipedia, 30.8.2020)*

Das Grand Hotel hatte unter anderem sogar eine hauseigene Druckerei. Die war ausgerüstet mit dem Besten und Neuesten, was es auf diesem Gebiet überhaupt gab. Wenn ein Gast beispielsweise Visitenkarten brauchte, bekam er die extra gedruckt, auch in kleiner Stückzahl. Oder auch eigenes Briefpapier. Oder sonst irgendwas Gedrucktes. Das Ganze oft zu lächerlich billigen Preisen. Ein ziemlich teurer Service. Aber wie gesagt, für unsere Gäste war uns nichts zu teuer, koste es, was es wolle!

Doch zurück zur Gastfreundschaft der Berliner Inter- und Devisenhotels in der Hauptstadt der DDR. Wir hatten selbst einmal ein diesbezügliches Erlebnis individueller Kundenbetreuung. Da waren meine Iris und ich von unseren österreichischen Freunden zum Essen ins Hotel Metropol geladen, dem anderen großen Valutahotel in der Friedrichstraße. Die Genießerin an meiner Seite bestellte sich ein Menü und wollte dazu frischen grünen Pfeffer. Der Oberkellner musste sich entschuldigen, denn grüner Pfeffer war irgendwie ausgegangen. Meine bescheidene Iris wollte es dabei belassen, aber unser Gastgeber eher nicht. Er bestand auf grünem Pfeffer! So mussten die Küchenkräfte hinüber zum Hotel „Unter den Linden“ und diese Zutat besorgen. Wie gesagt, für unsere Gäste nur vom Feinsten. Und: Es gab nichts, was es nicht gab!

Aber das war letztendlich auch völlig in Ordnung. Denn auch ich versuchte stets mein Bestes, wenn es darum ging, es meinen Fahrgästen bequem zu machen. Wenn es beispielsweise darum ging, mehr Personen zu befördern, als in meinem LADA polizeilich zugelassen waren, konnte ich mich auf ein paar meiner Spezis verlassen, die ich kurzfristig anrufen konnte, um sie auch Geld verdienen zu lassen. Das alles wohlgemerkt ohne Handys und fast ohne Telefonanschlüsse bei einzelnen Leuten! Man hatte eben sein eigenes Info-System. Das funktionierte über verschiedene Telefonnummern und unter Einsatz von Telefonzellen. Alles eine Frage der Organisation!

Später war ich dann nur noch ein Taxi auf Bestellung. Teilweise fuhr ich sogar auf Anmietung für das DDR-Fernsehen oder die DEFA. Das war sozusagen die Ernte, die ich mit der Vergabe von angefertigten Visitenkarten ausgesät hatte. Dann ging es nur noch darum, wann ich wo sein sollte und wie viele Leute nebst wie viel Gepäck zu transportieren waren. Das war zum Beispiel der Fall bei Motivsuchen für Film- und Fernsehproduktionen. Ich fand solche Fahrten immer sehr spannend.

Aber natürlich blieb auch noch genügend Zeit, um neue Kontakte und Bekanntschaften zum Beispiel in Westberlin zu knüpfen. Da gab es den Mike, der hatte mehrere Bordelle am Kurfürstendamm, dem Ku'damm, wie ihn die Berliner liebevoll nennen. Oder auch den Timmy. Ein Kanadier, der bei der amerikanischen Militärpolizei war, bevor er schließlich in die Zuhälterszene Westberlins abdriftete. Die beiden gingen unter anderem bei uns in Zeuthen ein und aus. Das klingt jetzt nach gefährlichen, dunklen Gesellen. Aber ich kann versprechen, die beiden waren absolut tolle Typen! Wir hatten nie irgendwelchen Ärger mit ihnen!

Ich hatte übrigens viele Kontakte mit Österreichern, Schweizern, auch Engländern. Die alle haben mit der DDR ihre Geschäfte gemacht, obwohl sie ja eigentlich der „Klassenfeind" waren. Da war seltsamerweise die politische Führung unserer Republik nicht mehr so kleinlich wie sonst immer bei allem. Für uns waren solche Leute stets eine willkommene Abwechslung. Wir haben wechselseitig voneinander profitiert. Nicht nur finanziell, sondern auch geistig. Und das war gut so!

Es gab auch kuriose Sachen, die ich als Taxifahrer erlebt habe. Einmal zum Beispiel fuhr ich zufällig durch die Hannoversche Straße im Bezirk Mitte. Als ich an der Ständigen Vertretung der Bundesrepublik vorbeikam, die dort ihren Sitz hatte, fiel mir eine ältere Frau auf, die gerade dieses Haus verließ. Sie wirkte auf mich völlig aufgelöst, also hielt ich an und fragte sie, was denn los sei. Sie meinte, sie würde von der StaSi verfolgt. Ich darauf, ganz erstaunt: «Was? Na, dann kommen Sie mal rein in meinen Wagen.»

Die ältere Dame stieg zu mir ins Auto und ich gab Gas. Ich erkundigte mich, was sie denn in der Ständigen Vertretung gewollt habe. Sie erzählte mir, ihr Mann sei Professor und habe die DDR bereits verlassen. Nun wolle sie ihm nachreisen und habe sich bei der Vertretung erkundigt, wie sie das anstellen könne. Jetzt müsse sie sich erst einmal ein wenig sammeln und dann überlegen, wie sie weiter vorgehen wolle. Und sie hätte eben Angst, dass sie nun von der Staatssicherheit verfolgt werden könnte. Ich fragte sie, wohin sie jetzt wolle. Sie antwortete mit einem verschmitzten Lächeln: «Na, wenn Sie mich so fragen, junger Mann, dann bitte nach Leipzig. Da wohne ich nämlich!»

«Okay», antwortete ich ihr, «dann fahren wir Sie einfach mal dahin!»

Sie sah mich erstaunt an. «Wirklich?»

«Klar doch», erwiderte ich. «Sie wohnen dort, also machen wir uns mal auf den Weg. Und um die Bezahlung machen Sie sich mal keine Sorgen. Das geht schon klar!»

Sie meinte: «Aber wenn wir verfolgt werden?»

Ich sagte lächelnd: «Das kriegen wir schon hin! Wenn uns wirklich jemand folgen sollte, dann hängen wir den einfach ab!»

Sie, etwas aufgeregt: «Ja? Gut. Aber woher können Sie denn so etwas?»

«Ach», winkte ich ab, «das habe ich im Fernsehen gesehen!»

«Dann bin ich beruhigt»

Mein weiblicher Fahrgast lehnte sich gemütlich zurück und genoss die Fahrt. Und ich fuhr sie wirklich bis nach Leipzig und da bis vor ihre Haustür. Bevor sie ausstieg, meinte sie zu mir:

«Ich weiß gar nicht, wie ich mich bei Ihnen bedanken kann. – Warten Sie, ich habe eine Idee. Sagen Sie mir mal Ihre Kontonummer, junger Mann!»

Jetzt war ich derjenige, der erstaunt guckte: «Wozu wollen Sie denn meine Kontonummer?»

«Wenn ich ausreisen darf, dann würde ich Ihnen gerne etwas zukommen lassen! Hier erst einmal das Fahrgeld. Ich hoffe, dreihundert Mark reichen?»

Ich nickte: «Das ist eigentlich zu viel»

«Nein, nein, schon gut. Das ist in Ordnung so, junger Mann! Und jetzt sagen Sie mir bitte die Kontonummer. Ich bestehe darauf!»

Damit reichte sie mir das Geld, ich sagte ihr die Nummer und wir verabschiedeten uns mit Handschlag. Ich wünschte ihr viel Erfolg und alles Gute. Sie bedankte sich noch einmal herzlich und verschwand dann winkend in ihrem Haus. Ich fuhr nach Zeuthen zurück.

Eines Tages hatten wir dann plötzlich 5.000 Mark auf dem Konto. Die Professor-Gattin hatte ihr Versprechen wirklich gehalten. Ich war echt gerührt.

Bei meinem nächsten Gespräch im Büro gab ich natürlich die Zahlung an, damit es nicht gleich wieder unnötige Fragereien gab. Allerdings konnte ich mir eine Bemerkung nicht verkneifen. Ich erkundigte mich, wieso man einer so netten alten Dame einen Schrecken eingejagt hatte. Und ob wir das nötig hätten, alten Leuten Angst zu machen? Die einzige Antwort, die ich bekam, war, der Professor lief unter Geheimnisträger. Außerdem solle ich nicht andauernd meine Nase in Sachen stecken, die mich nichts angingen.

Na gut, mehr gab es sowieso nicht zu bereden. Wie gesagt, es gab einige Dinge, wenn die im Auto erzählt wurden, blieben sie auch da. Natürlich wäre ich aktiv geworden, wenn es zu Situationen gekommen wäre, bei denen Gefahr im Verzug war. Ansonsten handelte ich immer nach eigenem Ermessen. Keine Sorge, ich war lange genug eingebunden, ich traute mir schon zu, das eine vom anderen zu unterscheiden und einzuordnen!

X.

Widerstand & Widerstand - zwei verschiedene Paar Schuhe

Die 1980er-Jahre hatten Fahrt aufgenommen. Die Zeit brach an, die uns zum Abschluss dieses Jahrzehnts etwas bescheren sollte, das man in den Geschichtsbüchern dann als „die Wende" aufgeschrieben hat. Ich will nicht schon wieder den großen Klugscheißer geben, aber was ist das eigentlich, eine Wende? Es gibt eine ganze Anzahl verschiedener Erklärungen für völlig unterschiedliche Arten von Wenden. Da man unserer Republik damals nachsagte, es stände dem Land das Wasser bis zum Hals, nehmen wir der Einfachheit halber den Begriff *Wende* aus dem Schwimmsport:

> *Die Wende bezeichnet beim Schwimmen einen Richtungswechsel, der meist 180 Grad – also eine halbe Drehung – beträgt.*

Moment mal, irgendwie klingt das jetzt für mich wie: „Vorwärts, Kameraden, wir gehen zurück!" Man ändert die Richtung, indem man sich dahin begibt, woher man gerade eben erst gekommen ist? Also rückwärtsgehen, vorwärtskommen? Und das ist dann Fortschritt? Echt jetzt?

Wie ich mir so meine Gedanken machte (5)

Immer wieder gingen mir viele Dinge durch den Kopf. Alles war mittlerweile irgendwie anders: Die Genossen und die Staatsmacht sagten so, das Leben sagte auch so. Allerdings war das ein völlig anderes *So*. Viele Menschen in unserem Land arbeiteten ehrlich. Man sammelte Lebensweisheiten. Die von früher, von unseren Vorfahren, die konnten wir übernehmen. Wir, die Nachkommen, trugen sie weiter und setzten uns damit auseinander. Im besten Fall jedenfalls. Manchen war ja sowieso alles egal. Sie glaubten das, was man ihnen erzählte und zeigte: In der Zeitung, im Radio und im Fernsehen. Diese Leute vertrauten blind und ohne auch nur etwas zu hinterfragen allem, was man ihnen vorsetzte. Vielfach ging ein Spruch durchs Land: „Na, die Genossen in Berlin, die wissen schon, was sie tun!" Ging es eigentlich noch dümmer? Tja, es zeigte sich, Propaganda funktionierte!

Aber da gab es auch etwas Neues: Ein Gespenst fing an, in Europa umzugehen - nur war das ein ganz anderer Geist als der, von dem Karl Marx im Manifest geschrieben hatte.

1980 kam es in Polen zu Streiks und Arbeiterunruhen auf der Leninwerft in Danzig, unter der Führung von Lech Wałęsa. Daraus entstand die unabhängige Gewerkschaft Solidarność (Solidarität). Lech Wałęsa, gelernter Elektriker, führte diese Gewerkschaft 10 Jahre lang als Vorsitzender. Von 1990 bis 1995 war er sogar Präsident der Polnischen Republik. Er wurde 1983 mit dem Friedensnobelpreis ausgezeichnet. Im Laufe der Zeit kamen eine ganze Reihe hoher internationaler Orden und Auszeichnungen dazu. Lech Wałęsa erhielt 32 Ehrendoktorwürden bekannter und berühmter Universitäten aus der ganzen Welt.

In Ungarn kam es zwischen 1982 und 1984 zu zahlreichen Diskussionen über die wirtschaftliche und politische Zukunft des Landes. Auch in der ČSSR begann sich langsam der Widerstand zu formieren.

Die Sozialistische Föderative Republik Jugoslawien, von 1945 bis zu seinem Tod 1980 geführt von Marschall Josip Broz Tito, ging schon seit 1950 einen ganz eigenen Weg. Der Marschall hatte offen mit der Sowjetunion gebrochen und einen eigenen sozialistischen Weg eingeschlagen. Grundidee war es, die Beziehungen zu West und Ost im Gleichgewicht zu halten.

Die Sozialistische Republik Rumänien unter ihrem Führer Nicolae Ceaușescu war auch so ein eigenartiger sozialistischer

Wackelkandidat. Ceaușescu führte sein Land von 1965 bis zu seinem Sturz 1989 wie ein Diktator im besten stalinistischen Sinn. Allerdings mit dem kleinen Unterschied, sich bereits seit 1967 als Kommunist politisch und ökonomisch den bösen Klassenfeinden in Westeuropa zuzuwenden. Und auch mit den USA und vor allem Israel pflegte er sehr gute Kontakte „zum gegenseitigen Nutzen", wie man das damals nannte.

Nur die Volksrepublik Bulgarien hielt eng und fest zur Sowjetunion. Auch hier stand der Generalsekretär der Kommunistischen Partei des Landes, Todor Schiwkow, seit 1962 am politischen Ruder. Er legte das Steuer erst aus der Hand, als er einen Tag nach dem Fall der Berliner Mauer von seinen politischen Ämtern zurücktrat.

Übrigens war es wirklich so, dass in der Geschichte des Landes zweimal (1963 und 1973) geheime Verhandlungen stattfanden, die Bulgarien als Staat auflösen und als 16. Sozialistische Sowjetrepublik der UdSSR beifügen sollten! Zum Glück für das bulgarische Volk scheiterten solcherlei unsinnige Planspielchen!

Die Sozialistische Volksrepublik Albanien, das kleinste und südlichste sozialistische Land in Europa, hatte politisch fast gar keinen Einfluss. Es war sozusagen ein „weißer Fleck" auf der Landkarte. Die DDR bezog seinerzeit aus Albanien Chromerz, Schwarzkupfer, Kupferkabel sowie eine lohnende Menge Erdöl mit hohem Bitumengehalt für die Asphaltgewinnung. Erstaunlich. Die einzigen Produkte albanischer Herkunft, die ich kannte, waren drei Zigarettensorten: ARBERIA, DS und PORTI. Alle drei sollen furchtbar geschmeckt haben! Leider kann ich das weder bestätigen noch widerlegen, da ich in meinem Leben nie geraucht habe!

Doch zurück zum eigentlichen Thema. Alles in allem waren es windige Zeiten, die 1980er-Jahre. Der gesamte Ostblock war in Bewegung geraten. Und dann betrat Michail Sergejewitsch Gorbatschow 1985 die große politische Weltbühne.

Die Sowjetunion, die UdSSR, existierte vom 30. Dezember 1922 bis zu ihrer Auflösung am 26. Dezember 1991. In diesen 69

Jahren gab es nur 7 Parteiführer, die – bis auf Chruschtschow und Gorbatschow – allesamt erst durch den Tod ihr Amt verloren. Chruschtschow wurde 1964 von Breschnew gestürzt. Gorbatschow trat am 25. Dezember 1991 von seinem Amt als Präsident der Sowjetunion zurück.

Als 1985 Gorbatschow mit Glasnost *(Offenheit)* und Perestroika *(Umbau)* völlig neue Aspekte in der sowjetischen Politik setzte, waren einige Führer der sozialistischen Staatengemeinschaft in heller Aufregung. So etwas hatte es noch nie gegeben, dass sich die sozialistischen und kommunistischen Parteien in die Karten gucken ließen! Plötzlich sollte es nicht mehr heißen: „Die Partei, die Partei, die hat *immer* Recht!“? Ein unglaublicher Frevel! Lag vielleicht sogar Verrat in der Luft? Vor allem, wie sollte es jetzt weitergehen? Niemand hatte einen „Plan B“, den er aus der Tasche ziehen konnte. Als Gorbatschow bei einem Berlinbesuch im Oktober 1989 dann auch noch Erich Honecker belehrte, war das Fass am Überlaufen!

Gennadi Iwanowitsch Gerassimow, ein sowjetischer Diplomat, war ab 1986 außenpolitischer Sprecher von Michail Gorbatschow und seines Außenministers Eduard Schewardnadse. Er zählt zu den Persönlichkeiten der deutschen Einheit. Nach dem Fall des Eisernen Vorhangs 1990 ging Gerassimow als Diplomat nach Deutschland. (Wikipedia, 15.7.2021)

Nach Erinnerung verschiedener Journalisten gilt Gerassimow als Urheber des meist Gorbatschow zugeschriebenen Ausspruchs

„Wer zu spät kommt, den bestraft das Leben" (Кто опаздывает, того наказывает жизнь): Auf einer Pressekonferenz anlässlich des Staatsbesuchs in der DDR am 7. Oktober 1989 erklärte der Diplomat, Gorbatschows Treffen mit Erich Honecker lasse sich durch folgendes Zitat charakterisieren: „Those who are late will be punished by life itself." (Ulla Plog: „Wer zu spät kommt, den bestraft das Leben". In: FAZ.net. 6. Oktober 2004)

Seinen berühmtesten Satz hat Michail Gorbatschow (also) nie gesagt. Zumindest nicht so, wie er heute zitiert wird. Als er Erich Honecker davor warnte, sich einer Erneuerung der DDR zu widersetzen, sprach Gorbatschow: „Ich glaube, Gefahren warten nur auf jene, die nicht auf das Leben reagieren." Zum griffigen „Wer zu spät kommt, den bestraft das Leben" geglättet, passt das kluge Zitat besser zum Image Gorbatschows im Westen. (Hellmuth Vensky, ZEIT ONLINE, 11. März 2010)

In der DDR hielt man indes die Füße fein still. Im Gegenteil, Erich Honecker wollte keineswegs dem neuen sowjetischen Modell folgen. Er wollte einen Sozialismus „in den Farben der DDR", wie er das nannte.

Kurt Hager, Mitglied des Politbüros der SED und Chefideologe der Partei, stellte in diesem Zusammenhang in einem Interview mit der Hamburger Zeitschrift „Stern" vom 9. April 1987 die vielzitierte rhetorische Frage, ob man sich denn verpflichtet fühlen müsse, seinem Nachbarn zu folgen, wenn dieser beschließe, in seinem Haus die Wände neu zu tapezieren. Die DDR-Führung jedenfalls – so konnte man den Äußerungen Honeckers und Hagers entnehmen – verspürte eine derartige Verpflichtung zu inneren Reformen nicht. Im Gegenteil: Man hielt sie sogar für überflüssig und schädlich, ja gefährlich. (bpb.de/izpb/10355/die-demokratische-revolution-in-osteuropa)

Gorbatschows Antwort ließ nicht lange auf sich warten. Er sagte, dass es nicht reichen würde, nur die Zimmer zu tapezieren, das ganze Haus müsse renoviert werden!

Wie auch immer, die Deutschen in West und Ost waren von Gorbatschow begeistert. Überall, wo der Generalsekretär der KPdSU auftauchte, rief man im Chor „Gorbi, Gorbi!" Die Begeisterung kannte keine Grenzen. Das passte allerdings dem Politbüro der SED überhaupt nicht in den Kram.

1988 ließ die SED-Führung den Vertrieb der beliebten sowjetischen Zeitschrift „Sputnik" einstellen. Mit Beginn von „Glasnost" und „Perestroika" hatte „Sputnik" damit begonnen, auch Tabuthemen aufzugreifen. Das war den Mächtigen in der DDR ein Dorn im Auge. Mit der folgenden Empörung hatten sie jedoch nicht gerechnet. Die sowjetische Monatszeitschrift „Sputnik" existierte seit 1967 in der UdSSR und erschien in mehreren Sprachen. Mit Beginn von Glasnost und Perestroika in der Sowjetunion informierte „Sputnik" in der zweiten Hälfte der Achtzigerjahre auch über die Reformpolitik Gorbatschows und griff frühere Tabuthemen auf wie die Verbrechen Stalins. In der DDR eröffnete die Zeitschrift ihrer Leserschaft damit eine willkommene Abwechslung in der Medienlandschaft. Mit Beginn der Politik von Glasnost und Perestroika in der Sowjetunion interessierten sich vermehrt intellektuelle Kreise für die Zeitschrift.

Das Verbot durch den Staatsratsvorsitzenden Erich Honecker im November 1988 provozierte in der gesamten DDR Proteste. Die Stasi ermittelte landauf und landab die Stimmungslage und

Meinungen in der Bevölkerung, vielfach durch Inoffizielle Mitarbeiter (IM). *(https://www.bstu.de/informationen-zur-stasi/themen/beitrag/das-sputnik-verbot)*

Mit ihrer Reaktion heizte die SED-Führung den Unmut in der DDR und sogar in der Partei weiter an. Das Wort „Sputnik" (russisch: Begleiter) – auf Flugzetteln oder als Inschrift – wurde zum Synonym für die Unterdrückung der Meinungs- und Pressefreiheit durch die SED und ihre Darstellung zur Rolle Stalins. Über die Reaktion der DDR-Führung tuschelten DDR-Bürger nicht mehr nur hinter vorgehaltener Hand. *(Quelle: Wikipedia)*

Nunmehr kam es im Lande sogar zu vereinzelten Protesten gegen die Politik der SED. Federführend in der Unterstützung solcher Aktionen war die Kirche. Die Friedensbewegung begann sich langsam, aber stetig zu formieren. Der Staat setzte Polizeigewalt gegen solche Bewegungen ein. Denn dort hieß es nicht Montagsdemos oder Friedensbewegung, dort nannte man es Konterrevolution! Und die müsse mit allen Mitteln bekämpft werden …

Wie ich begriff, was ich schon lange wusste

Schon Mitte der 1970er Jahre begann es ordentlich zu knistern und zu knacken im sozialistischen Dachgebälk. Darum saß man in den heiligen Hallen des Politbüros oft zusammen und dachte lange und ausgiebig darüber nach, wie es gelingen sollte, das Volk wieder in den Griff zu bekommen und auch weiterhin für den Aufbau der „Entwickelten Sozialistischen Gesellschaft" bei der Stange zu halten. Es gab so einige Baustellen, die den Staatslenkern ordentlich Bauchschmerzen bescherten. Eine dieser Baustellen war die Versorgung mit dem Deutschen liebstem Kinde – auch des DDR-Deutschen: dem Automobil. Um den äußerst angespannten Markt ein wenig zu beruhigen, holte man sich verschiedene Westautos diverser Hersteller ins Land:

1977	1.000 VOLVO 244 DLS	42.800 M
1978	10.000 GOLF 1	22.000–26.000 M
1979/1982	5.500 CITROEN GSA	38.850 M
1981/1982	10.000 MAZDA 323	25.000 M
1979/1985	ca. 800 PEUGEOT 305	44.400 M
1984/1985	2.800 VW Transporter/Bus T3	50.000-60.000 M

Lustigerweise hatten die VOLVO das Berliner Kennzeichen IBM x-xx". Die GOLF 1 hatten das Kennzeichen „IBN x-xx". Der pfiffige Berliner erfand umgehend dafür die Definition:

„IBM" hieß: Ich bin Millionär. „IBN" stand für: Ich bin neureich!

Dazu kam gleich noch ein MAZDA-Witz. Auch hier tat Volkes Mund Wahrheit kund: Damals war der Genosse Günter Mittag, Chefwirtschaftslenker der DDR, in Japan zu den Vertragsgesprächen mit dem japanischen Autokonzern. Und als die Japaner ihn sahen – er war ja nicht so besonders groß – sollen sie gleich ausgerufen haben: «Nanu, wer ist denn der kleine MATZ, DA?» Daher angeblich der Name des Autos …

Das ganze Auto-Importieren war natürlich nur ein klitzekleines Tröpfchen auf dem ziemlich heißen Stein. Dann ging es für die Regierung lustig weiter mit der Abarbeitung diverser Einkaufszettel, die vom Volk gefordert waren. Heimelektronik aus Japan, Delikatessen aus aller Welt, Klamotten aus derselben Gegend. Und dabei besonders Jeans! Die billigen Ostimitate, diese in Sachsen gefertigten Hosen aus braunem Cordstoff, wollte keiner kaufen. Offiziell wurden die Teile „Doppel-Kappnaht-Hosen" genannt. Die ersten Beinkleider in Blau aus heimatlicher Produktion kamen dann 1978 auf den Jugendmarkt.

Man nannte sie natürlich nicht Jeans, sondern „Naht- oder Niethosen". Die Namen waren auch so eine Sache, sie hießen „Boxer", „Wisent", „Shanty" und „Goldfuchs". Vergebliche Liebesmüh, die wollten die jungen Leute nicht anziehen!

„Vita Cola", die Flasche für 0,35 M, „Grilletta", der Ost-Burger, die „Süßtafel"-Pseudo-Schokolade … alle diese nachgemachten Leckereien aus einheimischer Herstellung wollten einfach nicht den Geschmacksnerv des DDR-Käufers begeistern. Wieso eigentlich nicht? Die Antwort war genauso einfach wie tiefgreifend erschütternd. Das ganze Elend begann 1974. Durch einen Erlass des Ministerrates der DDR wurde das Verbot aufgehoben, dass DDR-Bürger keine „Valuta", also keine Fremdwährungen, besitzen durften. Und eben auch keine D-Mark. Das war in der Tat von den Genossen des Ministerrates nicht nur sehr leichtsinnig gedacht, sondern meiner Meinung nach auch der Beginn des Untergangs der DDR! Wieso? Nun, weil es da überall im Lande die „Intershop"-Läden gab. Jetzt war es jedem, der im Besitz von D-Mark oder anderen westlichen Währungen war, sogar von Staats wegen erlaubt und möglich, seine Nase in solche Geschäfte zu stecken und dort nicht nur die exotischen Düfte tief einzusaugen, sondern die Sachen, die da so gut rochen, auch gleich noch käuflich zu erwerben. Dabei konnte man erstaunt feststellen, dass außer den vielen Westprodukten auch das eine oder andere aus DDR-Produktion zu kaufen war, was man auf den Ladentischen von KONSUM und HO vergeblich suchte. Hier gab es so etwas nicht nur reichlich, sondern auch noch viel preiswerter als draußen im Land!

Der Gipfel der Verlogenheit und sozialistischer Unverfrorenheit waren aber die sogenannten „GENEX"-Kataloge. Hier konnte die Westverwandtschaft ihren Brüdern und Schwestern in der „Ost-Zone" diverse Produkte per Geschenkhandel zukommen lassen. Die waren erstaunlicherweise überwiegend aus DDR-Produktion, aber um ein Vielfaches billiger! Natürlich gab es alles nur gegen harte DM, versteht sich ja wohl von selbst!

Die Geschenkdienst- und Kleinexporte GmbH (kurz Genex; später nur noch Genex Geschenkdienst GmbH) war ein am 20. Dezember 1956 auf Anordnung der DDR-Regierung gegründetes Unternehmen. Es war eine der wichtigsten Devisenquellen der Kommerziellen Koordinierung, einer Abteilung des Ministeriums für Außenhandel der DDR. Hauptsitz war in Ost-Berlin (Mauerstraße 86–88).

Mauerstraße? Wenn das mal nicht ein ideologischer Zufall ist! Aber weiter im Text …

Das Unternehmen vertrieb einen Katalog mit dem Titel Geschenke in die DDR, aus dem die Bürger der Bundesrepublik Waren bestellen und mit D-Mark bezahlen konnten, die direkt an ihre Verwandten und Bekannten in der DDR versendet wurden.

Der offizielle 1:1-Wechselkurs von Mark der DDR zu Deutscher Mark wurde in den Genex-Katalogen nicht eingehalten. So kostete beispielsweise ein Trabant 601 etwa 8.000 DM, sonst über 10.000 Mark und ein Wartburg 353 etwa 9.000 DM, sonst 20.000 Mark.

Die Waren im Katalog waren zu etwa neunzig Prozent aus der DDR-Produktion. Neben Lebensmitteln und Konsumgütern wie Möbeln, Kosmetik, Kleidung, Werkzeug und HiFi-Anlagen konnte man aber auch Motorräder, Autos (ohne die sonst üblichen mehrjährigen Wartezeiten), Campingwagen und sogar ganze Fertigteilhäuser, die sogenannten Neckermannhäuser, bestellen. Neben Motorrädern von MZ und Simson sowie z. B. 1986 einem Yamaha-Motorrad, gab es die ostdeutschen Autos Trabant, Wartburg (auch als Pick-up) und Barkas sowie osteuropäische Fahrzeuge von Škoda, Polski Fiat und Lada, die in der DDR als bessere Wagen galten. Aber man konnte auch ausgewählte Modelle von westeuropäischen Automobilkonzernen verschenken. So wurde beispielsweise im Katalog von 1986 ein Fiat Uno 60 Super, Renault 9 GTL, Ford Orion, VW Golf, VW Passat und der VW Transporter angeboten. Auch die Marken Mazda, BMW, Lancia und Volvo gab es zeitweise im Angebot. Hierbei war zu berücksichtigen, dass bei einigen westeuropäischen/japanischen Marken die Ersatzteilversorgung nur für fünf Jahre gegen Mark erfolgte; danach nur noch gegen frei konvertierbare Währungen. Dem Beschenkten entstanden keine Kosten, die sonst schwer erhältlichen Waren wurden ohne große Wartezeit (bei Autos beispielsweise nur vier bis sechs Wochen) direkt an die DDR-Bürger geliefert. (Wikipedia, 30.5.2021)

Ich habe mal irgendwo gelesen, die Bundesbank bezifferte die Summe der Gelder, die die Genex-Vertretungen im Zeitraum von 1967 bis zum Jahr 1989 eingesammelt hat, auf etwa 3,5 Milliarden D-Mark. Gar nicht übel, so ein Geschäftsmodell mit dem Klassenfeind, oder? Für viele DDR-Leute waren Geschenke über Genex ein Traum – was sie auch immer nur blieben. Darum waren alle ziemlich empört, die bei solcherlei zusätzlicher Weihnachtsbescherung leer ausgehen mussten. Erstaunlicherweise interessierte das die Partei- und Staatsführung der DDR nicht die Bohne – Geschäft ist Geschäft! Egal wie man's auch dreht und wendet.

Doch zurück zum Intershop. 1974 gab es in der DDR bereits 271 solche Lecker-Läden, Tendenz stetig steigend! Was für verrückte Zeiten! Ich kannte einen, der hat sich 1984 aus dem Intershop des Metropol-Hotels in der Berliner Friedrichstraße für seinen sowjetischen SHIGULI, Baujahr 1976, ein Paar Roll-Sicherheitsgurte gekauft und dafür 84 D-Mark auf den edlen Tresen hingeblättert! Beim Autoverwerter westlich des Sozialismus kriegte man die Teile schon ab 5 DM! Gut, die waren gebraucht. Aber was soll's …

Übrigens, der Intershop des Metropols hatte auf dem Hoteldach noch eine Extrafiliale und stellte dort alle möglichen Garten- und Handwerksgeräte, Haushaltsachen, Autoersatzteile usw. bereit. Ein buntes und reichhaltiges Sortiment, das keine Wünsche offenließ! Dort oben in luftiger Höhe konnte man sogar Autos käuflich erwerben: Ein BMW E34 520 kostete die stolze Summe von 50.000 D-Mark! Ein nettes Mitbringsel für den gut bestückten West-Onkel, wenn der seine lieben Verwandten im armen Osten besuchen kam, *gelle*?!

Allerdings gab es mehr und mehr Kritiker, auch aus den Reihen der Genossen Parteimitglieder, von solcherlei Geschäftsgebaren. Revolutionen fangen immer an der Auslage der Schaufenster an, heißt es! Ein voller Magen rebelliert nicht gern! Nur, wenn der Magen zwar gefüllt ist, die Augen aber sehen, dass es auch andere Läden gibt, in denen es viel glänzender und glitzernder zugeht, dann ist der Ärger vorprogrammiert! Dann werden dumme Fragen gestellt! Fragen, die man nicht mit den Werken von Marx, Engels und Lenin beantworten kann. Dann hilft auch keine Politschulung mehr. Da kann guter Rat ziemlich teuer werden! Dieses Problem war ideologischer Natur.

Darum nahm …

> *«Der Generalsekretär des Zentralkomitees der Sozialistischen Einheitspartei Deutschlands und Vorsitzender des Staatsrats der Deutschen Demokratischen Republik»*
> *(Original-Ton: Aktuelle Kamera)*

… Genosse Erich (Ernst Paul) Honecker, 1977 zu den Intershops Stellung:

> *„Diese Läden sind selbstverständlich kein ständiger Begleiter des Sozialismus. Wir können aber nicht an der Tatsache vorbeigehen, daß besonders der große Besucherstrom viel mehr Devisen unter die Leute bringt, als das früher der Fall war. Bekanntlich kommen zu uns im Jahr etwa 9,5 Millionen Gäste aus kapitalistischen Ländern, die bei uns essen, zum großen Teil übernachten und selbstverständlich auch Geld in den Taschen haben. Durch*

die Intershop-Läden haben wir die Möglichkeit geschaffen, daß diese Devisen bei uns im Lande bleiben." (Erich Honecker: zit. nach *DIE ZEIT 10/1978: Honecker auf Devisenjagd)*

Peinlich, peinlich!, sage ich da mal. Übrigens, zwei Jahre später, ab dem 16. April 1979, durften DDR-Bürger nur noch im Intershop einkaufen, wenn sie vorher ihre D-Mark in Forumschecks eingetauscht hatten. Ernst Thälmann hätte sich bestimmt im Grabe umgedreht. Wie ich jetzt auf den komme? Nun, der 16. April 1979 wäre der 93. Geburtstag des deutschen Kommunisten- und Arbeiterführers gewesen …

Westliche Ausländer zahlten weiterhin in Westgeld. Eine Forumscheck-Mark entsprach einer DM, die kleinste Stückelung waren 50 Forumscheck-Pfennig. Kleinere Beträge wurden bei Zahlung mit Forumschecks meist in Form von Schokoladentäfelchen oder Lutschern à 10 Pfennig erstattet. In den 1980er-Jahren gab es 380 Intershop-Filialen, der Umsatz ging in die Milliarden.

Seit 1962 wurden in der DDR die zuletzt 300 Filialen von EXQUISIT (für hochwertige Bekleidung/Schuhe/Kosmetika) und seit 1976 550 Geschäfte von DELIKAT (für hochwertige Nahrungsmittel/Feinkost) aufgebaut. Sie ermöglichten auch Bürgern der DDR ohne Westgeld den Zugang zu hochwertigen Waren, um Kaufkraft abzuschöpfen. 1988 waren es 416 Shops. (Wikipedia, 2.7.2021)

Der Mensch ist ein Gewohnheitstier. Wenn man mal etwas gesehen hatte, das einem gut gefiel, erwartete man, davon mehr zu bekommen! Es wurde immer mehr gefordert, es musste immer mehr sein! Wenn man künstlich Bedürfnisse schürte, musste man sich nicht wundern, dass das alles außer Kontrolle geriet und Ausmaße annahm, die anfänglich niemand auch nur hatte erahnen können! Man denke an das Märchen „Von dem Fischer un syner Frau" von Philipp Otto Runge. Die Gebrüder Grimm nahmen es unter dem Titel „Vom Fischer und seiner Frau" in ihre Kinder- und Hausmärchen mit auf. Da sah man, was passierte, wenn man immer mehr haben wollte und den Hals einfach nicht voll genug bekam. Zum Schluss saß man eben ohne was da!

Solche angeblichen Bedürfnisse wurden gern von der Werbung geweckt. Besonders intensiv dabei war immer die Werbung im Fernsehen. Die gab es übrigens auch in der DDR:

Werbung spielte innerhalb der DDR-Planwirtschaft nur eine geringe Rolle. Deshalb wurden im Deutschen Fernsehfunk (DFF) … von 1960 bis 1976 regelmäßig Verbraucherhinweise in der Form von „Tausend Tele-Tips" gesendet. Pro Ausstrahlung mussten die auftraggebenden Firmen werktags 9.000 DDR-Mark zahlen und 12.000 DDR-Mark am Wochenende. Angesichts zunehmender wirtschaftlicher Probleme und eines wachsenden Mangels an Konsumgütern wurde die Fernsehwerbung Mitte der 1970er Jahre schließlich vom Ministerrat komplett verboten. (https://m.bpb.de/143253/die-oekonomie-des-fernsehens-in-der-ddr)

Trotzdem sahen die DDR-Bürger viel lieber Werbung bei ARD und ZDF. Zumindest dort, wo man das Westfernsehen empfangen konnte. Von der „Aktion Ochsenkopp" hatte ich ja schon erzählt. In den 1950er- und 1960er-Jahren stiegen Mitglieder der

FDJ den Leuten aufs Dach und beschädigten alle Antennen, die nach Westen ausgerichtet waren. Nachdem Erich Honecker Staats- und Parteichef geworden war, erklärte er 1973, jetzt wäre es die Privatsache jedes Einzelnen, ob er das sieht oder nicht. Schon kurze Zeit später wuchsen überall im Land sogenannte Gemeinschaftsantennen aus dem Boden. In der Regel traf das für Gegenden zu, wo der Empfang nicht so gut war. Jeder Bewohner eines Dorfes, zum Beispiel in Thüringen, zahlte 500 DDR-Mark als Eigenanteil und schon wurde ein Antennenmast von einer Fachfirma aufgestellt, und zu jedem Haushalt wurden Kabel verlegt. Die DDR hatte echt schon frühzeitig Satelliten- und Kabel-TV! Dort, wo das technisch nicht möglich war, fuhr man dann eben öfter mal zu Verwandten, die den Luxus hatten, Westfernsehen gestochen scharf empfangen zu können.

Bei uns war das so. Wenn dann Besuch aus den tiefsten Tiefen des Landes kam, aus Dresden, saßen die fast die ganze Zeit nur vor der Glotze und konsumierten wie bekloppt das Westfernsehen. Sogar das Werbefernsehen wurde regelrecht eingesogen. Nicht umsonst nannte man die Gegend um Dresden damals „Tal der Ahnungslosen". Ich hörte einmal, der Dresdner Fernsehturm empfing das Bild- und Tonsignal der Westsender in bestechender Qualität. Man hätte nur einen der berühmt-berüchtigten Schalter umlegen müssen, schon hätten die Dresdner Bewohner allesamt ARD und ZDF anschauen können, Tag und Nacht, 24 Stunden lang, bis der Arzt gekommen wäre! Aber das wollten die Genossen, die da das Sagen hatten, nicht. Sie mochten es viel lieber, wenn im Dresdner Tal und Umgebung fein ordentlich „DDR 1" und „DDR 2" gesehen wurde und es nur systemtreue Informationen gab. Schon rein aus politischen Gründen. Vielleicht waren darum zu DDR-Zeiten die meisten Leute in Sachsen dunkelrot, haargenau so extrem, wie sie dann nach der Wende westlicher waren als der Westen jemals war! Vielleicht kamen darum auch die besten Menschen der DDR, die Sachsen, meistens an die Staatsgrenze, man erinnere sich ...

«Nu, Bürscher, machen Se mol den Gofferraum uff!»

... oder auch in die Hauptstadt, zum Zentralen Jugendobjekt „FDJ-Initiative Berlin". Auch dort waren sie stets fleißig, politisch zuverlässig und vertrauenswürdig! Das kann doch mal die Leute aus Dresden ... trösten, oder?! – *Nu, nu ...*

Wie ich diese seltsame DDR tagtäglich erlebte

Mittlerweile nahmen die Dinge im Land ordentlich Fahrt auf. Allerdings nicht so, wie sich das die Genossen Staatslenker, Chef-Ideologen und Wirtschaftskapitäne in ihren stillen Kämmerlein ausgedacht hatten. Im Lande draußen wurde gerade der Beweis eines alten deutschen Sprichwortes erlebt: „Handwerk hat goldenen Boden". Die Stunde des Handwerkes hatte geschlagen. Wenn man für irgendeine Dienstleistung einen Termin haben wollte, brauchte man vor allen Dingen zwei Sachen: Viel Geduld und gutes Schuhwerk! Die Wege führten vom Kollegen Pontius zum Kollegen Pilatus. Und dann war es immer noch recht fragwürdig, ob da was bei rauskam! Egal, ob es sich um einen Termin für einen Reparaturauftrag handelte oder für einen berechtigten Wunsch nach Kundenservice. Auch ein eigenes Telefon führte hierbei erstaunlicherweise oft nicht zum Erfolg, jedenfalls meistens nicht. Entweder beim Teilnehmer war andauernd besetzt oder da ging gleich gar keiner ran! Also war wieder einmal eher das berühmte „Vitamin B" zielführend. Das bekannte „Ich kenne da einen, der kennt einen, der einen kennt!" brachte viel eher Erfolg.

Ein geflügeltes Wort zog durchs Land: „Es gibt alles. Nur nicht immer, nicht überall und schon gar nicht, wenn es gerade gebraucht wird!"

Darum erkannte man DDR-Bürger in den Geschäften im westlichen Ausland sofort daran, dass die fragten: «Sagen Sie mal, haben Sie vielleicht …»

Außerdem waren die gewöhnt, in ihrem Vaterland als flapsige Antwort darauf zu hören: «Nee, *ham-wa-nich*!»

Es ging auch noch ein anderer böser Witz durchs Land: Bei den entsprechenden Geschäften stand über dem Laden in neonbeleuchteten Schriftzügen „Fleisch- und Wurstwaren". Daraus machte man: Fleisch und Wurst – *„waren"*!

Wer „Bückware" im Konsum oder bei der HO wollte, brauchte etwas zum Tausch Geeignetes. Dienstleistungen aller Art oder weiß der Teufel, was auch immer. Dafür bekam er dann: bulgarischen Rotwein der Marken „Klostergeflüster" und „Rosenthaler Kadarka", russischen „Krim-Sekt" in Weiß und Rot, ungarisches „Letscho", DDR-Tomatenketchup aus Werder, „Kriepa"-Papiertaschentücher, Raufasertapete, Autoersatzteile usw. usf.

Übrigens, ganz wichtig, wenn man in der Lieblings-Kaufhalle „Berliner Pilsner" kaufte: Nur die braunen Flaschen nehmen! Niemals die grünen!! Keine Ahnung, warum …

Damals wurde ja noch vielerorts mit Kohle geheizt. Also wusste man: Stell dich gut mit deinem Kohlenhändler und vergiss nicht, kleine Geschenke erhalten die Freundschaft! Zum Dank bekam man dann vorzugsweise gebündelte Kohle, das Paket zum halben Zentner, 25 Kilogramm. Oder auch den wunderbaren Hochtemperatur-Koks aus Braunkohle, bestens geeignet für die bekannten Allesbrand- bzw. Dauerbrandöfen.

Auch wieder ganz wichtig war es, sah man irgendwo auf der Straße vor einem Geschäft eine lange Warteschlange (die gelernten DDR-Bürger und -Bürgerinnen nannten das „sozialistisches Warte-Kollektiv"!), stellte man sich gleich mal mit an. Man wusste zwar nicht, was es da zu kaufen gab. Aber egal, was in dem Laden gerade angeboten wurde, egal, ob man das gebrauchen konnte oder nicht! Zum Tauschen oder fürs Geschäftemachen ließ sich alles verwenden!

Ein besonderes Problem war die Versorgung der Bevölkerung mit ausreichend Wohnraum. Wir hatten da ja keine Probleme, wir waren ja bestens versorgt. Aber Hunderttausende eben nicht! Darum beschloss das Zentralkomitee schon im Oktober 1973 ein gewaltiges und umfangreiches Bauprogramm. Der DDR-bekannte Komponist, Pianist und Sänger Reinhard Lakomy drückte das später mal in einem seiner vielen Lieder mit leichter Ironie so aus:

Das Haus, wo ich wohne

Das Haus, wo ich wohne, das steht nicht mehr lang'.
Es gibt ja bekanntlich ein Neubauprogramm.
Bis 1990, so sagt die Partei,
sind wir alle – wohnraumsorgenfrei!

Leider war das nicht mehr zu überprüfen, da ja ab dem 9. November 1989 bekanntlich das letzte Stündchen der DDR zu schlagen angefangen hatte …
Aber das war in den 1970ern/1980ern noch Zukunftsmusik. Jetzt begann erst einmal die Buddelei. Überall in der Republik wurden Häuser gebaut, aber ganz speziell in Berlin, weil es ja die Hauptstadt war! Seit 1977 baute man die Großraumsiedlung Marzahn. Dazu kam ab 1984 Hohenschönhausen, ab 1986 Hellersdorf. Die „Platte", wie die Berliner diese riesigen Wohnsiedlungen nannten, erfreute sich damals großer Beliebtheit! Wie gesagt, wir wohnten ja auch eine ganze Weile sehr gut und bequem in einer Neubauwohnung.

Es ging voran im Vaterland. Und noch etwas Erstaunliches gab es. Die sozialistischen Zauberkünstler aus dem Politbüro zogen, aus der Not geboren, ein schon leicht zerrupftes Stoffkaninchen aus ihrem etwas lädierten Pappzylinder mit dem Namen: Konsumgüterproduktion.

Die Konsumgüterproduktion in der DDR war eine Aufgabe der Betriebe in der DDR zur Erhöhung des Versorgungsniveaus und zur Befriedigung der materiellen und kulturellen Bedürfnisse der Bevölkerung. Die Konsumgüterproduktion der DDR in den 1970er- und 1980er-Jahren konnte das Lebensniveau nicht im erwünschten Maß erhöhen. (Wikipedia, 25.7.2021)

Nur hatten sich damit die Genossen mal so richtig ein Kuckucksei ins sozialistische Nest gelegt! Alle Betriebe mussten schleunigst irgendwelche Sachen in ihre Produktionspläne übernehmen, vollkommen egal, was es war, es musste sich nur eignen, um als „materiell oder kulturell bevölkerungsbefriedigend" eingeordnet werden zu können.

Das alles unter dem kritischen Blick von Sebastian Münster, dem Mann, der Anfang bis Mitte des 16. Jahrhunderts in Deutschland und der Schweiz lebte und als eine Art Allrounder in Wissenschaft, Technik und Gesellschaft galt. Ach so, und er war der Mann, der auf dem 100 D-Mark-Schein abgebildet war! Übrigens verstarb der gute Mann an Auswirkungen der damals herrschenden Pest! Sehr bezeichnend …

Aber als allerbestes Schmiermittel des sozialistischen Getriebes bewirkte der Besitz von D-Mark eben die allerbesten Ergebnisse. Nun konnte man ja schlecht bei Zeitungsannoncen reinschreiben: Suche das und das – biete D-Mark! Da hätte die Staatsmacht umgehend und heftig an die Wohnungstür geklopft! Nein, der findige DDR-Bürger nebst seiner Gattin hatte da umgehend eine Lösung gefunden. In den Zeitungen tauchte nunmehr etwas völlig Neues auf: „Tausche das und das gegen blaue Fliesen"! Denjenigen, die jetzt erstaunt gucken, nur zur Erklärung: Der Begriff „blaue Fliesen" ergab sich aus der Farbe des 100 DM-Scheins! Somit war alles gut. Dem regen Hin- und Hergetausche von wichtigen Dingen gegen harte Währung stand nichts mehr im Wege. Eine Win-Win-Situation für alle im sozialistischen Vaterland.

Es hätte so schön sein können. Aber keine gute Tat bleibt auf Dauer ungestraft! Natürlich hatte jedes erfolgreiche Unterfangen auch seine Schattenseiten.

Die Anekdote sagt, eines schönen Tages soll es – rein zufällig – zum Platzen der DM-gestützten finanziellen Zeitbombe gekommen sein:

Es soll sich zugetragen haben, dass einmal einer etwas brauchte. Und in der Zeitung wurde er fündig. Da gab es eine Annonce, die bot genau das, was er suchte. Der Verfasser dieser Annonce wollte im Tausch „blaue Fliesen". Über blaue Fliesen verfügte unser Mann reichlich, also war alles bestens. Unser Mann schrieb den Annoncen-Aufgeber an und vereinbarte einen Termin. Kurze Zeit später tauchte der mit seinem Produkt bei unserem Mann auf. Der Annoncenmann guckte nicht schlecht, als unser Mann ihm zehn ungeöffnete Packungen mit blauen Fliesen überreichte. Unser Mann wollte nämlich eigentlich die sanitären Räume seiner Wohnung renovieren lassen, aber seine Frau mochte keine blau-geflammten Fliesen in Küche und Bad. Somit war diese Position überflüssig geworden, und unser Mann war froh, sie durch ein Tauschgeschäft loswerden zu können. Nur war es jetzt der Annoncenmann, der recht unzufrieden war mit derlei Geschäftsgebaren. Er fühlte sich echt verscheißert, weil er harte

D-Mark erwartet hatte. Das konnte unser Mann gar nicht verstehen. Zum Schluss kam es fast so weit, dass sich die beiden um ein Haar in die Wolle gekriegt hätten. Der Annoncenmann ging wütend nach Hause und unser Mann hatte gelernt, „blaue Fliesen" sind das Pseudonym für harte D-Mark!

Das Ende vom Lied war recht ernüchternd. Es brauchte nicht lange und die Formulierung „Tausche ... gegen blaue Fliesen" verschwand völlig aus den Annonceteilen im DDR-Zeitungsblätterwald. - Ach, ich vergaß eine kleine Kleinigkeit, die vielleicht gar nicht so unwichtig war: „Unser Mann", von dem in dieser Anekdote gesprochen wurde, war Oberst im MfS! Tja, dumm gelaufen ...

In der innerdeutschen Auseinandersetzung zum Thema „Spieglein, Spieglein an der Wand, wer ist der Beste im ganzen Land?", wurden ja laufend die Karten neu gemischt. Nunmehr war die Situation folgende: Die östliche 5-Jahres-Planwirtschaft traf auf die westliche Soziale Marktwirtschaft. Dieser Kampf konnte nicht von der DDR gewonnen werden! Das konnte einfach nicht gutgehen! Auch wenn man buchstäblich *alles* versuchte!

Letztendlich warf man dann noch einen Bumerang in die Runde, der zwar stets ordentlich zurückkam, aber oftmals mit verheerendem Ergebnis. Ich meine, die Mitte der 1980er von Jugendtourist möglich gemachten Reisen ins NSW, sprich westliche Ausland. Die waren eigentlich für besonders verdienstvolle junge Mitglieder der FDJ gedacht. Gut, die Funktionäre der Kreis- und Betriebsorganisationen der FDJ nahmen sich aus dem bestehenden Kontingent zuerst mal für sich selbst die besten Angebote heraus. Trotzdem blieben für die *normalen* und *einfachen* FDJler noch solche Reisen übrig. Aber wenn die dann zurückkamen, stellten sie doch immer öfter viele Fragen. Sie hatten jetzt endlich einmal den Westen mit eigenen Augen sehen können, diese Länder mit ihrem faulenden, parasitären und sterbenden Kapitalismus, wie sie in der Schule gelernt hatten.

Viele allerdings meinten, so schlimm wäre dieser Tod gar nicht. Im Gegenteil ...

WIE ICH LANGSAM DIE NASE GESTRICHEN VOLL HATTE

So ging es also zu im wilden Osten. Bei all den Aktionen, merkwürdigen Handlungen und seltsamen Abläufen des täglichen Allerlei in der DDR fiel mir plötzlich wieder ein, was meine Großmutter immer gesagt hatte: «Junge, merke dir eins für dein Leben: Geld regiert die Welt!» Wie gesagt, ich spürte das jeden Tag aufs Neue, und es machte mir immer weniger Spaß! Ich meine, meine Familie und ich hatten durch fleißige Arbeit und ein wenig Glück nichts auszustehen in der DDR. Aber wenn es mittlerweile in der DDR so zuging wie im westlichen Teil unserer Heimat, wenn es immer nur darum ging, dass man genug Geld in der Tasche haben musste, um sich mit all diesen Nettigkeiten umgeben zu können, die das Leben angenehm machten, war es letztendlich egal, wo man lebte - im Osten oder im Westen!

Und auch die Frage nach der Eigenverantwortung musste man für sich selbst finden. Mitdenken war gefragt. So las man das jedenfalls täglich im „Neuen Deutschland", dem Zentralorgan der SED. Der sozialistische Mensch sollte sich ungezwungen entwickeln können, hieß es da immer. Er sollte seine Talente frei entfalten und dabei überall Unterstützung finden. Man wollte das kapitalistische System der Bundesrepublik überholen, ohne es einzuholen. Was das jetzt genau zu bedeuten hatte und vor allem, wie man das anstellen sollte? Die Antwort auf diese Frage blieben die Denker und Lenker im Lande stets schuldig. Da kam aus den Reihen des Volkes die grinsende Antwort auf solche Theorien: Es gibt in der ehemaligen Residenzstadt Potsdam das wunderschöne Schloss Sanssouci (von französisch: *sans souci* ‚ohne Sorge'). Besucher des Schlosses mussten zum Schutz der edlen Fußböden große Filzschuhe tragen. Nunmehr war es der Vorschlag, man möge diese riesigen Filzlatschen verteilen, damit der Westen nicht höre, wie der Osten an ihm vorbeischlurfen würde! Natürlich hatten die leitenden Genossen ganz andere Sorgen, als sich über andauernde Volks-Ironie aufzuregen! Sie dachten nach und fanden eine Lösung. Der sozialistische Wettbewerb sollte es richten! Die Arbeitsbrigaden stritten um den Titel „Kollektiv der sozialistischen Arbeit“. Es gingen Losungen durchs Land, die da lauteten:

„Mein Arbeitsplatz – mein Kampfplatz für den Frieden!“

und

„So wie wir heute arbeiten, werden wir morgen leben!“

Mir kam es eher so vor, als würde nach einer ganz anderen Losung gehandelt:

„So wie wir heute leben, haben wir noch nie gearbeitet!“

Zumal sich in so manchem Kampfprogramm von Kollektiven, zum Beispiel des sozialistischen Einzelhandels, als Verpflichtung die These fand, man wolle die Kunden stets freundlich und mit hohem fachlichem Wissen zufriedenstellend bedienen! Komisch, als ich das zum ersten Mal zufällig hörte, dachte ich doch wirklich, Freundlichkeit und fachlicher Sachverstand wären die natürlichsten Selbstverständlichkeiten im sozialistischen Handel! Aber ich hörte auch, gerade durch solche Verpflichtungen bekamen viele Brigaden die heiß erwartete Auszeichnung und durften sich nunmehr „Kollektiv der sozialistischen Arbeit“ nennen! Wer hätte das gedacht …

Es hieß landauf, landab: „Im Mittelpunkt steht der Mensch.“ Vergessen wurde aber zu sagen, wovon er da im Mittelpunkt stand! Das blieb weitgehend unklar. Und wieso eigentlich sollte er unbedingt *stehen*? Konnte der neue Mensch nicht im Mittelpunkt *sitzen*? Bequem auf einem Stuhl, besser noch in einem Sessel! Gerne auf einem roten, mit Plüsch bezogen! Es war alles sehr schwammig und meist sehr theoretisch in vielen Formulierungen.

In der Anwendung von gewonnenen Erkenntnissen oder der Umsetzung in die Praxis war es noch viel schlimmer! Beispielsweise hatte ich durch unsere Tochter Grit alle möglichen Einsichten in die Art und Weise, wie mit behinderten Personen in der DDR umgegangen wurde. Natürlich gab man sich viel Mühe, diese Menschen in die sozialistische Gemeinschaft einzubeziehen. Allein außer viel gutem Willen und dem persönlichen Einsatz von Einzelnen war da letztendlich aber nicht viel!

Ich hatte eine großartige Idee. Auf meinen Fahrten durch die Bundesrepublik gelang es mir öfters, mich mit Beförderungsunternehmen zu befassen, die ihre Arbeit und ihren Wirkungskreis voll auf Behinderte eingestellt hatten und damit wirtschaftlich sehr erfolgreich waren. So etwas wollte ich auch in der DDR etablieren. Es ging mir um den Aufbau eines Transportsystems, eines Fahrdienstes, um den Behinderten die Möglichkeit von Mobilität zu geben. Wir haben zu Hause gesessen und lange hin und her überlegt, wie man so etwas in der Praxis handhaben könne. Mit Kosten- und Nutzenrechnungen, logistischen Fragen, der Organisation von wirtschaftlichen Fahrtrouten, das ganze Programm. Ich hatte in Erfahrung gebracht, dass man in Berlin, beim Taxibetrieb in der Gehringstraße eine unfassbar riesige Flotte hatte, die diese Aufgabe erfüllen sollte. Für den Transport von behinderten Menschen mit ihren Rollstühlen gab es – sage und schreibe – *Achtung!* – zwei, wirklich nur z-w-e-i, BARKAS B 1000 Busse! Für die Millionen- und Hauptstadt Berlin! Das war ein Witz! Unfassbar! Nicht zu glauben! Ich ging davon aus, dass ich zur rechten Zeit mit der richtigen Idee um die Ecke kam, um mithelfen zu können, solche katastrophalen Zustände umgehend zu beenden. Doch meine Pläne wurden nicht beachtet, eine Genehmigung für solch ein privates Transportunternehmen abgelehnt. Auch bei meinen Genossen stießen meine Ideen nur auf ratloses Schulterzucken.

Genau das war jetzt der berühmte Wassertropfen, der noch gefehlt hatte, um das Fass zum Überlaufen zu bringen. Ich hatte, auf Deutsch gesagt, die Schnauze gestrichen voll! Wenn niemand meine Arbeit würdigen, keiner auch nur die Spur eines Interesses zeigen wollte, dass ich mir Gedanken machte, wie man einiges wieder aus der stabilen Seitenlage in eine aufrechte Position bringen konnte, dann eben nicht! Entschuldigung, was war denn nun mit dem Genossen Lenin, der stets und überall als Vorbild herhalten musste? Was war denn nun mit seiner schon 1902 erschienenen Schrift „Was tun?" (russisch „Что делать?"), die als eines seiner Hauptwerke gilt? Da stand ich nun und wollte *Was tun*! Doch es war allen egal. Das konnte ich einfach nicht begreifen!

Zugegeben, ich hatte wirklich die Idee, meinen Krempel zusammenzupacken, meine Familie zu nehmen und dem ignoranten Teil meines Vaterlandes den Rücken zu kehren und in die andere Hälfte auszuwandern. Es war mir egal, was dann hier weiter passieren würde. Ich könnte überall leben und arbeiten. Also begann ich, ein reißfestes Netzwerk aufzubauen, meine Möglichkeiten und Erfahrungen zu benutzen, die ich in der geheimen Arbeit im Laufe der Zeit gesammelt habe. Nur diesmal sollten die Ergebnisse meiner umfangreichen Recherchen nur mir und meiner Familie nutzen. Ich bereitete mit akribischer Genauigkeit einen Fluchtplan vor, der Gefahren ausschaltete, soweit das überhaupt möglich war.

Doch lange Rede, kurzer Sinn: Letztendlich scheiterten meine Bemühungen an einem Punkt, der da lautete, wir hätten unseren treuen Familienhund nicht mitnehmen können. Mir wäre dafür auf jeden Fall eine Lösung eingefallen, ich hätte für ihn bestimmt einen tierlieben Menschen gefunden. Das allerdings kam für meine Iris überhaupt nicht infrage! Daraufhin war mir klar, ich konnte mir diesen stabsmäßigen Fluchtplan sofort und ersatzlos aus dem Kopf schlagen. Es gab auch noch einen anderen Haken bei meiner neuen Lebensplanung. Denn wie hieß es? Einmal Geheimdienst, immer Geheimdienst! Die Genossen wären nicht davon angetan gewesen, hätten sie im Vorfeld von meinen Plänen Wind bekommen!

Das war also vom Tisch. Und wie nun weiter? Gut, ich hätte zukünftig alles verweigern können, was mit dem Ministerium zusammenhing. Aber eins war mir dabei klar, solche Reaktionen würden Gegenreaktionen hervorrufen. Die würden auf jeden Fall mich und meine Handlungsfreiheiten weitestgehend einschränken. Trotzdem fing ich an, mich langsam abzunabeln. Es ging darum, eine für beide Seiten akzeptable Lösung zu finden. Ich meine, ich wusste, wie die ticken. Die wussten von mir genauso gut, wie ich tickte. Da hielt sich das Überraschungsmoment jederzeit in einem vernünftigen Gleichgewicht.

In dem DEFA-Film „Die Legende von Paul und Paula" aus dem Jahr 1973 sangen die Puhdys in dem Song „Wenn ein Mensch lebt":

Jegliches hat seine Zeit.
Steine sammeln, Steine zerstreu'n.
Bäume pflanzen, Bäume abhau'n.
Leben und Sterben und Streit.

Genauso sah es aus. In diesen Zeilen liegt viel Weisheit. Machen wir uns nichts vor. Die selbsternannten kleinen Könige, die Lokalmatadore, die waren ganz aktiv dabei, alles im sozialistischen Lande kaputtzumachen, mit ihrer ständigen unerschütterlichen Besserwisserei!

Wolfgang Roeder, der in der DDR sehr bekannte sächsische Humorist und Gründer des Gesangsquartetts „Die vier Brummers", hat das in einer seiner zahlreichen Parodien einmal so dargestellt:

Im Märzen der Bauer die Rösslein anspannt.
Dann lässt er sie stehen und fährt mit dem Trabant

zum Rat des Bezirkes. Dort gibt man bekannt,
warum man im Märzen die Rösslein anspannt!!

Super!! – Aber genauso waren sie, die vielen kleinen Wichtigtuer auf der unteren Entscheidungsebene. Letztendlich bestand ihre wichtigste Tätigkeit darin, sich nur um sich selbst zu kümmern. Sich mit Leuten zu umgeben, die ihnen katzbuckelnd gegenüberstanden. Diese verachtungswürdigen Genossen waren zwar nur Zwerge, aber durch die untergehende Sonne im Land warfen sie sehr lange Schatten!

Übrigens haben wir heute haargenau wieder die gleichen Zustände! Natürlich ist das aber etwas ganz anderes, da wir ja heute in der Demokratie leben! Was für eine Ironie! Genau darum werden auch viele Sachen, viele Geschehnisse aus der DDR der 1980er-Jahre so dargestellt, wie sie heute am besten ins allgemeine Bild passen. Wie heißt es? Die Geschichte wird immer von den Siegern geschrieben!

Heute kommt es auch vor, dass Volksvertreter und Leute aus der Regierung gegen die Interessen des eigenen Landes verstoßen und dies ungestraft tun dürfen. Zum Glück für sie wurde bereits vor Jahren weitschauend in entsprechenden Gesetzen verankert, dass Politiker nicht wegen Korruption, Veruntreuung oder anderen finanziellen Dingen verurteilt werden können. Sonst müsste eigentlich der eine oder die andere Volksvertretung im Gefängnis sitzen. Übrigens, solcherlei Persil- und Freifahrtsscheine gab und gibt es für Beamte nicht! Für *Bundes*-Beamte, wohlgemerkt! Wie sagt der gebildete Lateiner: *Quod licet Iovi, non licet bovi.* – Wenn zwei das Gleiche tun, ist das noch lange nicht dasselbe.

Die Menschen sind, wie die Menschen eben sind. Sie verstehen, was sie verstehen wollen. Auch wenn die Geschichte etwas ganz anderes lehrt. Erst wenn von den Zeitzeugen niemand mehr am Leben ist, der mahnend den Finger heben kann, wenn Unrecht plötzlich zu Recht und Recht plötzlich zu Unrecht erklärt werden soll, kann man, wie in George Orwells „1984", alles so hindrehen, dass es passt!

Der französische Schriftsteller Jean Cocteau sagte sehr treffend: „Ein halbleeres Glas Wein ist zwar zugleich ein halbvolles, aber eine halbe Lüge mitnichten die Wahrheit."

Ich stand also damals da und sah mich um im Land. Und was konnte ich sehen? Die Gruppe der Leute, die sich nicht mehr alles gefallen lassen wollte, wuchs buchstäblich von Tag zu Tag.

Bei „Hamlet – Prinz von Dänemark", als Shakespare seinen Protagonisten ein Gespräch mit seinen Freunden, Horatio und Marcellus, führen lässt, fragt Horatio: «Welch Ende wird das nehmen?» Worauf Marcellus ahnungsvoll antwortet: «Etwas ist faul im Staate Dänemarks.»

Und so wie dort, nur eben ein paar Jahrhunderte später, war auch was richtig faul im Staate DDR! Mir war bewusst, wir müssen etwas ändern, sonst fliegt uns eines Tages der ganze Laden um die Ohren! Und so wie es aussah, war dieser Tag nicht mehr allzu weit entfernt!

Wie ich „KLED" kennen und schätzen gelernt habe

Die Gegend im Südosten des Berliner Speckgürtels war als Wohnort sehr begehrt. Kein Wunder, dort gab es Wald und Wasser en gros. Im Gebiet Königs Wusterhausen, Wildau, Schulzendorf, Eichwalde und Zeuthen hatten sich im Laufe der Zeit eine ganze Handvoll Künstler, Wissenschaftler, aber auch diverse Politiker und Mitglieder von Ministerien oder allen möglichen Behörden niedergelassen. So mag es kaum erstaunen, dass sich jeden Morgen – natürlich dann auch wieder jeden Abend – eine stattliche Flotte von Dienstfahrzeugen auf den Weg nach Berlin machte, um diese wichtigen Personen in nobler Form zu ihren Arbeitsplätzen zu transportieren und dann auch, wenn der Feierabend eingeläutet ward, wieder zurück an den heimatlichen Herd. Was für ein gutes und erfülltes Leben für diese gutfunktionierenden Staatsbediensteten!

Aber es gab auch andere Leute, da in unserer Nachbarschaft. Leute, die aus ganz anderem Holz geschnitzt waren! Einer von ihnen war Karl-Eduard von Schnitzler. Der wohnte mit seiner vierten Ehefrau, Márta Rafael, einer Ungarin, nur ein paar Hausnummern weit weg von uns. Übrigens, für alle, die meinten, v. Schnitzler lebte in Saus und Braus, sei an dieser Stelle mal gesagt, er wohnte zwar in einem Einfamilienhaus, aber zur Miete! Und er fuhr auch keinen protzigen Westwagen. Die Familie v. Schnitzler hatte zwei TRABANT, eine Limousine und einen Kombi. Karl-Eduard fuhr außerdem einen Dienstwagen des DDR-Fernsehens, einen weißen POLSKI-FIAT 125p.

Da unser Grundstück nicht weit weg war vom Grundstück der v. Schnitzlers, ergab es sich, dass man sich öfter mal über den Weg lief. Unsere Bekanntschaft begann mit „Guten Tag“ und „Guten Weg“. Dann folgten kurze „Gespräche übern Gartenzaun“. Schließlich saßen wir des Öfteren bei einem guten Glas Wein zusammen und unterhielten uns über Gott und die Welt. Wir redeten viel und – ja – wir stritten auch über politische Themen.

Für viele Menschen in der DDR war Karl-Eduard v. Schnitzler ein regelrechtes Hass-Symbol. Das lag weniger an seiner Person als vielmehr an der Sendung, mit der er in Verbindung gebracht wurde: „Der schwarze Kanal“.

Der schwarze Kanal war eine politisch-agitatorische Sendereihe des DDR-Fernsehens zu Zeiten des Kalten Krieges. Der Chefkommentator Karl-Eduard von Schnitzler widmete sich im Sinne der SED-Propaganda einzelnen Ausschnitten von Sendungen des Westfernsehens, also der Fernsehprogramme aus der Bundesrepublik Deutschland. (Wikipedia, 17.2.2021)

Diese Sendung lief fast 30 Jahre lang, immer montags nach dem alten UFA-Spielfilm aus dem Filmarchiv der DDR. Von Schnitzler produzierte und moderierte im gesamten Zeitraum von knapp 30 Jahren 1.519 Folgen, jede 20 Minuten lang. Sein erklärter Lieblingsfeind war der westdeutsche Journalist Gerhard Löwenthal mit seiner Sendung „ZDF-Magazin“. Beide Journalisten lieferten sich fast 20 Jahre lang über das Fernsehen verbale Schlachten.

Man mochte vom „Schwarzen Kanal“ halten, was man wollte, Fakt war, v. Schnitzler stand vollkommen hinter dieser Sendung. Allerdings sollte an dieser Stelle nicht unerwähnt bleiben, dass sich „Kled“, wie ihn seine Freunde nannten, schon seit Kindertagen für die Armen und Unterdrückten eingesetzt hatte. Er selbst kam aus einem preußischem Adelshaus und war ein Urenkel des Kaisers Friedrich III. Ich muss sagen, ich habe unsere vielen Gespräche genossen. „Kled“ war ein sehr kluger Mann, der viel Interessantes aus seinem unglaublich bewegten Leben zu erzählen hatte. Und er war ein wunderbarer Klavierspieler!

Aus unserer Freundschaft entwickelte sich im Laufe der Zeit auch ein Art Arbeitsverhältnis. Mein Sohn Holm und ich waren öfter mal seine Personenschützer. Wir fuhren überall im deutschsprachigen Raum der Bundesrepublik, teilweise auch in Österreich und der Schweiz herum, um ihn zu unzähligen Gesprächsrunden, Fernsehsendungen oder wichtigen Terminen zu begleiten. Ich hatte damals einen MERCEDES W 140, 500 SEL. Der Wagen war eigentlich für den Fuhrpark der Bundesregierung vorgesehen, wurde aber dort nicht abgenommen. Keine Ahnung, was die Gründe dafür waren. So kam das technische Wunderwerk aus Stuttgart schließlich in meine Hände. Die schwarze „Tonne“ hatte kugelsichere Scheiben und die eine oder andere kleine Spielerei an Bord, was man ebenso brauchte als für die Regierung vorgesehene Staatskarosse.

Wir haben mit dem Wagen so einige V.I.P.-Fahrten mit illustren Personen durchgeführt. Niemals kam es zu irgendwelchen Schwierigkeiten oder Problemen, weder mit den Leuten noch mit der Technik.

Im Zusammenhang mit „Kled" erinnere ich mich da an eine ganz besondere Geschichte. Er war am 15. Dezember 1998, einem Dienstag, zu einer Talkrunde bei dem privaten Fernsehsender „tv.berlin" geladen. Die Fernseh-Leute hatten ihr Sendezentrum damals noch in den Räumen unterhalb des Berliner Fernsehturms am Alexanderplatz. Die Sendung, zu der v. Schnitzler eingeladen war, nannte sich: „Ich stelle mich ...", eine Talkshow mit Gästen meist aus der Politik.

„Kleds" Gegenüber bei diesem Gespräch war der ehemalige Innensenator von Berlin und ehemalige Bundestagsabgeordnete Heinrich Lummer, Mitglied der CDU. Wir waren als die Personenschützer von „Kled" dabei. Schon, um zu verhindern, dass es zu mehr als nur verbalen Auseinandersetzungen kam. Aber ich kann an dieser Stelle beruhigen. Es wurde zwar manchmal etwas laut, aber niemand ist über andere hergefallen! Wer sich die gesamte Sendung ansehen möchte, kann gerne einmal hereinschauen unter:

https://www.youtube.com/watch?v=PZFSUReZJAM.
Oder einfach auf Youtube eingeben:
Ich stelle mich mit Karl-Eduard von Schnitzler von 1999

Danke an „Jac Biermann Dokus" fürs Hochladen auf YouTube!

Ich finde, selbst heute noch ist diese Sendung ein überaus interessantes Stück deutscher Zeitgeschichte und allemal sehenswert!

Die beiden blauen Pfeile zeigen übrigens meinen Sohn Holm (links) und mich (rechts).

Wie ich Freunde und Bekannte traf, aber auch welche, die nicht meine Freunde waren

Zu unseren Freunden gehörten unbedingt der Kammersänger Gerhard Frei und seine Frau, Kammersängerin Irmgard Arnold-Frei. Die beiden waren an der Komischen Oper, später an der Deutschen Staatsoper Berlin. Sie wohnten in einem dieser netten Häuser auf der Halbinsel Rauchfangswerder, dem südlichsten Teil von Berlin. Bekannt durch seine ehemaligen vornehmen Sommerhäuser und Villen. Wir waren da oft zu Gast und trafen viele interessante Leute, die in dem kleinen Ort wohnten. Irgendwie waren alle Familie, kein Wunder, wenn man Zaun an Zaun wohnte und es sich bei den Bewohnern von Rauchfangswerder um ein überschaubares Häufchen Menschen handelte, die alle gut miteinander auskamen.

Nett zu erwähnen wäre noch, die Familie Frei hatte zwei Dackel. Und die bekamen ihr Futter nicht etwa in irgendwelchen schnöden Blechschüsseln! Nein, nein, die beiden Kurzbeinigen speisten hochherrschaftlich von Meißner Porzellan! Ja, vornehm geht die Welt zugrunde …

Ein guter Freund war auch Generalmajor a.D. Karl Wilhelm, ehemaliger Chef der Grenztruppen und Chef der Rückwärtigen Dienste der Grenztruppen. Der war für mich wie ein väterlicher Freund.

Nicht unerwähnt soll auch unsere Bekanntschaft sein mit Generaloberst Klaus-Dieter Baumgarten. Er war Stellvertreter des Ministers für Nationale Verteidigung und Chef der Grenztruppen der DDR. Seine Frau Eva und meine Iris waren befreundet.

Dann gab es in der Nachbarschaft Prof. Dr. Dr. Ehrbach, Staatssekretär für Körperkultur und Sport, vorher Rektor der Deutschen Hochschule für Körperkultur und Sport (DHfK), Präsident des Deutschen Fußballverbandes der DDR (DFV) und Ehrenmitglied auf Lebenszeit im Weltrat für Körperkultur und

Sport des Internationalen Olympischen Komitees (IOC). Erstaunlich, wie viele Titel jemand haben kann. Ach so, er war ja außerdem auch noch mein Chef im Staatssekretariat. Zumindest bis ich da gekündigt habe!

Auch mit Horst Pehnert, dem Stellvertretenden Minister für Kultur der DDR, und seiner Frau Ruth verband uns eine lange und feste Freundschaft.

Nicht zu vergessen Bernhard Skottland. Er war der persönliche Mitarbeiter des Ministers für Justiz der DDR, Hans-Joachim Heusinger. – Da Heusinger Mitglied der Blockpartei LDPD war, brauchte es einen SED-Mann, der ein wenig ein Auge auf ihn hatte. Diese Aufgabe hatte u. a. unser Freund Bernhard.

Es gab noch viele andere Freunde in der Nachbarschaft, die mir verzeihen mögen, wenn ich sie hier nicht mit Namen erwähne. Ich habe sie nicht vergessen, aber es würde wahrscheinlich ein Buch mit tausend Seiten werden, wenn ich auf alles und jeden eingehen würde!

Unerwähnt soll aber an dieser Stelle nicht sein, dass es natürlich auch ein paar Leute gab, die immer ein wenig das Gesicht verzogen, wenn die mich des Weges kommen sahen. So zum Beispiel ein älterer Major des MfS, der Genosse Acksteiner, ein Stalinist vor dem Herrn! Ein Mann, der immer äußerte, eine eigene Meinung könne es nur geben, wenn sie mit den Aussagen des „Neuen Deutschlands“ deckungsgleich sei! Er war von kleiner Statur, man weiß ja, was man diesen Menschen nachsagt: Klein von Wuchs, doch große Klappe! Er wohnte auch in der Friedenstraße, allerdings nahe der Seeseite, auf einem Grundstück, das früher einmal ein sogenannter gedeckter Posten gewesen war. Ein konspiratives Haus des MfS, versteckt hinter hohen Hecken. In den Parteiversammlungen der WPO, der Wohn-Partei-Organisation zum Beispiel schwang er stets die großen Reden. Besonders bei der Frage des Sputnik-Verbots vermutete Acksteiner bei den Gegnern dieses Verbotes die offene Konterrevolution, die es mit allen Mitteln zu bekämpfen galt! Wie er das schon sein ganzes Leben lang getan hatte. Wir alle wussten, was jetzt wieder kommen würde, schließlich war es bei jeder Versammlung das Gleiche. Er ereiferte sich immer mehr und ging schließlich zurück bis zur Zeit des Großen Vaterländischen Kriegs, in dem er gekämpft hatte. Allerdings auf der Seite der Wehrmacht und auch das nur mit größtem Widerwillen. Aber er ließ sich von den russischen Panzern überrollen und landete so beim NKFD, beim Nationalkomitee Freies Deutschland. Dort agitierte er von russischer Seite aus über die Front mittels Lautsprecher zur deutschen Seite und forderte die Wehrmachtsangehörigen auf, ihre Waffen niederzulegen und ebenfalls zur Sowjetarmee überzulaufen oder sich gefangennehmen zu lassen. Dann kam die Stelle mit der Geschichte aus dem Ende der 1940er-Jahre, als er im sächsischen Elbsandstein-Gebirge angeblich gegen irgendwelche versprengten Restgruppierungen der Wehrwölfe gekämpft haben will, die sogar auf ihn geschossen hätten! Ich konnte es nicht mehr hören und mir diesmal einen Kommentar nicht verkneifen. Ich meinte ganz trocken: «Schade nur, dass die nicht getroffen haben!» Sofort fing ich mir einen Knuffer von meiner Iris ein.

Im Raum herrschte Totenstille. Plötzlich konnte sich aber einer nicht mehr zusammenreißen und begann zu lachen, es klang wie das Wiehern eines Pferdes. Dieses seltsame Geräusch brachte nunmehr die meisten der Anwesenden völlig aus dem Konzept, und sie konnten gar nicht anders, als in lautes Gelächter auszubrechen. Ein allgemeiner Tumult entstand. Auf der einen Seite die empörten Anhänger des Stalinismus, auf der anderen Seite die lachenden und prustenden Mitgenossen.

Nun, das Echo vom Lied erschallte auch bald in den Fluren der Genossen Kundschafter, denn der selbsternannte Wehrwolf-Bekämpfer, Genosse Acksteiner, hatte gleich nichts Wichtigeres zu tun, als einen ausführlichen Bericht über meine politisch äußerst bedenkliche Meinungsäußerung zu verfassen und umgehend weiterzuleiten.

Die Tinte auf dem Schreiben war noch nicht richtig getrocknet, da bekam ich den Bericht schon gleich in meine Hände.

Wer jetzt ein tönendes Donnerwetter erwartet hat, den muss ich leider enttäuschen. Die einzige Reaktion war, dass meine Genossen mich seufzend ansahen und mit aufgesetzt strengem Gesicht nur meinten: «Meine Güte … Mensch, hör doch mal auf mit sowas! Lass doch diesen alten Deppen da in Ruhe …»

Damit war dann die leidige Angelegenheit vom Tisch und wurde büromäßig abgelegt: Sprich, der Bericht endete im Reißwolf und die Schnipselchen im Papierkorb. Fall zu den Akten!

Ja, in Zeuthen, in und um die Friedenstraße gab es schon eine lustige Nachbarschaft. Die einen, die mir nett zunickten, wenn man sich über den Weg lief, und die anderen, die immer wieder mal ein beobachtendes Auge auf mich und meine Familie warfen. Diese Leute beispielsweise drückten sich immer gern die Nasen an den Fensterscheiben ihrer Häuser platt, wenn ich wieder mal mit dem eigenen Taxi aus Westberlin zurückkehrte und allerlei Tüten, Schachteln und Pakete aus dem Kofferraum auslud, mit Dingen, die sie noch nie gesehen hatten. Und das alles in ausreichenden Mengen, denn der Kofferraum meiner Taxe war ziemlich groß!

Unser Viertel hatte einen Spitznamen: Das Neckermann-Viertel. Denn gleich um die Ecke standen eine ganze Reihe solcher illustren Häuser mit Bewohnern im Range von Ministern, Offizieren der ersten Garnitur, Künstlern, Wissenschaftlern und solchen Leuten, die man in heutigen Tagen zeitgemäß wohl V.I.P. nennen würde. Da Iris eine nette und kommunikative Art hatte – ich ja sowieso – war es auch ein Leichtes, dass wir schnell zu allen möglichen Leuten aus der Nachbarschaft Kontakt hatten. Daraus entwickelte sich die eine oder andere Freundschaft. Und auch durch Freundschaften, die Holm über die Schule mit Töchtern und Söhnen solcher Leute schloß, kamen wir mit deren Eltern in Kontakt. Das hatte für alle Seiten Vorteile, denn durch meine diversen Querverbindungen konnte ich manch einem Dinge besorgen, die kaum zu kriegen waren. Auch nicht unbedingt für einen Mann in der Position eines Ministers der Deutschen Demokratischen Republik. Und so kam es immer wieder vor, dass jemand an meiner Haustür läutete, weil Herr X, Genosse Y oder auch Frau Genossin Z irgendetwas benötigten und sie wussten, wenn jemand das besorgen kann, dann der Ammon!

Wie ich Verbündete suchte – und wir uns fanden

Eine ganze Reihe von Leuten, besonders solche aus den „alten Bundesländern", warfen vielen ehemaligen DDR-Bürgern vor, sie wären wie die Wetterfahnen gewesen. Sie hätten sich andauernd im Winde gedreht. Gut, das war deren Meinung. Aber seien wir doch mal ehrlich, welche Aufgabe hat denn eine Wetterfahne? Sie soll doch eigentlich anzeigen, woher der Wind weht, oder? Schon allein darum, damit man sich darauf einstellen kann, was zu tun ist, wenn sich der Wind dreht! Nur, wenn die Wetterfahne oben auf dem Dach eingerostet ist und sich nicht mehr bewegen kann, bricht sie eben ab. So einfach ist das.

Zum Zweiten muss man sagen, wenn jemand mitbekommt, dass in der Gesellschaft auf dem Weg in die Zukunft eine falsche Richtung eingeschlagen oder vielleicht auch schon ein falscher Weg gegangen wird, ist es doch nur recht und billig, dass er die anderen darauf aufmerksam macht. Wenn er sich dann umsieht, wird er bemerken, dass es noch eine ganze Reihe anderer Leute gibt, die ähnliche Gedanken, Ansichten und Befürchtungen haben wie er. Mit diesen Menschen gilt es dann, sich zusammenzutun und zu überlegen, was man wie anstellen kann und muss, um die Zustände im Lande genau zu analysieren, damit man Möglichkeiten findet, den Kompass wieder richtig einzunorden, um sich nicht völlig in der Gegend zu verlaufen!

Man kann sagen, ab der Mitte der 1980er-Jahre wehte ein laues Lüftchen durch die DDR. Noch war es nur eine leichte

Windbewegung, von der wahrscheinlich kaum jemand ahnte, was sich daraus für ein gewaltiger Sturm – ja nahezu ein Orkan – entwickeln würde, der zum Ende des Jahrzehnts keinen Stein mehr auf dem anderen würde stehen lassen!

Es kam zu den ersten Unruhen im leicht angestaubten sozialistischen Pseudo-Paradies DDR. Die Bürgerinnen und Bürger fingen langsam an, sich in Umwelt- und Oppositionsgruppen zu organisieren, teilweise unter schützenden Kirchendächern. Es gab die ersten Demonstrationen. Die Leute gingen auf die Straße und machten ihrem Unmut über die bestehenden Verhältnisse im Lande Luft, mit täglich steigender Tendenz.

Das hätte doch eigentlich die Partei- und Staatsführung erfreuen müssen, dass sich die Menschen mit ihrem Land befassten und endlich damit anfingen, sich um ihre sozialistische Heimat Gedanken zu machen. Pustekuchen! Man witterte in den heiligen Hallen des Politbüros und des Zentralkomitees der Partei ein gewisses Unwohlsein. Es schien, als müsse man umgehend alle Register ziehen, die der „Diktatur des Proletariats" zur Verfügung standen. Denn die teilweise schon recht ergrauten Führer des Landes befiel eine Art Altersstarrsinn. Erich Honecker war da, mit seinen teilweise sehr seltsamen Sprüchen, stets vorneweg:

> *«Die Mauer wird … auch noch in 50 und auch in 100 Jahren noch bestehen bleiben, wenn die dazu vorhandenen Gründe nicht beseitigt sind.» (Januar 1989)*

> *«Den Sozialismus in seinem Lauf hält weder Ochs noch Esel auf.» (August 1989)*

> *«Vorwärts immer, rückwärts nimmer!» (Oktober 1989)*

Seine eigenen Bürgerinnen und Bürger als Ochsen und Esel zu bezeichnen, war schon ziemlich starker Tobak! Geholfen hat es aber auch nichts, wie wir ja inzwischen gelernt haben. Doch die Zeit für den großen Umbruch war noch nicht herangerückt.

Es war wie immer, es gab diese und jene. Die Betonköpfe, die jede Veränderung mit allen Mitteln unterdrücken wollten. Und die Leute, die mit Klugheit und dem Willen zur Veränderung in die Zukunft blickten. Davon abgesehen, es gab viele leitende Genossen in der DDR, die den Umgestaltungsplänen von Gorbatschow und seinen Leuten nicht nur skeptisch gegenüberstanden, nein, eine ganze Reihe von ihnen lehnte sie grundsätzlich ab! Während andere Glasnost und Perestroika als eine Chance verstanden, den Sozialismus zu reformieren.

Diese beiden Gruppen gab es auch beim MfS. Es war doch aber sehr bedenklich, dass es da viele Menschen gab, die auf der einen Seite verantwortlich waren für die Sicherheit im Land, auf der anderen Seite aber viele Dinge der neuen Zeit nicht verstanden. Obwohl man ja im MfS früher als andere mit dieser Thematik in Kontakt kam. So versuchte man mit allen Mitteln, herauszubekommen, was sich da zusammenbraute im Vaterland.

Nun schlug die Stunde der IM, der inoffiziellen Mitarbeiter. Sie wurden alle aktiviert, um das Stimmungsbild im Land einzufangen. Allerdings war das Ergebnis nicht unbedingt das, was man vorzufinden erwartet hatte. Es schien sich im werktätigen Volke mehr und mehr ein Abwenden vom Sozialismus abzuzeichnen. Seit dem Frühjahr 1989 hatte eine Wanderung begonnen, die im Laufe der Zeit in die Botschaften der BRD in Prag und Budapest führte. Im Sommer zur Urlaubs- und damit Hauptreisezeit war es eine wahre Blech- und Plaste-Karawane, die sich in die beliebten Urlaubsländer ČSSR und Ungarn auf die Reise gemacht hatte. Die Leute hatten einfach die Faxen dicke, sie wollten nur noch weg! Ganze Familien hatten sich auf den Weg gemacht, darunter viele junge Leute. Sie ließen am Ziel ihrer Odyssee einfach ihre Autos an den Straßenrändern stehen und zogen mit Sack und Pack zu den deutschen Botschaften. Spätestens jetzt musste dem letzten Politiker im Lande der Kronleuchter aufgehen: Wenn Menschen, die jahrelang auf ihr heiliges Blechle oder ihren Plastikbomber gewartet und sich diese Autos teilweise mühsam erspart hatten, die dann mit Liebe und Geduld, reichlich Geld und einem Großteil an Freizeit akribisch und penibel gepflegt und gewartet wurden, wenn dann diese Leute ihre Schätzchen einfach so in der Fremde am staubigen Straßenrand, fernab der Heimat, abstellten und sie ihrem Schicksal überließen, waren wirklich alle Messen gesungen!

> *Die Proletarier dieser Welt haben nichts zu verlieren als ihre Ketten. Sie haben eine Welt zu gewinnen.* -Karl Marx

Da bekam doch der Spruch von Karl Marx eine völlig andere Bedeutung, als man sie seit der Schule eingetrichtert bekommen hatte!

Aber außer im eigenen Land die Stimmungen und Meinungen einsammeln zu lassen, fiel den alten Kämpfern von einst nichts mehr ein. Auch der später erfolgte Sturz der Partei- und Staatsführung und die Absetzung von Honecker, Mielke, Mittag und Kollegen konnte den Zerfall nicht mehr aufhalten. Die Massen wollten keine neuen Leute in alten Positionen. Sie wollten überhaupt keinen Sozialismus mehr. Es war die Erwartung des großen Zauberers D-Mark, der lockte und die Befriedigung von Bedürfnissen versprach, von denen die DDR-Bürgerinnen und -Bürger lange Jahre nicht einmal zu hoffen gewagt hatten!

Aus den durchs ganze Land hallenden Spruchchören „Wir sind *das Volk*!" wurde schließlich: „Wir sind *ein* Volk!" Böse Zungen behaupteten irgendwann mal, das wäre auch so ein Teufelswerk der StaSi gewesen, diesen Spruch unter die Massen zu bringen, getrieben von der Sehnsucht nach einem vereinten Land, unter folgendem Gedankengang: Man hatte die BRD nicht von den „Vorzügen" der DDR überzeugen können, also ließ man sich vom Westen einfach verschlingen, in der Hoffnung, denen würde der Riesenklops im Halse steckenbleiben!

Vielleicht war das eine gar nicht so dumme Idee? Vielleicht gab es solche Gedanken wirklich? Wer weiß, wer weiß …

Ich für meinen Teil hielt mich in diesen stürmischen Zeiten ganz gut im Fahrwasser. Es gab nur ab und an ein paar Einsätze für mich.

Einer davon führte mich im Frühsommer 89 nach Budapest. Meine Aufgabe bestand darin, aufzuklären, mit welchen Aktionen sich westdeutsche und andere Geheimdienste an den Geschichten beteiligten, DDR-Leute bei den Botschaftsbesetzungen zu unterstützen, und mir vor Ort ein genaueres Bild zu machen. Mag sein, man wollte in diesem Zusammenhang herausfinden, ob und wie man selbst sozusagen die eigenen Leute dort mit platzieren konnte, um sie später in die Bundesrepublik einzuschleusen. Diese These mag jetzt etwas utopisch klingen, aber war sie wirklich nur die Phantasie eines Träumers? Um es gleich zu sagen, es war *nicht* meine Aufgabe, Namen, Adressen, Autonummern oder Ähnliches von DDR-Bürgern herauszufinden, die sich da in der deutschen Botschaft aufhielten. Mag sein, dass das MfS für diese Aufgabe auch Leute losgeschickt hat. Aber davon wusste ich nichts, es war auch nicht mein Bestreben, so etwas herauszubekommen! Die HVA hatte andere Sicherheitsbedürfnisse! Aus heutiger Sicht kann ich sagen, bis zum letzten Tag gab es immer wieder den Klassenkampf zwischen Ost und West. Aber scheinbar hatte man in dieser Zeit gerade ganz andere Dinge im Kopf, als herausfinden zu wollen, wie man dem Klassenfeind ein wenig ans Bein pinkeln könne, ohne sich dabei selbst anpieseln zu lassen. Auf jeden Fall spürte ich, es gab verschiedene Meinungen zu den Aktivitäten der Volksmassen da draußen im Lande. Mich interessierten nicht die Vorgesetzten, die ins ewige alte Horn bliesen und die Melodie gebetsmühlenartig herausposaunten von den bösen, bösen Kapitalisten in der bösen, bösen BRD, die seit Jahrzehnten damit beschäftigt gewesen war, die DDR zu diskreditieren, wo immer es ging. Nein, mein Interesse gehörte jenen, die die Zeichen der Zeit erkannten und sich nicht der Illusion hingaben, es wäre in den alten Strukturen noch irgendetwas zu retten. Glücklicherweise gehörten die Genossen, mit denen ich arbeitete, auch dazu.

Die DDR-Führung hatte seit Jahren den Bogen überspannt, jetzt begann er zu brechen!

In der „Firma" zeigten sich mittlerweile sehr anschaulich die Vorteile einer strengen Geheimhaltung. Man wusste inzwischen sehr genau, wem man was anvertrauen und auf wen man selbst in komplizierten Zeiten bauen konnte. Wie gesagt, es gab solche und solche.

Ich habe den Minister für Staatssicherheit, den Armeegeneral und Genossen Erich (Fritz Emil) Mielke, nur einmal persönlich getroffen. Das war irgendwann zur Sommerzeit, Mitte bis Ende der 1970er-Jahre. Meine liebe Iris hatte da einen Sommer-Job als

Rettungsschwimmerin in einem Ferienlager des MfS am Großen Wukesee, bei Biesenthal, nördlich von Berlin. In der Nähe, quasi um die Ecke rum, hatte die Berliner Sportvereinigung Dynamo unter anderem ihre Sportschule. Die SV Dynamo war die Sportvereinigung der inneren Sicherheitsorgane der DDR, wie sich das nannte. Dazu gehörten die Volkspolizei, die Zollverwaltung und das MfS. Die Mitgliederzahl dieser Organisation lag bei etwa 250.000. Die Sportvereinigung Dynamo galt als absolute Kaderschmiede vieler erfolgreicher Leistungssportlerinnen und -Sportler im Lande. Und deren Chef war eben Erich Mielke.

Der Minister und Armeegeneral ließ es sich genau an diesem Tag nicht nehmen, anlässlich eines Besuches dieser Sporteinrichtung auch gleich mal noch einen Blick ins naheliegende Ferienlager zu werfen. Dort hielt er vor den Jungs und Mädels eine flammende Rede über die Rolle der jungen Tschekisten im zukünftigen Kampf des Sozialismus gegen den Kapitalismus – das übliche Gesülze eben …

Ich war rein zufällig anwesend, weil ich eigentlich nur einen kurzen Überraschungsbesuch bei meiner Iris machen wollte. So durfte ich den Meister live und in Farbe erleben. Beeindruckt war ich allerdings nicht so besonders. Mir war umgehend klar geworden, dass es absolut zutraf, was man von Erich Mielke sagte: Er hätte wirklich niemals den Nobelpreis für irgendwas gewinnen können, da er nachweislich nicht unbedingt die hellste Kerze auf der sozialistischen Führungstorte war! Beispiel gefällig?

Charakteristisch sind Mielkes Ansichten zum „ungesetzlichen Grenzübertritt" und Grenzregime:

> *«Ich will euch überhaupt mal etwas sagen, Genossen, wenn man schon schießt, dann muss man dat so machen, dass nicht der Betreffende da noch bei wegkommt, sondern dann muss er eben dableiben bei uns. Ja, so ist die Sache. Wat is denn das: 70 Schuss loszuballern, und der rennt nach drüben und die machen 'ne Rie-*

senkampagne.» *(Erich Mielke: Originalton, wiedergegeben in ZDF: Goodbye DDR, Teil 2 Mielke und die Freiheit)*

So viel einmal zum Thema:

«Ich liebe – Ich liebe doch alle – alle Menschen – Na ich liebe doch – Ich setze mich doch dafür ein.» *(Erich Mielke, 13. November 1989, vor der Volkskammer)*

Genug davon und zurück zur Vorwendezeit!

Es gab da eine Geschichte, die mich sehr beeindruckt hat. Ich meine die Demonstration vom 4. November 1989 auf dem Berliner Alexanderplatz. Künstler der Berliner Theater, der Verband der Bildenden Künstler, der Verband der Film- und Fernsehschaffenden und das Komitee für Unterhaltungskunst hatten zur ersten nichtstaatlichen Demonstration geladen – und eine Million Menschen waren dieser Einladung gefolgt. Was für ein beeindruckender Anblick, so viele Menschen zu sehen, die gekommen waren, weil sie es *wollten*, nicht, weil sie es *mussten*!

Ich hatte mit einer Reihe anderer Kräfte die Aufgabe, verdeckt im „Hinterland" einen Mann abzusichern, der unter anderem auf der Großdemo sprechen sollte: Markus Wolf, ehemaliger Generaloberst und Leiter der Hauptverwaltung Aufklärung im MfS. Gut, es gab vom Veranstalter sogenannte Ordnungskräfte, sichtbar mit blauen Schärpen. Alle schrieben „Keine Gewalt" auf ihre Plakate, man nahm es als geflügeltes Wort an diesem Tag. Nur wollte man im Dunstkreis des Exgenerals von unserer Seite nichts dem Zufall überlassen, also waren wir vor Ort und rege zur Stelle! Markus Wolf trat als achter Sprecher an das Mikrofon. Zuerst gab es viele Pfiffe, später aber hörten die Massen zu. Wolf war seit 1986, also seit drei Jahren, nicht mehr beim MfS - er war von Mielke entlassen worden, hatte aber immer noch die Zügel fest in der Hand. Das merkte man auch an diesem Tag. Wie gesagt: Einmal MfS - *immer* MfS!

Eine Besonderheit gab es, die blieb mir fest im Gedächtnis. Gegen 13.45 Uhr stand ein unscheinbarer Mann am Mikrofon. Er sprach leise und fand wohl voller Ehrfurcht vor den Massen und der geschichtlichen Tragweite des Augenblicks nicht gleich die richtigen Worte. Viele der Zuhörer pfiffen, buhten herum und riefen immer wieder, der Mann solle mal lauter reden oder aufhören zu sprechen und weggehen! Als nach seiner Rede die Schauspielerin und Mitinitiatorin der Demo Johanna Schall, Enkeltochter von Bertolt Brecht, ans Rednerpult trat und sich bei dem Dramatiker und Mitglied der Akademie der Künste Heiner Müller herzlich für seine Worte bedankte, kam umgehend Jubel auf. Ja, die Massen konnten ihre Begeisterung über den Mann kaum noch im Zügel halten. Es war schon erstaunlich, wie schnell die Stimmung umschlagen kann. Gerade noch ein großes Buhen, dann ein großer Jubel! Es ist eben eine eigene Sache, das mit dem Volk und das mit dem Verstehen ...

Weiterhin beeindruckte mich, dass sich am Schluss der Demo die große Masse der Menschen an einem Marsch beteiligte, der vom Alexanderplatz in Richtung Brandenburger Tor zog, vorbei am Palast der Republik. Die Veranstalter hatten vor dem Beginn des Marsches die Menschen aufgefordert, unbedingt nach Passieren des Palastes der Republik nach links abzubiegen und nicht in Richtung Brandenburger Tor weiterzugehen. Zum Glück folgten alle Demonstranten dieser Aufforderung. Nicht auszudenken, was wohl die Sicherungskräfte der Grenztruppen gemacht hätten, wäre der riesige Demonstrationszug auf das Brandenburger Tor zumarschiert …

Wie ich meinen Sohn in die „Freiheit" entließ und wieder zurückrief

Im Rahmen meiner kurzen Zeit in Budapest konnte ich es mit eigenen Augen sehen: Der Untergang der DDR war nicht mehr aufzuhalten. Da hatte man den Freiheits-Geist aus der Flasche gelassen, und der ließ sich garantiert nie wieder in die Flasche zurückbeordern! War der Krieg verloren? Keine Ahnung. Die Schlacht war es auf jeden Fall!

Als ich wieder zu Hause angekommen war, setzte ich mich hin und schrieb einen sehr ausführlichen Bericht über meine Beobachtungen in Budapest. Es war mein politisches Statement, weil ich nicht nur eine knallharte Schilderung der Situation vor Ort abgegeben habe, sondern weiterführend auch sehr ausführlich zur politischen Situation in der DDR Stellung bezog. Vom Inhalt und den Formulierungen her erfüllte ich den Anspruch, einen umfangreichen erweiterten Bericht geschaffen zu haben, der „der Zukunft zugewandt" war, wie es in einer Zeile der DDR-Nationalhymne geschrieben stand.

Später erfuhr ich von einem vertrauenswürdigen Geheimdienstler und Freund, dass mein Schreiben umgehend im Giftschrank des MfS versenkt worden ist. Wie man mir später einmal erzählte, war es angeblich das einzige Schriftstück, das sich im Rahmen der sogenannten Wende in einem der geöffneten

Panzerschränke wiederfand. Dieses Dokument landete dann beim Bundesnachrichtendienst in Pullach. Vielleicht mag das einer der Gründe gewesen sein, wieso der BND eines Tages bei mir an die Tür klopfte, um mir die Mitarbeit in seiner Organisation anzubieten. Doch ich lehnte dankend ab. Erstens wäre es für mich undenkbar, plötzlich und mit großem Engagement für den früheren „Gegner" zu arbeiten. Und zweitens hatte ich mit dem Ende der DDR auch keinerlei Ambitionen mehr, aktiv politisch unterwegs zu sein. Das war schon allein der Tatsache geschuldet, dass ich mittlerweile vor einem Wechsel in neue Aufgabengebiete stand, die nur noch mit kaufmännischen Dingen zu tun hatte. Dazu komme ich gleich noch einmal.

Doch zurück zu meiner Rückkehr aus Budapest und den Eindrücken, unter denen ich stand. Es gab ein langes Vater-Sohn-Gespräch. Holm wollte mit einer Handvoll Kumpels ursprünglich seinen Urlaub im September auch in Ungarn verbringen. Und er wollte dann über Ungarn nach Österreich. Ich gab ihm den Ratschlag, wie und wo er das anstellen könne, vorausgesetzt, dass das wirklich sein Plan sei. Holm antwortete, er wäre fest entschlossen. Ich hatte in Ungarn auch das Regime der Grenzsicherungsanlagen aufgeklärt und dabei festgestellt, die ungarischen Sicherheitskräfte führten in Richtung Österreich kaum noch größere Kontrollen durch. Besonders nach dem 19. August, als Ungarn seine Grenze für ein paar Stunden geöffnet hatte, beim sogenannten „Paneuropäischen Picknick". Etwa 700 DDR-Bürger nutzten diese Grenzöffnung, um in Richtung Österreich zu verschwinden.

Außerdem hatte man im „großen Haus" davon erfahren, dass es zwischen Bundeskanzler Helmut Kohl, dem ungarischen Ministerpräsidenten Miklos Németh sowie den beiden Außenministern Hans-Dietrich Genscher und Gyula Horn in der Nähe von Bonn ein geheimes Treffen gegeben hatte. Ungarn erklärte sich da bereit, seine Grenzen zu öffnen und die DDR-Flüchtlinge – ohne irgendeine Gegenleistung – ziehen zu lassen!

Die Chancen für Holm standen also gar nicht so schlecht. Außerdem telefonierte ich mit meinen Freunden bei der Firma DRAGOCO in Wien. Die versprachen mir, sich erst einmal um meinen Sohn zu kümmern.

So zogen also Holm und seine Kumpels mit mehreren Autos los in Richtung Ungarn. Er und sein Freund fuhren dann zu dem von mir vorgeschlagenen Grenzübergang. Dort setzten sie sich mit ihrem Auto zwischen zwei italienische Fernlaster und konnten die Grenze ohne Probleme und unkontrolliert passieren. In Wien angekommen, bezogen sie für die erste Zeit ihr Domizil in einem der besten 5-Sterne-Hotels der österreichischen Hauptstadt.

Nach der Demo vom 4. November auf dem Alexanderplatz rief ich Holm in Wien an und sagte ihm, er könne unbesorgt wieder nach Hause kommen. Das Ende der DDR war meiner Meinung nach nur noch eine Frage von Tagen. Und was dann werden würde, müsse man sehen. Aber die Mauer werde fallen, weil es gar keine andere Möglichkeit mehr geben könne. Oder die Volksmassen auf den Straßen würden sich ihre Freiheiten einfach so nehmen, ob es den Staatslenkern nun gefiel oder nicht!

Holm und sein Kumpel setzten sich daraufhin in den „Vindobona", einen Schnellzug, der zwischen Berlin und Wien verkehrte, mit Zwischenstopp in Budapest, und sind kurze Zeit später und ohne irgendwelche Probleme wieder im Lande eingerückt.

Ich muss dazu sagen, das Verhältnis zwischen meinem Sohn und mir war immer sehr innig. Wir wussten, wir konnten uns blind vertrauen und stets aufeinander verlassen. Darum gab es für ihn auch keinerlei Zweifel an der Richtigkeit meiner Worte.

Ich war immer sehr froh darüber, dass unser Sohn meine kaufmännischen Gene mitbekommen hat. Er fing schon im Kindergarten an, irgendwelche seiner Spielsachen mit anderen zu tauschen. Wenn es nach ihm gegangen wäre, wäre er mir in die HVA gefolgt. Doch da gerade der Zahn der Zeit recht kräftig an allem herumnagte, was mit der DDR zusammenhing, hielten wir es erst einmal für besser, ein wenig abzuwarten, wohin wohl die Reise gehen würde. Holm wollte als „Plan B" irgendwas mit Autos machen. Wie gesagt, er hatte wohl auch Benzin im Blut, genau wie ich. Sein Plan war darum, bei der international agierenden Spedition „Deutrans" anzuheuern und dann mal als Fernfahrer in Europa herumzufahren.

Leider hat es nicht funktioniert, Holm bei den Berliner Fernfahrern unterzubringen. Da waren die Wartelisten endlos und diesmal nutzten einem die Verbindungen zur HVA erstaunlicherweise nicht einmal ansatzweise etwas. Das Jahr 1989 hatte anscheinend so einiges an Neuem zu bieten …

Es gab sowieso einigen Ärger mit Holm. Das lag aber weniger an ihm, sondern war der Tatsache geschuldet, dass ein junger Mensch in der DDR gefälligst nach seinem Schulabschluss einen Lehrvertrag abzuschließen hatte. Da ich das wieder einmal ganz anders sah, kam es zu einem netten kleinen Treffen mit dem Schulrat. Der wiederum machte nach einigen Diskussionen zu diesem Thema den Fehler, mir mit weitreichenden Konsequenzen zu drohen, sollte sich Holm nicht so verhalten, wie man das von ihm erwartete! Trotz meiner Nachfrage, was jetzt wohl genau damit gemeint sein könnte, mochte sich der gute Mann nicht näher äußern. Langsam wurde mir das alles zu bunt, und ich erklärte dem Oberschulmann, dass mein Sohn von meiner Seite aus alle Unterstützung bekommen werde, die nötig sei, damit er den Beruf finde, den er gerne lernen und ausüben wolle. Auf die Frage, wie viel Zeit er denn dafür benötigen würde, erklärte ich dem aufgebrachten Oberlehrer, das gehe ihn gar nichts an. Und selbst wenn Holm jahrelang auf die Suche gehen müsste, bis er das für ihn Richtige gefunden hätte, würden wir, seine Eltern, ihn so lange mit aller Kraft unterstützen. Bei so viel Elternliebe und väterlicher Entschlossenheit musste der Pädagoge schließlich das Handtuch werfen. Der Schulrat gab auf. Was hätte er auch sonst tun können?

Doch zurück zum November 1989, genauer gesagt, zum 9. November. Wir saßen zusammen beim 20. Geburtstag unserer Tochter Grit. Alle waren anwesend, auch meine Schwiegermutter. Sogar meine Mutter war aus Westberlin angereist.

Dazu muss ich kurz etwas erklären. Meine Mutter hatte ja bei der Wahl eines anständigen und aufrichtigen Mannes nicht unbedingt ein gutes Händchen. Dann war sie mit einem hohen Offizier der NVA verheiratet, der 25 Jahre seinen Dienst versah, zum Ende der Dienstzeit als Sportoffizier. Es gab da in Brandenburg eine internationale Regattastrecke, und er wurde dann mit meiner Mutter zusammen der Verantwortliche. Auf dieser Regattastrecke hat man sogar internationale Wettkämpfe durchgeführt.

Allerdings hatte der gute Mann auch noch andere sportliche Hobbys. Seine besondere Aufmerksamkeit gehörte der Damenwelt. Und so ließ er es sich nicht nehmen, auch mit der einen oder anderen Trophäe auf diesem Gebiet herumzuprahlen. Irgendwann hatte meine Mutter von seiner ewigen Fremdgeherei die Faxen dicke und zeigte ihm schließlich die Rote Karte, wenn wir es mal weiterhin sportlich nehmen wollen! Dann kam das Jahr 1985 und meine Mutter feierte ihren 60. Geburtstag. Das hieß auch, sie war nunmehr Rentnerin. Allerdings hatte sie keine Lust mehr, weiterhin in der DDR zu bleiben. Sie stellte einen Ausreiseantrag. Zugegeben, ich hatte sie da vorher beraten und auch ein wenig mit meinen Verbindungen gespielt. Somit ging das Prozedere recht flink und meine Mutter konnte schon kurze Zeit später offiziell nach Westberlin ausreisen.

Dort war sie nun Rentnerin, bekam aber nur eine ganz geringe Rente. Darum war sie noch ein paar Jahre lang zur Geldaufbesserung bei Tchibo tätig. Denn sie bekam keine Rente als Deutsche, sondern eine sogenannte „Fremdrente“, also viel weniger als ihr eigentlich zugestanden hätte. Da sah man es doch gleich wieder: Hatte sich was mit dem albernen Rumgelaber, von wegen, alle Brüder und Schwestern aus West und Ost sind Deutsche!

Und dann öffnete sich nach 28 Jahren, zwei Monaten und 28 Tagen die Berliner Mauer. Der Rest ist Geschichte!

Wie ich zum „Neuen Forum" kam

Ich galt sozusagen als der Hans- (Gerhard-) dampf in allen Gassen! Ich kam mit jedem schnell ins Gespräch, hielt mit meiner Meinung nie hinter dem Berg - warum sollte ich auch? - und fand mich flugs in allen Situationen zurecht.

Somit war ich ein guter Kandidat für das „Neue Forum". Und das aus zwei Gründen. Erstens war es für mich ein Hort der neuen Gedanken. Das Neue Forum war ein Sammelbecken für alle möglichen Strömungen in der Gesellschaft, eine Art moderne Nationale Front. Es sollte eine neue Form der Gesellschaft geben. Dummerweise wusste kaum einer, wie genau das dann aussehen sollte. Aber als Grundlage allen Handelns war den Menschen bewusst, dass es so nicht mehr weitergehen konnte in der DDR.

Machen wir uns nichts vor. Weder im Westen noch im Osten waren die Menschen frei in ihren Entscheidungen. Im Westen hatten die Amerikaner das Sagen, im Osten immer noch die Russen. Obwohl deren Sowjetunion am Zerbrechen war. Doch noch immer galt alliiertes Recht in beiden deutschen Staaten. Bis zum heutigen Tag ist das so! Und da ist es egal, ob es aus allen möglichen Richtungen tönt, diese Dinge seien obsolet! Meine Güte, wenn die Dinge nicht mehr wirksam und geltend wären, kann man sie doch ruckzuck und offiziell beenden. Nach Gesetz, nach Wort und Buchstaben alles neu formulieren und aufschreiben! Das wäre im Interesse unserer Heimat - nur wären auch die Amerikaner daran interessiert? Wohl doch eben nicht!

Doch zurück zum Neuen Forum. Der zweite Punkt meiner Aktivitäten hatte ganz pragmatische Ursachen. Natürlich wollte der Geheimdienst mit am Tisch sitzen. Natürlich hatte die Bildung einer neuen gesellschaftlichen Organisation das Interesse der Sicherheitsorgane. Allerdings muss ich dazu wiederholen: Es ging nicht darum, festzustellen, wer was wie sagte! Es ging darum, dieses Neue Forum von Anfang an gegen offene oder auch verdeckte Feinde der Freiheit zu schützen. Und es ging darum, dass man es fremden Mächten eben nicht gestatten würde, sofort ihren Einfluss gelten zu machen, um eine demokratisch orientierte Bürgerbewegung wieder den Interessen von Industrie, Kapital und Politik unterzuordnen! Und das hatte weiß Gott nichts zu tun mit Sozialismus oder Kapitalismus! Das hatte zu tun mit Freiheit, wirklicher Freiheit auf der einen Seite oder erneuter Unterdrückung und Vernichtung einer echten Macht, die vom Volke und seinen Menschen ausging. Natürlich waren auch die anderen schon wieder am Start. Es war völlig klar, niemand würde jetzt darauf verzichten, heimlich, still und leise, dafür zu sorgen, alle Zukunft unkontrolliert an den Runden Tischen besprechen zu lassen. Ich gehe mal davon aus, für das Kapital, für die Banken und für die Industrie stand auf der Argenda ein Zugewinn von fast 16 Millionen neuen „Verbrauchern", „Konsumenten" und „Kunden". Wer ließe sich so ein Geschäft entgehen?!

Wie ich erneut den Teufelsberg besuchte

Ich hatte ja schon erzählt, dass mich meine Aufklärungsarbeit auch ab und zu mal in die Gegend des Teufelsbergs geführt hatte.

Im Jahre 1990 führte mich mein Weg wieder einmal in diese Gegend. Diesmal war es aber nicht Aufklärungsarbeit, sondern eine Einladung. Die Veranstaltung hieß: „FOR PARTNERSHIP AND FRIENDSHIP" und fand anlässlich der Wiedervereinigung der beiden deutschen Staaten statt. Da waren so um die zwanzig Leute gekommen. Meine liebe Frau Iris, mein alter Freund Günter Herwig († 2020) und ich waren sogar als Ehrengäste eingeladen. Günter wohl, weil er lange Jahre als Doppelagent für die HVA und den englischen Auslandsgeheimdienst MI 6 tätig gewesen war. Meine liebste Iris sowieso, weil sie eben *sie* ist! Und ich? Tja, ich weiß jetzt nicht, ob „DIE“ wussten, dass ich schon öfter mal in früheren Jahren des Kalten Krieges am Fuße des Teufelsberges meine Aufklärungen betrieben hatte. Und auch der gute Günter hatte jahrelang in erster Linie für die HVA gearbeitet. Aber bestimmt wussten sie Bescheid, die Jungs und Mädels von „The Hill“, wie die Anlage von den Amerikanern genannt wurde. Wahrscheinlich war es im Jahr 1990 mittlerweile egal, obwohl die Anlage noch immer in Betrieb war. Wir drei, Günter, Iris und ich, bekamen sogar eine Sonderführung.

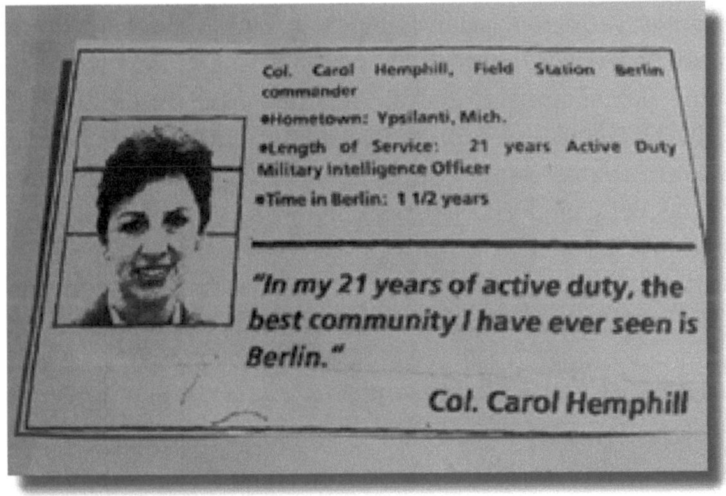

Und nicht von irgendjemand, nein, uns führte eine ganz besondere Person durch die Räumlichkeiten: die letzte US-Kommandantin der „Field Station Berlin“, wie der Teufelsberg in Armeekreisen hieß: Colonel Carol Hemphill, von der „5TH SIGNAL COMMAND UNITED STATES ARMY“.

Wir durften sogar in Räume, die damals noch nicht für alle zugänglich waren. Wir erfuhren, die NSA hatte vom Teufels-

berg aus bis nach China alles abgehört, was überhaupt abzuhören war! Und auch, dass in den Zeiten der aktiven Nutzung Tag für Tag wohl um die 1000 Amerikaner aus ihren West-Berliner Kasernen hierher auf den Teufelsberg kamen. Die meisten von ihnen reisten mit Bussen an. Und da war alles vertreten: Techniker, Sprachanalysten, Spezialisten für Aktenvernichtung, Militärpolizei, Köche, Klempner. Natürlich auch ganz „normale" amerikanische Soldaten und Offiziere. Ich musste mir die ganze Zeit über ein Lächeln verkneifen und dachte mir: *Erzählt mir mal was Neues.* Der Teufelsberg stand ja auch genau aus diesen Gründen unter ständiger Überwachung unserer HVA!
Als uns dann die Ma'am Colonel C. Hemphill mit ernster Miene und fest im Glauben erklärte: «Wir waren es, die dafür sorgten, dass der Kalte Krieg kalt blieb - der Stolz, der bis heute die NSA prägt», atmete ich dann doch mit einem Seufzer tief durch. Erstaunlicherweise nahmen das beide Seiten der politischen Systeme Sozialismus und Kapitalismus gern für sich in Anspruch. Doch als ich ein wenig mehr darüber nachgedacht habe, kam ich zu dem Schluss, dass es eigentlich stimmte. Es gab zwar verschiedene Herangehensweisen bei diesem Thema, doch glaube ich, wichtig war nur, dass es in den Jahren des Kalten Krieges nie zu einer gefährlichen Wendung in den Beziehungen zwischen Ost und West kam. Auch wenn man die eine oder andere brenzlige Situation hatte, Gott sei Dank war nie ein Kriegsfeuer ausgebrochen! Und darum durfte ich auch ein bisschen stolz darauf sein, meinen bescheidenen Anteil zum diesbezüglichen Brandschutz beigetragen zu haben!

Im kleinen festlichen Rahmen bekamen wir „Helden der Wende" wenig später aus den Händen von Commander Colonel Carol Hemphill, diese Ehrenmedaille der „Spionage-Abhörstation Teufelsberg (Field Station)" verliehen!

Wir, Günter Herwig, ehemaliger Aufklärer der HVA und Doppelagent für den britischen MI 6, und ich, Hans-Gerhard Ammon, ehemaliger Kundschafter und Aufklärer der HVA. Wir beide, im gegnerischen Sprachgebrauch Spione oder Agenten

genannt, bekamen von noch amtierenden Spionen und Agenten der ehemaligen Gegenseite eine Ehrenmedaille! Wenn das keine würdige Auszeichnung ist …!!

Paul McCartney schrieb einst den Song „The Fool On The Hill“ *(Der Narr auf dem Berg)* für die „Beatles“. Nach dieser Veranstaltung fielen mir die Worte aus diesem Song wieder ein:

But the fool on the hill sees the sun going down
And the eyes in his head see the world spinning round …

Doch der Dummkopf auf dem Hügel sieht die Sonne untergehn,
Und seine Augen sehen, wie die Welt sich dreht …

Na, da muss man doch nichts weiter zu sagen. Oder?

WIE ICH IM NEUEN FORUM AKTIV WAR

Ich weiß noch, wie das mit dem Neuen Forum angefangen hat. Wir, eine kleine handverlesene Truppe, versammelten uns heimlich in allen möglichen Räumen, wir waren sogar mal in einer Pathologie, und führten dort unsere heftigen Diskussionen und träumten davon, die Welt zu verändern. Später kletterte ich dann die bescheidene Karriereleiter Stufe für Stufe hinauf: Ich war Ortssprecher des Neuen Forums von Zeuthen und habe dort auch den runden Tisch organisiert. Dann war ich Mitglied des Kreissprecherrates, tätig im Bezirkssprecherrat, im DDR-Sprecherrat und im Republikssprecherrat. Ich war Mitglied des Kreistages, für die Nachfolge in die Volkskammer und vielleicht auch in den Bundestag, resultierend aus der Mitgliedschaft im Neuen Forum.

Nach dem Mauerfall wurde das Neue Forum im Raum Zeuthen und Umgebung auch aktiv bei der Frage der zukünftigen Verwendung der diversen Gästehäuser von Partei, MdI und MfS. Aber auch ein wichtiges Thema war die Frage, was mit dem dort befindlichen geheimen Fernmeldebunker passieren sollte, der die gesicherten Fernmeldeleitungen beherbergte (zum Beispiel nach Pätz bei Königs Wusterhausen, zum Kommando der Grenztruppen), aber auch technischer Knotenpunkt war zu den Kreisleitungen der SED und der Bezirksleitung nach Potsdam.

Generalmajor a.D. Karl Wilhelm stellte mir dann einen Militärstaatsanwalt an die Seite. Mit ein paar anderen Mitgliedern des Neuen Forums aus Königs Wusterhausen hatten wir nun die Aufgabe, die Gästehäuser zu öffnen und Materialien und Unterlagen aller möglichen Verwendungszwecke zu sichern. Natürlich blieb diese Aktion nicht lange ein Geheimnis und plötzlich tauchten allerlei Menschen auf, die es sich nicht nehmen lassen wollten, bei diesen Hausöffnungen dabei zu sein. Selbstredend war niemand mehr in den Häusern anzutreffen, also sprich Gäste oder leitende Mitarbeiter oder solche Leute.

Wenn überhaupt, gab es nur noch vereinzelt Hausmeister in ihren grauen Kitteln, die dafür sorgen sollten, dass die Häuser stets einsatzbereit gehalten wurden. Diese armen Menschen wurden nunmehr sofort zum Objekt des Volkszornes erklärt und bekamen die geballte Wut der Massen ab – zum Glück nur verbal!

Einer dieser Vertreter des werktätigen Volkes, ein Maurer und Fliesenleger, ein bulliger Kerl, tat sich ganz besonders übel als selbsternannter Rächer der unterdrückten Massen hervor. Er hatte, das ist kein Witz, einen Strick dabei und wollte tatsächlich einen dieser Hausmeister an einem Baum aufknüpfen! Ich stellte mich diesem wutendbrannten Zeitgenossen entgegen und erklärte ihm in sachlichen Worten, ich sei der Ortssprecher des Neuen Forums in Zeuthen, und ich würde hier und jetzt keine wie auch immer geartete Form von Gewalt zulassen! Der Handwerker dachte aber ganz und gar nicht daran, sich von seinen Lynchaktivitäten abbringen zu lassen. Er kam mit zorniger Entschlossenheit auf mich zu. Ich hatte gar keine andere Wahl. Mit einem gezielten Schlag musste ich ihn aus dem Verkehr ziehen. Wie später festgestellt wurde, hatte der Handwerker vor, seine eigene Vendetta durchzuführen, weil er in der Vergangenheit öfter mit dem MfS Probleme gehabt hatte und längere Zeit eingesperrt gewesen war.

Mir war zu diesem Zeitpunkt klar geworden, wenn man irgendwann einmal diese gesamte Situation der damaligen Zeit aufarbeiten will, würde man das völlig ohne Emotionen tun müssen, nur aus der rein wissenschaftlichen Sichtweise und frei von politischen Wertungsmaßstäben. Nur so wäre es möglich, alle Faktoren beachtend, zu einer richtigen Einordnung dieser Epoche zu kommen. Es war über einen langen Zeitraum das bekannte Prinzip von Brot und Spielen angewandt worden, ein Prinzip, das seit den Tagen des Römischen Reiches immer wieder mit großem Erfolg genutzt und benutzt wurde.

Es war alles in allem eine Zeit des Aufbruchs. Aber es war auch eine Zeit, in der man begreifen musste, jetzt hieß es, aktiv mitzuarbeiten bei der Neugestaltung der Gesellschaft. Früher wurde oft gesagt: Wenn wir *dürften*, wie wir *wollten*, dann *wüssten* wir, was wir *täten*! Aber als sie dann etwas tun *konnten*, wussten sie nicht, was sie eigentlich hätten tun *müssen*! Das war die Krux dieser Zeit! So richtig hatte keiner einen Plan und erst recht nicht einen „Plan B", sollte der nichtexistierende Plan in irgendeiner Weise schief gehen!

Nur eins war Fakt und das war Iris und mir völlig klar, in jenen Tagen: Egal, was passieren würde, egal, wie das alles ausgehen sollte, das Leben würde weitergehen. So oder so. Und es würde an jedem Einzelnen liegen, was er daraus machte. In etwas anderer Auslegung erinnerte es uns an die Worte des weltweit bekanntesten Kampfliedes der Arbeiterbewegung, die Internationale:

Es rettet uns kein höh'res Wesen,
kein Gott, kein Kaiser noch Tribun.
Uns aus dem Elend zu erlösen,
können wir nur selber tun!

Wenn *das* nicht angewandter dialektischer Materialismus ist, dann weiß ich auch nicht …

Ich bin nicht in die SPD oder in die CDU eingetreten, wie das viele andere getan haben, aus welchen Beweggründen auch immer. Ich wollte wirklich mithelfen, etwas zu verändern!

Das Wichtigste dieser Tage war: Kein Blutvergießen und keinen Bürgerkrieg zuzulassen!

Und dann gab es da einen Aspekt, den hatten ziemlich kluge Leute ziemlich schnell herausgefunden, auch ich: Wenn man wirklich etwas bewegen wollte, wenn man verhindern wollte, dass zukünftig die ehemaligen DDR-Bürgerinnen und Bürger „außen vor" enden würden, gab es nur eine Möglichkeit und die hieß, das Neue Forum musste eine Partei werden! Schlagartig könnte es sogar Millionen Mitglieder geben! Was wäre das für eine Kraft! Sich mit den sogenannten Volksparteien der „alten" Bundesländer auf Augenhöhe gegenüberzustehen, sich zu schützen vor Ausplünderung und einer „Einfach-alles-plattmachen-Mentalität" gegenüber der DDR, das wäre eine wirkliche und faire Wende für unseren Teil des Vaterlandes!

Wir waren 55 Leute, die im Januar 1990 beim letzten Republiksprechertag in Karl-Marx-Stadt, im Kristallpalast, den Vorschlag zur Diskussion brachten, dass das Neue Forum eine Partei wird. Und zwar in einem vereinten Deutschland! Diejenigen, die nicht in diese Partei wollen, sollten wenigstens aktive Unterstützer werden!

Das Ende vom Lied war, wir wurden als Verräter beschimpft, als Verbrecher! Uns wurde unterstellt, wir hätten eine DDR gewollt, nur in einem etwas anderen Gewande. Das war so ein Unsinn! Keiner der halbwegs noch alle Tassen im Schrank hatte, hätte ernsthaft daran geglaubt, es könne zwei nebeneinander existierende deutsche Staaten geben! Wie heißt es, Geld regiert die Welt! Damit war die DDR spätenstens „raus", denn unsere Währung war eben nicht kompatibel. Außerdem hatte der Westen viel mehr Kapazitäten, in allen Hinsichten! Da war alles Weitere von vornherein zum Tode verurteilt!

Es brauchte kein gemeinsames Level, denn der Westen hatte viel mehr Potenzial. Die Ostverantwortlichen hatten das Land verkauft.

Und was war dann? Die DDR ist *beigetreten*? Wir *wurden* beigetreten und von den letzten Ostverantwortlichen verraten und verkauft! So einfach ist das.

Die Treuhand? Schon der Name ist ein Schlag ins Gesicht! Das war ja wohl der größte Verbrecherverein, den es gab! In meinen Augen ein Club mit ähnlichen Strukturen wie bei der Mafia! Die DDR wurde verramscht! Im Interesse der großen Konzerne, um Konkurrenten auszuschalten. Es war einfach nicht richtig, zu behaupten, im Osten wäre alles Schrott gewesen. Wenn die Firmen mit den Produkten, die gut gingen, hätten vernünftig produzieren können, wären sie eine ernsthafte

Konkurrenz geworden für den westlichen Teil unseres Vaterlandes!

Wir haben damals im Landkreis Dahme-Spreewald ein Buch geschrieben mit 34 anderen Autoren: „Bleibt hier, weil wir euch brauchen“. Es war ein Versuch, die Leute zu bewegen, nicht die Heimat zu verlassen. Aber dieser Versuch war untauglich. Viele, auch junge Leute, die durch nichts gebunden waren, sei es ein Haus, eine Firma oder so etwas, gingen trotzdem, wenn man es im Westen nur so richtig golden leuchten sah.

Das fing schon mit diesem „Begrüßungsgeld“ an. 100 DM, die hervorragend geeignet waren, um anzufüttern und um neue Bedürfnisse zu wecken.

Zum Glück gab es aber auch überall Leute, die sich richtig darum Sorgen machten, wohin die Reise gehen sollte.

Nur die Arbeit der Geheimdienste ging anscheinend unverändert weiter. Bis zum März 1990 war zum Beispiel die MfS-Kreisdienststelle Königs Wusterhausen immer noch damit beschäftigt, in klein-klein aufzuschreiben und weiterzureichen, was so los war. So ein sinnloser Blödsinn!

Der stellvertretende Leiter der Dienststelle hat sich dann ja nach der Wende auch in seiner Garage erschossen …

Wie ich das Neue Forum schließlich verließ

Mit dem enttäuschenden Ergebnis der Entscheidung von Karl-Marx-Stadt im Januar 1990 und der Erkenntnis, dass es die „anderen“ wieder einmal geschafft hatten, die Vernunft und den Verstand mit den Posaunen des Ruhmes und den Möglichkeiten des schnöden Mammons auszuhebeln, warf ich enttäuscht das Handtuch. Ich hätte keine Angst gehabt vor dem Kampf oder davor, selbst politische Verantwortung zu übernehmen. Aber mir wurde immer mehr bewusst, dass man dabei war, das zarte Pflänzchen der aufkeimenden Demokratie in der noch existierenden DDR mit den schweren Stiefeln der Rücksichtslosigkeit zu zertreten. Ich war es leid zu sehen, dass die wahren Verräter unserer Ideen uns ungestraft als Verräter titulieren konnten. Und das Volk? Es folgte lieber der lieblichen Musik von angeblicher Freiheit, Sommerreisen nach Malle, Italien oder Griechenland und dem Versprechen, künftig seinen Arbeitslohn in harter Währung ausbezahlt zu bekommen. Doch die neuen sogenannten „Arbeitnehmer" bekamen erstaunte Gesichter und verstanden die Welt nicht mehr, als ihnen dann von den „Arbeitgebern" die Kündigung überreicht wurde, denn man brauchte ihre Mitarbeit nicht mehr, da man ihre Arbeitsplätze wegrationalisiert oder gleich die ganze Firma ins Ausland verlegt hatte! Schöne, neue Welt?

Mit Verlaub … am Arsch!!

Wie ich endlich richtiger Unternehmer wurde

Der Rückzug aus der aktiven Politik hatte auch noch einen anderen Grund. Meine liebe Iris und unser Sohn haben in der Zeit, in der ich mit dem Neuen Forum beschäftigt war, die Erweiterung unseres Familienunternehmens vorangetrieben.

Gleich nach dem Öffnen der Mauer in der Nacht vom 9. November hatten wir ja die Geburtstagsfeier unserer Tochter Grit unterbrochen und uns alle nach Westberlin aufgemacht, um uns mit eigenen Augen vom Wahrheitsgehalt der neuen offenen Grenze zu überzeugen und natürlich auch, um diese historische Stunde nicht zu verpassen. Es war ein unglaubliches Gefühl. Wenn ich heute noch manchmal Szenen aus der damaligen Zeit im Fernsehen sehe, spüre ich wieder diesen „Wind Of Change" von einst, wie ihn die Scorpions in ihrem Song beschrieben haben.

War es in dieser Nacht reiner Zufall oder doch eher ein Wink des Schicksals? Ich traf am Café Kranzler, am Kurfürstendamm auf Eberhard Diepgen. Er war damals der Landes- und Fraktionsvorsitzende der Berliner CDU. Später dann zehn Jahre lang

Regierender Bürgermeister der Stadt, eine Tätigkeit, die er von 1984 bis Januar 1989 schon einmal ausgeführt hatte. Wir tauschten unsere Visitenkarten aus und führten ein langes Gespräch. Ich berichtete ihm von meinem Plan, im Ostteil der Stadt einen Fahrdienst für behinderte Menschen aufzubauen. Eberhard Diepgen hörte mir interessiert zu und wünschte mir für meine Arbeit alles Gute. Für mich war dieses Gespräch sehr wichtig. Es gab mir Kraft und zeigte mir, dass ich die Zeichen der Zeit verstanden hatte und mich auf den Weg machen konnte in einen neuen Lebensabschnitt.

Da kann man jetzt sagen, was man will, dass es ungehörig sei oder unangebracht oder einfach nur geschmacklos, so eine historische Situation für Persönliches auszunutzen. Dazu kann ich nur sagen: Erstens war mir sofort klar geworden, Historie hin oder her, man muss den Stier bei den Hörnern packen, wenn es heißt, eine Aufgabe offensiv anzugehen, so wie ich es in meinem Leben immer gemacht habe. Denn zweitens war da ja noch mein komplett ausformuliertes Arbeitspapier zur Schaffung eines funktionierenden Behindertentransportunternehmens, das ja Monate vorher niemand in der DDR unterstützen wollte. Wenn nicht jetzt, wann dann? Unser Vorteil war, wir kannten die Situation der behinderten Menschen in der DDR. Die Westberliner Unternehmen diesbezüglich würden sich den neuen Markt nicht nehmen lassen, also mussten wir schneller sein!

Es gelang uns nach vielen Mühen und diversen Fußmärschen, nach langen Gesprächen und ewig neuem Erklären, endlich eine Bank zu finden, die uns einen Kredit gewährte. Von wegen, die Banken hätten in der damaligen Aufbruchstimmung den Leuten das Geld bündelweise hinterhergeworfen! Schön wäre es gewesen!

Wie gesagt, wir konnten schließlich ein Finanzunternehmen von unserer Geschäftsidee überzeugen, erhielten einen Kredit im sechsstelligen Bereich, und nun konnte es losgehen!

Meine fleißige Iris und unser Sohn Holm hatten angefangen, unseren Kranken- und Behindertentransport aufzubauen. Als das Unternehmen langsam Fahrt aufnahm, stand die Frage im Raum, wie es weitergehen sollte. Darüber brauchte ich nicht lange nachzudenken. Ich entschied mich für die Mitarbeit in unserem Unternehmen und verabschiedete mich aus allen politischen Ambitionen des Neuen Forums. Das war im Frühjahr 1990.

Nun war es ein ganz anderes Arbeitsgebiet, mit dem ich es jetzt zu tun hatte. Es würde sich zeigen, ob unsere theoretischen Konzeptionen und Vorarbeiten in der Praxis greifen würden. Aber da machte ich mir völlig umsonst Gedanken, denn unsere Ideen ließen sich wunderbar umsetzen. Ich hatte ja schon erzählt, dass ich mir in den „alten Bundesländern" alle möglichen Behindertentransport-Unternehmen angesehen hatte. Es war unglaublich, wie viel Geld da mit derlei Konzepten gemacht wurde.

Viele Unternehmungen wurden plötzlich aus dem Boden gestampft, um auch im Osten an diesem Geschäft mitzuverdienen. Das ist ja erst einmal nichts Verwerfliches. Nur hatten viele dieser Neuunternehmer überhaupt keine Ahnung von der Materie noch den anderen Anforderungen, die es in diesem Bereich zu beachten gab. Da war es auch gar nicht verwunderlich, als bei denen dann eines schönen Tages das Finanzamt an die Tür klopfte. So etwas konnte uns nicht passieren, denn wir waren ja mit den Regeln des Geschäftslebens bestens vertraut. Man konnte eben nur das einsetzen, was da war. Es hieß, kostendeckend zu arbeiten und nicht aus dem Vollen schöpfen zu wollen, wenn es gar kein „Volles" gab!

Wir machten kleine Schritte, die aber kontinuierliches Gehen garantierten! Das war unser Erfolg. Wobei ich sagen muss, das war kein Wunder, sondern unsere gute Art zu wirtschaften. Darum konnten wir bald einen Betrieb in Westberlin aufkaufen, weil dessen Besitzer sich mit seinen Finanzen völlig verkalkuliert hatte. So wurde unsere Flotte um vier Fahrzeuge erweitert. Die Mitarbeiter der Firma haben wir auch übernommen. Allerdings musste ich denen gleich einmal zeigen, wo der berühmte Hammer hängt, denn wenn ich eins auf den Tod nicht ausstehen konnte, waren das Faulheit und Schlendrian!

1993 konnten wir unseren Betrieb erweitern. Wir gründeten die „Hans-Gerhard Ammon & Co. oHG".

Doch auch unsere Mitanbieter im Sektor Behindertentransport bemerkten, dass da mit uns jemand aufgetaucht war, der eine ernstzunehmende Konkurrenz darstellte. Ihre Ambitionen zielten darauf, die Auftragserteilung für unseren Betrieb im Bereich Westberlin zu boykottieren. Dann wurden Rechnungen zurückgehalten oder erst reichlich verspätet bezahlt. Es gab angebliche Mißverständnisse bei Absprachen, die unsere Arbeit auch behinderten. Wir merkten sehr schnell, es ging einzig und allein gegen „die da aus dem Osten"!

Es war klar, dass wir uns das natürlich nicht lange ansehen würden! Ich zückte mein Visitenkartenbüchlein und kontaktierte alle, die uns bei der Lösung dieser leidigen Geschichte behilflich sein konnten. Unnötig zu erwähnen, dass solche Störungen bald der Vergangenheit angehörten und wir unsere Arbeit mit großem Erfolg weiterführten!

Unter dem Logo „Telebus" arbeiteten nunmehr drei Firmen in Kooperation für das gesamte Berliner Gebiet zusammen. Ich hatte da die Leitung. Wenn es jetzt zu irgendwelchen Problemen kam oder es irgendwo „brannte", rief man mich als Feuerwehr in der Not. Das stärkte unseren guten Ruf in der Branche stetig und ließ unseren Betrieb wachsen!

Wir bauten unsere Angebote immer weiter aus. So waren wir mittlerweile bis nach Schweden, in die Benelux-Staaten, nach Italien und Spanien, eigentlich überall in Europa mit Behinderten unterwegs. Um mal eine Relation zu setzen: Ein Buseinsatz nach Spanien kostete damals 3.500 DM, aber man war auch bis zu 38 Stunden unterwegs.

Wenn es um Fragen zu Behindertentransporten ging, hat selbst die AOK bei uns angerufen, um sich zu erkundigen, wie man da einige Dinge so macht. Sie wussten eben, dass wir uns auskannten und stets eine hilfreiche Antwort geben konnten.

Nach 10 Jahren hatten wir unseren Kredit komplett zurückgezahlt. Wir hatten einst mit 3 Fahrzeugen angefangen und gearbeitet wie die Bienchen oder wie die Ameisen. Ganz wie man will.

Das Geheimnis unseres Erfolges ist einfach gesagt, die Arbeit in der Familie. Wie hieß es einmal in der Persil-Werbung:

... da weiß man, was man hat!

Wir haben heute über 30 Fahrzeuge am Start und sind mit unserem Familienunternehmen an die erste Stelle der Anbieter aufgerückt und somit *der* Spezialist für den Kranken- und Behindertenfahrdienst in Berlin und Brandenburg.

Es war ein langer und schwerer Weg, aber auch eine Zeit, die unsere Familie immer wieder zusammengeschweißt hat. Es war eine Arbeit, die zwar täglich neue Herausforderungen an alle stellte, aber die uns viel Spaß gemacht hat und auch weiterhin macht!

Wenn ich heute auf unsere Firmengeschichte zurückschaue, erfüllt es mich immer wieder mit großem Stolz, was wir da auf die Beine gestellt haben!

Wie ich mal wieder was ganz Verrücktes tat

Mir fällt da gerade eine Geschichte ein, die muss ich unbedingt noch erzählen. Gleich zwei Tage nach dem 9. November habe ich mir bei einem Automobilverkäufer einen weißen AUDI 80 zugelegt, den fuhr ich dann als Taxi bis zum März 1990.

Im März habe ich den AUDI gegen einen RENAULT 19 getauscht, mit Wertausgleich, wie man das so schön nennt im Autoverkäufer-Vokabular. Die rote französische Schönheit hatte erst 5 Kilometer auf der Uhr. Sie gefiel mir so gut, dass wir sogleich ein Paar wurden …

Knapp drei Wochen später tauchte ich wieder beim freundlichen Renault-Verkäufer auf, weil ich die vorgeschriebene Durchsicht und auch gleich noch einen Ölwechsel machen lassen wollte. Der Autohändler sah mich erst prüfend an, dann seufzte er und schüttelte leicht mit dem Kopf. Er erklärte mir in ruhigen und gut gesetzten Worten, diese Durchsicht sei erst nach 10.000 Kilometern notwendig. Das Gleiche gelte für den

Ölwechsel. Ich erwiderte nur, dass mir das durchaus bewusst sei. Nun sah mich der Händler an, als würde ihm einer gegenüberstehen, der mindestens einige Latten zu wenig am Gartenzaun hätte. Mit leicht ironischem Lächeln erkundigte er sich, ob ich ihn nicht richtig verstanden hätte. Ich sah ihm freundlich ins Gesicht und erwiderte: «Natürlich habe ich Sie verstanden. Sie haben ja nicht chinesisch mit mir gesprochen."
Der Fachverkäufer seufzte wieder. «Guten Mann, Sie haben vor drei Wochen bei mir diesen Renault gekauft. Jetzt wollen Sie mir doch nicht erzählen, dass Sie in den paar Tagen 10.000 Kilometer gefahren sind!»
«Doch», erwiderte ich, «sogar noch ein paar mehr.»
Der Mann sah mich an, als wäre ich von einem anderen Stern.
«Sie wollen mich doch veralbern!?»
«Warum sollte ich?»

Wir gingen beide zum Auto und der erstaunte Auto-Mann traute seinen Augen kaum. Auf dem Tacho standen ganz genau 10.386 Kilometer. Ich löste das Rätsel auf. Mit meiner Iris hatten wir eine große Tour durch Europa gemacht. Ich wollte ihr einfach einmal zeigen, wo ich so überall unterwegs gewesen war, damals, als Kundschafter. Wir waren in den Beneluxländern, also in Belgien, den Niederlanden und Luxemburg. Dann in Frankreich und runter nach Spanien. Noch einmal durch Frankreich und schließlich zurück nach Deutschland. Der Auto-Mann fand das so beeindruckend, dass er mir die Durchsicht und den Ölwechsel für unseren Wagen auf Kosten des Hauses spendierte.

Wie ich aus wichtigem Grund in die Luft ging

Am 14. Juli 1994, dem 72. Geburtstag meines Vaters, charterten wir ein Kleinflugzeug des Typs Cessna. Mein alter Freund aus Lehrlingstagen in Halle, der Wolfgang, hatte eine Fluglizenz. Mein Sohn Holm war dabei und einer seiner Kumpels. Als wir in der Luft waren, durfte ich den Steuerknüppel übernehmen.

Irgendwie hatten wir bei unserer regen Unterhaltung hoch über der Erde ein wenig das Ziel unseres Ausflugs verpeilt. Die Frage war, wo genau wir uns gerade befanden. Ich hatte eine Idee, als ich das nächste Dorf unter uns sah. Zum Entsetzen meines alten Freundes, ging ich in den Sturzflug über, um am Dorfrand das Ortseingangsschild zu lesen. Genau dort stand ein wohl älterer Mann, der gerade damit beschäftigt war, mit einer Sense das Gras am Straßenrand zu mähen. Bei unserem ersten Anflug konnte keiner der Insassen des Fliegers das Schild lesen. Also zog ich eine große Schleife und flog erneut an, diesmal allerdings noch etwas tiefer. Der „Sensenmann" hatte unsere Aktion wahrscheinlich schon beim ersten Mal argwöhnisch beobachtet. Als wir erneut angeflogen kamen, nunmehr ziemlich tief, warf er seine Sense weg und eilte schnell davon. Keine Ahnung, was er vermutet hat, wer wohl warum solche gewagten Flugmanöver vollführte …

Wir jedenfalls wussten jetzt wieder, wo wir uns genau befanden, somit konnten wir unseren Flug fortsetzen. Ich hatte mir für diesen Tag etwas ganz Besonderes ausgedacht! Wir flogen Richtung Salzwedel. Dort machte ich es, wie dereinst mein Vater: Ich ging auf etwa 200 Meter herunter und umflog dreimal die Marienkirche. Dann wackelte ich mit den Flügeln. Das war für mich ein sehr bewegender Moment, mit großen Emotionen. Ich war meinem Vater nah, wie noch nie zuvor in meinem Leben! So muss er sich gefühlt haben, wenn er damals nach seinen Kampfeinsätzen immer nach Hause zurückgekehrt ist …

Dann wollte ich das Flugzeug auf dem Fuchsberg landen. Doch mein Freund riet davon ab. Der Fuchsberg war seit Jahren schon kein offizieller Flugplatz mehr. Wenn wir da trotzdem runtergegangen wären, hätte es ziemlichen Ärger gegeben, ohne Frage! Und das musste ja nun wirklich nicht sein!

«Das niedrige Überfliegen von Salzwedel ist eigentlich streng verboten! Wie generell über bewohnten Gebieten eine vorgeschriebene Mindesthöhe von 500 Metern zu beachten ist! Ganz abgesehen von der Aktion vorhin am Dorfeingang ...», bemerkte mein Chefpilot vorwurfsvoll!

So holten wir uns besser über Funk die Genehmigung vom Luftsportverein Kreis Lüchow-Dannenberg e.V., auf ihrem Flugplatz in Rehbeck zu landen. Von dort bestellten wir uns ein Taxi und fuhren in einer knappen Viertelstunde nach Salzwedel zu Iris' Mutter, stärkten uns dort mit Kaffee und Kuchen und kehrten danach zum Flugplatz zurück. Wir sind dann wieder gestartet und flogen Richtung Heimat.

Reinhard Mey hatte völlig recht: Über den Wolken *ist* die Freiheit grenzenlos! Und alles was uns groß und wichtig erscheint, *ist* plötzlich nichtig und klein! Ohne Frage!

XI.

Adel verpflichtet ...

Als ich zum ersten Mal in Salzwedel die geheiligten Hallen meiner zukünftigen Schwiegermutter betreten durfte, fiel mir im Flur gleich ein gerahmtes Wappen auf. Meine Iris erklärte mir, das wäre das Wappen ihrer Familie, derer von Wellmann.

Erstaunlicherweise war Iris' Mutter beim Thema Familie und Traditionen doch recht aufgeschlossen, was ja sonst nicht so der Fall war, da sie mich von Anfang an eher misstrauisch beäugte.

Sie sprach aber gerne über ihre Familie, schon allein aus dem Grund, damit ich gleich begriff, dass sie mich aus ihrem Leben total ausschließen wollte! – Interessant waren ihre Erzählungen aber allemal.

Wie ich alles über die Wellmanns erfuhr

Die Geschichte derer von Wellmann ging zurück bis ins 13. Jahrhundert. Iris' Familie entstammte dereinst einem alten Rittergeschlecht, das am Niederrhein beheimatet war und eine lange Tradition ihr Eigen nennen konnte.

Dieser Teil der Geschichte hat mich nicht besonders gestört. Im Gegenteil. Mir war gleich am Anfang unseres Kennenlernens aufgefallen, dass Iris eine ganz besondere Ausstrahlung hatte. Sie war klug, eine angenehme Gesprächspartnerin und man bemerkte sofort, sie hatte eine gute Erziehung genossen. Da hatte sich ihre Mutter sehr drum gekümmert. Iris erzählte mir einmal, was sie alles an Strapazen zu erdulden hatte. Ihr wurde erst einmal richtiges Gehen beigebracht. Das muss man sich wie folgt vorstellen: Buch auf dem Kopf, einen Besenstiel durch die Armbeugen hinter dem Rücken, damit man eine edle Haltung bekam, und los ging es. Ich habe das spaßeshalber selbst mal ausprobiert – man glaubt gar nicht, wie schwer es ist, dabei Haltung zu bewahren! Aber wie heißt es so treffend: „Vornehm geht die Welt zugrunde!"

Für mich war Iris irgendwie eine Art „Gesamtkunstwerk", bei ihr stimmte einfach alles. Und ich war eben auf der Stelle hin und weg, als ich sie das erste Mal gesehen habe! Hatte ich ja schon erzählt …

Natürlich interessierte mich sehr, wie das früher alles so war, mit Kaiser, Adel, Volk und Vaterland. Ich habe mich dann hingesetzt und alles gelesen, was mir zu dieser Thematik in die Hände fiel.

August Eduard Wellmann, Major der Artillerie, später Oberst a.D., erhielt Anfang August 1865 durch *Seine Majestät Wilhelm, von Gottes Gnaden, König von Preußen*, den erblichen Preußischen Adelsbrief.

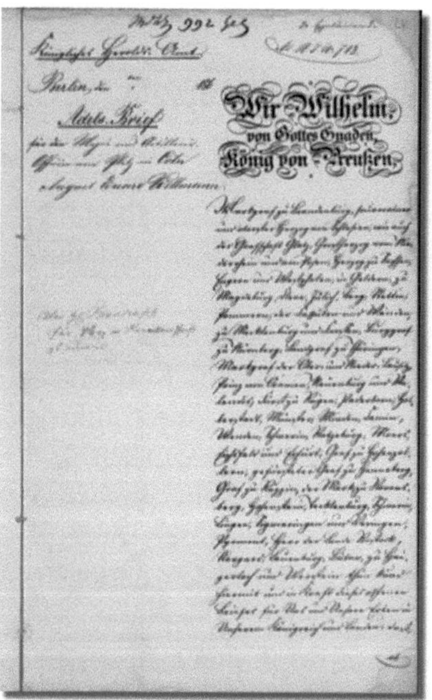

Adels-Brief

Wir Wilhelm,
von Gottes Gnaden,
König von Preußen,

Die Familie v. Wellmann verließ das Gebiet um den Niederrhein und ging nach Preußen, sozusagen ins urpreußische Gebiet. Dort waren sie erfolgreich tätig, als Techniker, Ingenieure, Rechtsanwälte und Staatsbeamte.

Der berühmteste Vorfahre der Familie v. Wellmann war im Stab von Otto v. Bismarck. V. Bismarck wurde im September 1862 vom damaligen preußischen König Wilhelm I. zum Ministerpräsidenten und Außenminister Preußens ernannt. 1867 war er Kanzler des Norddeutschen Bundes und schließlich von 1871 bis 1890 Reichskanzler des von ihm gegründeten Deutschen Kaiserreiches

Der Major und Landesökonomierat Richard Wellmann war an der Ausarbeitung der Unterlagen beteiligt, die dann zum Ende des Deutsch-französischen Krieges 1871 in Versailles unterzeichnet wurden.

1871 Hauptquartier Versailles, Landesökonomierat, Major Richard Wellmann (2.v.l.)

Sein Sohn, der auch den Namen Richard Wellmann trug, kämpfte im I. Weltkrieg als Generalleutnant.

Doch kehren wir zu den Vorfahren meiner Iris zurück. Schon der Großvater von Iris war leitender Ingenieur der bekannten Firma Pumpen Loewe in Salzwedel gewesen. Ein glühender Verfechter einer Gesellschaft, in der die Menschen der deutschen Nation in sozialer Form miteinander leben und arbeiten sollten. Diese Vorstellungen von einer freien Gesellschaft des Miteinanders wurde dann später durch das NS-Regime übernommen und verzerrend im Nationalsozialismus umformuliert.

Iris' Vater kam aus dem kaufmännischen Bereich. Zu Beginn des Krieges war er Direktor eines großen Kaufhauses am Markt in Halle. Der Krieg kam, und der Vater ging zur Waffen-SS. Er wurde zum Wachregiment Berlin der SS-Leibstandarte abkommandiert.

Es wurde in der Familie nie so richtig besprochen, was dann Mitte bis Ende des Jahres 1943 ihren Vater bewogen hatte, sich freiwillig an die Ostfront zu melden. Es hieß, er hätte sich irgendwie im Dunstkreis der Vorbereitungen des späteren Attentats vom 20. Juli auf Hitler befunden. So richtig konnte man ihm aber nichts nachweisen, was mit eventuellem Vaterlandsverrat hätte zusammenhängen können. Somit sei ihm nahegelegt worden, an die Ostfront zu gehen, um sich im Kampf zu bewähren.

Reinhard Wellmann fiel als Unteroffizier Mitte Januar 1944 in Kämpfen auf dem Gebiet des heutigen Estlands. Mit dem Tode des Vaters veränderte sich das Leben der Familie schlagartig. Ihre Mutter war von Hause aus bürgerlicher Herkunft. Somit stand sie nach dem Tod ihres Mannes alleine da. Ohne die Hilfe der Familie wäre es fast unmöglich gewesen, Iris, ihre ältere Schwester und ihren älteren Bruder halbwegs durch diese schwierigen Zeiten während und kurz nach dem Kriege zu bringen.

Iris erzählte mir, dass sie mit ihrer Mutter erst ziemlich spät über die Kriegs- und Nachkriegszeit reden konnte. Sie war ja zum Kriegsende noch viel zu jung, um alles zu verstehen, was damit zu tun hatte. Als sie dann, Jahre später, mit ihrer Mutter alte Fotos ansah, fiel ihr auf, wie elegant ihre Mutter aussah, in ihren schönen Kleidern und mit dem teuren Schmuck. Nach dem Verbleib des Schmuckes befragt, erzählte ihre Mutter dann, wie sie in der Nachkriegszeit immer in die Gegenden gefahren war, wo die reichen Bauern wohnten. Dort tauschte sie Schmuckstücke und wertvolle Kleidung gegen Lebensmittel ein. Ich hatte ja schon davon erzählt, wie es in und um Salzwedel nach dem Krieg zuging. Alle mussten eben sehen, wie sie irgendwie über die Runden kamen.

Wie ich Adelsforscher wurde

Durch die vielen Gespräche mit meiner Schwiegermutter erkannte ich, wie viel ihr diese Traditionen wirklich bedeuteten, auch wenn sie das immer wieder verneinte. Da wir uns mittlerweile im Zeitraum des Internets befanden, fing ich an, ein wenig dort herumzuturnen, um mal etwas in die Materie einzusteigen. Ich wollte unbedingt in Erfahrung bringen, was man anstellen musste, um einen Adelstitel … sozusagen … zurückzubekommen.

In der DDR waren solche Adelsambitionen und das „Von"-Sein völlig verpönt.

Außer dein Name wäre von Schnitzler gewesen und einer deiner „Freunde" hätte Walter Ulbricht geheißen. Kled erzählte mir einmal, als er Ende 1947 in die Sowjetische Besatzungszone übersiedelte, hatte er sein erstes politisches Gespräch mit dem damaligen Leiter der Westabteilung der SED, dem Genossen Ulbricht. Am Ende der Unterredung erkundigte sich Ulbricht, ob Karl-Eduard vielleicht irgendeinen Wunsch habe. Da sagte Kled: «Ja. Jetzt kann ich endlich das dämliche ‚von' ablegen.»

Daraufhin erwiderte Ulbricht, augenzwinkernd: «Du bist wohl verrückt geworden. Die Leute sollen wissen, von woher man überall zu uns kommt. Und dass auch ein Adliger Kommunist werden kann. – Ja? – … Genosse *von* Schnitzler!»

Nun, andere Zeiten, andere Leute, andere Sitten!

Ich surfte jedenfalls ausgiebig durch die Höhen und Tiefen des *World Wide Web* und wurde fündig. Allerdings waren die meisten Informationen für normal Sterbliche verschlossen und wenn überhaupt, dann nur gegen reichlich Geld zugänglich. Wobei es dabei höchst unsicher war, ob man dann auch das bekam, was man suchte.

Aber wie es immer so ist bei mir – ein wenig Zufall gepaart mit meiner stoischen Ausdauer – und voilà: Ich fand eine Genealogin, also eine Frau, die sich mit privat betriebener Ahnen- und Familienforschung beschäftigte.

Heutzutage ist das alles überhaupt gar kein Problem mehr, ein paar Klicks im Internet und du findest alles, was dein Herz begehrt. Aber Anfang der 1990er Jahre war das echt eine Mammutaufgabe, zeitlich, nervlich und vor allem technisch in beanspruchender Weise!

Ich jedenfalls kam über das „Europäische Wappenarchiv" mit Sitz in Wien meinem Ziel nah und näher! Zuerst einmal ließ ich nach meiner Familie forschen, nach Familie Ammon und dem entsprechenden Wappen. Und dann kamen wir überein, dass man alles heraussuchen sollte, was mit den v. Wellmanns zu tun hatte, natürlich mit der Linie meine adligen Iris!

Die Dame in Österreich war wirklich sehr erfolgreich. Man verfolgte da alle Spuren und grub alles aus, was auszugraben war. Schließlich führten die Recherchen über den großen Teich, in den amerikanischen Bundesstaat Utah. Dort befindet sich die 1894 gegründete Genealogische Gesellschaft. Die hatten sich auf ihre Fahnen geschrieben, den Mitgliedern der Kirche Jesu Christi der Heiligen der Letzten Tage, genannt die „Mormonen", beim Zusammentragen familiengeschichtlicher Angaben zu helfen,

> *... hauptsächlich um diesen die in ihrem Glauben übliche stellvertretende Taufe und andere Zeremonien für verstorbene nichtmormonische Vorfahren zu ermöglichen. Als gemeinnützige Organisation stellt die Genealogische Gesellschaft ihre Einrichtungen und Materialien jedoch allen Familienforschern – ungeachtet ihrer Konfession – zur Verfügung. Der Hauptsitz der Organisation befindet sich in Salt Lake City.* (Wikipedia, 25.8.2019)

Auch hier gab es wieder mal einen ganz profanen Grund. Damals konnte man als Mormone polygam leben, also mehrere

Frauen heiraten. Es gab nur eine Forderung: Keine der Frauen durfte aus der gleichen Familie stammen. Da war es klar, dass es etwas mehr brauchte, als nur ein nettes kleines Archiv zu betreiben, wollte man alle Daten aller Leutchen zentral erfassen!

Darum haben im Laufe der Zeit die Mormonen sämtliche Kirchbücher der ganzen Welt von Hand (!!) abgeschrieben und erst in heutiger Zeit digitalisiert. Somit sind die da, in Salt Lake City, heute im Besitz des weltweit größten Namensarchives.

Die Dame aus Wien rief eines Tages an und erklärte uns, die komplette Familiengeschichte der von Wellmanns befände sich in Berlin-Dahlem, im Geheimen Preußischen Staatsarchiv.

Ich war hocherfreut und wollte gleich mal in mein Auto springen, um den Jungs und Mädels dort einen kurzen Besuch abzustatten. Dieser Plan amüsierte meine wienerische Telefonpartnerin dann doch sehr. Denn sie meinte, da würde ich ganz bestimmt nicht hineinkommen, da die Zugänge nur im Rahmen von wissenschaftlichen Arbeiten möglich seien. Aber sie bot sich an, diese Kontakte in unserem Namen und damit erfolgreich zu führen.

Wenige Wochen später lagen uns alle Unterlagen in beglaubigten Kopien vor, die es über die v. Wellmanns gab. Die Dokumente hatten einen Umfang von etwas mehr als einhundert Seiten und kosteten uns eine Summe im mittleren vierstelligen Bereich. Aber das war es mir wert, denn wir hatten nunmehr die komplette Familiengeschichte auf dem Tisch liegen.

So etwas spricht sich wohl in den entsprechenden Kreisen schnell herum. Und auch hier gab es wieder einmal einige Zeitgenossen, die unaufgefordert nichts Besseres zu tun hatten, als ihren dümmlichen Senf dazugeben zu müssen. Keine Ahnung, was da jetzt die genauen Beweggründe gewesen sein mögen, wieso einige von denen glaubten, so gegen uns zu Feld ziehen zu müssen. Ich meine, mir persönlich ist das auch völlig egal. Ich gehe mal davon aus, alle Adelshäuser auf dem westlichen Territorium unseres Vaterlandes wurden ja nach Kriegsende nicht enteignet oder unterstanden keinerlei Repressalien, sofern sie nicht an irgendwelchen Kriegsverbrechen beteiligt gewesen waren. Und auch, wenn so etwas im Nachhinein rausgekommen sein sollte, gab es da genügend einflussreiche Leute aus Politik, Wirtschaft und was weiß ich, woher sonst noch, die ihre Hände schützend über sie gehalten haben.

Und wie war es im Osten? Hier wurde der gesamte Adel in Stadt und Land enteignet. Stichwort: Bodenreform. „Junkerland in Volkes Hand" und solche strammen Sprüche gab es da, aber kein Pardon!

Übrigens, wie war das nach der „Wende"? Da standen sie doch alle gleich wieder auf der Matte, die armen Herrschaften „von und zu", die umgehend ihr von der DDR weggenommenes Land zurückhaben wollten. Aber nicht etwa als bescheidene Anfrager, sondern laut, fordernd und mit einer ganzen Armee von Anwälten im Rücken.

Der Osten wurde schon immer verachtet. Aber wenn's ums Geschäft ging, war die ehemalige DDR gut genug! Und es gab einen großen Kuchen aufzuschneiden. Mit vielen am Tisch sitzenden Essern, die sich die hungrigen Mägen ordentlich vollschlagen wollten. Nix da mit Krümeln, hier ging es um fette Torte!

Darum das Geschrei. Darum der offene Hass! Aber halten wir uns nicht weiter mit Nebensächlichem auf.

Im Rahmen meiner weiteren Erkundigungen im Netz stieß ich auf die verrücktesten Sachen. So tauchte Anfang September 1995 eine lustig bunte Buchstabenfolge auf, die es in den nächsten Jahren zu wahren Höhenflügen brachte: eBay. Woher das kam, war nicht verwunderlich: aus Amerika nämlich. Woher auch sonst?!

Bei eBay tummelte sich Gott und die Welt. Auch alle möglichen Formen der *Unter*-Welt. Es gab alles, was man sich vorstellen konnte, sogar zertifizierte Adelstitel waren käuflich zu erwerben. Auch für den schmalen Geldbeutel. Und das Geschäft brummte! Jeder, der was auf sich hielt, konnte da für 50 D-Mark aufwärts einen blumigen Grafentitel erwerben. Das Ganze war natürlich absoluter Humbug. Man bekam eine Art Künstlernamen, nichts weiter. Gar keine dumme Geschäftsidee, das muss man den Erfindern des regen Grafenmachens einfach mal zubilligen.

Wie wir unseren Adelstitel bekamen

Im Netz, außerhalb der pfiffigen Umtriebe bei eBay, tauchte da auch ein gewisser Heiko Nowak Graf von Roit auf. Der gute Mann sah wohl irgendwie seine Wurzeln im rumänischen Roit in Transsylvanien. Dort waren alle Mitglieder der Familie verstorben und Heiko Nowak nahm deren Namen an. Nun muss man wissen, es hatte so seine Eigenarten mit den Titeln von adligen Herrschaften. Seit der Weimarer Republik waren im Jahre 1919 in Deutschland alle Privilegien der Adligen aufgehoben, allerdings gab es den sogenannten Bestandschutz. In Österreich waren alle Titel abgeschafft, es war sogar von Staatsseite verboten, solche Titel zu tragen. So wurde beispielsweise der Grafen- oder Fürstentitel ein Bestandteil des Namens der jeweiligen Person. Das hieß, zuerst kam der Vorname, dann der Titel und dann der Nachname.

Das war mir eigentlich auch egal, aber es gab da eine nette Randnotiz. Der Graf von Roit war nach eigener Aussage im Adelsverband gelistet und mittlerweile von einem Mitglied des Hauses Hohenzollern nobilitiert worden.

Solche Nobilitierungen wurden durch die Bank weg von allen möglichen Adelsträgern in Deutschland - gegen Geld - erteilt.

Wir hatten dann einen Kontakt zu Angela Prinzessin von Hohenzollern.

Nach der Übersendung aller Unterlagen bekamen wir schließlich eines Tages im Jahre 2009 auf dem Barockschloss Gereuth in Unterfranken, aus den Händen von Angela Prinzessin

von Hohenzollern höchstpersönlich, unser Patent zur Anerkennung und Bestätigung unseres Adelstitels überreicht.
Somit *dürfen* wir uns seitdem wie folgt nennen:

Familie Ammon Grafen von Wellmann

Nun nutzten wir nach dem genauen Studium der entsprechenden Gesetze der Bundesrepublik Deutschland alle Möglichkeiten, die sich einem da boten. Wer das nicht so gemacht hat, hat es eben nicht gemacht. Das wäre zwar in meinen Augen dumm, aber jeder soll es doch halten, wie er will!

Unser Titel wurde nach Meldung bei den Behörden der Bundessrepublik in allen amtlichen Dokumenten eingetragen und ist somit unbestritten verewigt!

... und schon waren sie alle wieder da: Die Neider, die Spötter, die Zweifler und alle anderen möglichen Schreihälse. Mir war das völlig egal. Sollten sie doch landauf, landab herumtönen! Wir besitzen, aus berufenem Munde bestätigt und gestempelt dargestellt, ein unverrückbares Dokument, welches klar und deutlich zeigt, dass unser Titel rechtens ist und von uns getragen werden darf!

Und wir tragen ihn voller Stolz!

Sovereign Letters Patent
of Recognition and Confirmation of Noble Title

HRH Angela Prinzessin von Hohenzollern

Wie ich mit anderen eine Ritterschaft gründete

Aufgrund vereinzelter Widersacher von Seiten des angeblichen „alten Adels“ gegen uns und andere, die sich in der gleichen Situation wie wir befanden, kam ich eines Tages auf den Gedanken, einen Verein oder eine Bewegung ins Leben zu rufen, die Leuten Hilfe und Unterstützung gibt, wenn sie sich auch mit Schwierigkeiten oder Negierungen auseinandersetzen mussten, wie es uns widerfahren war.
Daraufhin gründeten wir einen Verein:

Der Neue Deutsche Adel e.V.
Ritterbruderschaft Edeler Namen

Gerade von Seiten des neuen deutschen Adels erfuhren wir ein reges Interesse. Es meldeten sich eine ganze Reihe von Leuten, die zukünftig mit uns zusammenarbeiten wollten.

Eines der Ziele der Bruderschaft war es unter anderem, sich sozial zu betätigen und für Ärmere und Schwächere einzusetzen. Wir wollten mit unseren Aktionen zeigen, dass es auch in der heutigen Zeit noch Menschen gibt, die ritterlich denken und handeln können! Im Rittereid heißt es dazu:

Wir werden unsere Pflichten der Ritterbruderschaft
gegenüber erfüllen, sofern sie nicht gegen Gottes Gebot sind.
Wir werden das Land unserer Geburt lieben.
Wir werden nie vor einem Feind fliehen.
Wir werden niemals lügen.
Wir werden zu unserem gegebenen Wort stehen.
Wir werden allen gegenüber freimütig und großzügig sein.
Wir werden immer für das Recht und gegen Ungerechtigkeit und
Böses kämpfen.

Unsere Arbeit fand zahlreiche weitere Unterstützer und beachtliche Echos im Land. Stellvertretend sei hier genannt die Aktion

„Weihnachten im Schuhkarton". Dort wurden Päckchen gepackt für sozial benachteiligte Kinder, um denen auch eine Freude zum Weihnachtsfest zukommen zu lassen.

Wir waren auch grenzüberschreitend tätig. So habe ich beispielsweise initiiert, mit zwei Krankenfahrzeugen in die Ukraine, nach Kiew zu fahren, beladen mit zahlreichen Spenden aus dem medizinischen Bereich, um vor Ort zu helfen. Auch dort bekamen wir viel Zuwendung, und es schlug uns eine große Welle voller herzlicher Dankbarkeit entgegen. Solche Fahrten machten wir dann öfter. Daraus entwickelte sich eine feste Freundschaft zwischen uns und unseren Partnern in der Ukraine.

In eigener Verantwortung löste ich 2017 diesen Verein auf, da es inzwischen diverse Kräfte gab, die sich in unsere Reihen eingeschlichen hatten, mit dem Ziel, die Bruderschaft zu ihrem niederträchtigen Eigennutz zu verwenden! Es gab keine andere Möglichkeit, Schaden von uns abzuwenden, darum musste diese Maßnahme erfolgen!

Wie ich geehrt wurde

Ich hatte schon aus DDR-Zeit einen guten Freund und Geschäftspartner: Dr. Rainer Schamberger. Er war nach der „Wende" eine Zeitlang für unser Unternehmen als Steuerberater tätig.

Rainer Schamberger ging dann in die Ukraine. Er folgte einem Ruf der „International University of Business and Law" in Cherson.

Die Internationale Universität für Wirtschaft und Recht (IUBL) ist eine private Hochschule, die 1993 gegründet wurde. Sie hat sich schnell zur führenden Hochschule der Ukraine für höhere Wirtschafts- und Verwaltungswissenschaften entwickelt.

Die Hochschulbildung in der Ukraine wird wie in allen europäischen Ländern vom Bildungsministerium verwaltet. Der Bachelor-Abschluss wird in der Regel nach vierjährigem Hochschulstudium verliehen. Das Curriculum umfasst sowohl allgemeine Studien als auch berufsbildende Studiengänge in den Bereichen Recht oder Wirtschaft. Das Masterstudium dauert in der Regel je nach Qualifikation und Note des Bewerbers ein oder zwei Jahre.

Der Universität wurde die Stufe 4 zuerkannt, die höchste Akkreditierungsstufe des ukrainischen Ministeriums für Bildung und Wissenschaft (AB#048983 vom 12.09.2006) (http://iubl.edu.ua/)

Die Stadt Cherson (russisch Херсон) ist eine ukrainische Hafenstadt, liegt am Beginn des Dnepr-Deltas und 100 Kilometer südöstlich der Krim.

Rainer Schamberger, mittlerweile Professor für Europäisches Recht an der IVBL, war es, der dem Wissenschaftlichen Rat der Universität vorschlug, meine Verdienste bei der Erweiterung der freundschaftlichen Beziehungen zwischen Deutschland und der Ukraine und die vielen von mir organisierten Hilfeleistungen gebührend zu würdigen. Der Wissenschaftliche Rat hatte die Möglichkeit einmal jährlich einen Titel zu verleihen, der da lautete:

Honorest Doctor of International University
of Business & Law

Diese Ehrung empfing ich im Jahre 2009. In seiner Laudatio schrieb Prof. Schamberger:

„... und man muss zu dem stehen, was man war und was man ist, auch zu dem, für welches man nichts kann, wie seiner Herkunft, seinem Volk, seinen Eltern – sowohl zum Guten wie zum Schlechten, denn sie gehören dazu und geben uns ein menschliches Gesicht, doch – wie man selbst gesehen wird, liegt in den

eigenen Händen. Und deshalb sieht er in einer Gesellschaftsordnung, welche die Jagd nach Profit zum obersten Prinzip erhebt, nicht die Erfüllung der humanistischen Gesellschaftsvorstellungen, weil die auf der Strecke bleiben, die schwach, arm oder krank sind; deshalb muss man sich menschliche Prinzipien auferlegen, oder sich dieser erinnern und sie verinnerlichen – der Hilfe der Schwachen und Behinderten; der Fürsorge und Einbeziehung der Älteren in die gesellschaftliche Gemeinschaft; der Bewahrung nationaler, moralischer und freiheitlicher Werte. Darin zeigt sich Hans-Gerhard Ammon als Visionär und als Humanist, weil er die Sehnsucht offenbart, dass die menschliche Vernunft letztendlich über die Habgier siegt; dass sich der Mensch vor dem Ende der Erkenntnis selbst erkennt und begreift …"

Mein alter Freund Günter Herwig gratuliert mir

Nach Bekanntwerden dieses Titels gab es eine Denunzierung bei der Staatsanwaltschaft Potsdam, ich würde unberechtigterweise einen Doktortitel führen! Eine genaue Prüfung vor Gericht brachte allerdings ans Licht, alles war berechtigt und ging somit auch mit rechten Dingen zu. Und das im wahrsten Sinne des Wortes! Um das Gesicht zu wahren, wurde das Verfahren vor Gericht aber gar nicht erst eröffnet. Da jedes Kind einen Namen tragen musste, sollte es auch in meinem Falle nicht unbenannt in der Gegend herumirren. Also hieß es: „aus Mangel öffentlichen Interesses". Ich gehe mal davon aus, da hätte sich der Kläger in einem Gerichtsverfahren nur eine blutige Nase geholt und außerdem wollte man wohl keine Diskrepanzen in den Beziehungen der BRD und der Ukraine!

Wie gesagt, die Unterlagen und Dokumente, die sich in meinem Besitz befinden, dokumentieren die Rechtmäßigkeiten der Ernennung und des Tragens dieses Doktortitels.

Mehr habe ich zu diesem Thema nicht zu sagen!!

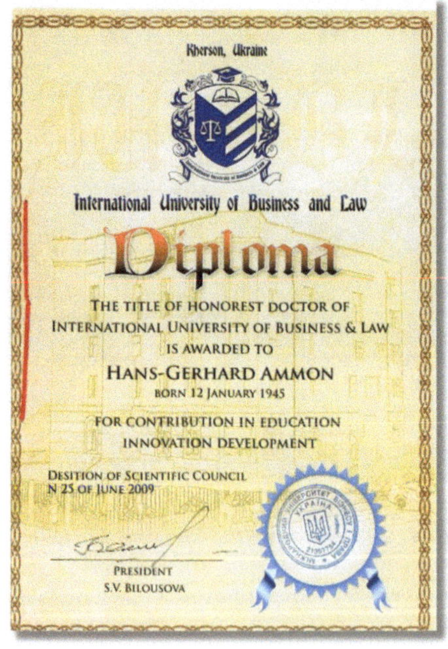

Kherson, Ukraine

International University of Business and Law

Diploma

THE TITLE OF HONOREST DOCTOR OF
INTERNATIONAL UNIVERSITY OF BUSINESS & LAW
IS AWARDED TO
HANS-GERHARD AMMON
BORN 12 JANUARY 1945
FOR CONTRIBUTION IN EDUCATION
INNOVATION DEVELOPMENT

DESITION OF SCIENTIFIC COUNCIL
N 25 OF JUNE 2009

PRESIDENT
S.V. BILOUSOVA

XII.

… und der Zukunft zugewandt

Das Jahr 1995 hielt noch eine besondere Überraschung für die ehemaligen Mitarbeiter des MfS bereit. Nachdem der sogenannte „Einigungsvertrag" zwischen der BRD und der DDR von 1990 flugs das bundesdeutsche Recht ins Gebiet der DDR geweht hatte, konnten damit alle Leute der DDR-Geheimdienste, die in irgendeiner Weise gegen die BRD oder alle anderen NATO-Staaten Spionage betrieben hatten, wegen Hochverrats und geheimdienstlicher Agententätigkeit vor Gericht gestellt werden. Schöne neue Freiheit, sage ich da mal! Es kam dann zu einer ganzen Reihe von Verhandlungen zu diesem Thema. Allerdings stellten zahlreiche Angeklagte die Entscheidungen der Gerichte infrage, da nämlich in der DDR die Agenten-, Spionage- oder Kundschaftertätigkeit - ganz wie man will - *nicht* strafbar gewesen war.

Somit konnte das „Verfassungsgericht" in Karlsruhe gar nicht anders, als sich mit diesem Thema zu befassen. Ich bin ja kein Jurist, aber da wurde ordentlich „gerichtet", gesprochen und diskutiert, um schließlich zu einem Ergebnis zu kommen.

> *Die Entscheidung des Bundesverfassungsgerichts führte in der Folgezeit dazu, dass ehemalige DDR-Bürger nicht mehr wegen Spionagehandlungen gegen die Bundesrepublik oder andere NATO-Staaten verfolgt werden konnten. Bundesbürger und Bürger von Berlin (West) können sich jedoch genauso wenig auf die Entscheidung berufen wie Agenten anderer östlicher Geheimdienste. (Züge von Menschlichkeit. In: Der Spiegel. Nr. 23, 1995, S. 87, Generalbundesanwalt Kay Nehm über Amnestie und die Verfolgung von DDR-Spionen im Spiegel-Interview)*

In der rechtswissenschaftlichen Literatur wird die Entscheidung unterschiedlich bewertet: Einerseits wird vertreten, sie diene dem Rechtsfrieden im vereinigten Deutschland, andererseits äußern viele Autoren Kritik. (*Jochen A. Frowein, Rüdiger Wolfrum, Gunnar Schuster: Völkerrechtliche Fragen. S. 168 ff.*)

Wieder mal ging ein Aufschrei der Empörung durch das Land. Erstaunlicherweise ertönte es in beiden ehemaligen deutschen Staaten gleichlaut. Ja, die böse, böse Staatssicherheit!

Übrigens erschien am 29.7.2021 ein Artikel in der „Berliner Zeitung" mit einem Interview von Hans Modrow. Der nunmehr 93-jährige Modrow war ehemaliger DDR-Ministerpräsident. Er kann sich auf die Fahne schreiben, dass er der erste Ostdeutsche ist, der Einsicht in seine BND-Akten bekam. Dafür hatte Modrow auch ein halbes Jahrzehnt vor dem Bundesverwaltungsgericht in Leipzig gestritten. Im Ergebnis seiner Akteneinsicht zeigte sich, Hans Modrow wurde über 60 Jahre (!!) bespitzelt.

«Der BND war vom Juli 1958 bis April 1990 an mir dran», sagte Modrow. Der Verfassungsschutz habe von 1965 bis 2013 Material über ihn gesammelt, nach Hinweisen sogar ab 1951. (*Berliner Zeitung, Anja Reich, Steffen Uhlmann, 29 Juli 2021*)

Diese Form von Spionage geht in Ordnung und wird keinerlei Konsequenzen haben, oder? Es gab also 1990 für die westdeutschen Geheimdienste keine Stunde null. Es gab keine Konsequenzen für deren Handlungen. Obwohl es sich hier um klare Verstöße gegen geltendes deutsches Recht handelt!

Doch bei diesem Thema hört man kein Aufschreien. Im Gegenteil, still ruht der See! Ich will nichts weiter dazu sagen, soll sich jeder seine eigene Meinung bilden!

Wie war das: Die Sieger schreiben die Geschichte! Und wenn es sein muss, wird alles so lange verdreht, bis es passt. Da sollte man besser vorsichtiger sein, denn man kann zwar alles drehen und wenden, wie man will. Nur kommt es manchmal auch schon vor, dass da etwas bricht …

Wie ich Pläne machte und manche davon über den Haufen warf

Wer dieses Buch bis hierher gelesen hat, weiß ja, ich war stets ein Macher, kaum ein Mitmacher, aber niemals ein „Nichts-Macher"! Meine liebe Iris hat manchmal tief durchgeatmet, wenn ich wieder mal mit einer neuen Idee um die Ecke kam. Doch habe ich es immer so gehalten: Wenn von hundert Plänen einer was brachte, ist das doch eine gute Trefferquote – wenn man andauernd neue Ideen im Kopf hat! Und die hatte ich ja reichlich!

Außerdem ging ich immer davon aus, wenn ich irgendwelche Dinge nicht ausprobiert hatte, wie sollte ich dann wissen, ob das etwas für mich gewesen wäre oder nicht. Selbst, wenn's dann nicht funktioniert hat!

Mir fällt da ein Beispiel ein. Es gab ein Grundstück, das war 3,5 Hektar groß. Da wollten wir ein Ferienresort draus machen. Das war eine gute Idee, denn das Grundstück befand sich auf Teneriffa, und jeder, der schon mal auf den Kanarischen Inseln war, wird mir zustimmen, wenn ich von Klima, Land und Leuten schwärme. Wir dachten uns, dieses Erlebnis sollen ruhig auch Menschen haben, die wegen Behinderungen in ihrer Beweglichkeit eingeschränkt sind. Dort sollte ein Pool entstehen mit einem Einstieg für sogenannte Nass-Rollstühle. Und es sollte viele kleine Ferienhäuser geben, mit Rundumbetreuung, 24 Stunden lang. Wir wollten Insel- und Stadtrundfahrten organisieren, das ganze Programm.

Mein Plan war außerdem, auf dem Gelände für mich und meine Familie eine große Villa bauen zu lassen, im Südstaaten-Look, mit Säulen und einem Rundumlauf, alles unter Palmen ...

Ich hatte da auch schon meine Fühler ausgestreckt und in den Leuten von „Neckermann Reisen“ interessierte Partner gefunden. Da Teneriffa sowieso in ihren Reiseangeboten zu finden war, würden sie mit unserem Angebot ihr Produktportfolio gut erweitern können. Da gab es auch schon erste Vertragsentwürfe.

Alles in allem ein guter Plan und eine wunderbare Geschäftsidee. Ich war mehrmals vor Ort und es lief eigentlich ganz gut. Mein etwas stammelndes Spanisch kam zwar den Einheimischen ziemlich spanisch vor, aber das wurde von ihnen großzügig toleriert.

Es hätte alles toll sein können. Nur vergaß ich eine klitzekleine Sache in meiner Ferien-Anlagen-Bauplanung: die spanische Mentalität. Der Gouverneur der Insel zog eine Hinhaltetaktik durch alle Gespräche, die sich immer wiederfand in seinem freundlichen „Es wird, es wird“. Aber es wurde eben nicht!

Ganz im Gegenteil. Es gab da nämlich den Flughafen Teneriffa Süd, spanisch „Aeropuerto de Tenerife Sur Reina Sofia“ und der sollte baulich verändert werden. Eigentlich war das auch logisch, der internationale Flugverkehr nahm zu. Aber der Anflug auf den Flughafen war etwas schwierig, die Piloten flogen Richtung Bergmassiv und mussten kurz davor eine Kurve fliegen und dann sofort heruntergehen.

Ein Umbau der Landebahn war unbestritten notwendig. Dummerweise sollte die neue Landebahn ausgerechnet über das Gelände unseres zukünftigen Paradieses führen. Da hielt sich unsere Begeisterung dafür doch sehr in Grenzen, auch wenn der Gouverneur täglich beteuerte: «Mañana, mañana!» Ja, nix da, morgen! Wir haben das Gelände dann doch nicht gekauft …

Auch der zweite Fall ist so eine Geschichte aus der Rubrik „April, April“!

Namibia ist wunderschön. Das Land war von 1884 bis 1915 deutsche Kolonie, genannt Deutsch-Südwestafrika. Es gibt heute noch etwa 20.000 Deutschnamibier, also spricht man dort auch Deutsch. Ich weiß gar nicht mehr, wie es kam, aber irgendwer erzählte mal von einem alten Flugplatz der südafrikanischen Armee. Seit die abziehen musste, stand das gesamte Gelände leer. Technisch und logistisch war die Anlage eine Perle!

Zuerst einmal absolut gut abgesichert, ganz klar, weil es ein ehemaliges Militärgelände war, da durfte ja nicht jeder reinmarschieren, wie es ihm passte. Dann gab es zwei beheizte (!!) Landebahnen. Das machte schon Sinn, denn im Winter kann es in Namibia in der Nacht bis null Grad kalt werden. Die Klinkerbauten der Anlage waren tipp-topp in Schuss, es gab neben den Flugzeughallen auch einen Kommandantenturm. Wie gesagt, alles funktionierte einwandfrei. Und es brauchte nur die beiden Sachen, wollte man das Gelände erwerben: Den berühmten „Appel" und das „Ei" dazu – für 500.000 DM konnte man das Flugplatzgebiet kaufen. In meinen Augen ein Schnäppchen, fand ich.

Also ging es gleich wieder mit frischem Mut an die Planung: Hier sollte ein Gelände entstehen mit Hotel und Flugschule. Man hätte sozusagen im Urlaub den Flugschein für Helikopter, für Cessna oder Piper machen können. Die Idee war klasse: In vier Wochen einen amerikanischen oder australischen Pilotenschein erwerben, der auch von den europäischen Behörden akzeptiert und auf Euro-Genehmigung umgeschrieben werden konnte. Plan Nr. 2 war, dort eine eigene Schutztruppe zu schaffen, mit eigenen Uniformen und einer militärischen Ausbildung, um das ganze Gelände abzusichern. Auch hier gingen die Planungen gut und zügig voran …

Es hätte bestimmt super werden können! Doch: Hätte, hätte, Fahrradkette!

Iris wollte nicht mit nach Afrika! Eine Tante von ihr hatte da mal vor Jahren eine der vielen, immer wieder aufflammenden Revolutionen mitgemacht. Und nur, weil diese Tante mit ihrer Familie gut zu den einheimischen Angestellten war, wurden sie beschützt und konnten fliehen. Das war eine Erfahrung, die sich meine Iris selbst und uns allen gleich mit ersparen wollte. Ich konnte reden und reden. Ich erklärte ihr, die „Revolution" sollte mal ruhig draußen an die Tür klopfen, da würde ich der schon mal ordentlich die Jacke vollhauen …

Es half nichts, Iris war diesmal nicht zu überzeugen. Obwohl mir klar war, mit meinen dort auszubildenden zukünftigen Kämpfern würde ich eines Tages bestimmt sogar ein zusätzlicher Sicherheitsfaktor vielleicht dieses Landes werden können.

Leider kam auch dieser Plan auf den Schrottplatz der Ammon-Ideen und musste dort leise, still und heimlich vor sich hin rosten. Schade drum …

Wie ich etwas kürzer trat

Im Jahr 2008 war es dann soweit, ich beendete offiziell meine kaufmännische Tätigkeit und zog mich als Geschäftsführer der „H.-G. Ammon & Co oHG / Ammon Unternehmensgruppe" aus den Tagesgeschäften zurück. Iris und ich übergaben unserem Sohn Holm die volle Verantwortung für den Familienbetrieb. Wir hatten im Laufe der Zeit ein Unternehmen aufgebaut, das völlig gesund, erfolgreich und innovativ war. Unser Sohn hat in den Jahren, die er die Unternehmungen nunmehr leitet, diesen Betrieb nicht nur erfolgreich weiterbetrieben, er hat ihn zusammen mit seiner Frau noch erfolgreicher werden lassen. Ich kann kaum ausdrücken, wie es mich mit Stolz erfüllt, wenn ich meinen Sohn so ansehe. Was aus ihm geworden ist, wie er sich entwickelt hat. Und ich bin froh darüber, dass er selbst heute noch zu mir kommt, wenn er einen Rat sucht oder mich um meine Hilfe bittet.

Wer uns einmal besuchen möchte, nur zu!

Moment, nicht gleich alle losstürmen! Ich meinte doch, alle Besucher sind herzlich eingeladen, mal auf unserer *Website* vorbeizuschauen!

Hier der Wegweiser: *www.ammon-zeuthen.de*

Ich würde mich freuen, wenn wir uns da treffen! Ein bisschen Eigenwerbung mag mir gestattet sein …

Iris und ich haben alles richtig gemacht. Wir haben für unsere Kinder und unsere Enkeltochter ein gutes Fundament errichtet, auf dem sie unser Familienunternehmen weiter voranbringen können.

Aber in dem Zusammenhang: Es ist da nichts von wegen „altes Eisen" und so! Ich habe noch so viele Ideen und so viele Pläne. Und ich müsste wahrscheinlich alt werden wie Methusalem! Wenn ich das richtig im Kopf habe, wurde der alte Knabe nach dem Buch Genesis 969 Jahre alt! Na, das wäre doch mal ein guter Lebensplan …

Es gibt sonst wohl kaum irgendwelche Pläne, die ich in meinem Leben nicht verwirklicht habe. Bei den Träumen ist es allerdings etwas anders. Da gibt es schon eine Sache, die würde ich ganz gerne noch machen wollen: Ich würde gerne ein Schloss kaufen! Das klingt jetzt vielleicht ein bisschen größenwahnsinnig. Ist es aber nicht, zumindest aus meiner Sicht!

Allerdings würde ich mich bei meiner Suche gerne nur auf Objekte in der unmittelbaren Nähe einlassen wollen. Und da etwas zu finden, ist wahrscheinlich ziemlich kompliziert. Aber, hey, es ist eine Herausforderung. Und Herausforderungen habe ich in meinem Leben immer geliebt!

Wenn man jetzt fragt, was ist denn mit Salzwedel? Dann würde ich antworten, dass Salzwedel meine Heimat ist und das wird auch immer so bleiben. Ich bin da geboren und wurde mit Jeetze-Wasser getauft. Aber mein Zuhause ist hier in Zeuthen, in Brandenburg, am Berliner südöstlichen Stadtrand. Als mein Zuhause habe ich Berlin auch immer irgendwie angesehen. Aber auch Fürth in Franken ist und bleibt mir sehr vertraut. Man sieht, ich bin an vielen Stellen zu Hause. Aber mein Lieblingsort ist Zeuthen. Weil ich da mit meiner Iris bin, die ich immer geliebt habe, was ich auch für die restlichen Jahre meines Methusalem-Alters tun werde!

Wenn dann einmal die Zeit gekommen ist, diesen wunderbaren Planeten Erde zu verlassen, hat unser Sohn Holm schon gesagt, würde er aus unserer Asche jeweils einen Diamanten machen lassen. Er kennt ja meine Antipathie gegen Friedhöfe ganz genau. Nein, da muss ich nicht liegen! Aber die Vorstellung, auf ewig und immer ein Diamant zu sein … ach, so dumm ist das doch gar nicht.

Natürlich treibt mich auch heute noch die Neugierde umher. Da ist es kaum verwunderlich, klar habe ich mich mal schlau gemacht und erkundet, wie so etwas ablaufen würde. Ich erfuhr, man benötigt da nur eine geringe Menge meiner Asche. Na, das trifft sich doch gut. Darum würde ich gerne einen Wunsch äußern: Man möge den Rest meiner Asche an meinen Geburtsort bringen, nach Salzwedel. Und dann möge man die Asche gleich an der Königsbrücke in das Flüsschen Jeetze verstreuen. Dann würde mich meine letzte Reise von meinem Geburtsort über die Jeetze in die Elbe führen. Von dort ginge es weiter in die Nordsee und dann in alle Meere dieser Welt.

Das könnte mir gefallen!

Aber bis zu diesem Tag bleibt ja noch eine Menge Zeit. Hoffentlich ist das so! Darum lieber schnell noch einmal zurück zu meinen Schlossplänen. Da bleibe ich natürlich dran, versprochen! Schon alleine, weil ich daran glaube, eines schönen Tages könnte meine Suche doch noch von Erfolg gekrönt werden!!

Die Hoffnung stirbt zuletzt, heißt es ja so treffend …

Hans-Gerhard Ammon Graf von Wellmann
Zeuthen, im August 2021